JN426607

제2판

실험설계와 분석

성내경 저

자유아카데미

머 리 말

비교의 개념은 일상생활에서도 자주 사용되고 있지만 객관적인 비교와 그에 따른 합리적인 결론의 도출은 그리 간단히 논할 사항이 아니다. 이런 문제에 대한 통계적 해결의 방편으로 등장한 것이 조절된 실험설계의 개념이다.

랜덤화, 블록화, 반복의 세 원리를 기초로 여러 가지 오차조절 기법과 처리설계 기법들이 결합되어 체계화된 통계적 실험설계 기법은 광범위한 분야에서 활용되고 있으며, 현재도 그 지평을 계속 넓혀가고 있다.

본서에서는 이렇게 활용도가 높은 제반 실험설계에 대한 기본적인 개념과 분석 방법을 해설하였다. 내용 중 상당 부분은 과거 이화여자대학교 통계학과의 학부 및 대학원에 개설된 실험계획법 강좌와 통계적 자료분석 강좌에서 작성한 강의록을 토대로 하였으며, 또 이화여자대학교 식품영양학과에서 상담한 실험설계 데이터와 분석 결과를 인용하였다.

필자가 설험설계를 가르쳐 본 경험에 의하면 Montgomery의 교재가 가장 평이하고 직관적으로 씌어졌고, 수리적인 면의 접근으로는 Hinkelmann and Kempthorne의 저서가 가장 낫다고 판단된다. 본서 역시 이 두 책의 접근 방식을 많이 따랐다.

이 책은 학부 고학년 또는 대학원 초급 단계에 알맞게 집필되었다. 불필요한 수리적 이론 전개를 최대한 피하였고, 많은 실례를 들어 실제 사례에 직접 응용이 가능토록 노력하였다. 그리고 제2판에서는 주요 설계마다 SAS로 분석하는 코드를 추가하였다. 관심 있는 독자라면 예제와 연습문제 등을 일일이 컴퓨터로 처리해서 답을 얻어 보기를 권한다. 첫 출간 이후 십여 년 간 많은 애호를 받았음에 감사드린다.

2012년 10월

成 來 慶

차 례

머리말

9. 3^k 요인 설계 및 기타 • 271

10. 지분 설계 • 301

11. 분할구 형식의 설계 • 321

12. 회귀분석 • 347

13. 보조 정보의 이용: 공분산분석 • 377

14. 반응표면 설계 • 393

1

실험설계 개요

1.1 비교실험

우리가 실험(experiment)하는 이유는 알기 위해서라 하겠다. 즉 우리는 실험을 하여 나타난 현상을 관찰하면 연구 대상에 대하여 더 잘 이해하리라 생각한다. 그리고 이런 생각이 과학의 기초를 이룸은 누구나 잘 알고 있다. 사실 과학을 뜻하는 'science'는 원래 「아는 것」 또는 「진실」이라는 어의를 갖는다.

그런데 동일 조건에서 동일한 실험을 하고 또 동일한 방법으로 관찰을 하더라도 결과된 측정값이 항상 같게 나오지는 않는데서 통계적 사고 방식이 요구된다.

이를테면 물리 실험실에서 초시계를 들고 물체의 낙하 속도를 측정하는 실험을 수행한다고 해보자. 과연 우리가 항상 동일한 측정값을 얻는 것이 가능할까? 물체가 떨어지는 순간에 매번 정확히 초시계를 누르고 또 바닥에 낙하하는 순간에도 정확히 초시계를 누르는 것이 과연 가능하겠는가? 게다가 우리가 가진 초시계는 얼마나 정확하고 또 얼마나 정밀한 것일까? 분명히 낙하 시간은 상수라고 생각하지만 재는 사람, 측정 기구,

실험실 조건에 따라 매번의 측정값에는 다소나마 차이가 생긴다.

이런 류의 문제는 조사의 경우도 마찬가지다. 예를 들어 올해 우리 나라에서 벼를 재배한 농지의 전체 면적을 알고 싶다고 해보자. 소요되는 시간과 비용을 고려하면 훈련된 수많은 조사원을 풀어서 전국적인 조사를 일시에 실시함은 어불성설이다. 결국 전국을 잘 대표한다고 생각되는 몇 군데 지역을 조사해서 벼를 재배한 농지의 면적을 알아낸 다음 비례적으로 전국의 재배 면적을 추정하는 것 이외에는 다른 방법이 없다. 그렇다면 대표 지역을 어디로 선정하느냐에 따라 추정값은 달라질 수밖에 없다. 또 대표 지역 내 농지 면적은 과연 얼마나 정확히 측정된 것일까? 이런 문제에 대한 근사 해답을 얻으려면 천상 통계적 방법에 의존할 수밖에 없다.

이상의 두 가지 예에서 고려하는 실험 형태를 때로 **절대실험**(absolute experiment)이라고 부르기도 한다. 절대실험에서는 분명히 진짜 값이 있지만 측정 오차 때문에 측정을 반복하더라도 항상 동일한 값을 얻지 못하는 상황을 생각한다.

그런데 이 책에서 관심을 갖는 실험 형태는 이상의 두 가지 예에서 생각하는 것과는 전혀 다른 형태로서 소위 **비교실험**(comparative experiment)이라 부른다.

비교실험이란 글자 그대로 상호 비교를 목적으로 하는 실험이다. 새로 개발된 항생제가 현재 사용중인 항생제보다 효과가 더 좋은가? 공정온도를 100℃로 하는 것이 50℃일 때보다 생산량이 더 많은가? 제초제를 한달에 두 번 살포하는 것이 좋은가, 세 번 살포하는 것이 좋은가, 아니면 네 번 살포하는 것이 좋은가? 기존의 교육 방식이 좋은가 아니면 새로 개발된 교육 방식이 좋은가? 이런 질문들은 모두 상호 비교라는 개념을 밑바탕에 둔다.

따라서 이런 질문들에 대답하려면 천상 비교실험을 수행해야 한다. 그래서 예를 들어 공정온도에 따라 생산량에 차이가 나는지 확인하고 싶다면 공정온도를 100℃로 맞추어놓고 생산량을 측정하고 또 50℃로 맞추어놓고 생산량을 측정한 다음 두 값이 통계적으로 유의할만큼 차이가 나는지 검증을 해야한다. 그런데 이 경우 우리의 주관심 요인인 공정온도를 제외하고 생산량에 영향을 끼칠만한 여타의 모든 요인들은 동일한 수준으로 유지해야만 한다. 즉 공장 내 온도나 습도, 작업자의 숙련도 등이 생산량에 영향을 줄 가능성이 있다면 이들 조건을 모두 동일 수준으로 유지해야 공정온도 간 차이가 존재하는지 여부를 알 수 있다는 의미다.

이때 우리는 실험 목적상 공정온도의 수준 하나만을 일부러 조절한 것이 되며 이런 면에서 비교실험을 **간섭연구**(interference study)라 부르기도 한다. 연구자가 요인의 수준을 조절하는 것은 시스템을 간섭하는 것과 다름없기 때문이다.

여론조사와 같은 통계조사에서는 주어진 현상을 관찰해서 관심 대상에 어떤 패턴이 나타나는지 요약하는 것이 주목적이다. 그렇기 때문에 통계조사를 흔히 관찰연구라 부르기도 한다. 그러나 비교실험과 같은 통계실험에서는 나타나는 현상에 영향을 주는 **요**

인(factor, 원인)을 연구자가 임의로 조절하여 어떤 **반응**(response, 결과)이 유발되는지 측정한다. 이같이 하면 요인과 반응 간의 인과성을 유추할 수 있다. 그러나 조사와 같은 관찰연구에서는 절대로 인과성 즉 원인과 결과의 관계를 통계적으로 결론지을 수 없다.

절대실험이든 비교실험이든 결국 우리가 얻게되는 최종 측정값에는 항상 피할 수 없는 **오차**(error)가 개재되기 마련이다. 이런 오차가 포함된 측정값들에서 어떻게 하면 참값에 대한 정보를 최대한 걸러낼 수 있을까?

통계학에서 제시하는 대답은 애초에 **설계**(design)를 잘 해서 조사나 실험을 하면 합리적인 결론을 얻을 수 있다는 것이고 특히 실험에 대한 설계 부분이 이 책의 주제다.

통계조사를 잘 하기 위하여 표본을 추출하는 방법을 **표집설계**(sampling design)라고 하듯 실험을 잘 하기 위하여 자료를 얻는 일련의 방법을 **실험설계**(experimental design; design of experiment)라고 통칭한다. 실험설계의 주된 관심사는 인과성을 탐지할 수 있는 통계실험을 어떻게 설계하고 어떤 식으로 실험 순서를 결정하며 관측된 데이터를 어떻게 분석해야 합리적인 결론을 얻을 수 있는가에 있다.

정리하자면 실험설계는 우리가 관심을 갖고 있는 대상이나 시스템의 특성을 알기 위하여 실험을 수행할 때 모든 실험 조건을 고려하여 가능한한 최소의 노력으로 최대의 정보를 얻을 수 있고 합리적인 통계적 해석이 가능히도록 실헌 방법을 결정하려는 통계 기법이다.

예를 들어보자. 공장에서 생산품이 나오는데 10 단계의 공정을 거치고 각 공정마다 3 가지의 조절 수준이 있다고 하자. 예컨대 첫 단계의 공정에서는 온도를 조절하는데 100℃, 200℃, 300℃ 중에서 하나를 선택하고, 두 번째 공정에서는 압력을 조절하는데 1 기압, 2 기압, 3 기압 중에서 하나를 선택하고, 세 번째 공정에서는 촉매의 양을 조절하는데 100 g, 200 g, 300 g 중에서 하나를 선택할 수 있고 하는 식이다. 이와 같이 모두 10 단계의 공정이 있고 각 공정마다 실험자가 조절할 수 있는 수준이 3 가지씩 있다면 모든 수준 조합의 총수는 모두 몇 개나 될까? 이는 3^{10} 즉 약 60,000 가지나 된다. 이 공정 전체에 대한 최적 조건을 찾는 것이 우리의 목적일 때 만일 가능한 모든 수준 조합마다 실험을 한다면 무려 60,000 번의 실험을 해야하니 이는 실현 불가능이다. 아마도 60,000 번 실험을 하려면 평생토록 해야할 것이다.

그런데 실험설계법에서는 언뜻 어려워보이는 이런 문제에 대하여 적절한 해결책을 제시하고 있다. 예를 들어 일부반복 설계나 직교주효과 설계라 불리는 특별한 형태의 실험설계법을 사용하면 불과 27 번의 실험만으로도 최적 공정조건의 대체적인 윤곽을 찾을 수 있다. 60,000 번 대 27 번을 생각해보라. 실로 엄청난 실험횟수의 감소라 하지않을 수 없다. 물론 60,000 번 실험하는 쪽이 더 완벽한 정보를 주기는 하겠지만 단 27 번의 실험으로도 완벽에 근접하는 정보를 얻을 수 있다면 당연히 27 번 실험하는 쪽을 선택해야할 것이다.

이와 같이 실험설계는 가능한한 노력을 덜하면서 최대의 정보를 얻으려는 것을 주목적으로 고안된 통계기법이다.

1.2 용어

실험에 관련된 용어들을 간단한 예를 들어 설명하겠다.

어떤 품종의 사과나무가 있는데 이 사과나무의 수확량을 최대로 하는 것이 목표라고 하자. 그렇다면 사과의 수확을 증가시키고 또 감소시킬 수 있는 원인이 무엇일까 곰곰 생각해보아야 한다. 비료도 한 가지 원인이 될 것이다. 해충 피해를 덜기 위해 농약을 어느 정도 뿌리는가도 가능한 원인으로 꼽을 수 있다. 또 무엇이 있을까? 사실 이러한 원인은 토질, 배수구의 위치, 물을 주는 횟수 등등 손꼽기 어려울 정도로 많이 열거할 수 있다. 날씨도 주요 원인으로 생각할 수는 있지만 아쉽게도 날씨를 인간이 조절하지는 못한다. 이와 같이 우리가 결과에 영향을 주는 원인을 열거할 때 언제나 유의해야 할 점은 우리가 그 조건을 마음 먹은대로 조절할 수 있는 원인들만을 고려해야 하며 또 그 많은 원인들 중에서 경험적으로 가장 중요하다고 판단되는 것 두세 개만을 골라야 한다는 것이다.

이러한 원인을 실험설계 용어로 **요인**(factor)이라 한다. 사과 수확량의 다소에 원인이 되는 비료, 농약, 토질 등이 전부 요인이 된다. 실험에서 고려하는 요인의 갯수가 많아지면 관심있는 시스템에 대한 폭넓은 이해를 할 수 있는 이점이 있지만 대신 실험의 횟수가 많아지게 되어 관리가 어려운 면이 있다. 따라서 대체로 요인의 갯수는 셋을 넘기지 않는 것이 상식이다.

사과 수확량에 영향을 주는 비료, 농약 등의 원인을 요인이라 부른다면 결과에 해당하는 사과 수확량을 무엇이라 부를까? 우선 우리의 실험에서 사과 수확량의 증대가 실험 목표라는 점을 염두에 두기 바란다. 그러나 아직 우리는 사과 수확량이라고만 했지 수확량을 어떻게 측정하는지에 대해서는 전혀 약속한 바가 없다. 사과 수확량은 사과의 갯수로 따질 수도 있고 나무당 수확된 사과 모두의 무게로 따질 수도 있고 상품 가치가 있는 사과 몇 상자가 나오느냐로 따질 수도 있다. 어느 실험에서나 실험 목표를 잘 측정할 수 있는 기준을 마련하는 것이 중요한다. 사과 수확량을 수확된 사과 모두의 무게로 측정하기로 하였다면 이와 같이 선택된 측도를 **반응**(response)이라고 부른다.

편의상 요인으로 비료에 포함된 질소 성분의 퍼센티지 하나만을 고려하자. 이 경우 우리의 문제는 도대체 비료에 질소 성분을 몇 % 넣을 때 사과 수확이 최대로 되겠는가로 좀 더 명확히 말할 수 있겠다. 현재 사용 중인 비료에는 질소 성분이 30% 포함되었다고 하자. 실험을 위하여 새로운 질소 성분의 퍼센티지로 기존 30% 근방의 25%와 35%를 고려한다면 우리의 실험 목적상 선택된 이러한 질소 성분의 퍼센티지들을 요인 수준 또는 간단히 **수준**(level)이라 부른다. 그리고 실제 실험이 진행되는 요인 수준 또는 요인 수준들의 조합을 **처리**(treatment)라 부른다. 즉 관심 요인이 하나일 때는 그 요인의 수준이 바로 처리며 관심 요인이 둘 이상이라면 두 요인들의 수준 조합이 처리가 된다.

결국 이 실험에서 우리는 비료에 포함된 질소 성분의 수준들 간에 효과 차이가 존재하는지 확인하려는 것이다. 일반적으로 비교실험에서는 관심 요인의 수준 간 효과 차이를 검증하는 것이 목표다.

수준 간 효과 차이가 존재한다는 말을 부연한다. 남자와 여자 각 열 명씩을 골라 똑같은 과자 하나씩을 주고 먹게한 다음 맛을 평가하라고 요구하였다고 가정해보자. 만일 남자는 모두 맛이 없다고 하였고 여자는 모두 맛이 있다고 하였다면 우리는 손쉽게 남녀에 따라 과자 맛을 다르게 느끼는구나하고 짐작할 수 있다. 이때 요인은 성별이고 남자와 여자는 요인 수준에 해당한다. 따라서 실험설계의 용어를 빌리면 남녀별로 과자에 대한 선호도가 다르다는 것을 '요인 수준 간 효과 차이가 있다'고 말한다. 그러나 만일 남자들도 모두 맛이 좋다고 했고 또 여사들도 모두 맛이 좋다고 했다면 이때는 요인 수준 간 효과 차이가 없는 것이다.

정리하면 반응은 실험 결과 관측되는 값이다. 또 요인은 실험에서 반응값에 영향을 줄 것으로 판단되어 선택된 원인이며 언제나 실험자가 그 조건을 조절할 수 있어야 한다. 요인 수준은 실험자가 조절하는 조건에 해당한다.

반응, 요인, 요인 수준을 결정하였으면 이제 남은 것은 실제로 실험을 하는 것이다. 그러나 어떻게 실험을 해야 통계적으로 올바른 실험을 할 수 있을까? 사과 농장에 100 그루의 사과 나무가 있다면 이 중 몇 그루의 나무에 실험을 해야할까? 또 질소 성분의 각 수준에는 몇 그루씩의 나무를 배치해야 할까? 어느 나무에 어느 수준의 비료를 주어야 할까? 이런 류의 실험 배치는 생각처럼 그렇게 간단한 문제가 아니다. 실상 실험설계의 요체는 이와 같은 실험 방식의 결정이라고 할 수 있다.

실험 방식의 결정에 대하여 다른 예를 들어 보겠다. 몸이 아플 때 병원에 가면 의사들은 약을 처방한다. 그러나 가능하면 약을 복용하지 않고 몸 스스로 낫게하는 편이 더 좋다. 그래서 선진국에서는 진짜 약 대신 가짜 밀가루 약을 주는 경우가 있다. 그래도 환자는 자기가 정말로 약을 먹었다고 착각하고 병이 낫기도 한다. 이런 것을 위약(僞藥) 효과 또는 플라시보(placebo) 효과라 부른다. 위약 효과가 정말 존재하는지 실험해보기로 하자. 그렇다면 환자들을 두 그룹으로 나누어 한 그룹에는 진짜약을, 다른 그룹에는 가짜약을 주고 병이 낫는지 낫지 않는지 지켜보면 될 것이다. 이때 환자들로 하여금 자신이 먹은 약이 진짜인지 가짜인지 알게하면 심리적인 영향이 병세에 영향을 주게됨은 자명하다. 그러므로 환자들에게는 진짜 약을 주는지 가짜 약을 주는지 절대로 가르쳐주면 안 된다. 그렇다고 진짜 약과 가짜 약을 나누는 것을 의사한테 맡겨야할까? 의사가 환자를 보고 이 사람은 평소에 심술장이니까 가짜 약이나 먹어라하면 어떻게 될까? 또 이 환자는 친척이니까 진짜 약을 주어야지 하면 이것도 곤란한 일이다. 따라서 이런 경우에는 실험을 관리하는 사람이 따로 있어 의사의 처방과 상관없이 진짜 약이든 가짜 약이든 멋대로 투여하는 방법을 쓴다. 이때는 환자도 진짜 약인지 가짜 약인지 모르고 의사 역시 자신의 환자가 먹는 약이 진짜인지 가짜인지 알지 못한다. 또 한 술 더 떠서 진짜 약과 가짜 약을 분배하는 관리 요원조차 어느 쪽이 진짜고 어느 쪽이 가짜인지 알지 못하게 하는 수도 있다.

왜 이렇게 복잡한 절차를 사용해서 실험을 진행할까? 이는 바로 실험의 객관성을 유지하기 위해서이다. 통계실험을 할 때는 언제나 실험에 개재될 수 있는 가능한 일체의 주관성을 없애버려야 객관적인 결과 분석이 가능하다.

이때 객관적 분석이 가능한 실험을 하려면 반드시 실험 순서를 실험자의 주관이 배제된 상태에서 결정해야 하는데 이러한 실험 순서의 결정은 소위 랜덤배치법으로 구현할 수 있다. 통계 실험을 지배하는 가장 중요한 원리가 실험 순서의 랜덤화이고 또 랜덤화를 해야 적법한 통계 분석이 가능한다.

1.3 실험단위와 관찰단위

결국 통계실험이란 요인 수준을 연구자가 조절하였을 때 반응이 어떻게 변화하는지 관찰하고 조사하여 시스템을 보다 더 잘 이해하려는 시도라 하겠다. 실험을 진행할 때는 실험 결과에 대한 타당하고 객관적인 해석이 가능하도록 설계를 세워야한다. 아무 실험이나 통계적 분석이 가능하지는 않다. 진정한 실험은 관심 요인이 취하는 값 즉 수준을 실험자가 임의로 조절할 수 있어야 하며 따라서 이 요인 수준의 변화가 반응에 끼치는 **효과**(effect)를 통계적으로 정량화할 수 있어야 한다. 이때 실험자가 바라지는 않지만 측정된 반응값에는 작든 크든 실험자가 임의로 조절할 수 없는 오차가 포함되기 마련이다. 그러므로 실험설계의 일차적 과제는 오차를 가능한한 줄이면서 판별하고 싶은 요인들의 효과를 잘 걸러내는 실험을 수행하는데 있다고 하겠다.

비교실험에서는 연구하고 싶은 반응에 관여하는 요인들의 수준을 몇 가지 설정하여 각 수준 조합 또는 처리마다 같은 조건 하에서 실험을 한 후 처리에 따라 결과된 반응값들 사이에 통계적으로 유의한 차이가 있는지 검증한다. 이때 처리를 받는 대상 또는 실험 환경을 **실험단위**(EU: experimental unit)라 부른다.

예를 들어 금붕어 먹이가 세 종류가 있을 때 이들의 효과를 비교한다고 하자. 금붕어가 10 마리씩 들어있는 어항을 3 개 준비하여 각 어항마다 서로 다른 먹이를 뿌려주고 일정 기간 후 금붕어들의 무게 증가분을 측정하는 실험을 한다면 이때의 실험단위는 어항이 된다. 그리고 이 경우 금붕어는 **관찰단위**(OU: observational unit) 또는 **표집단위**(sampling unit)라 한다.

요약하자면 실험단위는 서로 다른 처리가 가해지는 최소 단위, 관찰단위는 최종 측정값이 나오는 최소 단위다. 실험단위와 관찰단위는 서로 같을 수도 있고 다를 수도 있는데 이는 전적으로 실험의 진행 방식에 따라 결정된다.

실험단위에는 **실험오차**(experimental error)가 따른다. 앞서 언급한 어항 속의 금붕어를 생각하자면 각 어항마다 들어있는 금붕어들이 완전히 같지 않다. 만일에 금붕어들이 완전히 똑같은 복제품이라면 굳이 어항마다 10 마리의 금붕어를 넣을 필요도 없을 것이다. 단 1 마리로서도 훌륭한 실험이 진행되겠지만 이는 전혀 기대할 수 없다. 이와 같이 실험단위들이 서로 완전히 같지 않은데서 실험오차가 생긴다. 또다른 형태의 실험오차는 완전히 동일한 처리를 반복하지 못하는데서 기인한다. 예를 들어 세 어항에 매일 정확히 10 g씩의 동량의 먹이를 뿌려준다고 하자. 그런데 우리가 10 g을 준다고는 했지만 저울질을 잘못해서 실제로는 9.6 g이나 10.2 g을 줄 수도 있는 것이다. 특히 이런 실험오차를 **처리오차**(treatment error)라 부르기도 한다.

또한 관찰단위에는 **관찰오차**(observational error) 또는 **표집오차**(sampling error)가 따른다. 관찰오차의 대표적인 것은 **측정오차**(measurement error)다. 예를 들어 금붕어의 무게 증가를 측정할 때 나타나는 피할 수 없는 오차다.

인간이 갖고있는 측정 장치는 어느 하나도 완전한 것이 없기 때문에 측정오차는 피할 수 없다. 만일 어떤 이의 키가 178.87023456⋯ cm라고 해보자. 이는 조물주만이 알고 있는 사실이다. 그런데 이 사람의 키를 1 cm 단위의 정밀도가 비교적 낮은 자로 최대한 정확히 측정하면 179 cm라고 나올 것이고 좀더 정밀한 0.1 cm 단위의 자를 갖고 있다면 178.9 cm라는 값을 얻을 것이다. 어느 경우든 측정 장치의 정밀도만큼 진짜 값에 근사하고 있지만 전혀 오차가 없는 값은 아니다. 이와 같이 크든 작든 측정오차는 항상 나타난다.

결국 비교실험에서 결과되는 측정값은 언제나 참값에 실험오차와 관찰오차가 더해진 값으로 주어지는 것이다. 그리고 오차값은 물론 음수가 될 수도 있다.

측정값 = 참값 + 실험오차 + 관찰오차

1.4 실험설계의 기본 원리

비교실험의 개념을 구현하는 것은 그리 간단한 문제가 아니다. 반응값에 영향을 줄 수 있는 요인은 무수히 많다. 이런 요인들 중 가장 중요하다고 경험적으로 판단되는 요인들을 몇 개 골라 실험을 함이 상례인 바 관심 요인들의 수준을 조절하되 실험에서 고려하지 않는 나머지 모든 요인들은 반드시 동일 조건으로 놓아야 한다. 동일 조건 하에서 실험을 한다함은 선택된 요인들을 제외한 나머지 요인들의 효과가 전부 같은 상태에서 실험을 하는 것을 말한다. 그러나 실험 재료나 요인 수준 등의 완벽한 동질성을 확보하기란 거의 불가능하다. 이런 이유에서 랜덤화된 실험설계과 적법한 통계분석법이 필요하게 된다.

비교 실험의 통계적 해석을 가능케 하는 근본 원리는 랜덤화, 반복, 블록화의 세 가지로 압축할 수 있다. 아무리 복잡한 실험이라도 통계적으로 설계된 실험이라면 이 세 가지 원리의 반복 적용에 지나지 않는다.

(1) 랜덤화

랜덤화(randomization)는 실험의 객관성을 보장하는 방법으로 실험 단위의 배정 및 실험 순시들을 랜덤하게 결정하는 것을 의미한다.

닭을 사육하는 농장에서 시판되는 세 가지 복합 사료 중 어느 것이 닭들의 성장 촉진에 가장 도움이 되는가를 판정하고 싶다고 하자. 이 실험에 삼십 마리의 닭을 동원하여 각 복합 사료마다 열 마리씩 배치하려 한다. 어떤 식으로 배치해서 실험을 해야 가장 객관적인 통계 분석을 할 수 있을까? 삼십 마리 닭을 넓은 장소에 풀어놓고 잡히는대로 아무데나 배치한다면 그것을 객관적인 배치라 할 수 있을까? 인간이 닭을 붙잡는데 과연 나는 저 닭을 먼저 잡아야겠다고 노리지 않고 우연하게 닭을 잡을 수가 있을까? 설사 우연하게 잡았다손 치더라도 잡은 닭을 어떤 복합 사료에 배치해야할지 주관적인 결정이 없이 우연하게 배치할 수 있을까? 빨리 잡히는 닭은 분명히 활동이 둔한 닭일 것이다. 이런 닭들이 어떤 복합 사료에 집중 배치된다면 그러한 실험 결과를 신뢰할 수 없을 것이다. 왜냐하면 이런 경우 닭의 성장도의 원인이 과연 복합 사료 때문만인지 아니면 닭들의 둔함과 재빠름 때문인지를 판정할 수가 없는 것이다.

그렇다면 어떻게 해야 인간의 주관적인 판단을 배제하고 객관적인 실험을 설계할 수 있을까? 통계학에서 제시하는 해결책은 랜덤 배치를 하라는 것이다. 랜덤 배치의 구현은 난수표 등을 이용하면 되는데 조사연구에 대한 표집설계시 활용 방법과 동일하다.

난수를 이용한 닭의 배치 규칙은 다음과 같이 정할 수 있다. 세 가지 복합 사료를 복합 사료 A, 복합 사료 B, 복합 사료 C라 하자. 삼십 마리의 닭에 1부터 30까지의 번호표를 붙인다. 그 다음에 난수표에서 선택된 난수열을 두 숫자씩 끊어 처음의 두 숫자가 1 이상 30 이하이면 복합 사료 A에 배치하고, 31 이상 60 이하이면 복합 사료 B에, 61 이상 90 이하이면 복합 사료 C에, 기타 경우는 무시하고 그 다음의 두 숫자를 읽기로 하며 또 이상의 과정을 반복한다고 하자. 이같이 하면 선택된 두 자리의 난수가 특정 복합 사료에 대응되는 확률이 균등하게 된다.

난수표에서 읽어들인 난수열이 다음과 같았다고 하자.

42261 11045 47972 53363 68553 80511 87580 ⋯

처음 두 숫자는 42이므로 1번 닭은 복합 사료 B에 배치한다. 다음은 26이니 2번 닭은 복합 사료 A에, 그 다음은 11이니 3번 닭은 복합 사료 A에 배치한다. 이런 식으로 배치하다가 97을 읽게되면 이 숫자는 무시하고 바로 다음의 25를 읽어 다음 닭을 배치하면 된다. 그런데 이렇게 하여 복합 사료 A에 이미 열 마리의 닭이 전부 배치되었는데 또다시 1 이상 30 이하의 숫자가 나오면 어떻게 할까? 배치할 닭이 더 없으므로 그러한 숫자는 다시 나오더라노 무시히고 그 다음을 읽으면 된다.

그런데 난수표가 없다면 어떻게 할까? 이럴 때는 주사위 던지기와 같은 랜덤 메카니즘을 이용해도 무방하다. 즉 닭을 한 마리 앞에 놓고 주사위를 던져 1이나 2가 나오면 이 닭을 복합사료 A에 배치하고, 3이나 4가 나오면 복합사료 B에, 또 5나 6이 나오면 복합사료 C에 배치하는 식으로 나름대로 일관성있는 규칙을 정해서 사용하면 된다.

(2) 반복

반복(replication)은 각각의 처리를 둘 이상의 실험단위에 가함을 의미한다. 실험 결과의 정밀성을 유지하려면 반복 실험을 해야 한다. 왜냐하면 공정온도 100℃에서 생산량을 다섯 번 측정한다고 할 때 매번 같은 값이 나오기를 기대하기는 어렵기 때문이다.

여러분의 키를 재는 문제를 생각해보라. 가족들 모두에게 똑같은 자를 주고 재라고 하면 아마도 비슷하긴 하지만 조금씩 다른 측정값이 나올 것이다. 실상 자신의 키가 정확히 몇 cm인지 아는 사람은 아무도 없다. 왜냐하면 인간이 만든 모든 측정 장치에는 나름대로의 정밀도가 있기 때문에 그 정밀도의 한계 내에서 측정값이 의미가 있을 뿐이기 때문이다. 따라서 1 cm 단위의 자로 측정할 때 내 키가 178 cm라고 말하는 것에는 최대 ± 0.5 cm의 오차가 있는 셈이다.

결국 여러분의 키를 열 명이 잰다고 했을 때 측정값이 조금씩 다르게 나오는 것은 바로 피할 수 없는 오차가 현실화되는 것이고 또 오차가 생기는 것은 아주 자연스러운 현상이다. 물론 가능한한 정밀한 측정을 할 수 있다면 좋겠지만 통계 실험에서 다루는 대다수의 문제들은 정밀한 측정이 어려운 경우가 많다.

이와 같이 동일 조건 하에서 수행한 실험이라도 조절 불가능한 오차가 항상 수반되기 때문에 결과되는 반응값이 반드시 동일하지는 않다. 그러나 반복 실험을 하면 **실험오차**(experimental error)의 수량화가 가능하다. 즉 현재의 상황에서 실험오차의 크기가 얼마나 되는지 계산할 수 있다.

그렇다고 지나친 횟수의 반복은 추천하지 않는다. 실험마다 적정 수준의 반복횟수가 있는 것은 아니지만 반복을 하면 실험 비용이 상대적으로 많이 들기 때문이다. 실험설계가 고안된 주된 이유 중의 하나가 최소의 비용으로 최대의 효과를 얻기 위함임을 항상 염두에 두기 바란다.

(3) 블록화

블록화(blocking)는 실험의 정밀도를 향상시키는 기법이다. 모든 실험설계마다 반드시 블록화를 해야하는 것은 아니지만 실험의 성격상 필요하다고 판단되면 블록화는 하는 편이 유리하다.

예를 들어 동일 품종의 쌀로 밥을 지어 보온 시간에 따라 맛이 어떻게 달라지는지 알고 싶다고 하자. 이때 관심 요인은 물론 보온 시간이다. 보온 시간 요인의 수준으로 1 시간, 2 시간, 3 시간을 선택하였고, 각 보온 시간마다 똑같은 전기 밥솥을 한 대씩 배치하기로 하였다. 그리고 밥맛을 평가할 요원이 세 명(갑, 을, 병)이 있다고 가정하자. 이 경우에 각 보온 시간마다 평가 요원을 랜덤 배치하면 다음과 같은 도식을 얻을 수 있다.

보온 시간		
1 시간	2 시간	3 시간
병	갑	을

그러나 이같은 실험설계가 보온 시간의 효과를 평가하는데 과연 타당한 설계이 될 수 있을까? 무엇보다도 세 평가 요원의 입맛에 따라 결과가 천차만별이 될 수 있다는 점이 가장 큰 문제다. 그리고 평가 요원이 누구든 각 수준마다 단 한 번만 맛보고 평가하는 것 즉 단 1 회의 반복만으로 평가하는 것은 상식적으로 극히 위험한 일이다. 납득할 수 있고 타당한 결론을 내리려면 여러 번의 반복 실험을 해야함은 자명하다.

그래서 이번에는 각 보온 시간 수준마다 3 대씩의 동일한 전기 밥솥을 준비하였다. 그리고 세 요원을 총 9 대의 전기 밥솥에 완전히 랜덤 배치하되 각 보온 시간마다 3

명씩 균등히 나누어지도록 하였다. 이렇게 하면 요원마다 모두 세 번씩 밥맛을 평가하게 된다. 다음 도식은 이상과 같은 방식으로 각 요원마다 세 가지 밥을 평가시키는 완전한 랜덤 배치의 예다.

보온 시간		
1 시간	2 시간	3 시간
을	을	갑
을	갑	병
병	갑	병

그러나 이 때에도 한 가지 문제가 드러난다. 위와 같은 완전한 랜덤 배치를 하게 되면 각 요원에게 세 가지 보온 온도의 밥을 모두 평가할 기회가 주어지지 않을 가능성이 있다. 즉 어떤 요원에게는 1 시간 보온된 밥을 한 번도 평가할 기회가 주어지지 않을 수 있는 것이다. 예를 들어 위의 도식에서 갑은 1 시간 보온된 밥에 랜덤 배치되지 않았기 때문에 1 시간 짜리를 평가할 기회를 전혀 얻지 못하고 있다.

이 경우에 통계 분석을 거쳐 보온 시간에 따라 밥맛이 다르다는 결론을 얻더라도 이 결론의 원인이 정말로 보온 시간 때문인지 아니면 평가 요원들의 미각 차이 때문인지 알 도리가 없다. 왜냐하면 보온 시간 효과와 평가 요원들의 미각 차이 효과가 섞여서 처리 간 차이로 나타날 수도 있기 때문이다.

참고로 이와 같이 두 효과가 서로 뒤섞여 분간할 수 없는 상태를 일컬어 효과들이 **교락**(confounding)되었다고 표현한다. 물론 효과들이 교락되면 각 요인 효과들을 구별하지 못하는 문제점은 있으나 앞으로 공부할 고급 실험설계들에서는 실험횟수를 줄이려는 등의 목적으로 일부러 효과들을 교락시키는 기법을 사용하기도 한다.

평가 요원들이 훈련을 많이 받아서 어떤 요원이라도 비슷하게 밥맛을 평가를 한다는 확신이 있다면 완전한 랜덤 배치를 하여도 문제가 없다. 그러나 같은 시료를 놓고서도 평가 요원들 간에 평가 차이가 크다면 각 요원들마다 서로 다른 보온 시간의 밥을 모두 평가하게 하여 평가 요원들 간의 차이를 통계적으로 제거한 후 순수한 보온 시간 효과만을 걸러내어 비교를 할 수 있으며 이렇게 하는 것을 **블록화**(blocking)한다고 말한다. 조사연구에서도 블록화의 개념을 사용하는데 블록화라는 용어대신 **층화**(stratification)한다고 표현한다.

결국 블록화를 하게 되면 완전 랜덤화를 할 때에 비하여 실험오차를 줄일 수 있게되어 더욱 정밀한 결과 분석이 가능하게 된다. 그리고 이런 이유로 블록화 설계 기법들을 **오차조절 설계**(error control design)라고 부른다.

여하간 이런 경우에는 일단 각 요원마다 세 종류의 보온 시간에 해당하는 밥솥을 배치한 후 각 요원이 평가하는 순서만을 랜덤하게 결정하는 기법을 사용하는 것이 효율적이며 이때 각 요원이 **블록**(block)이 된다.

블록화를 하면 언제나 블록 내에서는 동질성이 유지되며 블록 간에는 이질적이 된다. 그리고 블록 간 차이가 크면 클수록 블록화의 효율은 증대된다. 다시 말해서 평가 요원 간 입맛 차이가 크면 클수록 블록화의 보람이 있는 셈이다.

다음은 평가 요원에 대한 전기 밥솥의 랜덤화 블록 배치의 한 예이다.

요원	보온 시간		
갑	3 시간	1 시간	2 시간
을	1 시간	2 시간	3 시간
병	3 시간	1 시간	2 시간

도식에서 볼 수 있듯이 블록화의 요체는 각 블록별로 독립적인 랜덤화가 이루어지는 데 있다. 이 점을 강조하기 위하여 각 블록 즉 평가 요원들 간에 약간의 빈 줄을 삽입하였다. 블록화는 제한된 랜덤화 기법으로서 광범위하게 사용되는 대단히 실용적인 실험 원리다.

농업 통계 분야의 실험에서 특히 블록화를 잘 활용한다. 예를 들어 여러 품종의 감자 수확량을 비교하고 싶을 때 토질에 따라 수확량 차이가 크다는 것을 경험적으로 알고 있다면 토질을 블록으로 잡으면 된다. 즉 토질마다 관심 요인의 모든 수준들을 전부 실험하는 것이다. 예를 들어 토질에 보통, 진흙, 모래땅의 세 종류가 있다면 각 토질마다 모든 품종의 감자를 다 심으면 된다. 그리고 나서 나중에 분석할 때 토질의 효과를 제거해버리면 순수한 품종 효과만 걸러진다. 만일 블록을 잡지 않고 그대로 랜덤화를 하면 어떤 품종은 예를 들어 모래땅에 전혀 배치가 안 될 수도 있기 때문에 제대로 비교가 안 된다.

블록화의 개념은 매우 중요하므로 한 가지 간단한 예를 더 들어보겠다. 식품과학 분야에서는 처리를 다르게 하여 제조한 식품의 맛, 향미, 냄새 등을 평가하여 가장 맛좋은 식품의 조성을 가려내곤 한다. 이런 류의 실험설계를 특히 식품과학 쪽에서는 **관능평가**(sensory evaluation)라 부른다.

만일 제조 방법이 서로 다른 인절미 6 가지를 평가하여 인절미 맛에 차이가 있는지 알아보고 싶다고 하자. 도대체 어떻게 실험설계를 해야 가장 합리적인 평가를 할 수 있을까? 평가 요원이 아주 많고 각 평가 요원마다 미각에 전혀 차이가 없다면 평가 요원들을 각 인절미마다 랜덤 배치하여 인절미를 맛보게 한 다음에 평가하도록 하면 그만이다. 이런 경우가 바로 완전한 랜덤화일 것이다.

그러나 실제로 미각에 차이가 별로 없는 평가 요원들을 많이 확보하는 것은 무척 어려운 문제다. 왜냐하면 사람은 곧 돈이기 때문이다. 몇 번이고 반복하지만 실험설계법에서 추구하는 것은 최소의 노력, 최소의 비용으로 최대의 정보를 얻고자 하는 것이라는 사실을 항상 기억하기 바란다.

그렇다면 문제를 다시 만들어보자. 여섯 종류의 인절미가 있고 이 여섯 가지 인절미 맛에 차이가 있는지 알고 싶다. 평가 요원은 열 명이 있다고 하자. 그런데 평가 요원들 간 입맛이 전부 동일하다고 보기가 어렵다. 따라서 이런 경우에 설혹 인절미의 맛이 서로 다르다는 결과가 나와도 이것이 정말로 인절미의 차이 때문인지 아니면 평가 요원들의 입맛 차이 때문인지 알 수가 없다. 이런 문제를 해결하는 손쉬운 방법은 각 평가 요원을 블록으로 잡는 것이다. 이렇게 하면 분석을 할 때 평가 요원들의 차이를 블록 효과로서 따로 걸러낼 수 있기 때문에 진정한 인절미 맛의 차이가 존재하는지를 판단할 수 있게 된다.

어쨌든 평가 요원을 블록으로 잡아 실험을 제대로 수행할 수 있다면 다행이지만 아직도 골치 아픈 문제가 하나 더 남아있다. 만일 인절미 평가에서 평가 요원을 블록으로 잡게되면 각 평가 요원마다 여섯 가지 인절미를 모두 맛보아야 한다. 얼핏 생삭하번 맛보는 것이 무슨 큰 일인가 싶지만 사람의 입맛이란 비슷한 것을 자꾸 먹게 되면 미각이 둔화되기 마련이다. 다시 말해서 먼저 맛을 본 인절미들에 대해서는 제대로 평가가 가능하지만 나중에 맛보는 인절미들에 대해서는 미각이 둔화되는 관계로 제대로 평가하기가 어렵게 된다. 관능검사 분야에서는 그렇기 때문에 하루에 맛보는 인절미의 수를 세 개 정도로 제한하고 있다.

만일 현재 상황과 같이 인절미가 여섯 종류 있고 평가 요원마다 하루에 세 개 인절미의 평가가 가능하다면 이 실험은 천상 이틀에 걸쳐 수행할 수 밖에 없다. 그런데 어제의 입맛하고 오늘의 입맛이 과연 같을까? 오늘 아침에 불유쾌한 일을 겪고 나왔다면 아마도 입맛이 쓸 것이다. 따라서 이런 경우에는 실험이 진행되는 날도 블록으로 고려해야 한다.

이상의 예를 곰곰히 생각해보면 어떤 실험이고 제한된 상황에서 실험되지 않는 경우가 오히려 드물다는 것을 알 수 있을 것이다. 인절미 실험에서 평가 요원을 많이 확보할 수 없는 점, 평가 요원마다 입맛 차이가 있을 것이라는 사실, 한 사람이 하루에 세 가지 인절미 밖에 평가할 수 없다는 사실 등이 실험을 제한하는 요소가 된다.

이렇게 주어진 상황의 제약 때문에 완벽한 랜덤화에 기초한 실험의 수행이 불가능한 경우에 실험설계법에서 제시하는 대안이 블록화인 것이다. 블록화는 곧 제한된 랜덤화를 의미한다. 블록의 기본 성질은 블록 내에서는 **동질적**(homogeneous)이지만 블록 간에는 **이질적**(heterogeneous)이라는 것이다. 앞서 언급한 인절미 평가에서 각 평가 요원을 블록으로 잡았다. 이때 한 사람의 입맛은 동일하지만 사람마다 입맛은 서로 다를 것이다. 또 평가하는 하루하루를 블록으로 잡았다. 이 경우에도 하루의 입맛은 같지만 어제와 오늘의 입맛은 다를 것이라는 생각이 밑에 깔려 있다.

블록화 즉 제한된 랜덤화가 절대 나쁜 것이 아니다. 완전한 랜덤화를 할 수 있다면 확실히 실험 형태가 단순해지고 결과 해석도 간편해지는 이점이 있다. 반면에 블록화를 하면 실험설계가 복잡해지고 또 곰곰히 따져봐야 할 점들이 많아지며 결과 해석도 간단치 않게 되는 불편함이 있지만 완전한 랜덤화에 비하여 훨씬 더 정밀한 분석을 할 수 있게 된다. 요컨대 실제로 수행되는 대다수의 실험설계는 거의 전부가 블록화의 개념을 이용하고 있다.

1.5 선형모형

실험설계를 사용하여 얻은 데이터를 어떻게 분석해야할까? **분석**(分析; analysis)은 쪼갠다는 의미다. 그렇다면 데이터를 어떻게 조각낼 수 있을까? 제 1.3 절에서는 측정값이 궁극적으로 참값과 오차의 합이라고 하였다. 이는 곧 데이터를 참값 부분과 오차 부분으로 쪼갠 것이다.

그리고 이같은 형태의 분석적 사고를 수리적으로 표현하는 방식을 **모형**(model)이라 한다. 제 1.3 절의 말미에 주어진 상자 속의 등식이 모형의 한 예다.

그런데 모형은 가정이다. 따라서 가정된 모형이 나타난 현상을 잘 설명하리라는 것은 우리의 희망 사항일뿐 실제로 그 모형이 현상에 과연 부합되는지는 아무도 알지 못한다. 그렇기는 하더라도 참값에 오차가 더해져 관측값이 나온다는 생각은 상당히 그럴듯 하기 때문에 통계 모형은 대체로 이와 같은 더하기의 형태를 취한다. 그리고 이런 류의 더하기 모형을 **선형모형**(linear model)이라 부른다.

비선형모형(nonlinear model)을 고려하는 것이 잘못된 것은 아니다. 예를 들어 우리의 데이터가 다음과 같은 모형을 따른다고 가정해보자.

측정값 = 참값 × 오차

그런데 이같은 곱하기 모형을 가정하는 것은 어렵지 않지만 수리적으로 모형을 해석하기가 어렵고 또 마땅히 통계적으로 분석할 방법도 없다. 그래서 이런 비선형모형보다는 선형모형을 사용하는 편이 직관적인 해석이 쉽고 분석 방법도 간단히 만들 수 있으며 수리적 편리성이 월등하기에 실험설계에서 주로 사용되는 모형은 거의 전부 선형모형의 범주를 벗어나지 않는다.

실험설계 분야에서는 관측값을 효과들로 분해하여 선형모형화한다. 실험설계에서 고려하는 효과에는 근본적으로 블록효과, 처리효과, 오차효과들의 세 가지 종류가 있다.

블록효과(block effect)는 **설계효과**(design effect)라고도 하는데 실험에 사용된 블록화 기법이 관측값에 끼치는 효과다. 이 효과는 어떠한 유형의 블록화 기법을 사용하느냐에 따라 형태가 달라진다.

처리효과(treatment effect)는 글자 그대로 각 처리의 고유 효과다. 예를 들어 혈압강하제 A와 B가 있는데 평소 혈압이 180인 사람에게서 A를 먹이고 측정하니 혈압이 160이 되었다고 하자. 또 이 약의 효과가 다 없어질 때까지 며칠을 기다린 다음 혈압을 재어보니 그 사이에 원상복구되어 혈압이 다시 평소와 같이 180이었다고 하자. 이때 이 사람에게 B를 복용시켰더니 이번에는 혈압이 140으로 떨어졌다고 하자. 먼저 먹인 약의 잔류 효과가 전혀 없고 측정에 전혀 오차도 없다고 가정하면 처리 A의 효과는 $160-180=-20$ 또 처리 B의 효과는 $140-180=-40$이라고 할 수 있겠다.

그런데 처리효과는 기준점을 어디로 잡느냐에 따라 값이 다를 수 있다. 다시 말해서 혈압 150을 기준으로 하면 처리 A의 효과는 $160-150=+10$ 또 처리 B의 효과는 $140-150=-10$이다. 아예 혈압 0을 기준으로 하면 처리 A의 효과는 160 또 처리 B의 효과는 140이 된다. 기준점의 위치는 편리한대로 잡을 수 있지만 일반적으로 처리효과를 표시하는 기준점은 데이터들의 **전체 평균**(overall mean)이다.

이 대목에서 유의해야할 한 가지 중요한 사실은 비교연구에서 개별적인 효과의 값이 얼마냐는 전혀 관심 대상이 못 된다는 점이다. 예를 들어 두 사람의 키를 비교할 때 누가 더 크냐 작으냐 또 그 차이가 어느 정도인가가 중요하지 굳이 각각의 키를 알 필요는 없다는 말이다. 다시 말해서 갑의 키가 160 cm이고 을의 키가 140 cm일 때 두 사람의 키를 비교하는 것이 우리의 주된 관심사라면 갑이 을보다 더 큰 사람이고 또 갑이 을보다 20 cm 더 크다는 사실만 알면 되었지 각각의 키 자체에는 관심이 없다는 것이다. 왜냐하면 우리가 150 cm를 기준으로 키를 재는 세상에서 살고 있다면 갑의 키는 +10 cm가 될 것이고 을의 키는 -10 cm이기 때문이다. 그렇더라도 갑이 을보다 크고 그 차이가 20 cm라는 점은 변하지 않는다!

마지막으로 **오차효과**(error effect)는 제 1.3 절에서 설명한 실험오차와 관찰오차를 포함하는 효과로서 실험자가 제어할 수 없는 **랜덤 변동**(random variation) 부분이다.

이상과 같은 세 가지 효과가 합해져서 하나의 관측값이 도출되는 바 이를 모형으로 표현하면 다음과 같다.

측정값 = 전체평균 + 블록효과 + 처리효과 + 실험오차 + 관찰오차

1.6 실험과 모형

이 절에서는 간단한 예를 들어 실험설계의 형태에 따라 모형과 해석 방법이 달라짐을 보인다.

소나무 묘목의 생장에 영향을 끼치는 공해물질의 효과를 연구하고 싶다고 하자. 탄소여과 과정을 거쳐 정화된 공기(P_1)를 **대조군**(control)으로 놓고 이산화황(P_2)과 이산화질소(P_3)의 두 가지 공해물질의 영향을 상호 비교하고 싶다. 이때 공해물질이 요인이며 세 가지 처리가 수준이 된다. 그리고 각 처리마다 4 그루의 소나무 묘목을 사용할 수 있다고 가정하자. 결국 우리에게는 모두 12 그루의 소나무 묘목이 주어져있는 셈이다. 그리고 실험에 동원된 묘목들의 나이와 키 등 일체 제반 조건이 거의 동질적이라고 가정한다. 또한 묘목들을 넣어두는 온실의 모든 환경 조건은 같게 놓았다.

이 경우에 이하 4 가지 실험 상황을 생각해보자.

(1) 실험설계 I

첫 번째 경우로 온실을 3 개 마련하여 각 온실마다 4 그루씩의 소나무 묘목을 랜덤 배치한다. 그리고 각 온실마다 공해 물질 처리를 랜덤 배치한다. 그림 1.1을 보라. 이 경우 각 온실마다 서로 다른 처리를 가하므로 온실이 실험단위다. 또한 각 온실의 4 그루 소나무 묘목이 관찰단위가 된다.

각 묘목마다 관측값을 Y로 표기하자. 이때 개별 관측값을 나타내려면 어느 처리에서 몇 번째 묘목에 대한 것인지를 표시해야하므로 첨자 2 개가 필요하다. 즉 개별 관측값을 Y_{ij}로 표기하자. 여기서, $i=1,2,3; j=1,2,3,4$. 일례로 Y_{23}(■)는 두 번째 처리(P_2)의 세 번째 묘목에 대한 관측값이다.

이 상황에 합당한 통계 모형은 어떻게 쓸 수 있을까? 우선 전체 평균을 μ로 표기하자. 그리고 i번째 처리의 효과를 τ_i, i번째 처리가 가해진 온실 즉 실험단위에 대한 실험오차를 ϵ_i, 또한 i번째 처리에서 j번째 관측값에 대응되는 관찰오차를 η_{ij}로 표기하자. 이 경우 적절한 통계 모형은 다음 형식으로 쓸 수 있다.

$$Y_{ij}=\mu+\tau_i+\epsilon_i+\eta_{ij} \quad (i=1,2,3; j=1,2,3,4)$$

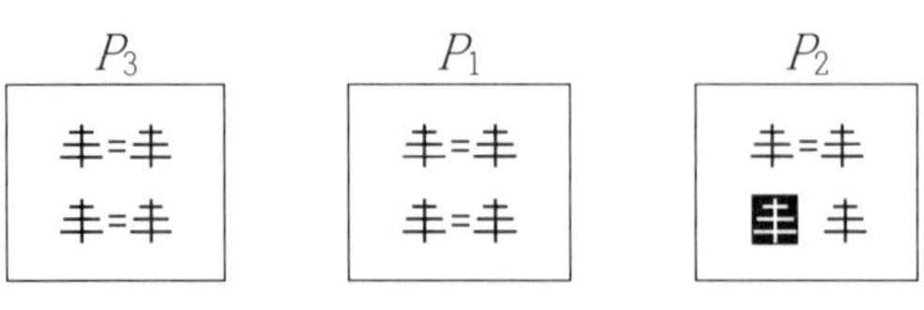

그림 1.1 실험설계 I 의 상황

이 모형을 보면 처리 효과 τ와 실험오차 ϵ에 붙은 첨자가 서로 동일함을 알 수 있다. 이런 경우 우리는 처리 효과와 실험오차 효과가 교락되었다(confounded)고 표현한다. 이 말의 의미는 두 개의 효과가 구분이 되지 않는다는 것이다.

모형에서의 첨자는 사람의 이름과 동일하다. 또 모형에서 효과항을 나타내는 그리스 문자 τ, ϵ은 사람의 얼굴에 해당한다. 얼굴이 달라도 이름이 같으면 출석부 즉 모형 상에서 두 사람을 구분할 방법이 없다.

예를 들어 어떤 학급에 '성민지'라는 학생이 둘이 있다고 해보자. 두 학생이 서로 다른 사람임은 잘 알지만 단순히 '성민지야'하고 부르면 정확히 누구를 부른 것인지 알 수가 없다. 이와 같이 동명이인을 생각하면 교락이라는 용어의 의미를 쉽사리 이해할 수 있을 것이다.

처리 효과와 실험오차가 교락되면 데이터 해석에 심각한 문제가 유발된다. 왜냐하면 묘목들의 생장도에 차이가 난다 하더라도 이것이 처리 간 차이인지 아니면 실험오차 때문인지 알 수가 없는 것이다. 다시 말해서, 만일 대조군으로 잡은 P_1 처리를 실수로 제대로 조절하지 못해 일반적으로 여과된 공기에 비하여 공해 물질로 알려진 오존 가스가 지나치게 많이 함유되었다고 한다면 P_1 처리에 대한 실험은 제대로 수행될 수가 없고, 이 사실을 모른채로 결과 분석을 하면 어떤 결과가 나오든 잘못된 결론을 내릴 가능성이 매우 높다.

따라서 실험설계 Ⅰ의 방식은 아주 좋지 못한 형태의 실험이라 하겠다.

(2) 실험설계 Ⅱ

그림 1.2에 도시된 새로운 실험 방식을 보자. 이번에는 12 개의 온실을 마련하여 온실마다 소나무 묘목을 1 그루씩 넣고 온실마다 공해 물질 처리를 랜덤으로 배정하고 있다. 이 경우에 온실은 실험단위인 동시에 관찰단위가 된다. 왜냐하면 처리가 온실에 가해지니 온실이 실험단위가 됨은 자명하고 또 각 온실 내의 묘목마다 관측값을 얻게되니 이 묘목이 관찰단위지만 온실마다 단 1 그루씩의 묘목이 있기 때문에 온실이 곧 묘목인 셈이다.

이 경우에도 하나의 관측값은 실험설계 Ⅰ에서와 같이 Y_{ij}로 표기된다. 물론 여기서, $i=1,2,3; j=1,2,3,4$. 일례로 Y_{12}(丰)는 첫 번째 처리(P_1)가 가해진 두 번째 온실(묘목)에 대한 관측값이다.

실험설계 Ⅱ에 대한 통계 모형은 다음과 같이 작성한다.

$$Y_{ij} = \mu + \tau_i + \epsilon_{ij} + \eta_{ij} \quad (i = 1,2,3; j = 1,2,3,4)$$

이때에는 실험오차와 관찰오차가 교락된다. 왜냐하면 실험단위와 관찰단위가 동일하

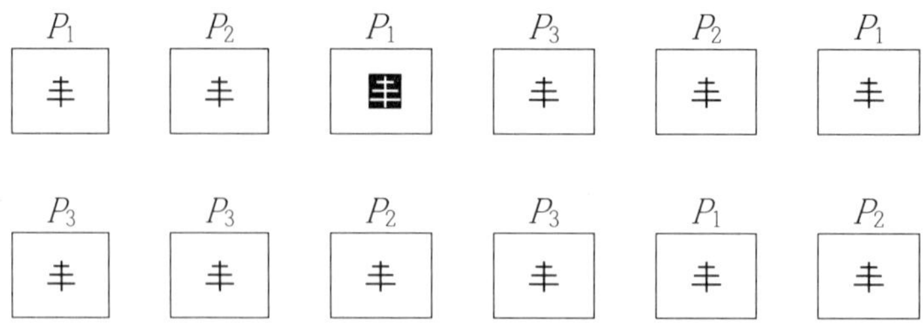

그림 1.2 실험설계 Ⅱ의 상황

기 때문이다. 따라서 실험오차와 관찰오차의 합을 $e_{ij}(=\epsilon_{ij}+\eta_{ij})$로 표기하면 모형은 다시 다음과 같이 쓸 수 있다.

$$Y_{ij}=\mu+\tau_i+e_{ij} \quad (i=1,2,3\,;j=1,2,3,4)$$

이와 같은 실험 방식을 **완전 랜덤화 설계**(CRD: completely randomized design)라 부르며 또 이 설계에 대응되는 모형을 **일원 분산분석 모형**(1-way ANOVA model)이라 한다.

현재와 같이 실험오차와 관찰오차가 교락되는 것은 분석에 큰 문제가 되지 않는다. 우리가 관심있는 것은 처리 간 효과 차이가 존재하는지 여부다. 그런데 모형에서 처리효과에 대한 첨자(i)와 오차효과에 대한 첨자(ij)가 서로 다르기 때문에 관심 대상이 아닌 오차항들이 교락되었든 말았든 처리 효과에 대한 우리의 분석에는 전혀 지장이 없는 것이다.

(3) 실험설계 Ⅲ

그림 1.3에 도시한 상황을 살펴보자. 이번에는 온실을 6 개 마련하여 각 온실마다 2 그루씩의 소나무 묘목을 랜덤 배정하였다. 그리고 각 처리마다 2 군데씩의 온실을 랜덤 배정하였다.

이 경우 실험단위는 온실이고 관찰단위는 각 온실 내의 2 그루 묘목들이다. 또한 현재와 같은 상황에서 하나의 관측값을 표기하려면 3 개의 첨자가 필요하다. 즉 그림 1.3에서 역상으로 표시된 묘목(丰)에 대한 관측값은 Y_{312}로 표시해야한다. 왜냐하면 세 번째 처리가 가해진 첫 번째 온실에서 두 번째 묘목에 대한 관측값이기 때문이다.

이 상황에 적절한 통계 모형은 다음과 같이 쓸 수 있다.

$$Y_{ijk}=\mu+\tau_i+\epsilon_{ij}+\eta_{ijk} \quad (i=1,2,3\,;j=1,2\,;k=1,2)$$

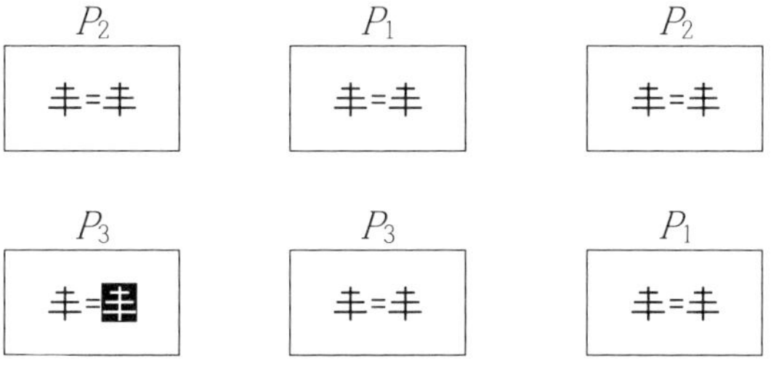

그림 1.3 실험설계 Ⅲ의 상황

이 경우에는 처리 효과, 실험오차, 관찰오차가 모두 따로따로 분해된다. 어느 효과항도 교락되어 있지 않다.

그렇다면 실험설계 Ⅲ이 실험설계 Ⅱ보다 더 나은 설계 방식인가? 그렇지는 않다. 처리 효과에 대한 검증을 고려하면 실험설계 Ⅱ가 일반적으로 **검증력**(power of test)이 더 높기 때문에 실험설계 Ⅱ가 더 좋다. 하지만 실험설계는 주어진 상황에서 최선을 찾는 것이므로 실험설계 Ⅱ든 Ⅲ이든 주어진 조건에 부합되는 것을 사용하면 된다.

(4) 실험설계 Ⅳ

실험설계 Ⅳ에서는 블록을 활용한다. 식물의 생장은 오전과 오후가 다르다는 사실을 알고있기 때문에 오전과 오후를 블록으로 잡아 각 블록마다 온실 3 개를 배정하여 처리를 가하고 또 온실마다 2 그루씩의 소나무 묘목을 랜덤 배치하였다. 블록마다 처리의 랜덤 배치가 서로 독립적임을 확인해보라.

이 상황은 실험설계 Ⅲ과 흡사하다. 각 온실이 실험단위이고 각 온실 내의 2 그루 묘목이 관찰단위다. 하지만 이번에는 모형에서 블록 효과(β_j)를 고려해야 한다. 적절한 모형은 다음과 같다.

$$Y_{ijk} = \mu + \tau_i + \beta_j + \epsilon^*_{ij} + \eta_{ijk} \quad (i = 1,2,3;\ j = 1,2;\ k = 1,2)$$

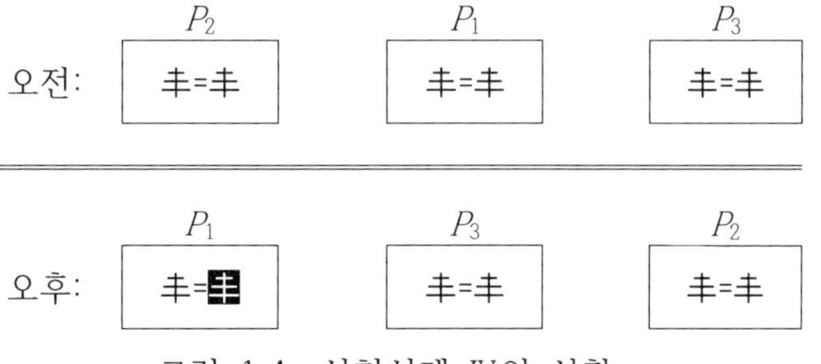

그림 1.4 실험설계 Ⅳ의 상황

오후 블록($j=2$)에서 P_1 처리($i=1$)가 가해진 온실의 두 번째 묘목($k=2$) ■은 Y_{122}로 표기된다.

이 상황에서도 모든 효과항들이 전부 분리되며 교락된 것은 없다. 그리고 모형에서 실험오차를 ϵ_{ij}^*로 표기하고 있는데 이는 실험설계 Ⅲ에서의 실험오차 ϵ_{ij}와 구분하기 위함이다.

다시 말해서 블록을 사용하지 않았더라면 실험오차가 전과 마찬가지로 ϵ_{ij}였을 것이다. 하지만 블록을 사용했기 때문에 전에는 설명하지 못하고 오차로 간주했던 부분에서 β_j만큼 더 설명할 수 있었고 따라서 블록 설계에서의 실험오차 ϵ_{ij}^*는 ϵ_{ij}보다 더 작게 된다. 바로 이 점을 나타내기 위하여 실험오차의 표기를 달리한 것이다.

실험설계 Ⅳ의 설계 방식을 **랜덤화 완전 블록 설계**(RCBD: randomized complete block design)라 부른다.

참고로 실험설계 Ⅰ, Ⅱ, Ⅲ은 모두 완전 랜덤화 설계의 변종들이다. 물론 실험설계 Ⅰ은 고려할 가치가 없는 설계다.

1.7 실험설계의 구성 요소

상황에 적절한 실험을 설계하려면 이하의 세 가지 설계 구성 요소들을 면밀히 고려해야한다.

(1) 처리설계

처리설계(treatment design)에서는 어떤 처리를 몇 개나 실험에 포함시킬지를 결정한다. 물론 처리는 요인들과 요인들의 수준 조합으로 결정된다. 따라서 처리설계에서는 우리가 수행할 실험에서 몇 개의 요인을 고려하고 각 요인마다 몇 개의 수준을 포함시킬지를 정해야 한다. 또한 각 요인마다 실험 가능한 수준의 범위를 알아야 하고 특히 실험 가능한 수준의 범위 중에서 특히 우리가 찾고자 하는 정보를 얻을 수 있는 관심영역을 지정한다. 처리설계 중 일반적으로 가장 많이 사용되는 설계 방식이 **요인설계**(factorial design)다.

(2) 오차조절설계

오차조절설계(error-control design)는 처리들을 실험단위에 어떤 방식으로 랜덤 배치하느냐를 결정하는 것이다. 제 1.6 절에서 이미 살펴보았지만 온실에 처리를 가하는 방식이 달라짐에 따라 모형도 달라지고 따라서 해석 방법도 달라진다.

오차조절설계의 대표적인 방식으로는 완전 랜덤화 설계, 랜덤화 블록설계, 라틴정방설계 등이 있다. 오차조절설계는 가용한 실험단위의 개수나 구조, 실험자가 요구하는 분석의 정밀도 등에 따라 달라진다. 실험단위가 블록 구조를 갖고 있으면 랜덤화 블록설계 기법을 사용해야 하고, 두 방향의 이질성이 존재하면 라틴정방설계 등을 고려해야할 것이다.

(3) 표집 및 관찰설계

표집 및 관찰설계(sampling and observation design)에서는 관찰단위가 실험단위와 같은지 다른지 또는 실험단위 내에서 **부표집**(subsampling)을 하는지 여부를 결정한다. 제 1.6 절에서 실험설계 II가 바로 관찰단위와 실험단위가 동일한 경우이다. 나머지 세 가지 경우는 모두 실험단위에서 부표집을 하고 있다. 그리고 표집 및 관찰설계에서는 반응값으로 무엇을 측정하는지를 결정하며 반응값이 하나의 변량인지 아니면 둘 이상인지 결정한다. 동시에 측정하는 반응값이 두 개 이상이고, 이러한 반응값 벡터에 대한 통계 추론을 전개하려면 다변량 해석이 적용되어야 한다.

1.8 분석

제 1.7 절에서 언급한 세 가지 설계 개념을 사용하여 적절한 실험설계 방식을 만들었고 또 실제로 실험을 해서 바라는 데이터를 얻었다면 남은 작업은 분석과 해석뿐이다.

그런데 우리가 어떤 식으로 실험을 수행했는가에 따라 모형은 자동적으로 결정되는 것이다. 따라서 실험 데이터의 분석은 결국 실험에 대응되는 모형에 대한 분석으로 귀착된다.

제 1.6 절에서 제시한 실험 방식과 대응되는 모형을 다시 회상해보면 하나의 관측값은 전체 평균, 처리효과, 오차 등의 합으로 표시되고 있다. 우리가 모형을 분석한다고 함은 바로 이러한 모형의 구성 요소들 또는 **변동의 근원**(source of variation)들의 기여도를 정량화함을 의미한다. 그리고 이같은 개념의 분석은 소위 **분산분석**(analysis of variance)으로 구현할 수 있다. 분산분석의 개념에 대해서는 제 3.5 절을 참조하라.

1.9 실험설계의 순서

일반적으로 추천되는 실험설계의 순서는 다음과 같다.

(1) 문제에 대한 이해와 진술

이는 다소 뻔한 단계인 듯 하지만 실제 상황에서 실험자가 생각하는 문제점을 명확히 서술하기가 그다지 간단하지 않은 경우가 많다. 따라서 실험을 설계할 때는 실험의 목적과 현실적인 제한 사항들을 명확히 진술할 수 있어야 추후 나타나는 현상들을 더 잘 이해할 수 있게 되고 문제에 대한 통계적 결론을 제대로 해석할 수 있다.

다음은 필자가 상담했던 어떤 관능평가 실험에 대한 기본적인 사항을 요약한 예다.

요구사항:

① 평안도 지방 고유의 향토 떡의 일종인 노치에 대한 관능평가를 위한 실험계획을 수립.

② 평가 요원들이 측정한 반응값들을 기초로 노치의 제반 특성을 최적화하는 엿기름의 양과 당화 시간을 결정.

제한조건:

① 관심 요인: 엿기름 첨가 %, 당화 시간

② 두 요인의 수준은 각각 세 개로 수준값은 변경하지 못한다.

③ 엿기름의 첨가 %: 5 %, 10 %, 15 %

④ 당화 시간: 1 시간, 3 시간, 5 시간

⑤ 평가요원의 수: 7±2 명

⑥ 하루에 9 종류의 노치 모두를 동시에 마련할 수 있다.

기타사항:

① 요원 한 명당 하루에 최대 세 개의 노치 표본을 맛볼 수 있다.

② 상당 기간동안 예비 관능검사가 선행되므로 요원 간의 평가 능력 차이는 크지 않을 것이다.

---

(2) 요인과 수준의 선택

실험에서 고려하는 관심 요인의 실험 가능한 범위 및 관심 범위 중 실제 실험이 진행될 특정 수준 등을 결정한다.

실험을 완벽하게 하려면 반응값에 영향을 주는 가능한 모든 요인을 선택하여 실험하는 것이 좋겠지만 실험의 관리, 소요되는 비용, 시간 등 제반 여건을 생각한다면 많은 요인 중에서 중요하다고 생각되는 최소한의 요인만을 선택하는 것이 유리하다.

요인을 선택하였으면 요인의 수준을 결정해야 한다. 요인의 수준에 대한 고려는 수준의 개수와 수준값의 선택이라는 두 가지로 나누어진다. 그리고 수준값을 선택할 때는 고려하는 수준의 값이 실제로 조절 가능한지 살펴봐야 한다. 이런 류의 문제에서는 반드시 실제적인 경험과 주어진 상황에 대한 이해가 필수 불가결하다.

초기 단계의 실험에서는 가능한한 중요하다고 여겨지는 모든 요인들을 고려하되 수준수를 낮게 잡는 편이 유리하다. 일반적으로 수준수는 둘 정도가 적당하다. 요인이 세 개라 할 때 각 요인마다 수준수를 다섯 개로 잡는다면 모든 가능한 요인 수준들의 조합인 처리의 총개수는 5×5×5 = 125 개가 된다. 그러나 수준수를 두 개로 잡으면 처리의 수는 2×2×2 = 8 개가 되어 상당히 수고를 덜 수 있다. 물론 수준수를 많이 잡으면 반응값들의 변화 패턴을 더 자세히 볼 수는 있겠지만 잘 설계된 실험이라면 수준수가 작아도 바라는 패턴을 인식하는데 크게 부족함이 없다. 다시 말해서 이렇게 초기 단계의 실험을 통하여 주요 요인을 걸러낸 후에 비로소 수준수를 늘려 자세한 요인 효과를 파악하는 전략을 사용하는 것이 유리하다.

요인의 수준값은 연구자의 관심 영역(region of interest)에 국한하여 선택하는 것이 일반적이다. 예를 들어 공정 온도가 요인일 때 경험상 생산량이 나쁘게 나오는 범위를 알고 있다면 그러한 영역은 관심 영역이 될 수 없다. 또 현재 생산 라인의 여건상 300도 이상으로 온도를 조절하는 것은 불가능하다고 하면 이러한 영역 역시 관심영역이 될 수 없다.

(3) 반응의 선택

반응값을 재는 측도를 잘 선택해야 한다. 예를 들어 한 그루 사과나무에서 생산되는 사과 생산량을 잰다고 할 때 일일이 수확되는 사과의 개수를 셀지, 몇 상자가 생산되는지로 잴지, 수확된 사과의 총무게로 환산할지, 또는 사과의 품질 등급에 따른 무게로 평가할지 등을 결정해야 한다. 어느 경우든 실험 목적에 가장 적합한 측도를 선정한다.

(4) 실험설계의 선정

이상의 세 단계를 제대로 했다면 구체적인 실험설계 방식을 수립한다. 반복을 얼마로 할지, 랜덤화는 어떻게 해야 할지, 또 블록화를 고려해야 하는지 등을 결정해야 한다. 이 부분은 가급적 실험설계의 기본형들을 중심으로 주어진 상황에 알맞는 실험설계를 찾아야한다. 왜냐하면 아무 실험이나 분석 가능하지는 않기 때문이다. 우리가 지금까지 그럴듯한 분석법을 알고 있는 실험의 유형은 극히 제한적이라는 사실을 유념하라.

(5) 실험 수행

실험을 수행할 때는 모든 것이 애초에 설계된대로 적절히 진행되는지 살펴보는 것이 중요하다. 이 단계에서 오류를 범하면 실험의 타당성이 파괴된다. 따라서 성공적인 실험을 완수하기 위해서는 치밀한 실험 순서를 결정하고 미리 정해진 단계대로 실험이 진행되는지 모니터해야 한다.

이때 극히 주의를 기울여야 하는 점은 실험 요인으로 선택된 조건들 이외에 다른 모든 조건들은 언제나 동일하게 유지해야 한다는 것이다. 예를 들어 공정 온도를 100℃, 150℃, 200℃의 세 수준으로 놓고 실험을 할 때, 어느 온도로 실험을 하더라도 반드시 온도 이외의 다른 조건들 즉 습도라든가 압력이라든가 하는 여타의 모든 조건을 똑같이 맞춰주어야한다. 이렇게 해야지만 반응값에 미치는 온도의 영향만을 따로 걸러내어 분석할 수 있게 된다.

반복하지만 우리가 실험 조건으로 잡은 요인들 이외의 나머지 모든 조건들을 동일하게 유지해야만 반응값에 미치는 요인 고유의 효과를 걸러낼 수 있다. 그리고 이같은 이상적인 상황을 현실화시켜주는 방편이 랜덤화인 것이다.

(6) 자료 분석

실험 결과 얻은 자료는 반드시 수행된 실험설계에 정확히 대응되는 모형을 분석하는 통계적 방법을 사용해서 해석해야 한다. 특히 실험 수행 순서의 랜덤화에 제약이 있는 경우와 없는 경우의 실험설계는 전혀 다르지만 실험 결과 얻어진 자료의 형태는 같을 수 있기 때문에 실험 후 정리된 데이터를 보고 모형을 결정하는 것은 금물이다.

제 1.8 절에서 이미 언급하였지만 실험설계에서 주로 사용되는 통계분석 기법은 분산분석이다. 분산분석을 손계산하기는 어렵다. 하지만 요즘에는 자료분석용으로 우수한 통계 소프트웨어들이 많이 나와 있으므로 이들을 이용하면 수량화된 분석 결과 및 간단한 그래프 등을 쉽게 얻을 수 있을 것이다.

예를 들어 그림 1.5와 1.6은 각각 노치 제조에 대한 최적화 연구에서 엿기름(malt)의 첨가 %와 당화(sugar) 시간에 따른 전체적인 만족도의 변화 추이를 삼차원 표면도(3-dimensional surface plot)와 등고선도(contour plot)로 제시한 것이다. 이 두 그림을 살펴보면 엿기름의 첨가량을 8%로 또 당화 시간을 3시간 30분 정도로 잡을 때 만족도(Y)가 최대로 됨을 알 수 있다. 이와 같은 삼차원 표면도는 컴퓨터 그래픽스 기법의 발달로 누구나 쉽게 출력시킬 수 있기 때문에 데이터 분석시 자주 활용된다. 등고선도는 육안으로 삼차원 표면도의 해석이 쉽지 않은 경우에 사용되는 보조 해석 도구인데 등고선도를 그려보면 곡면의 모양을 더 확실히 짐작할 수 있다.

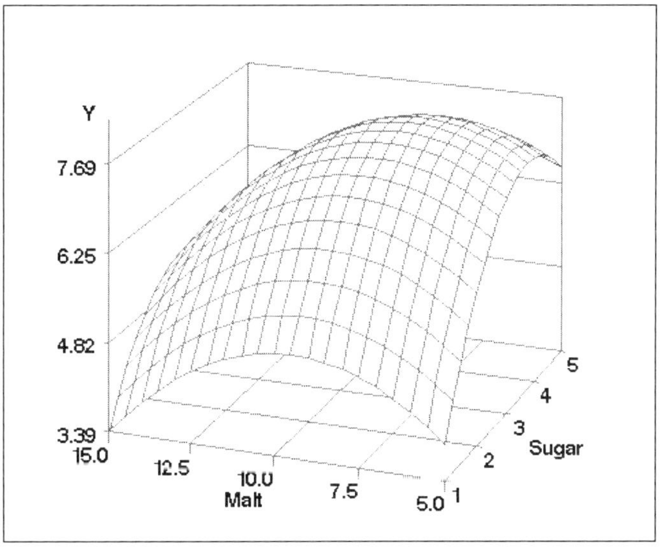

그림 1.5 3차원 표면도

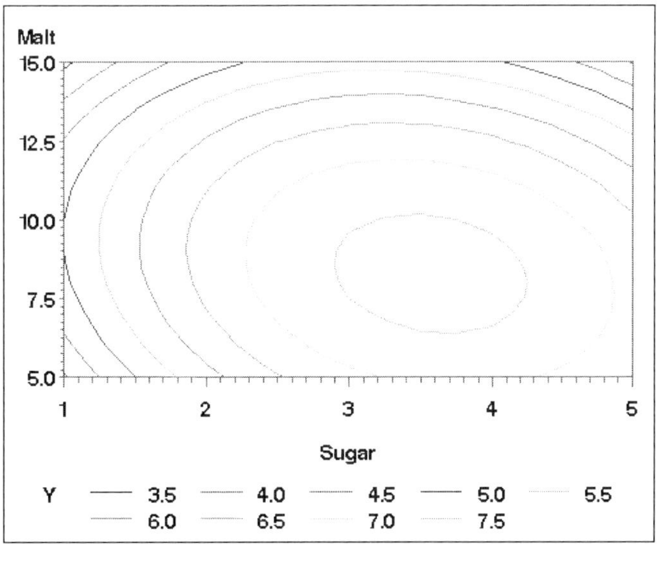

그림 1.6 등고선도

(7) 결론과 새로운 시작

일단 자료를 분석하면 분석 결과를 토대로 실제적인 결론을 내리고 시스템의 조건을 수정하든가 하는 행위를 추천할 수 있어야 한다. 그리고 실험 결과를 보고 새로운 실험을 고려할 수도 있다. 통계 실험은 한 번에 끝나지 않는다. 첫 번째 실험 결과를 보고 연구 대상에 대한 새로운 통찰력을 얻어 두 번째 실험을 생각하는 것은 극히 자연스러운 것이다. 한술 밥에 배부르기를 기대할 수는 없으니까.

1.10 기타

실험설계의 기본 원리인 랜덤화, 반복, 블록화와 실험설계에 연관된 제반 통계방법론, 특히 분산분석법은 영국의 통계학자 피셔(R. A. Fisher)에 의하여 창시되었다. 기타 실험설계론의 발전에 공이 큰 학자들로는 예이츠(F. Yates), 켐손(O. Kempthorne), 보우즈(R. C. Bose), 코크란(W. G. Cochran), 박스(G. E. P. Box) 등을 들 수 있다.

대다수의 초기 실험설계 방법론들은 농업 및 생물 통계 분야에서 활용되었기 때문에 실험설계에 관련된 전문 용어들은 대체로 이들 분야에서 비롯된 것이 많다. 이차세계대전 이후 실험설계는 화학 공업에서 많이 활용되기 시작하였고 작금에는 사용되지 않는 곳을 찾기 어렵게 되었다.

실험설계를 활용할 때 염두에 두어야 할 몇 가지 주의 사항들을 언급하겠다.

실험자는 모름지기 자신이 수행하는 실험에 대한 명확한 아이디어가 있어야 하며 어떠한 제한점이 있는지 등을 누구에게나 말할 수 있어야 한다. 요인, 요인 수준, 반응 변수의 선택에 있어서는 경험적이며 비통계적인 지식이 필수적이다. 결과 해석 역시 통계 분석에만 의존할 필요가 없다.

복잡하고 정교한 실험과 고차원적인 분석법을 실험의 초기 단계부터 고려하고 사용하는 것은 바람직하지 않다. 실험설계과 분석은 간단하면 간단할수록 최상이라 할 수 있다. 실험이 복잡하면 결과 해석이 더 어려워지고 게다가 적합한 통계 분석법이 존재하지 않는 경우가 많다.

통계적인 유의성과 실용적인 유의성이 반드시 합치되지 않음도 인식하라. 예를 들어 빵을 굽는 최적의 조건을 찾아냈다 하더라도 제빵기를 교체하는데 드는 비용이 막대하면 교체하지 않는 선에서 최적 조건을 찾아볼 필요가 있다.

또한 실험은 한 번으로 끝나지 않는다는 점을 명심하라. 단 한 번의 실험으로 반응값에 가장 영향을 주는 요인과 요인의 수준이 찾아지지는 않는다. 일차 실험을 한 후 결과를 보아 이차 실험, 삼차 실험 등을 설계하노라면 바라는 결과를 얻게 된다.

2

기초적인 통계추론

실험설계에 관련된 통계적 자료분석법을 공부하려면 기본적인 통계적 추론 방법에 대한 이해가 선행되어야한다. 따라서 제 2 장에서는 모집단에서 추출된 표본 데이터를 기초로 평균, 표준편차와 같은 통계량을 계산하여 모집단의 특성값인 모수에 대한 추론을 전개하는데 있어 가장 초보적인 통계 개념들을 기술한다. 특히 이표본에서 평균차이에 대한 추론이 비교 분석의 기초가 된다.

2.1 모집단과 표본

모집단(population)은 통계 분석의 대상이 되는 단위 원소들의 총집합이다. 우리가 자료를 수집하여 통계 분석을 하는 주된 목적은 관심이 있는 모집단의 특성에 관한 결론을 도출해내려는데 있다.

예를 들어 한국인 중 40 대 남자들의 평균 혈중 콜레스테롤 농도를 알고 싶다고 하자. 이때 모집단은 당연히 한국인으로서 40 대 남자들이다. 그러나 현실적으로 이런 모집단에 대한 완전한 조사는 불가능하다. 따라서 편의상 모집단을 잘 대표한다고 생각되는 일부의 사람들을 선택하여 혈중 콜레스테롤 농도를 측정한 다음, 이 일부의 자료를 근거로 모집단의 혈중 콜레스테롤 농도를 유추할 수 밖에 없다. 이와 같이 통계 분석을 위하여 선택된 모집단의 일부를 **표본**(sample)이라 한다.

그러나 모든 표본이 다 모집단을 잘 대표하지는 않는다. 예를 들어 혈중 콜레스테롤 농도를 재는데 자료를 얻기 수월하다는 이유 때문에 종합병원에 입원한 고혈압 환자들만을 표본으로 선택한다면 이는 결코 좋은 표본이 될 수 없다. 이런 식으로 한 쪽으로 치우친 표본을 **편향 표본**(biased sample)이라 부른다.

우리는 표본 자료를 이용하여 모집단의 특성을 추론하려고 하기 때문에 가능한 한 모집단의 성질을 가장 잘 보여주는 표본을 선택하고 싶어 한다. 따라서 이상적인 표본 추출이라면 모집단의 특성을 최대한 잘 대표할 수 있는 모집단의 일부를 표본으로 선택해야 할 것이다. 이와 같은 관점에서 **랜덤 표본**(random sample)의 개념이 나온다.

표본 결과를 기초로 모집단에 대한 적법한 추론을 전개하려 할 때 모든 통계 절차들은 「표본이 랜덤 추출되었다」는 가정을 요구한다. 이 말은 모집단을 구성하는 모든 개체마다 표본으로 선택될 확률이 같고, 한 개체의 선택이 다른 개체의 선택에 전혀 영향을 주지 않음을 뜻한다. 그리고 이런 식으로 선택된 표본을 특히 랜덤 표본이라 하며 이후에 나타나는 모든 표본은 항상 랜덤 표본을 의미한다.

랜덤 표본을 추출할 때는 언제나 난수(random number) 또는 동전 던지기나 주사위 던지기 등과 같은 랜덤 메카니즘을 활용하게 된다. 난수를 사용하면 변화 패턴을 전혀 알 수 없도록 제멋대로 배열된 난수에 의거하여 표본을 추출하게 되므로 표본 추출에 관한 실험자의 주관적 판단이 배제되어 객관적 통계 분석이 가능하게 된다.

예를 들어 10 마리의 실험용 쥐를 다섯 마리씩의 두 그룹으로 나눈다고 하자. 이런 경우에는 쥐 한 마리를 선택하고 동전을 던져 앞면이면 첫 번째 그룹에, 뒷면이면 두 번째 그룹에 배정하는 절차를 밟으면 된다. 만일 첫 번째 그룹에 5 마리의 쥐가 다 배정되면 더 이상 동전 던지기를 할 것 없이 나머지 쥐를 모두 두 번째 그룹에 배정한다.

모집단을 묘사하거나 규정하는데 도움이 되는 상수를 **모수**(parameter)라 부른다. 앞서 언급한 한국인 중 40 대 남자들의 평균 혈중 콜레스테롤 농도가 바로 모수다. 이 모수를 추정하기 위하여 랜덤 표본으로 1,000 명의 40 대 남자들을 선택하여 혈중 콜레스테롤 농도를 측정하고, 이 표본 관측(sample observation)들로부터 평균값을 계산한다고 하자. 이렇게 관심 모수를 추정하기 위하여 표본 관측들로부터 계산되는 값을 **통계량**(statistics)이라 부른다. 이 경우는 관심 모수인 모평균을 표본평균이라는 통계량으로 추정하는 예다.

모집단을 규정하는 특성값은 무수히 많다. 모집단의 평균, 분산, 비율, 중앙값 등이 모두 모수다. 다만 사안에 따라 관심 모수가 다를 뿐이다. 이를테면 모집단 분산에 관심이 있다면 이 문제에 대한 관심 모수는 모집단 분산인 것이다.

모수란 우리가 알고는 싶지만 결코 알지 못하는 값이다. 그래서 표본을 취하여 모수를 추정하는 것이다. 일반적으로 모집단 평균은 표본 평균으로 또 모집단 분산은 표본 분산으로 추정한다.

그런데 추정된 값이 참값에 얼마나 잘 근사할까? 이는 아무도 알지 못한다. 다만 랜덤 표본을 추출하면 추정값이 참값에서 지나치게 벗어날 확률이 매우 줄어들 가능성이 크다.

2.2 확률분포와 모멘트

우리가 자료를 얻었을 때 주로 관심있는 값은 자료의 중심과 퍼짐성을 요약할 수 있는 특성값들로서 일반적으로 자료의 중심을 잴 때는 **평균**(mean, average), 자료의 퍼짐성을 잴 때는 **분산**(variance) 또는 **표준편차**(standard deviation)를 사용한다.

따라서 모집단에는 모평균과 모분산, 모표준편차가 있고 이들을 추정할 수 있는 좋은 표본 통계량은 각각 표본평균과 표본분산, 표본표준편차다. 앞으로 모평균은 μ, 모분산은 σ^2, 모표준편차는 σ로 표기한다.

그런데 우리는 데이터가 추출되는 임의의 모집단의 분포에 확률 구조를 가정하곤 한다. 그리고 모집단의 평균이나 분산 따위는 모집단의 확률 구조가 어떠하냐에 따라 값이 달라진다. 이러한 확률 분포의 가정은 많은 경우 현상이 실제로 그러하기 때문이 아니라 단순히 수리적인 편리성 때문이다.

모집단의 확률 구조 가정은 일종의 모형 설정이다. 예를 들어 '정규분포를 따르는 모집단에서 크기 n의 랜덤 표본을 추출한다'는 진술은 그 자체로서 이미 모집단 원소들의 분포 형태가 정규분포임을 묵시적으로 인정하는 것이다. 따라서 정규분포는 모집단 분포의 모형이 된다.

그런데 데이터가 추출되는 모집단의 분포에는 **연속 분포**(continuous distribution)와 **이산 분포**(discrete distribution)의 두 가지 유형이 있다. 간단히 표현하자면 길이, 무게, 압력 등 제반 **측정 자료**(measurement data)를 얻는 모집단의 분포는 연속분포, 범주별로 **계수 자료**(counting data)를 얻게 되는 모집단의 분포는 이산분포다. 연속분포에서 추출되는 자료를 **연속 자료**(continuous data) 또는 **양적 자료**(quantitative data)라고 한다. 반면에 이산분포에서 추출되는 자료는 **이산 자료**(discrete data) 또는 **질적 자료**(qualitative data)라 한다.

연속분포의 확률 구조는 소위 **확률밀도함수**(probability density function)로 주어지며, 이산분포의 확률 구조는 **확률(질량)함수**(probability mass function)으로 규정된다. 이러한 확률함수를 f로 표기하자. 그리고 '$Y \sim f(y)$'라는 표기를 '분포가 f인 모집단에서 데이터 Y를 추출한다'고 읽는다. 이때 Y는 아직 관측되지 않은 데이터다. 따라서 실제로 어떤 값을 갖게 될지 미리 알지 못하므로 이와 같은 Y 즉 관측되지 않은 데이터를 **확률변수**(random variable)라고 부른다.

예를 들어 주사위를 던진다고 하자. 그리고 Y를 던져서 나오는 눈의 수라고 정의하자. 실제로 Y가 어떤 값으로 현실화될지 미리 알 방법은 없지만 상식적으로 Y가 취할 수 있는 값은 1, 2, 3, 4, 5, 6 중의 어느 하나일 것이고, 주사위에 문제가 없다면 이 여섯 숫자들 중 어느 하나가 나올 확률은 동일할 것이다. 결국 이러한 상황에 걸맞는 확률함수는 다음과 같이 주어진다.

$$f(y) = \frac{1}{6}, \quad y = 1,2,3,4,5,6$$

또다른 예로 이화여대생 중 한 명을 추출해서 키를 잰다고 하자. 과연 누가 추출되어서 키가 얼마로 나올지 미리 알 수 없다. 따라서 확률변수 Y를 학생의 키라고 정의하자. 그리고 과거의 경험에 비추어 이화여대생들의 키의 분포는 평균 162 cm, 표준편차 2 cm의 정규분포를 따른다고 가정하자. 그러면 이 상황에 대응되는 확률밀도함수의 형태는 다음과 같이 주어진다.

$$f(y) = \frac{1}{\sqrt{2\pi} \times 2} \exp\left[-\frac{1}{2}\left(\frac{y-162}{2}\right)^2\right], \quad -\infty < y < \infty$$

모집단의 분포함수를 f로 표기할 때 모평균 μ와 모분산 σ^2를 구하는 공식은 다음과 같다.

$$\mu = \begin{cases} \int_{-\infty}^{\infty} y f(y)\,dy, & y\text{는 연속} \\ \sum_y y f(y), & y\text{는 이산} \end{cases}$$

$$\sigma^2 = \begin{cases} \int_{-\infty}^{\infty} (y-\mu)^2 f(y)\,dy, & y\text{는 연속} \\ \sum_y (y-\mu)^2 f(y), & y\text{는 이산} \end{cases}$$

이상과 같이 일단 모집단에 확률분포 즉 확률모형을 가정하면 모평균이나 모분산 등은 분포함수의 일차 및 이차 모멘트(moment)로 규정되며 이러한 모멘트들은 기대값 연산자 E로 표현하는 것이 간편하다.

μ와 σ^2를 기대값 연산자로 표현하면 다음과 같다.

$$\mu = E(Y)$$

$$\sigma^2 = E[(Y-\mu)^2] = E(Y^2) - [E(Y)]^2 \equiv Var(Y)$$

특히 분산은 일반적으로 Var로 표기한다.

그리고 기대값 연산자와 분산 연산자에 대한 기본적인 성질들은 이론 통계학 교재들을 참고하기 바란다.

2.3 평균 중심의 변동에 대한 기술

크기 n의 랜덤 표본에서 관측된 자료들을 $Y_1, Y_2, \cdots, Y_n$ 으로 표기할 때 표본평균과 표본분산, 표본표준편차들의 표기와 공식은 다음과 같다. 그리고 앞으로는 표본 통계량들을 지칭할 때 오해의 소지가 없다면 굳이 '표본'을 사용하지 않겠다.

- **평균** $\quad \overline{Y} = \dfrac{\sum_{i=1}^{n} Y_i}{n}$
- **분산** $\quad s^2 = \dfrac{\sum_{i=1}^{n} (Y_i - \overline{Y})^2}{n-1}$
- **표준편차** $\quad s = \sqrt{\dfrac{\sum_{i=1}^{n} (Y_i - \overline{Y})^2}{n-1}} = \sqrt{s^2}$

평균은 데이터 값들의 합을 표본 크기 n으로 나누어 얻는데 이는 곧 데이터들의 무게 중심이다. 분산은 표준편차의 제곱(s^2)인데 통계 분석을 할 때 분산이 직접 사용되는 경우는 드물다. 통계 추론의 목적으로는 대부분의 경우 분산보다는 표준편차가 사용된다. 이는 수집된 자료의 단위와 표준편차의 단위가 일치하기 때문이다.

분산의 공식에서 분자에 나타난 $(Y_i - \overline{Y})$를 **편차**(deviation)라고 한다. 더 정확히 말하자면 평균 중심의 편차라고 하겠다. 그리고 분자 부분은 편차 제곱항들의 합이기 때문에 이를 특히 **편차제곱합**(sum of squared deviation) 또는 간단히 **제곱합**(SS: sum of squares)이라 부른다.

또 분모로 사용된 $(n-1)$을 제곱합의 **자유도**(df: degrees of freedom)라 부른다. 자유도는 본질적으로 상호 독립인 표본 크기를 뜻한다. 그런데 n 개의 편차들 간에는 편차항들을 모두 더하면 0이 되는 종속성이 하나 존재한다. 즉 $\sum(Y_i - \overline{Y}) = 0$ 이다. 따라서 편차항들 중 어느 하나를 잃어버려도 그 값이 무엇인지 항상 역산이 가능하며 따라서 n 개의 편차항들의 자유도는 $(n-1)$이 된다. 기실 평균 공식에서 분모로 사용된 표본 크기 n 역시 자유도로서 이는 원시 데이터의 자유도다.

따라서 분산은 편차 제곱항들의 평균이라 할 수 있는데 이와 같은 (제곱합÷자유도)의 형태를 평균제곱편차 또는 간단히 **평균제곱**(MS: mean squares)이라 부른다.

$$\textbf{분산} = \frac{\textbf{제곱합}}{\textbf{자유도}} = \frac{SS}{df} = \textbf{평균제곱} = MS$$

분산의 공식은 식 (2.1)과 같이 쓸 수 있으며 손으로 계산할 때는 이 공식이 더 편리하다.

$$s^2 = \frac{\sum_{i=1}^{n} Y_i^2 - n\overline{Y}^2}{n-1} \tag{2.1}$$

예 2.1

다음 다섯 개 데이터들의 평균, 분산과 표준편차를 구해보자.

6, 7, 4, 0, 3

평균 $\overline{Y} = \dfrac{6+7+4+0+3}{5} = 4$

분산 $s^2 = \dfrac{(6-4)^2+(7-4)^2+(4-4)^2+(0-4)^2+(3-4)^2}{(5-1)} = 7.5$

표준편차 $s = \sqrt{7.5} = 2.74$

물론 분산을 식 (2.1)을 사용하여 계산해도 같은 결과를 얻는다.

$$s^2 = \frac{(6^2+7^2+4^2+0^2+3^2) - 5\times(4)^2}{5-1} = 2.74$$

∎

실험을 한 뒤 얻은 데이터에 대한 보고서나 연구 논문을 작성할 때 데이터의 **변동**(variability)에 관련된 정보를 제공하는 것은 상식적인 절차다.

수집된 데이터의 중심은 흔히 평균으로 나타낸다. 그리고 데이터 값들이 데이터의 중심으로 선택된 평균으로부터 얼마만큼 퍼져있는지는 주로 평균의 표준편차 또는 **표준오차**(standard error)로 정량화한다. 표준오차는 표본평균의 표준편차로서 $s_{\overline{Y}}$ 또는 se로 표기하며 공식은 다음과 같다.

- **표준오차** $s_{\overline{Y}} = se = \dfrac{s}{\sqrt{n}}$

표준편차는 원시 자료의 퍼짐성을 재는 측도다. 반면에 표준오차는 표본평균들의 표준편차며 표본 크기를 고려하여 퍼짐성을 차별화한다. 그래서 표준편차는 자료의 퍼짐성을 재지만 표준오차는 평균들의 퍼짐성을 잰다.

표준오차의 개념을 부연하겠다. 예를 들어 어느 대학교 통계학부 학생 100 명의 평균 키를 알고싶다고 하자. 다 조사할 수가 없어 20 명을 랜덤 추출하여 평균 키를 산출했더니 170 cm가 나왔다고 하자. 이 경우에도 우리는 공식을 사용하여 표준오차를 계산할 수 있지만 한 가지 의심스러운 면이 있다. 표준오차는 평균들의 퍼짐성으로 정의되었는데 현재의 경우 평균값은 170 cm의 단 하나의 값만 주어져있다. 이 하나의 평균에 대한 퍼짐성을 무슨 수로 잴 수 있을까? 분산이든 표준편차든 적어도 둘 이상의 데이터가 있어야 계산이 가능하니 말이다.

이런 의문은 다음과 같은 개념적인 상황을 고려하면 풀릴 것이다.

한 사람에게 20 명을 추출케하여 평균값을 계산시켰더니 평균으로 170을 얻었다. 또 다른 사람에게 다시 20 명의 랜덤 표본을 추출케 하여 또 평균값을 산출하게 한다. 그랬더니 172.5가 나왔다. 구성원이 하나라도 다른 표본이라면 표본평균값이 달라질 것임은 자명하다. 사실상 지금 예에서 서로 다른 표본이 추출되는 가지수는 모두 ${}_{100}C_{20}$ 개나 된다. 그리고 이 모든 표본마다 평균값은 전부 다르다. 이러한 평균값들의 표준편차를 표준오차라 하는 것이다. 또한 표준오차는 평균 $\overline{Y}$들의 표준편차이기 때문에 $s_{\overline{Y}}$라는 표기를 사용한다.

물론 우리가 실제 상황에서 이와 같은 반복 추출을 하지는 않지만 주어진 공식을 이용하여 이상에서 설명한 개념의 표준오차를 추정할 수 있다.

예 2.2

예 2.1의 데이터에서 표준오차는 다음과 같이 계산된다.

$$se = \frac{2.74}{\sqrt{5}} = 1.22$$ ▮

수집된 데이터에서 평균 중심의 변동을 보고하는 형식은 천차만별이지만 일반적으로 추천할만한 형태는 다음 세 가지이다.

① $\overline{Y} \pm s$
② $\overline{Y} \pm se$
③ $\overline{Y} \pm 2 \times se$

이때 표본 크기와 측정 단위를 항상 명시해야 한다. 그런데 ①과 같이 표준편차를 보고하는 것보다는 ②, ③과 같이 표준오차를 보고하는 편이 더 낫다. 왜냐하면 표준오차는 자료의 중심에 대한 측도로 선정된 평균값의 정밀도(precision)를 대표하는 값이기 때문이다. ③에서는 표준오차의 2 배를 보고하는데, 이 형식은 통계 추론에서 언급되는 95% 신뢰구간의 계산과 동일하다. 어느 경우든 표준편차나 표준오차의 값이 작으면 데이터가 평균 근처에 많이 밀집되어 있고 따라서 측정이 정밀하였다고 볼 수 있다. 그러나 이같은 진술은 상대적이기 때문에 비슷한 실험 간의 정밀도를 비교할 때나 의미가 있다.

표 2.1은 국내 4 개 회사에서 생산되는 무가당 오렌지 쥬스(A, B, C, D)의 신 맛을 48 명의 평가 요원이 쥬스마다 12 명씩 랜덤 배치되어 9 점 척도를 사용하여 평가한 결과이다.

표 2.1 오렌지 쥬스의 신 맛에 대한 평가

A	*B*	*C*	*D*
8 8	6 5	8 8	9 4
7 9	7 7	8 5	6 5
8 7	6 7	6 7	4 4
9 8	6 8	6 7	5 6
6 8	7 6	7 6	7 5
7 6	8 7	7 8	8 4

이 데이터에 대한 보고를 할 때 ②의 방식을 사용하면 표 2.2와 같은 형식으로 기초 통계량을 요약하여 보고할 수 있을 것이다. 여기서 괄호 속의 값은 표본 크기다.

이와 같이 보고된 통계량들을 보면 오렌지 쥬스 *A*가 신 맛이 가장 강하고 오렌지 쥬스 *D*의 평가 점수가 다른 오렌지 쥬스들에 비하여 낮기는 하지만 평균 중심의 데이터들의 변동이 심함을 쉽게 알 수 있다.

데이터를 얻고나서 평균, 표준편차, 표준오차 등의 단순 통계량을 살펴보는 것은 차후의 분석에 대한 통찰력을 얻는데 큰 도움이 된다. 그리고 이렇게 얻어진 통계량들을 그림이나 그래프로 보고하는 것도 좋은 방법이다.

표 2.2 오렌지 쥬스의 신 맛에 대한 요약 통계

오렌지 쥬스	신맛: $\overline{Y} \pm se$ (n)
A	7.583 ± 0.288 (12)
B	6.667 ± 0.256 (12)
C	6.917 ± 0.288 (12)
D	5.583 ± 0.484 (12)

예 2.3

표 2.3에 주어진 자료는 돼지의 체중(weight) 증가에 가장 효율적인 사료 내 단백질(protein) 첨가 퍼센티지를 결정하려는 비교실험에서 얻어진 측정값들이다. 이 실험에서는 단백질 %가 처리다. 동일 품종으로 나이와 무게가 비슷한 돼지 20 마리를 동원하여 각 처리별로 5 마리씩 랜덤 배치한 다음 일정 기간 후에 돼지의 체중 증가분을 측정하였다. 이는 전형적인 완전 랜덤화 설계의 한 예다.

표 2.3 단백질 %와 돼지의 체중 증가분

10 %	20 %	30 %	40 %
60.8	87.9	102.6	68.7
57.0	84.2	102.1	67.7
65.0	83.1	100.2	74.0
58.6	85.7	96.5	66.3
61.7	90.3	99.9	69.8

그림 2.1은 이 자료에 대한 **산점도**(scatter plot)다. 산점도를 그려보면 원시 자료의 변화 패턴이 잘 드러난다. 표 2.3의 자료에 대한 요약 통계량은 다음과 같다.

처리	평균	표준편차	표준오차	범위
10	60.62	3.065	1.371	8.0
20	86.24	2.896	1.295	7.2
30	100.30	2.405	1.075	6.1
40	69.30	2.927	1.309	7.7

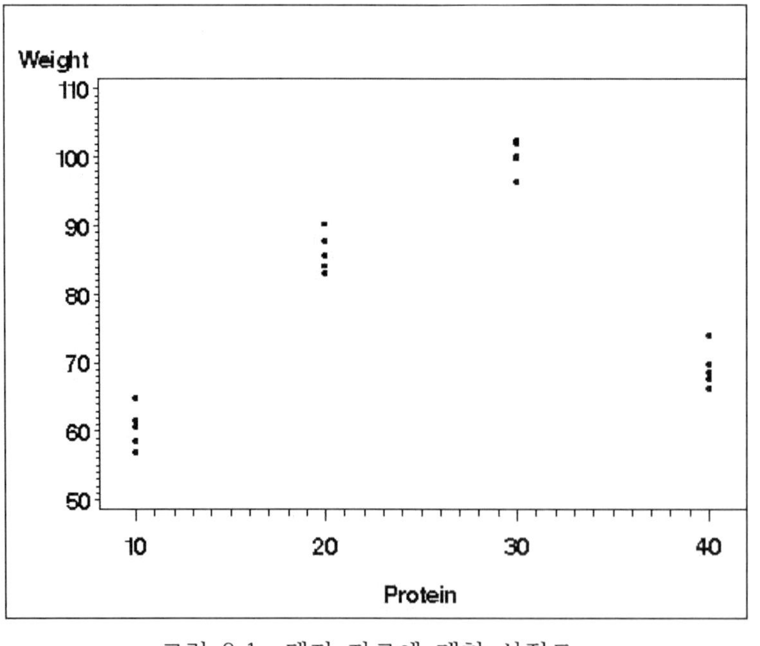

그림 2.1 돼지 자료에 대한 산점도

요약 통계량에서 **범위**(range)는 데이터의 최대값에서 최소값을 뺀 통계량이다. 산점도에서도 확인할 수 있지만 대체로 30% 처리에 대한 데이터가 변동이 작다. 하지만 그렇게 두드러지게 작아 보이지는 않는다. 또한 30% 처리를 가했을 때 체중 증가가 가장 크다. ▎

2.4 정규분포

앞으로 소개할 대부분의 통계방법들에서는 언제나 데이터들이 **정규분포**(Gaussian distribution 또는 normal distribution)를 따른다는 가정을 한다. 정규분포는 통계학에서 데이터들의 분포로 가장 많이 가정되며 분포의 형태는 그림 2.2와 같다.

정규분포는 두 개의 모수 μ와 σ^2으로 함수의 모양이 결정되며 흥미롭게도 모수 μ는 분포의 평균, σ^2은 분산이다. 정규분포의 평균 μ는 분포의 중심을 결정하며 분포의 모양은 μ를 중심으로 좌우대칭이다. 또한 분산 σ^2은 분포의 퍼짐성을 결정하며 σ^2의 값이 크면 좌우로 길게 늘어나고 중심 부분의 높이가 낮은 형태가 되며, σ^2의 값이 작으면 좌우로 짧은 반면 중심 부분이 높고 뾰족한 형태가 된다. 이와 같은 정규분포를 앞으로는 $N(\mu, \sigma^2)$으로 표기하겠다.

그림 2.2에서 볼 수 있듯이 정규분포를 따르는 데이터는 평균 μ 근처에서 밀집되어 나오며 μ에서 많이 떨어진 곳에서는 나올 확률이 작다. 예를 들어 20 cm 길이의 막대기를 재는데 60 명의 사람들에게 동일한 눈금자를 주어 길이를 측정하게 한다면 대다수의 사람들의 측정값이 20 cm 근방에 나오고 20 cm에서 많이 떨어진 값들이 나올 확률은 매우 작을 것이라고 기대할 수 있다. 정규분포는 이러한 상식적인 개념에서 만들어진 분포다.

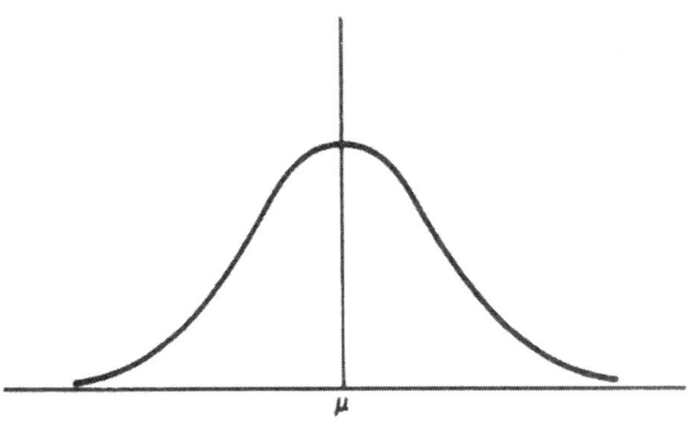

그림 2.2 정규분포 $N(\mu, \sigma^2)$

정규분포에서 추출된 n 개의 데이터는 수리적으로 (2.2)와 같이 표기한다.

$$Y_1,\ Y_2,\ \cdots,\ Y_n \sim N(\mu, \sigma^2) \tag{2.2}$$

이때 μ와 σ^2의 값은 우리가 알지 못하지만 데이터를 통해서 이 값들을 추정할 수 있다. 즉 데이터에서 계산된 표본평균 $\overline{Y}$와 표본분산 s^2을 각각 데이터가 나온 정규분포의 모수 μ와 σ^2의 추정량으로 사용할 수 있다.

정규분포와 관련된 몇 가지 중요한 공식들을 요약한다.

- $Y_i \sim N(\mu, \sigma^2), \quad i = 1,2,\cdots,n$
- $Z_i = \dfrac{Y_i - \mu}{\sigma} \sim N(0,1), \quad i = 1,2,\cdots,n$
- $\overline{Y} \sim N\left(\mu, \dfrac{\sigma^2}{n}\right)$
- $Z = \dfrac{\overline{Y} - \mu}{\sigma/\sqrt{n}} \sim N(0,1)$
- $t = \dfrac{\overline{Y} - \mu}{s/\sqrt{n}} \sim t_{n-1}$
- $\displaystyle\sum_{i=1}^{n} Z_i^2 = \sum_{i=1}^{n}\left(\frac{Y_i - \mu}{\sigma}\right)^2 \sim \chi_n^2$
- $\chi^2 = \dfrac{(n-1)\,s^2}{\sigma^2} = \displaystyle\sum_{i=1}^{n}\left(\frac{Y_i - \overline{Y}}{\sigma}\right)^2 \sim \chi_{n-1}^2$
- $\dfrac{\chi_m^2 / m}{\chi_n^2 / n} \sim F_{m,n} \quad$ (χ_m^2와 χ_n^2는 서로 독립)

$Y_{11}, Y_{12}, \cdots, Y_{1u}$가 $N(\mu_1, \sigma^2)$에서 추출된 u 개의 확률변수이고 또 $Y_{21}, Y_{22}, \cdots, Y_{2v}$가 $N(\mu_2, \sigma^2)$에서 추출된 v 개의 확률변수라 하자. 서로 독립적인 이 두 그룹의 자료의 정규분포 모형을 보면 평균은 서로 다르지만 분산이 동일하게 기정되어 있음을 알 수 있다. 이런 가정을 **공통분산**(common variance) 가정이라 한다. 분산분석에서도 공통분산 가정은 필수적이다. 이 경우 다음 관계식이 성립한다.

- $\dfrac{s_1^2}{s_2^2} \sim F_{u-1,v-1} \quad$ (공통분산일 경우)

2.5 추정

통계적 추정의 목적은 표본 통계량을 기초로 모수에 대한 추정값을 얻는 것이다. 추정에는 **점추정**(point estimation)과 **구간추정**(interval estimation)의 두 가지 종류가 있다.

점추정은 단일 통계량의 값으로 모수를 추정하는 것을 말한다. 표본평균으로 모평균을 추정하는 것이 한 예다. 점추정량이 갖추어야할 바람직한 성질로 다음 세 가지를 들 수 있다.

① **비편향**(unbiasedness)
② **일치**(consistency)
③ **최소분산**(minimum variance)

비편향성은 통계량의 기대값이 모수가 됨을 뜻하는 것으로, 어떤 분포에서도 표본평균은 모평균에 대한 비편향 추정량이고 표본분산은 모분산에 대한 비편향 추정량이다. 즉 (2.3)과 같은 관계가 언제나 성립한다.

$$E(\overline{Y}) = \mu \tag{2.3}$$

$$E(s^2) = \sigma^2$$

일치성이란 표본 크기 n을 증가시킬수록 통계량의 값이 점점 더 모르는 모수의 참값으로 가까워지는 성질이다. 예를 들어 이화여자대학교 학부학생들 15,000 명의 평균키를 알고 싶을 때 1,000 명의 표본에서 계산한 표본평균보다 10,000 명의 표본에서 계산한 표본평균이 모집단 평균에 더 근접함은 상식적으로 쉽게 이해될 수 있다. 표본평균과 표본분산은 각각 모평균과 모분산에 대한 일치 추정량이다.

최소분산성은 하나의 모수에 대한 둘 이상의 통계량이 존재할 때 이 통계량들의 추정효율을 비교하는 목적에 사용된다. 어느 통계량의 분산이 작다는 말은 그 통계량이 취하는 값들의 분포가 좁은 구간에 밀집되어 있음을 뜻한다. 따라서 비편향 추정량인 동시에 최소분산 통계량이면 모수 추정에 가장 효율이 좋은 통계량이라 할 수 있다.

특히 모집단 분포로 정규분포를 가정하면 표본평균은 모평균에 대하여 또 표본분산은 모분산에 대하여 위의 세 가지 성질을 모두 만족시킨다.

제 2.3 절에서 제시한 보고 방법에서 모수의 추정값으로서 단일 숫자를 사용하기보다는 모수가 포함될 만한 숫자들의 범위를 명시하는 추정 방법을 사용하고 있음을 주목하

라. 이는 하나의 추정값이 추정하려는 모수와 일치하기를 기대할 수는 없으므로 추정값 자체를 표본오차까지 고려하여 구간으로 만들어 제시하는 것이 더 나음을 의미한다. 이와 같은 추정 방식을 구간추정(interval estimation)이라 한다. 그런데 구간추정에서 오로지 구간만 명시하면 주어진 구간이 모수 추정에 얼마나 정확한지 즉 얼마나 신뢰성이 있는지 알 수 없다. 신뢰도를 고려한 구간추정을 **신뢰구간**(confidence interval) 추정이라 한다. 신뢰도의 값을 **신뢰수준**(confidence level)이라 하는데 흔히 0.95나 0.99를 사용한다. 신뢰수준에 대비되는 값이 **유의수준**(significance level)으로, 유의수준은 (1 - 신뢰수준)으로 결정되며 α로 표기한다. 신뢰수준과 유의수준은 %로 표현하기도 하는데, 한 가지 예를 들자면 95% 신뢰도에는 5%의 유의도가 대응된다.

모평균이 μ, 모분산이 σ^2인 정규모집단에서 알지 못하는 모평균 μ에 대한 신뢰구간 추정을 위하여 자료 $Y_1, Y_2, \cdots, Y_n$ 을 추출하는 상황을 가정하자. 이때 σ 값을 안다면 μ에 대한 100(1 - α)% 신뢰구간의 양 끝점의 공식은 (2.4)와 같이 주어진다.

$$\overline{Y} \pm z_{\alpha/2} \frac{\sigma}{\sqrt{n}} \tag{2.4}$$

(2.4)의 공식에서 $z_{\alpha/2}$는 부록 A.1의 표준정규분포표에서 읽어야 하는 값으로, 95% 신뢰구간을 구할 때는 $z_{0.025} = 1.96$, 99% 신뢰구간을 구할 때는 $z_{0.005} = 2.58$이 된다.

$$\mu\text{에 대한 95\% 신뢰구간: } \overline{Y} \pm 1.96 \frac{\sigma}{\sqrt{n}} \tag{2.5}$$

$$\mu\text{에 대한 99\% 신뢰구간: } \overline{Y} \pm 2.58 \frac{\sigma}{\sqrt{n}} \tag{2.6}$$

그러나 모평균에 대한 신뢰구간을 구할 때 현실적으로 σ 값을 알고있는 경우는 거의 없으므로 (2.4) 식은 거의 쓸모가 없다. 이런 경우에는 모표준편차 σ의 추정값인 표본표준편차 s를 σ 대신 사용하며, 이때 μ에 대한 100(1 - α)% 신뢰구간의 양 끝점의 공식은 다음과 같이 주어진다.

$$\overline{Y} \pm t_{n-1,\alpha/2} \frac{s}{\sqrt{n}} \tag{2.7}$$

이 공식에서 $t_{n-1,\alpha/2}$는 자유도 $(n-1)$의 t 분포표에서 읽어야하는 임계값이다.

일반적으로 신뢰구간의 공식은 언제나 다음 형식으로 주어진다.

추정량 ± 임계값×(추정량의 표준편차)

예 2.4

다음은 어느 농장에서 설치한 많은 온실들 중 15 개의 온실을 랜덤 추출하여 내부 온도(℃)를 측정한 자료이다.

26.7 25.8 24.0 24.9 26.4 25.9 24.4 21.7
24.1 25.9 27.3 26.9 27.3 24.8 23.6

이 데이터에서 계산해보면 표본평균 $\overline{Y}=25.31$℃, 표본표준편차 $s=1.58$℃이다. 이때 표본평균 $\overline{Y}=25.31$℃이 모든 온실들의 평균 온도(μ)의 점추정값이다. 구간추정을 위하여 μ에 대한 95% 신뢰구간을 구해보자. $n=15$, $\alpha=0.05$이므로 부록의 표 *A.2*의 t 분포표에서 오른쪽 꼬리 부분의 확률이 $0.025(=\alpha/2)$인 자유도 14의 t 값을 읽으면 2.145가 된다. 공식에 대입하면 신뢰구간의 양끝점은 $25.31\pm2.145(1.58/\sqrt{15})=25.31\pm0.88$이 되므로 모평균 온도에 대한 95% 신뢰구간은 (24.43, 26.19)이다. 여기서 단위는 ℃이다. ▌

그런데 예 2.4에서 '모평균 μ가 신뢰구간 (24.43, 26.19) 안에 포함될 확률은 0.95다'라는 식으로 결과를 진술하는 것은 전혀 잘못된 것이다. 왜냐하면 모수는 고정된 상수이므로 모평균 μ가 (24.43, 26.19)에 포함될 확률은 0 아니면 1이기 때문이다. 그나마 그 확률이 0일지 1일지는 아무도 모른다. 이런 경우에 올바른 결과의 진술 형식은 다음과 같다. '관측된 표본으로부터 계산된 모평균 μ에 대한 95% 신뢰구간은 (24.43, 26.19)이다'.

대표본, 즉 $n>30$일 때는 σ를 몰라서 s를 사용하더라도 t 분포표 대신 정규분포표를 사용할 수 있다. 이 경우의 μ에 대한 $100(1-\alpha)\%$ 신뢰구간의 양 끝점의 공식은 다음과 같이 주어진다.

$$\overline{Y}\pm z_{\alpha/2}\frac{s}{\sqrt{n}} \qquad (n>30) \tag{2.8}$$

2.6 통계적 가설검증

통계적 가설검증(statistical hypotheses testing)은 데이터를 기초로 실험자가 주장하고 싶은 가설의 옳고 그름을 판정하는 통계 절차다. 통계적 가설검증에서는 언제나 **귀무가설**(null hypothesis)과 **대립가설**(alternative hypothesis)의 두 가설을 설정하여 데이터에 담긴 정보를 토대로 두 가설 중 어느 하나로 결론을 내리는 형식을 취한다. 앞으로는 귀무가설을 H_0, 대립가설을 H_1으로 표기한다. 이때 실험자가 주장하려는 사실은 대부분의 경우 대립가설로 설정한다.

예를 들어 표 2.1의 데이터에서 오렌지 쥬스들 간에 신 맛의 차이가 있다는 사실을 보이려면 대응되는 귀무가설과 대립가설은 다음과 같이 써야 한다.

H_0 : 오렌지 쥬스들 간에 신 맛의 차이는 없다.
H_1 : 오렌지 쥬스들 간에 신 맛의 차이가 있다.

일반적으로 실험자가 데이터를 통해 새로 보이고 싶은 주장은 언제나 대립가설에 설정한다. 따라서 실험 결과를 통계 분석할 때 실험자는 귀무가설을 **기각**(reject)하고 대립가설을 **채택**(accept)하기를 바라게 된다. 통계적 가설검증은 보수적인 관점에서 개발되었기 때문에 데이터를 통한 확실한 증거가 없이는 함부로 처리들 간에 차이가 있다는 사실을 받아들이지 않는다. 따라서 귀무가설을 쓸 때는 언제나 '처리들 간에 차이가 없다', '변수들 간에는 아무 관계도 없다'는 식의 진술을 하게 된다. 수리적으로 표현하면 귀무가설에는 반드시 '=' 부호가 있게됨을 명심하라.

통계적 결정은 데이터에 담긴 정보를 기초로 한다. 따라서 실험자가 바라지는 않지만 언제나 판단 착오를 할 위험이 존재한다. 즉 통계적 결정에는 귀무가설이 옳은데도 불구하고 귀무가설을 기각할 오류와 귀무가설이 거짓임에도 불구하고 귀무가설을 채택할 오류의 두 가지 오류가 수반된다. 전자를 **제1종 오류**(type I error), 후자를 **제2종 오류**(type II error)라 부른다. 또한 제1종 오류를 범할 확률을 α, 제2종오류를 범할 확률을 β라 표기한다. 다음 표에 α와 β 간 관계를 요약하였다.

통계적 결정	귀무가설 H_0	
	참	거짓
H_0를 기각함	제1종 오류 α	옳은 결정 $1-\beta$
H_0를 채택함	옳은 결정 $1-\alpha$	제2종 오류 β

α와 β의 두 확률은 통계적 결정을 잘못내릴 확률이므로 가능한 한 작을수록 좋다. 그러나 이론적으로 두 오류의 확률을 동시에 작게 만들수는 없으므로 일단 α의 값을 0.01, 0.05 등과 같은 작은 값으로 고정시킨 다음 β를 최소화하는 방식을 취하여 통계적 가설검증법을 만든다. 이렇게 선택된 α의 값을 **유의수준**(significance level)이라 한다. 일반적으로 유의수준은 0.05나 0.01로 잡는다. 이 말은 귀무가설이 옳은데도 불구하고 데이터가 잘못 나와서 대립가설을 채택할 오류의 확률이 5/100 또는 1/100이라는 의미다.

반복하지만 유의수준이 0.05라는 말은 표본을 100 번 독립적으로 얻어 똑같은 검증을 할 때 다섯 번 정도는 귀무가설이 맞는데도 귀무가설을 기각할 오류를 범할 수 있다는 의미다. 좀더 안전한 결론을 내리고 싶으면 유의수준을 0.01로 설정할 수 있다. 물론 유의수준이 0.01이라는 말은 100 번에 한 번 정도 귀무가설이 옳은데도 불구하고 귀무가설을 기각하는 오류를 범할 수 있다는 뜻이다.

그러나 α의 값을 작게 하면 β가 커지고 반대로 α를 크게 하면 β가 작아지기 때문에, 유의수준 α의 값을 아주 작게 설정한다고 반드시 가설검증이 정확해지는 것도 아니며 그렇다고 아주 크게 한다고해서 정확도가 떨어지는 것도 아니다. 예를 들어 α를 0.5로 놓으면 0.05로 놓을 때에 비하여 귀무가설이 옳음에도 불구하고 귀무가설을 기각할 확률이 매우 커진다. 반대로 α를 0.0001로 놓으면 0.05로 놓을 때에 비하여 귀무가설이 옳지 않음에도 불구하고 대립가설을 채택할 확률이 아주 작게된다.

일반적으로 물리 및 화학 실험 자료와 같이 정교한 데이터일 경우에는 유의수준을 0.05, 0.01로 놓게 되지만, 사회 및 경제 분야의 자료와 같이 거친 데이터를 분석할 때는 유의수준을 0.1, 0.2로 놓을 수도 있다.

이와 같은 유의수준 선택에 대한 다양성 때문에 특히 통계 소프트웨어들에서는 언제나 **유의확률**(significance probability)을 출력하여 실험자에게 가설 검증의 결과 판정을 맡기고 있다. 유의확률을 ***p* 값**(p-value)이라 부르기도 한다.

유의확률은 데이터를 기초로 귀무가설이 기각될 유의수준을 역산한 확률값이다. 즉 현재 갖고있는 데이터에 대해서 가설 검증을 할 때 애초에 유의수준을 얼마로 잡았어야 귀무가설을 기각할 수 있는지를 계산한 값이 유의확률이다.

유의수준을 0.05로 정했을 때는 계산된 유의확률이 0.05보다 작게 나와야 귀무가설을 기각하고 대립가설을 채택할 수 있으며, 반대로 유의확률이 0.05보다 크게 나오면 대립가설을 채택할 수 없다. 따라서 일반적으로 대립가설을 채택하는 것이 목표인 실험자들은 유의확률값이 0.05보다 작게 나오기를 바라게 된다. 특히 유의확률값이 0.01보다도 작게 나오면 아주 확실하게 귀무가설을 기각하고 대립가설을 결정지을 수 있다.

참고로 $(1-\beta)$는 귀무가설이 틀렸을 때 귀무가설을 기각하는 옳은 결정을 내릴 확률로서 이 값은 크면 클수록 좋다. 그리고 $(1-\beta)$를 **검증력**(power of test)이라 부른다.

검증력은 글자 그대로 '힘'이기에 힘은 셀수록 좋은 것이다.
이상에서 공부한 사항을 요약하면 다음과 같다.

α = P[제1종오류] = P[H_0가 참일 때 H_0를 기각] = 유의수준
β = P[제2종오류] = P[H_0가 거짓일 때 H_0를 채택]
$1-\beta$ = P[H_0가 거짓일 때 H_0를 기각] = 검증력

가설검증에는 **일면검증**(one-sided test)와 **양면검증**(two-sided test)의 두 가지가 있다. 일면검증은 다음 예에서와 같이 대립가설에 부등호를 사용하여 한 쪽 방향으로만 가설이 옳은지 그른지 알고싶을 때 설정하는 가설의 검증을 뜻한다.

H_0: $\mu \geq 1$ 또는 H_0: $\mu = 1$
H_1: $\mu < 1$ $\quad\quad$ H_1: $\mu < 1$

또한 양면검증은 다음과 같이 양방향으로 옳은지 그른지 알고싶은 가설의 검증을 뜻한다.

H_0: $\mu = 1$
H_1: $\mu \neq 1$

참고로 일면검증에서는 귀무가설을 기술할 때 등호를 사용하여 기술하든 부등호를 사용하여 기술하든 검증방법에 차이는 없다. 즉 H_0: $\mu \geq 1$이라고 쓰나 H_0: $\mu = 1$이라고 쓰나 마찬가지다.

일면검증과 양면검증은 판정 기준인 기각역이 서로 다르다. 먼저 위에 주어진 일면검증을 다시 고려해보자.

H_0: $\mu \geq 1$
H_1: $\mu < 1$

여기서 귀무가설을 기각하고 대립가설을 채택하려면 표본통계량 $\overline{Y}$의 값이 1보다 상당히 작아야 가능하다. 이 임계점을 c_1으로 표시하면 검증방법은 다음과 같을 것이다.

만일 $\overline{Y} < c_1$ 이면 H_0를 기각한다.

물론 여기서 정확한 c_1의 값은 지정된 유의수준 α의 값과 표본통계량의 분포에 따라 결정된다.

또다른 형태의 일면검증이 있다. 다음의 가설을 보자.

$$H_0:\ \mu \le 1 \qquad \qquad H_0:\ \mu = 1$$
$$\text{또는}$$
$$H_1:\ \mu > 1 \qquad \qquad H_1:\ \mu > 1$$

앞의 경우와 비슷하나 부등호의 방향이 반대다. 이런 경우 귀무가설을 기각하고 대립가설을 채택하려면 표본통계량 $\overline{Y}$의 값이 1보다 상당히 커야 가능하다. 이 임계점을 c_2로 표시하면 검증방법은 다음과 같을 것이다.

만일 $\overline{Y} > c_2$ 이면 H_0를 기각한다.

양면검증은 어떻게 할까? 양면검증에서는 글자 그대로 표본통계량의 값이 귀무가설에서 주어진 값 1에서 작든 크든 멀리 떨어져 있을 때 귀무가설을 기각하는 것이 상식적이다. 그러므로 합리적인 검증방법은 다음의 형태가 된다.

만일 $\overline{Y} < c_1$ 이거나 $\overline{Y} > c_2$ 면 H_0를 기각한다.

실제 상황에서 접하게 될 가설검증은 이상에서 설명한 일면검증과 양면검증을 벗어나지 않는다. 가설에 따라 기각역이 설정되는 원리를 숙지하기 바란다.

마지막으로 통계적 가설검증의 단계를 실제 데이터 분석을 통하여 요약한다. 여기서 언급되는 t 검증법은 제 2.7 절을 참고하라.

예 2.5

다음은 체중 감소 효과가 있다는 약을 복용한 사람들의 체중 변화량(*kg*)을 측정한 자료다. 체중 변화량은 복용 후의 체중에서 복용 직전의 체중을 뺀 값이다. 효과가 있는지 알고싶다.

0.2	-0.5	-1.3	-1.6	-0.7	0.4
-0.1	0.0	-0.6	-1.1	-1.2	-0.8

μ를 약을 투여하여 결과되는 평균 체중 감소량의 참값이라 하자. 위 데이터를 이용하여 가설검증하는 단계는 다음과 같이 요약된다.

① 귀무가설과 대립가설을 설정한다.

$$H_0:\ \mu \geq 0$$
$$H_1:\ \mu < 0$$

대립가설에서 '$\mu < 0$'은 체중이 감소됨을 뜻하고 이것이 바로 우리가 데이터를 통해서 보이고 싶은 주장이다.

② 유의수준을 결정한다.

$$\alpha = 0.05$$

③ 검증 통계량의 값을 계산한다.

$$t = \frac{\overline{Y}}{s/\sqrt{n}} = \frac{-0.61}{0.633/\sqrt{12}} = -3.389$$

④ 부록의 표에서 임계값을 읽어 귀무가설을 기각할지 말지 판정을 내린다.

$$t_{11,0.05} = 1.796$$

검증 통계량 t의 값이 -3.389로 -1.796보다 작기 때문에 귀무가설을 기각한다. 즉 유의수준 0.05에서 체중 감소 효과가 존재한다. ▮

이 예에서 이론적 임계값 즉 t 분포표에서 읽은 값이 -1.796인데 데이터에서 계산한 검증 통계량의 값이 -3.389로서 임계값보다 더 작기 때문에 귀무가설이 기각되었다. 그렇다면 유의수준을 최대 얼마로 잡으면 검증 통계량의 값 -3.389로도 귀무가설이 기각되지 않을까? 부록의 t 분포표를 참고하면 근사적으로 유의수준 α를 0.0032로 놓으면 임계값으로 -3.389를 얻게 된다. 이와 같이 데이터에서 계산한 검증 통계량의 값을 임계값으로 하는 유의수준을 **유의확률**(significance level) 또는 ***p* 값**이라 한다.

따라서 유의확률을 먼저 계산한 다음 통계적 결정을 내리고 싶으면 위의 네 단계 중 단계 ②를 생략한다. 즉 검증 통계량에 대한 유의확률이 0.0032로 나온 상황에서 본인의 유의수준이 0.05였다면 귀무가설을 기각한다. 그러나 자신의 유의수준이 0.001이라면 귀무가설을 기각하지 못한다.

대부분의 통계 소프트웨어에서는 통계 분석 결과를 출력할 때 항상 유의확률을 출력시켜 사용자들의 통계적 판정의 편리성을 꾀하고 있다.

2.7 단일 표본에서 모평균에 대한 가설검증

이 통계 절차는 데이터의 평균이 어떤 지정된 값과 같다고 해도 좋은지를 검증할 때 사용한다. 실험설계와 직접적으로 관련된 분석법은 아니지만 모평균에 대한 가설검증이 어떤 식으로 확장되는지 이해하는데 기초가 되는 검증법이다.

검증 방법은 경우에 따라 다음과 같이 구분된다.

① 표본이 정규분포에서 추출되었거나 또는 정규분포에서 추출되지는 않았지만 대표본($n > 30$)이며 어느 경우든 모분산 σ^2을 알고 있다.

② 대표본으로서 모분산 σ^2를 모르고 있다.

③ 정규분포에서 추출된 소표본($n \le 30$)이고 모분산 σ^2을 모르고 있다.

모분산을 안다고 가정하는 ①의 경우는 사실상 매우 비실용적이다. 우리의 주관심사는 ②와 ③의 경우다.

①과 ②의 경우에는 표준정규분포를 이용하여 가설검증을 하며 ③의 경우에는 t 분포를 이용하여 가설검증을 진행한다. 각 경우에 대한 검증법을 요약하고 예를 든다. 각 경우마다 양면가설과 일면가설의 순서로 검증법을 정리하였고, 일면검증의 경우에는 부등호의 방향에 따라 두 가지 유형의 검증이 존재한다.

- **표본이 정규분포에서 추출되고 모분산 σ^2를 알고있거나 또는 표본이 정규분포에서 추출되지는 않았지만 대표본($n > 30$)이며 모분산 σ^2를 알고있는 경우**

모평균 μ는 표본평균 $\overline{Y}$로 추정하며, 다음의 각 경우에서 μ_0는 가정된 모평균의 값이며 α는 유의수준이다. 그리고 z_α는 표준정규분포에서 오른쪽 꼬리 부분의 면적이 α가 되는 점이다. 검증 통계량 Z의 공식은 다음과 같다.

$$\text{검증 통계량} \quad Z = \frac{\overline{Y} - \mu_0}{\sigma / \sqrt{n}} \sim N(0,1) \tag{2.9}$$

- $H_0:\ \mu = \mu_0 \quad vs \quad H_1:\ \mu \neq \mu_0 \quad \Rightarrow$ 만일 $|Z| > z_{\alpha/2}$이면 H_0를 기각한다.
- $H_0:\ \mu \leq \mu_0 \quad vs \quad H_1:\ \mu > \mu_0 \quad \Rightarrow$ 만일 $Z > z_{\alpha}$이면 H_0를 기각한다.
- $H_0:\ \mu \geq \mu_0 \quad vs \quad H_1:\ \mu < \mu_0 \quad \Rightarrow$ 만일 $Z < -z_{\alpha}$이면 H_0를 기각한다.

예 2.6

다음 자료는 어떤 품종의 말의 수명인데 지금까지 알려진 바로는 이 품종의 말의 평균 수명이 22년이라 한다. 이것이 사실인지 통계적으로 검증하고 싶다. 말의 수명은 정규분포를 따르고 모분산 σ^2의 값은 16으로 알려져있다.

말의 수명 자료				
17.2	18.0	18.7	19.8	20.3
20.9	21.0	21.7	22.3	22.6
23.1	23.4	23.8	24.2	24.6
25.8	26.0	26.3	27.2	27.6
28.1	28.6	29.3	30.1	35.1

유의수준을 0.05로 놓자. 이 경우에 알맞는 귀무가설과 대립가설은 다음과 같다.

$$H_0:\ \mu = 22$$
$$H_1:\ \mu \neq 22$$

자료에서 표본 크기 $n = 25$, 표본평균 $\overline{Y} = 24.23$임을 확인할 수 있다. 또 검증하려는 평균 μ_0는 22로 주어져있다. 그러므로 검증 통계량 Z는 다음과 같이 계산된다.

$$Z = \frac{24.23 - 22}{4/\sqrt{25}} = 2.7875$$

부록의 표준정규분포표에서 $z_{\alpha/2} = z_{0.025} = 1.96$이므로 검증 통계량 Z의 절대값이 표의 임계값보다 크다. 따라서 귀무가설을 기각한다. 즉 유의수준 0.05에서 말의 평균 수명은 22 년이 아니라고 할만한 증거가 없다. ∎

- **표본이 어떤 분포에서 추출되든 상관없이 대표본($n > 30$)이며 모분산 σ^2를 모르는 경우**

모평균 μ는 표본평균 $\overline{Y}$로 추정하며 모분산 σ^2는 표본분산 s^2로 추정한다. 검증 통계량의 공식은 다음과 같다.

$$\text{검증 통계량} \quad Z = \frac{\overline{Y} - \mu_0}{s/\sqrt{n}} \approx N(0,1) \tag{2.10}$$

이 검증 통계량은 근사적으로 표준정규분포 $N(0,1)$을 따른다.

- H_0: $\mu = \mu_0$ vs H_1: $\mu \neq \mu_0$ ⇒ 만일 $|Z| > z_{\alpha/2}$이면 H_0를 기각한다.
- H_0: $\mu \leq \mu_0$ vs H_1: $\mu > \mu_0$ ⇒ 만일 $Z > z_{\alpha}$이면 H_0를 기각한다.
- H_0: $\mu \geq \mu_0$ vs H_1: $\mu < \mu_0$ ⇒ 만일 $Z < -z_{\alpha}$이면 H_0를 기각한다.

예 2.7

빌딩 신축을 계획하고 있다. 내구성이 강한 벽돌이 요구되는데, 구체적으로 압축 강도가 3200 *psi*보다 작으면 사용할 수 없다. 36 개의 벽돌을 랜덤 선택하여 압축 강도를 측정했더니 다음 결과를 얻었다.

$$\overline{Y} = 3109, \quad s = 156$$

유의수준 0.05에서 이 벽돌들의 압축 강도가 3200 *psi*보다 작다고 결론내릴 수 있을까? 우선 이 상황에 적합한 통계적 가설은 다음과 같이 설정할 수 있다.

$$H_0:\ \mu \geq 3200$$
$$H_1:\ \mu < 3200$$

정규분포 가정도 없고 모분산도 모르지만 대표본이므로 근사적으로 표준정규분포를 이용하는 검증법을 적용시킬 수 있다. 검증 통계량 Z는 다음과 같이 계산한다.

$$Z = \frac{3109 - 3200}{156/\sqrt{36}} = -3.50$$

일면검증이므로 표준정규분포표에서 읽어야 할 값은 $z_{0.05} = 1.645$이다. 따라서 검증 통계량의 값 -3.50이 대응되는 임계값 -1.645보다 더 작기 때문에 귀무가설을 기각한다. 즉 유의수준 0.05에서 벽돌의 압축 강도는 3200 *psi* 미만이라고 결론내린다. 따라서 이 벽돌은 사용하면 안 되겠다. ∎

- **표본이 정규분포에서 추출되었고 소표본($n \le 30$)이며 모분산 σ^2를 모르는 경우**

이 경우는 가장 실제적인 상황으로 자료 분석시 폭넓게 응용된다.

모평균 μ는 표본평균 $\overline{Y}$로 추정하며 모분산 σ^2는 표본분산 s^2로 추정한다. 다음의 각 경우에서 μ_0는 가정된 모평균의 값이며 α는 유의수준이다. 그리고 $t_{n-1,\alpha}$는 자유도 $(n-1)$의 t 분포에서 오른쪽 꼬리 부분의 면적이 α가 되는 점의 값이다. 검증 통계량 t의 공식은 다음과 같다.

$$\text{검증 통계량} \quad t = \frac{\overline{Y} - \mu_0}{s/\sqrt{n}} \sim t_{n-1} \tag{2.11}$$

- H_0: $\mu = \mu_0$ *vs* H_1: $\mu \ne \mu_0$ $\Rightarrow$ 만일 $|t| > t_{n-1,\alpha/2}$이면 H_0를 기각한다.
- H_0: $\mu \le \mu_0$ *vs* H_1: $\mu > \mu_0$ $\Rightarrow$ 만일 $t > t_{n-1,\alpha}$이면 H_0를 기각한다.
- H_0: $\mu \ge \mu_0$ *vs* H_1: $\mu < \mu_0$ $\Rightarrow$ 만일 $t < -t_{n-1,\alpha}$이면 H_0를 기각한다.

모분산을 모르는 정규 모집단에서 소표본이 추출되었을 경우에는 항상 t 분포를 기초로 가설검증한다. t 분포도 정규분포와 마찬가지로 대칭 분포이므로 검증 방법의 형식은 정규분포의 경우와 동일하다. 단지 표본 크기가 n일 때 자유도 $(n-1)$의 t 분포표를 읽는다는 사실을 유념하기 바란다.

예 2.8

예 2.6의 상황에서 모분산이 얼마인지는 모르고 있다고 가정하자. 모분산에 대한 정보가 없고 소표본이므로 이와 같은 검증을 하려면 t 분포를 이용해야 한다. 유의수준을 0.05로 놓자. 자료에서 $n=25$, $\overline{Y}=24.23$, $s^2=18.0388$, $s=4.2472$를 얻을 수 있다. 검증 통계량 t는 다음과 같이 계산한다.

$$t = \frac{24.23 - 22}{4.2472/\sqrt{25}} = 2.624$$

이 검증 통계량은 자유도 $n-1=24$의 t 분포를 따른다. 따라서 t 분포표에서 읽어야 할 표값은 $t_{24,0.025}=2.064$이다. 검증 통계량 t의 절대값 $|2.624|$가 표값 2.064보다 크므로 귀무가설을 기각한다. 따라서 유의수준 0.05에서 말의 평균 수명이 22 년이라고 말할 수 없다. ∎

예 2.9

은호 타이어 회사에서는 승용차용 타이어 파워 마이너스의 평균 수명이 42,000 km 이상이라고 선전하고 있다. 소비자 보호 단체에서 이 주장이 사실인지 확인하기 위하여 랜덤으로 10 개의 타이어를 선택하여 수명을 조사하였다. 1,000 km 단위의 관측값들은 다음과 같았다.

42, 36, 46, 43, 41, 35, 43, 45, 40, 39

이 자료를 이용하여 회사 측의 선전이 충분한 근거가 있는지 유의수준 $\alpha=0.05$에서 판정하고 싶다. 귀무가설과 대립가설은 다음과 같이 세울 수 있다.

$$H_0:\ \mu \ge 42$$
$$H_1:\ \mu < 42$$

주어진 자료에서 $\overline{Y}=41$, $s=3.59$이다. 따라서 검증 통계량의 값은 다음과 같다.

$$t = \frac{41 - 42}{3.59/\sqrt{10}} = -0.88$$

이 검증 통계량은 자유도 10 - 1 = 9의 t 분포를 따르므로 표값을 읽으면 부록의 t 분포표에서 $t_{9,0.05} = 1.833$이다. 따라서 검증 통계량의 값 $t = -0.88$은 임계값 -1.833보다 크므로 귀무가설을 기각하지 못한다. 즉 타이어의 평균 수명이 42,000 km 이하라고 판단할 충분한 근거가 없다. ∎

예 2.10

다음은 어떤 약이 위액에서 분해되는 시간(단위: 초)을 측정한 자료다. 이 약의 분해시간을 유의수준 $\alpha = 0.05$에서 45초라 해도 좋은지 알고싶다.

42.7 43.4 44.6 45.1 45.6 45.9 46.8 47.6

주어진 상황은 양면가설이므로 귀무가설과 대립가설은 다음과 같이 설정한다.

$$H_0:\ \mu = 45$$
$$H_1:\ \mu \neq 45$$

주어진 자료로부터 검증 통계량 t는 다음과 같이 계산된다.

$$t = \frac{45.21 - 45}{1.64/\sqrt{8}} = 0.36$$

t 분포표로부터 임계값을 읽으면 $t_{7,0.025} = 2.365$이므로 $|t| = 0.36$이 표값 2.365보다 작다. 그러므로 H_0를 기각하지 못한다. 즉 유의수준 0.05에서 약의 분해 시간이 45초가 아니라고 판단할만한 강한 증거가 없다. ∎

2.8 단일 표본에서 모분산에 대한 추론

실제 상황에서 모분산 σ^2를 알고 통계 추론을 하는 경우는 흔치 않다. 이 절에서는 모분산 σ^2에 대한 통계 추론 방법에 대하여 해설한다. 여기서 제시하는 추론 방법은 모집단의 분포로 정규분포를 가정할 수 있는 경우에 한하여 유효하다.

$Y_1, Y_2, \cdots, Y_n \sim N(\mu, \sigma^2)$ 라 가정하자. 즉 모평균이 μ, 모분산이 σ^2인 정규분포를 따르는 모집단에서 n 개의 데이터가 추출된다고 하자. 이때 모분산 σ^2에 대한 표본 추정량은 표본분산 s^2이다.

$$s^2 = \frac{\sum_{i=1}^{n} (Y_i - \overline{Y})^2}{n-1}$$

모분산 σ^2에 대한 신뢰구간 추정, 가설검증 등을 수행할 때는 카이제곱(χ^2) 분포가 이용된다. 이하 공식들에서 $\chi^2_{n-1,\alpha}$와 같은 표기는 자유도 $(n-1)$의 χ^2 분포에서 오른쪽 꼬리 부분의 면적이 α가 되는 점의 값이다. 카이제곱 분포표는 부록의 표 *A*.3에 주어져있다.

- **모분산 σ^2에 대한 100(1 - α)% 신뢰구간**

$$\left(\frac{(n-1)s^2}{\chi^2_{n-1,\alpha/2}}, \frac{(n-1)s^2}{\chi^2_{n-1,1-\alpha/2}} \right) \tag{2.12}$$

- **유의수준이 α일 때 모분산 σ^2에 대한 가설검증**

$$\text{검증 통계량} \quad \chi^2 = \frac{(n-1)s^2}{\sigma_0^2} \sim \chi^2_{n-1} \tag{2.13}$$

- H_0: $\sigma^2 = \sigma_0^2$ vs H_1: $\sigma^2 \neq \sigma_0^2$ $\Rightarrow$ 만일 $\chi^2 > \chi^2_{n-1,\alpha/2}$ 이거나
  $\chi^2 < \chi^2_{n-1,1-\alpha/2}$ 면 H_0를 기각한다.
- H_0: $\sigma^2 \leq \sigma_0^2$ vs H_1: $\sigma^2 > \sigma_0^2$ $\Rightarrow$ 만일 $\chi^2 > \chi^2_{n-1,\alpha}$ 면 H_0를 기각한다.
- H_0: $\sigma^2 \geq \sigma_0^2$ vs H_1: $\sigma^2 < \sigma_0^2$ $\Rightarrow$ 만일 $\chi^2 < \chi^2_{n-1,1-\alpha}$ 면 H_0를 기각한다.

예 2.11

번개가 칠 때 순간적으로 유도된 과전압으로 작동 중인 컴퓨터 회로가 망가지곤 한

다. 다음은 실험실에서 얻은 회로 파열 전압에 대한 자료다.

1470 1510 1690 1740 1900 2000 2030 2100
2190 2200 2290 2380 2390 2480 2500 2580 2700

파열 전압 분포의 모분산(σ^2)에 대한 95% 신뢰구간을 구해보자. 모분산의 추정량인 표본분산의 값은 $s^2 = 137{,}324.3$이다. 표본 크기 $n = 17$이므로 자유도는 17 - 1 = 16이다. 또 95% 신뢰도에 대응되는 유의수준 α는 0.05이다. χ^2 분포표에서 $\chi^2_{16, 0.025} = 28.845$, $\chi^2_{16, 0.975} = 6.908$이다. 따라서 σ^2에 대한 95% 신뢰구간은 다음과 같다.

$$\left(\frac{16 \times 137324.3}{28.845}, \frac{16 \times 137324.3}{6.908}\right) = (76712.3, 318064.4)$$

계산된 구간은 상당히 폭이 넓은데 이는 데이터의 개수가 적고 데이터들의 변동이 크기 때문이다. 만일 신뢰구간의 양끝점에 제곱근을 취하면 (276.0, 564.0)을 얻을 수 있는데 이는 모표준편차 σ에 대한 근사 95% 신뢰구간이다 또 이 자료를 기초로 모분산이 100,000($= \sigma_0^2$) 이상이라고 할 수 있는지 검증하여보자. 유의수준은 0.05이다. 가설은 다음과 같이 세운다.

$$H_0: \sigma^2 \le 100000 \quad vs \quad H_1: \sigma^2 > 100000$$

검증 통계량의 값은 아래와 같이 계산한다.

$$\chi^2 = \frac{(n-1)s^2}{\sigma_0^2} = \frac{16 \times 137324.3}{100000} = 2.20$$

부록의 χ^2 분포표에서 $\chi^2_{16, 0.05} = 26.296$이다. 따라서 검증 통계량의 값이 임계값보다 작기 때문에 귀무가설을 기각하지 못한다. ∎

2.9 이표본에서 평균 차이에 대한 추론

이 통계 절차는 두 모집단의 평균들이 서로 같다고 해도 좋은지를 검증한다. 한 모집단의 평균을 μ_1, 다른 모집단의 평균을 μ_2라 하자. 두 평균이 같은지 다른지에 대한 검증을 위한 양면가설은 언제나 다음과 같이 쓴다.

$$H_0:\ \mu_1 = \mu_2$$
$$H_1:\ \mu_1 \neq \mu_2$$

또한 이 기본적인 가설은 다음과 같이 써도 마찬가지다.

$$H_0:\ \mu_1 - \mu_2 = 0$$
$$H_1:\ \mu_1 - \mu_2 \neq 0$$

통계학에서는 이론상 바로 이 두 번째 형태의 가설을 기초로 두 모평균을 상호 비교하는 검증법을 만드는데, 이때 $(\mu_1 - \mu_2)$가 특히 두 모평균의 차이(difference)이기 때문에 이런 검증을 간단히 **평균 차이 검증**(mean-difference test)이라 부른다.

두 평균에 대한 차이 검증은 상황에 따라 다시 **짝지어진 표본**(paired samples)과 **독립표본**(independent samples)의 두 가지 경우로 나누어진다.

예를 들어 남학생들과 여학생들의 어학 능력을 측정하고 어학 능력에 성별 차이가 존재하는지를 알아본다면 이는 독립표본이 된다. 왜냐하면 남자와 여자는 전혀 관련이 없는 모집단이기 때문이다.

짝지어진 표본의 예로는 다음과 같은 상황을 생각할 수 있다. 한 학급의 학생들을 선택하여 어학 능력을 측정한 다음 새로 개발된 교육 방법으로 일정 기간 가르친 후 다시 어학 능력을 측정하여 전후 두 측정 간에 통계적으로 유의한 차이가 존재하는지 유무를 가리는 경우다. 이때에는 동일 학생에 대하여 두 번 측정을 하므로 한 학생에 대한 두 번의 관측이 서로 독립이 되지 않는다. 그러나 각 학생들은 서로 독립적이며 따라서 각 학생에 대한 한 쌍의 측정 자료들은 서로 독립이라 할 수 있다.

(1) 짝지어진 표본

짝지어진 표본의 경우에는 n 개의 데이터 쌍 (Y_{11}, Y_{21}), (Y_{12}, Y_{22}), $\cdots$, (Y_{1n}, Y_{2n})들이 서로 독립적으로 측정된다. 이때에 두 모평균 간에 차이가 있는지를 통계적으로 검증하려면 소위 **짝지어진 t 검증**(paired t-test)을 사용한다. 이 검증법에서는 각 쌍마다 나타나는 두 개의 관찰값들의 차이를 기초로 검증을 수행한다. 즉 원래 얻은 데이터는 버리고 오로지 차이값들만을 갖고 검증하는 것이다. 데이터의 형태는 표 2.4와 같이 요약된다.

표 2.4 짝지어진 표본의 자료 구조

쌍	표본 1	표본 2	차이
1	Y_{11}	Y_{21}	$d_1 = Y_{11} - Y_{21}$
2	Y_{12}	Y_{22}	$d_2 = Y_{12} - Y_{22}$
$\vdots$	$\vdots$	$\vdots$	$\vdots$
n	Y_{1n}	Y_{2n}	$d_n = Y_{1n} - Y_{2n}$

이와 같은 형태의 자료를 놓고 두 모평균의 차이가 0인지 아닌지를 검증할 때는 원래 자료는 완전히 잊고 오로지 차이값 데이터 $d_1, d_2, \cdots, d_n$ 만을 수집된 관측들로 간주하여 제 2.7 절에서 설명한 단일 표본에서 모평균에 대한 가설검증법을 그대로 적용한다.

두 모평균의 차이 $(\mu_1 - \mu_2)$를 δ로 표기하자. 그러면 앞서 제시한 평균 차이에 대한 양면가설은 다음과 같이 쓸 수 있다.

$$H_0: \delta = 0 \quad vs \quad H_1: \delta \neq 0$$

결국 가설의 형태가 제 2.7 절에서 나타나는 가설의 형태와 동일하다. 따라서 짝지어진 표본에서 평균 차이 검증을 할 때 우리는 기본적으로 다음과 같은 가정을 한다.

$$d_1, d_2, \cdots, d_n \sim N(\delta, \sigma_\delta^2) \tag{2.14}$$

즉 차이값 d들이 모평균이 δ, 모분산이 σ_δ^2인 정규분포에서 나온다고 가정하고 실제 데이터를 통하여 δ가 0인지 아닌지를 검증하는 것이다.

차이값들을 단일 표본자료로 간주하므로 검증 통계량을 계산할 때는 차이값들의 평균 $\bar{d}$ 와 차이값들의 분산 s_d^2을 계산해야 한다. 이들의 공식은 다음과 같이 주어진다.

$$\bar{d} = \frac{\sum_{i=1}^{n} d_i}{n} \tag{2.15}$$

$$s_d^2 = \frac{\sum_{i=1}^{n} (d_i - \bar{d})^2}{n-1} \tag{2.16}$$

짝지어진 표본에서 평균 차이 검증을 할 때 소표본으로 모분산을 모르는 경우에 한하여 검증 방법을 요약한다. 검증 통계량의 공식은 다음과 같다.

$$\text{검증 통계량} \quad t = \frac{\bar{d} - \delta_0}{s_d / \sqrt{n}} \sim t_{n-1} \tag{2.17}$$

식 (2.17)에서 δ_0는 두 모평균의 차이값으로 설정하는 상수로서 지금까지는 $\delta_0 = 0$인 경우에 한정하여 설명을 진행하였다. 유의수준을 α라 하자. 검증법은 다음과 같다.

- H_0: $\delta = \delta_0$ vs H_1: $\delta \neq \delta_0$ $\Rightarrow$ 만일 $|t| > t_{n-1, \alpha/2}$이면 H_0를 기각한다.
- H_0: $\delta \leq \delta_0$ vs H_1: $\delta > \delta_0$ $\Rightarrow$ 만일 $t > t_{n-1, \alpha}$이면 H_0를 기각한다.
- H_0: $\delta \geq \delta_0$ vs H_1: $\delta < \delta_0$ $\Rightarrow$ 만일 $t < -t_{n-1, \alpha}$이면 H_0를 기각한다.

짝지어진 표본은 제 4 장에서 다룰 랜덤화 블록 설계의 가장 원시적인 형태다.

예 2.12

다음은 사슴의 왼쪽 뒷다리와 왼쪽 앞다리의 길이를 측정한 자료로서 두 다리의 길이(단위: *cm*)가 같은지 다른지를 알고싶다. 이 경우 한 사슴에 대하여 두 다리 길이를 측정하였으므로 사슴들은 독립이지만, 한 마리의 사슴의 일부인 두 다리는 독립이 아니다.

사슴 i	뒷다리 Y_{1i}	앞다리 Y_{2i}	차이값 $d_i = Y_{1i} - Y_{2i}$
1	142	138	+ 6
2	140	136	+ 4
3	144	147	- 3
4	144	139	+ 5
5	142	143	- 1
6	146	141	+ 5
7	149	143	+ 6
8	150	145	+ 5
9	142	136	+ 6
10	148	146	+ 2

유의수준 α를 0.05로 잡자. 현재의 상황에서 가설의 형태는 양면가설이며 δ_0의 값이 0인 보편적인 경우다. 가설은 다음과 같이 쓴다.

$$H_0:\ \delta=0 \quad vs \quad H_1:\ \delta \neq 0$$

$n=10$, $\bar{d}=3.3$, $s_d=3.057$이므로 검증 통계량의 값은 다음과 같이 계산한다.

$$t=\frac{3.3-0}{3.057/\sqrt{10}}=3.4138$$

검증 통계량의 절대값이 부록의 t 분포표에서 읽는 표값 $t_{9,0.025}=2.262$보다 크므로 유의수준 0.05에서 귀무가설을 기각하며 사슴의 앞다리와 뒷다리는 같지 않다고 결론 내린다. ∎

(2) 독립 표본

독립표본은 글자 그대로 두 개의 표본이 서로 아무런 관련없이 수집됨을 뜻하며 이때 각 표본이 추출된 모집단의 평균들을 비교하는 것이 이 절에서 다루는 통계 추론의 주제다. 예를 들어 두 종류의 벼 품종 간의 평균 수확량의 비교, 학력 차이에 따른 연평균 소득의 비교, 두 강의 평균 오염도 비교 등이 서로 다른 두 모집단에 대한 비교 연구의 몇 가지 예다. 표 2.5와 같은 표기를 약속하자.

표 2.5 독립 이표본 t 검증에서의 표기법

	모집단 1	모집단 2
모평균	μ_1	μ_2
모분산	σ_1^2	σ_2^2
랜덤표본	$Y_{11}, Y_{12}, \cdots, Y_{1n_1}$	$Y_{21}, Y_{22}, \cdots, Y_{2n_2}$
표본평균	$\overline{Y}_1=\dfrac{\sum_{i=1}^{n_1} Y_{1i}}{n_1}$	$\overline{Y}_2=\dfrac{\sum_{i=1}^{n_2} Y_{2i}}{n_2}$
표본분산	$s_1^2=\dfrac{\sum_{i=1}^{n_1}(Y_{1i}-\overline{Y}_1)^2}{n_1-1}$	$s_2^2=\dfrac{\sum_{i=1}^{n_2}(Y_{2i}-\overline{Y}_2)^2}{n_2-1}$

부연하면 두 개의 모집단 즉 모집단 1과 모집단 2가 있으며, 두 모집단의 모평균과 모분산은 각각 μ_1, σ_1^2과 μ_2, σ_2^2이다. 모집단 1에서 n_1 개의 랜덤 표본을 추출하고 그것들을 Y_{1i}로 표기한다. 마찬가지로 모집단 2에서 n_2 개의 랜덤 표본을 추출하고 그것들을 Y_{2i}로 표기한다. 그리고 각 모집단으로부터 독립적으로 추출된 표본 자료를 기초로 각각의 표본평균과 표본분산을 계산한다.

이런 상황에서 추출된 두 개의 랜덤 표본을 **독립표본**(independent samples)이라 한다. 이 용어는 두 모집단에서 서로 독립적으로 추출된 두 표본을 뜻한다. 즉 하나의 표본에 속하는 관측들은 다른 표본 내의 관측과 아무런 관계도 없다.

짝지어진 표본의 추론과 마찬가지로 독립표본에서도 두 모평균 μ_1과 μ_2에 대한 비교 추론을 할 때 두 모수값의 차이 즉 $(\mu_1 - \mu_2)$를 고려한다. μ_1과 μ_2 사이에 차이가 별로 없다면 $(\mu_1 - \mu_2)$의 값은 0에 가까울 것이다. 물론 우리는 μ_1과 μ_2를 전혀 모른다. 따라서 μ_1과 μ_2를 잘 대표하는 표본평균 값을 비교의 비교의 근거로 삼는 것이 자연스럽다.

독립 표본에 대한 추론은 표본이 대표본이냐 소표본이냐에 따라 차이가 있다. 독립표본에 대한 추론에서는 표본 크기 n_1과 n_2가 둘다 30보다 크면 대표본이라 하고 그렇지 않으면 소표본으로 취급한다.

소표본이 추출되었을 경우 독립 표본에 대한 추론에서는 일반적으로 다음과 같은 가정을 한다.

① 모집단 1은 정규분포 $N(\mu_1, \sigma^2)$를 따른다.

② 모집단 2는 정규분포 $N(\mu_2, \sigma^2)$를 따른다.

③ 각 모집단에서 랜덤 추출된 두 표본은 서로 독립이다.

가정 ①과 ②를 보면 두 모집단 분포의 모분산들이 서로 동일한 σ^2으로 설정되었음을 알 수 있다. 이 가정을 **공통분산**(common variance) 가정이라 부른다. 이같은 공통분산 가정은 분산분석에서도 유효하다.

공통분산은 **표본합동분산**(sample pooled variance)으로 추정한다. 합동분산은 흔히 s_p^2으로 표기하며 공식은 (2.18)과 같다. 합동분산의 제곱근 s_p는 **합동표준편차**(pooled standard deviation)라 부른다.

$$s_p^2 = \frac{(n_1 - 1) s_1^2 + (n_2 - 1) s_2^2}{n_1 + n_2 - 2} \tag{2.18}$$

현재 우리는 두 표본이 서로 독립이라고 가정하고 있다. 따라서 표본 1에 한정하면 모분산 σ^2에 대한 추정량은 표본분산 s_1^2이다. 비슷하게 표본 2에서 모분산 σ^2에 대한 추정량은 표본분산 s_2^2이다. 그런데 공통분산 σ^2은 두 모집단 모두에서 동일한 것이다. 이와 같이 하나의 값에 서로 다른 두 개의 추정량이 존재한다면 어느 것을 선택해야할까? 통계학에서는 이런 경우에 표본 크기, 정확히는 자유도를 고려하여 두 표본분산의 가중평균을 사용한다. 왜냐하면 두 표본분산 각각에 모분산에 대한 정보가 담겨있기 때문에 어느 하나를 버릴 수는 없기 때문이다. 표본합동분산의 공식은 이상과 같은 관점에서 고안된 것이다.

소표본에서 평균 차이에 대한 추론은 다음과 같이 정리된다.

- **소표본에서 $(\mu_1 - \mu_2)$에 대한 $100(1-\alpha)\%$ 신뢰구간**

$$(\overline{Y}_1 - \overline{Y}_2) \pm t_{n_1+n_2-2,\ \alpha/2}\, s_p \sqrt{\frac{1}{n_1} + \frac{1}{n_2}} \tag{2.19}$$

- **소표본에서 $(\mu_1 - \mu_2)$에 대한 가설검증 (유의수준 α)**

$$\text{검증 통계량} \quad t = \frac{(\overline{Y}_1 - \overline{Y}_2) - \delta_0}{s_p \sqrt{\frac{1}{n_1} + \frac{1}{n_2}}} \sim t_{n_1+n_2-2} \tag{2.20}$$

- H_0: $\mu_1 - \mu_2 = \delta_0$ vs H_1: $\mu_1 - \mu_2 \neq \delta_0$
  $\Rightarrow$ 만일 $|t| > t_{n_1+n_2-2,\ \alpha/2}$ 이면 H_0를 기각한다.

- H_0: $\mu_1 - \mu_2 \le \delta_0$ vs H_1: $\mu_1 - \mu_2 > \delta_0$
  $\Rightarrow$ 만일 $t > t_{n_1+n_2-2,\ \alpha}$ 이면 H_0를 기각한다.

- H_0: $\mu_1 - \mu_2 \ge \delta_0$ vs H_1: $\mu_1 - \mu_2 < \delta_0$
  $\Rightarrow$ 만일 $t < -t_{n_1+n_2-2,\ \alpha}$ 이면 H_0를 기각한다.

예 2.13

제약회사에서 어떤 약을 오래 보관하여도 약효가 지속되는지 검사하려한다. 생산된 직후에 $n_1 = 10$ 개의 약병을 랜덤 추출하여 표본 1이라 한다. 그리고 1년 묵은 약 중 $n_2 = 10$ 개의 약병을 랜덤 추출하여 표본 2라 한다. 약효의 검사 결과는 다음과 같았다.

표본 1	10.2 10.5 10.3 10.8 9.8 10.6 10.7 10.2 10.0 10.1
표본 2	9.8 9.6 10.1 10.2 10.1 9.7 9.5 9.6 9.8 9.9

μ_1을 생산 직후의 모든 약에 대한 평균 약효라 하고, μ_2를 1년 묵은 모든 약에 대한 평균 약효라 하자. $(\mu_1 - \mu_2)$에 대한 95% 신뢰구간을 구하자. 주어진 자료에서 요약 통계량의 값은 다음과 같이 계산된다.

$$n_1 = 10, \quad \overline{Y}_1 = 10.37, \quad s_1^2 = 0.105$$
$$n_2 = 10, \quad \overline{Y}_2 = 9.83, \quad s_2^2 = 0.058$$

따라서 합동분산과 합동표준편차는 다음과 같다.

$$s_p^2 = \frac{9 \times 0.105 + 9 \times 0.058}{10 + 10 - 2} = 0.0815$$
$$s_p = \sqrt{0.0815} = 0.285$$

표에서 $t_{18,0.025} = 2.101$이므로 약효 차이에 대한 95% 신뢰구간은 아래와 같이 계산한다.

$$(10.37 - 9.83) \pm 2.101(0.285)\sqrt{\frac{1}{10} + \frac{1}{10}} = 0.54 \pm 0.268$$

결국 95% 신뢰구간은 (0.272, 0.808)로 주어진다.
이번에는 1년이 지나도 약효가 그대로 보존되는지 가설검증해보자. 유의 수준은 0.05이다. 검증하려는 가설은 다음과 같이 설정한다.

$$H_0:\ \mu_1 - \mu_2 = 0 \quad vs \quad H_1:\ \mu_1 - \mu_2 \neq 0$$

검증 통계량 t의 값은 다음과 같이 계산한다.

$$t = \frac{10.37 - 9.83}{0.285\sqrt{\frac{1}{10} + \frac{1}{10}}} = 4.237$$

표에서 읽는 임계값은 $t_{18,0.025}$ =2.101이다. 검증 통계량 t의 절대값이 임계값보다 크므로 귀무가설을 기각한다. 유의수준 0.05에서 약을 오래 보존하면 약효가 달라진다고 결론내린다. 일면검증을 해보면 알 수 있지만 사실상 약효는 떨어진다. ∎

독립 표본이 대표본이면 소표본에 대한 두 모평균의 비교 추론에서 요구되던 가정 중에서 모집단의 분포가 정규분포라는 가정이 생략될 수 있으며 t 분포 대신 표준정규분포를 이용하여 추론을 한다.

2.10 이표본에서 분산비에 대한 추론

두 개의 모집단 분산이 서로 같은지에 대한 검증의 가장 중요한 응용 분야는 제 2.9 절에서 해설한 독립표본에서 두 모평균을 비교할 때의 공통분산 가정이 과연 합당한가를 확인하는 것이다.

두 개의 평균이 같은지 다른지를 따질 때는 평균 차이가 0인지 아닌지로 문제를 바꾸어 추론을 전개하였다. 반면에 두 개의 모분산을 비교할 때는 두 모분산의 비가 1인지 아닌지를 생각한다.

즉 두 개의 모분산을 σ_1^2과 σ_2^2이라 할 때 $\sigma_1^2 = \sigma_2^2$이 사실인지 확인하려는 것이 현재 추론의 목적이다. $\sigma_1^2 = \sigma_2^2$은 다음과 같이 표현해도 마찬가지다.

$$\frac{\sigma_1^2}{\sigma_2^2} = 1$$

다시 말해서 두 모분산의 비가 1에 가까우면 두 모분산의 값이 일치한다고 결론내리고, 두 모분산의 비가 1보다 아주 크거나 아주 작으면 두 모분산의 값이 같지않다고 결론내리는 것이다. 이런 추론을 할 때는 F 분포를 이용한다.

분산비(variance ratio) 추론을 전개할 때는 두 표본은 서로 독립이고 각각 서로 다른 정규분포에서 추출된다는 가정을 한다. 그리고 표 2.1에서 약속한 표기를 그대로 사용하기로 하자. 분산비에 대한 추론을 요약한다.

- $\dfrac{\sigma_1^2}{\sigma_2^2}$**에 대한 100(1−α)% 신뢰구간**

$$\left(\frac{s_1^2}{s_2^2}\frac{1}{F_{n_1-1,n_2-1,\alpha/2}},\quad \frac{s_1^2}{s_2^2}F_{n_2-1,n_1-1,\alpha/2}\right) \tag{2.21}$$

예 2.14

노인의 혈청 철분의 분포는 청년의 분포에 비하여 분산이 더 작다는 이론이 있다. 이를 확인하기 위하여 28 명의 노인을 랜덤 추출하여 철분의 양(mg/l)을 측정하였더니 표준편차 $s_1=52.6$, 26 명의 청년에서는 $s_2=84.2$로 나왔다. σ_1^2/σ_2^2에 대한 90% 신뢰구간을 구해보자. 두 표본분산의 비는 $s_1^2/s_2^2=(52.6)^2/(84.2)^2=0.390$이다. F 분포표에서 근사적으로 $F_{27,25,0.05}=1.94$, $F_{25,27,0.05}=1.92$를 읽을 수 있다. 따라서 90% 신뢰구간은 다음과 같이 결정된다.

$$\left(0.39\times\frac{1}{1.94},\ 0.39\times1.92\right)=(0.20, 0.75)$$ ∎

- $\dfrac{\sigma_1^2}{\sigma_2^2}$**에 대한 가설검증 (유의수준=α)**

$$\text{검증 통계량 } F=\frac{s_1^2}{s_2^2}\sim F_{n_1-1,n_2-1}\qquad (s_1^2>s_2^2\text{일 때}) \tag{2.22}$$

이 검증 통계량은 분자의 자유도가 (n_1-1), 분모의 자유도가 (n_2-1)인 F 분포를 따른다. 검증 통계량 F는 두 표본분산의 비이므로, 언제나 두 표본분산 중 값이 큰 쪽을 분자로 놓으면 부록 *A.4*의 F 분포표에서 임계값으로 상한값만 읽으면 되므로 검증과정이 간략화된다.

- H_0: $\sigma_1^2=\sigma_2^2$ *vs* H_1: $\sigma_1^2\neq\sigma_2^2$ $\Rightarrow$ 만일 $F>F_{n_1-1,n_2-1,\alpha/2}$ 이면 H_0를 기각한다.
- H_0: $\sigma_1^2\leq\sigma_2^2$ *vs* H_1: $\sigma_1^2>\sigma_2^2$ $\Rightarrow$ 만일 $F>F_{n_1-1,n_2-1,\alpha}$ 이면 H_0를 기각한다.

예 2.15

예 2.13에서 보관 기간이 길면 약효가 저하되는지 알아보기 위하여 t 검증으로 두 모평균을 비교하였다. 예 2.13에 주어진 자료를 본 연구를 위한 예비 표본조사로 간주하고 두 모집단의 공통분산 가정을 유의수준 $\alpha=0.02$에서 가설검증하여 보자. 문제에 적합한 가설은 다음과 같다.

$$H_0:\ \sigma_1^2=\sigma_2^2 \quad vs \quad H_1:\ \sigma_1^2 \neq \sigma_2^2$$

검증 통계량 F는 다음과 같이 계산된다.

$$F=\frac{s_1^2}{s_2^2}=\frac{0.105}{0.058}=1.81$$

F 분포표에서 임계값은 $F_{9,9,0.01}=5.35$다. 검증 통계량의 값 1.81은 임계값 5.35보다 작다. 따라서 귀무가설을 기각할 수 없으며 공통분산 가정이 유효함을 알 수 있다. ▌

2.11 SAS 활용

- **일표본 t 검증**

반응값을 Y로 표기한다. 귀무가설에서 주어진 μ_0의 값을 mu0에 대입한다.

```
PROC TTEST H0=mu0;
   VAR Y;
RUN;
```

- **독립 이표본 t 검증**

분류 변수를 A, 반응값을 Y로 표기한다.

```
PROC TTEST;
   CLASS A;
   VAR Y;
RUN;
```

- **짝지어진 t 검증** - 쌍별 비교(paired comparison)

  한 쌍의 반응 변수들을 A, B로 표기한다.

```
PROC TTEST;
   PAIRED A*B;
RUN;
```

예 2.16

예 2.6에 주어진 말의 수명 자료를 기초로 평균 수명이 22년인지 여부를 검증하려면 다음과 같이 프로그램한다. 수명 변수의 이름은 life로 잡았다.

```
DATA horses;
  INPUT life @@;
DATALINES;
17.2  18.0  18.7  19.8  20.3  20.9  21.0  21.7  22.3  22.6
23.1  23.4  23.8  24.2  24.6  25.8  26.0  26.3  27.2  27.6
28.1  28.6  29.3  30.1  35.1
RUN;

PROC TTEST DATA=horses H0=22;
  VAR life;
RUN;
```

TTEST 절차의 출력을 보면 변수 life에 대한 일표본 t 검증 결과(T-Tests)에 더하여 관련된 통계량들(Statistics)이 나온다. 특히 모평균과 모표준편차에 대한 신뢰구간이 출력되는 바 Lower CL (Confidence Limit)은 신뢰하한, Upper CL은 신뢰상한을 의미한다. 따라서 주어진 데이터를 기초로 말의 수명 모평균을 추정한다면 표본평균은 24.228이고 신뢰구간은 (22.475, 25.981)이다. 이때 달리 지정하지 않았다면 SAS에서는 95% 신뢰구간이 디폴트로 출력된다. 사실상 SAS뿐 아니라 대부분의 통계 소프트웨어가 다 그렇지만 언제나 유의수준 0.05, 또는 신뢰도 95%가 디폴트로 잡힌다. 만약 이것을 예를 들어 0.01로 바꾸려면 PROC TTEST 문장에 다음과 같이 α 값을 명시한다.

```
PROC TTEST DATA=horses H0=22 ALPHA=0.01;
```

The TTEST Procedure

Statistics										
Variable	N	Lower CL Mean	Mean	Upper CL Mean	Lower CL Std Dev	Std Dev	Upper CL Std Dev	Std Err	Minimum	Maximum
life	25	22.475	24.228	25.981	3.3163	4.2472	5.9085	0.8494	17.2	35.1

T-Tests			
Variable	DF	t Value	Pr > |t|
life	24	2.62	0.0149

또한 모표준편차에 대한 추정량인 표본표준편차와 95% 신뢰구간도 출력되었는데 각각 4.2472와 (3.3163, 5.9085)이다. 그밖에 표준오차(Std Err: Standard Error)와 최소값(Minimum), 최대값(Maximum)이 출력되었다. 마지막으로 H_0: $\mu = 22$에 대한 양면 검증 결과를 읽어보면 자유도(DF) 24의 t 검증 통계량의 값(t Value)이 2.62로 이에 대한 유의확률(Pr > |t|)은 0.0149다. 따라서 유의수준 0.05에서 말의 수명 평균이 22년이라는 귀무가설은 기각한다. ▮

예 2.17

다음은 두 종류의 지혈제의 효과를 측정한 독립 이표본 자료다. 실험 방법은 각 지혈제 별로 참여자들의 살갗에 작은 상처를 내어 피가 흐르게 한 다음 지혈제를 투여하여 완전히 지혈이 될 때까지의 시간(단위: 분)을 측정하였다.

지혈제 B:	8.8	8.4	7.9	8.7	9.1	9.6	
지혈제 G:	9.9	9.0	11.1	9.6	8.7	10.4	9.5

이 자료를 분석하는 프로그램과 대응되는 출력을 보라.

```
DATA clotting;
  INPUT drug $ time @@;
DATALINES;
B 8.8   B 8.4   B  7.9   B 8.7   B 9.1   B  9.6
```

```
G 9.9   G 9.0   G 11.1   G 9.6   G 8.7   G 10.4   G 9.5
RUN;

PROC TTEST DATA=clotting;
  CLASS drug;
  VAR time;
RUN;
```

Statistics											
Variable	drug	N	Lower CL Mean	Mean	Upper CL Mean	Lower CL Std Dev	Std Dev	Upper CL Std Dev	Std Err	Minimum	Maximum
time	B	6	8.139	8.75	9.361	0.3634	0.5822	1.428	0.2377	7.9	9.6
time	G	7	8.9861	9.7429	10.5	0.5273	0.8182	1.8018	0.3093	8.7	11.1
time	Diff (1-2)		-1.875	-0.993	-0.11	0.5105	0.7206	1.2235	0.4009		

T-Tests					
Variable	Method	Variances	DF	t Value	Pr > |t|
time	Pooled	Equal	11	-2.48	0.0308
time	Satterthwaite	Unequal	10.7	-2.55	0.0277

Equality of Variances					
Variable	Method	Num DF	Den DF	F Value	Pr > F
time	Folded F	6	5	1.97	0.4722

출력에서 가장 먼저 확인해야 하는 것은 하단의 등분산(Equality of Variances) 즉 공통분산 가정에 대한 가설검증 결과다. 귀무가설이 공통분산이므로 만약 유의확률이 0.05보다 적게 나와 귀무가설을 기각하게 된다면 지금까지 해설한 바와 다른 분석법을 사용해야 한다. 출력에서 유의확률(Pr > F)이 0.4722로서 통상적인 유의수준 0.05보다 크므로 공통분산 가정이 합당하다고 결론내릴 수 있다. 공통분산 가정이 합당하다면 다음에는 중간의 t 검증(T-Tests)을 읽되 'Variances' 항목 중 'Equal'에 해당하는 줄(즉 Equal Variances)을 읽는다. 분석 방법(Method)이 Pooled라고 되어있는데 이는 합동분산(Poolded Variance)을 추정하여 분석한다는 뜻이다. 이 경우 자유도 11의 독립 이표본 t 검증 통계량의 값은 -2.48, 대응되는 유의확률은 0.0308이다. 유의확률값이 0.05보다 작으므로 유의수준 0.05에서 두 모평균은 같지 않다고 결론내린다. 다시 말해서 두 지혈제의 지혈 효과에는 통계적으로 유의한 차이가 있다.

만약 공통분산 가정이 옳지 않다고 출력될 때에는 'Unequal Variances'에 해당하는 줄에서 유의확률을 읽어 판정한다. 별다른 지정을 하지 않으면 Satterthwaite의 검증 결과를 출력한다. 또한 가장 위에는 약 B와 G에 대한 통계량들이 출력되었고 아울러 차이값에 대한 여러 통계량들이 출력되니 각자 확인해보라.

이 데이터를 시각적으로 보여주려면 상자도(box plot)가 유용하다. 다음은 BOXPLOT 절차를 적용하는 예다.

```
GOPTIONS FTEXT=SWISSB HTEXT=2;
TITLE "Box Plot for Clotting Time";

PROC BOXPLOT DATA=clotting;
  PLOT time*drug / BOXSTYLE=SCHEMATIC BOXWIDTH=10;
RUN;
```

출력된 상자도를 보면 응고제 B의 응고 시간이 상대적으로 짧음을 알 수 있다. 물론 그 차이가 통계적으로 의미가 있는지는 검증을 통해서 확인해야 한다. ▌

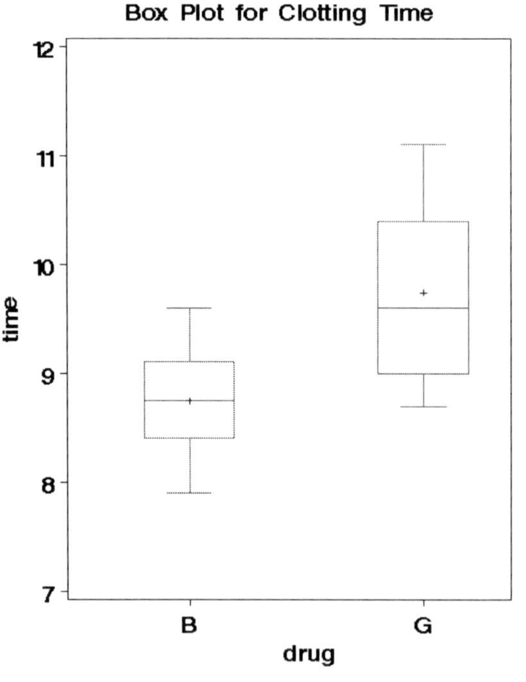

예 2.18

다음은 두 종류의 지혈제의 효과를 측정한 짝지어진 자료다. 10 쌍의 혈액 표본을 이용하여 응고 시간(분)을 축정하였다. 각 쌍에서 하나를 랜덤으로 선택하여 메타크릴레이트(Methacrylate) 처리를 가하고 다른 하나는 파라핀(Paraffin) 처리를 가하였다. 메타크릴레이트의 모평균 응고시간을 μ_m, 파라핀의 모평균 응고시간을 μ_p라 하자.

표본	파라핀	메타크릴레이트
1	10	13
2	27	20
3	11	9
4	18	12
5	19	11
6	16	14
7	16	19
8	18	12
9	22	11
10	26	18

분석 프로그램은 다음 형식으로 작성한다.

```
DATA clotting_paired;
  INPUT sample Paraffin Methacrylate;
DATALINES;
 1  10  13
 2  27  20
 3  11   9
 4  18  12
 5  19  11
 6  16  14
 7  16  19
 8  18  12
 9  22  11
10  26  18
RUN;
```

```
PROC TTEST DATA=clotting;
  PAIRED Paraffin*Methacrylate;
RUN;
```

Statistics										
Difference	N	Lower CL Mean	Mean	Upper CL Mean	Lower CL Std Dev	Std Dev	Upper CL Std Dev	Std Err	Minimum	Maximum
Paraffin - Methacrylate	10	1.0076	4.4	7.7924	3.2619	4.7422	8.6575	1.4996	-3	11

T-Tests			
Difference	DF	t Value	Pr > |t|
Paraffin - Methacrylate	9	2.93	0.0166

쌍별 비교를 위하여 차이값을 기초로 H_1: $\mu_p \neq \mu_m$에 대한 일표본 t 검증을 수행한 결과를 읽으면 자유도 9의 검증 통계량 값이 2.93으로 대응되는 유의확률은 0.0166이다. 이 값이 0.05보다 작으므로 유의수준 0.05에서 두 응고제 간에는 통계적으로 유의한 차이가 존재하다고 결론내린다. ∎

< 연 습 문 제 >

1. 서해안 어느 지역의 개펄에 서식하는 게의 평균 체온이 공기에 노출되었을 때 대기 온도인 24.3℃와 같은지 알고 싶다. 25 마리의 게를 랜덤으로 포획하여 체온을 측정하였다. 가설을 세우고 유의수준 0.05에서 분석하라. 또 모평균에 대한 95% 신뢰구간을 제시하라. 자료는 다음과 같다.

25.8	24.6	26.1	22.9	25.1	27.3	24.0	24.5	23.9	26.2
24.3	24.6	23.3	25.5	28.1	24.8	23.5	26.3	25.4	25.5
23.9	27.0	24.8	22.9	25.4					

2. 문제 1에서 모분산에 대한 95% 신뢰구간을 구하고 단위를 표시하라. 또 모분산을 1이라고 할 수 있는지 유의수준 0.05에서 검증하라.

3. 제과점 고구려당에서 매일 사용되는 밀가루의 평균량을 추정하려한다. 랜덤으로 14

일을 추출하여 사용된 밀가루의 양을 알아보았더니 표본평균 $\overline{Y}=173$ *kg*, 표본표준편차 $s=45$ *kg*이었다. 모평균 μ에 대한 99% 신뢰구간을 구하라.

4. 두 종류의 비료를 비교한다. 각각의 비료를 주어 생장시킨 식물의 키(*cm*)를 측정하였다. 새로운 비료가 기존의 비료보다 더 낫다고 할 수 있는가? 유의수준 0.05에서 검증하라.

기존 비료:	48.2	54.6	58.3	47.8	51.4	52.0	55.2	49.1	49.9	52.6
새로운 비료:	52.3	57.4	55.6	53.2	61.3	58.0	59.8	54.8		

5. 두 종류의 나방덫의 성능을 비교한다. 자료는 밤새 잡힌 나방의 수이다. 양면의 분산비 검증을 하라. 공통분산을 가정할 수 있다면 합동분산을 계산하라. 분산비에 대한 95% 신뢰구간을 구하라.

덫 1:	41	34	33	36	40	25	31	37	34	30	38
덫 2:	52	57	62	55	64	57	56	55			

6. 새로운 비료가 기존 비료에 비하여 250 *kg/ha* 이상의 수확량 증가를 보장하는지 알고 싶다. 토질, 습도, 바람 등 제반 환경 조건이 비슷한 9 쌍의 농지를 확보하였다. 데이터는 1 *ha* 당 수확량이다. 유의수준 0.05에서 검증하라.

농지	새로운 비료	기존 비료
1	2250	1920
2	2410	2020
3	2260	2060
4	2200	1960
5	2360	1960
6	2320	2140
7	2240	1980
8	2300	1940
9	2090	1790

7. 일정 면적의 농지에서 완두콩의 평균 산출량은 지난 몇해 동안 520 *kg*이었다. 농촌진흥청에서 새로운 종자를 만들었는데 보통 종자보다 산출량이 많을것으로 기대하고 있다. 이 가설을 검증하기 위하여 36 군데의 농지를 랜덤 추출하여 파종 후 수확량

을 계산하였다. 표본 자료에서 평균과 표준편차는 다음과 같았다.

$$\overline{Y} = 573\,, \qquad s = 124$$

유의수준 0.05에서 새로운 종자의 완두콩의 평균 산출량이 520 kg 이상이라고 결론 내릴 수 있을까?

8. 15 마리의 홀스타인 젖소를 랜덤 추출하여 305일 간의 집유 기간 중 총 우유 생산량(단위: 1,000 *kg*)을 조사하였다. 수집된 자료는 다음과 같다.

12.928	12.120	14.972	14.044	14.788
13.812	14.358	8.998	10.620	14.744
11.036	9.248	9.998	11.990	14.766

우유 생산량의 모분산 σ^2에 대한 95% 신뢰구간을 구하라. 또 모분산이 $2.5(=\sigma_0^2)$ 이상이라고 할 수 있는지 검증하라. 유의수준은 0.05이다.

3

완전 랜덤화 설계

3.1 셋 이상의 평균에 대한 비교

제 2 장에서 주안점을 두고 설명한 분석법은 단일 표본과 이표본에서 평균에 관련된 것들이다. 제 3 장에서는 셋 이상의 표본에서 평균들 간의 비교를 생각한다. 이렇게 개념이 확장되는 과정을 예를 들어 설명하겠다.

고구려 대학에 재학 중인 학생들의 평균 키가 170 cm $(=\mu_0)$인지 알고싶다고 하자. 학생들 키의 모평균을 μ_1, 모분산을 σ_1^2이라 하자. 또한 전체 학생들의 키의 분포는 정규분포를 따른다고 가정하자. 그런데 모집단 전부를 조사하기가 어려우므로 크기 n_1의 랜덤표본 $Y_{11}, Y_{12}, \cdots, Y_{1n_1}$을 추출하였다.

이 경우 가설은 다음과 같이 설정한다.

$$H_0\colon\ \mu_1 = 170 \quad vs \quad H_1\colon\ \mu_1 \neq 170$$

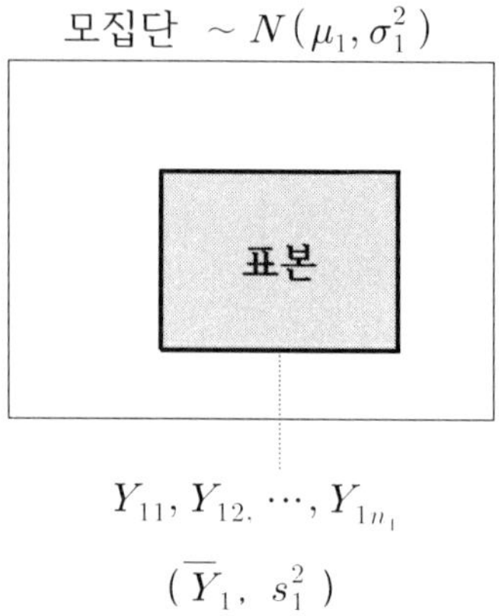

그림 3.1 단일 표본에서 모평균에 대한 검증: H_0: $\mu_1 = \mu_0$

모평균은 알지 못하는 값이므로 당연히 표본평균을 기준으로 통계 추론이 진행되며, 단일 표본에 대한 t 검증 즉 (2.11) 식을 기초로 검증한다. 그리고 이와 같은 상황을 일컬어 단일 표본에서 평균에 대한 추론이라 한다. 그림 3.1에 단일 표본에서 평균 검증에 관한 상황을 도시하였다. 표본평균과 표본분산을 각각 $\overline{Y}_1$와 s_1^2으로 표기한다.

이번에는 고구려 대학생들의 평균 키와 백제 대학생들의 평균 키가 동일한지 여부를 알고 싶다고 해보자. 백제 대학생들 키의 모평균은 μ_2, 모분산은 σ_2^2이다. 또한 두 대학생들의 키의 분포는 정규분포를 따른다고 가정하자. 그리고 백제 대학생들에서는 크기 n_2의 랜덤 표본 $Y_{21}, Y_{22}, \cdots, Y_{2n_2}$를 추출하였다. 이 경우 적절한 가설은 다음과 같다.

$$H_0:\ \mu_1 = \mu_2 \quad vs \quad H_1:\ \mu_1 \neq \mu_2$$

이 경우 두 대학생들은 서로 독립이다. 즉 두 대학생들의 키는 서로 아무런 관계가 없으며, 한 대학생들의 키기 다른 대학생들의 키에 전혀 영향을 주지 않는다고 가정한다. 또한 이런 분석을 적법한 이론적 뒷받침 하에 진행하려면 두 대학생들 키의 모분산이 동일하다고 가정($\sigma_1^2 = \sigma_2^2 \equiv \sigma^2$)해야 한다. 이러한 공통분산 가정은 기실 매우 비현실적이지만 공통분산 가정이 없을 경우의 정확한 검증법은 아직 출현하지 않았다.

이같은 상황에 적용하는 분석법은 소위 독립 이표본 t 검증(independent 2-sample t-test) 또는 합동 t 검증(pooled t-test)으로 (2.20) 식을 기초로 검증을 수행한다. 그림 3.2에 이표본에서의 표본 추출 상황을 도시하였다. 백제 대학생들로부터 계산한 표본평균과 표본분산을 각각 $\overline{Y}_2$와 s_2^2으로 표기한다.

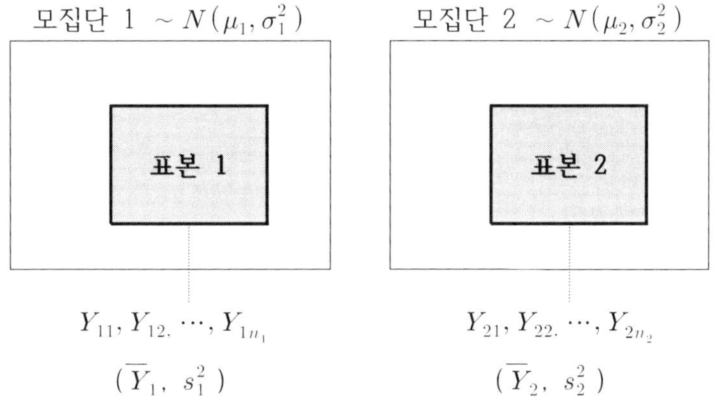

그림 3.2 독립 이표본에서 모평균에 대한 검증: H_0: $\mu_1 = \mu_2$

이상의 논의를 확장해서 이번에는 고구려 대학, 백제 대학, 신라 대학의 세 대학에 재학 중인 학생들의 평균 키를 비교하고 싶다. 지금까지의 표기법을 그대로 따라 신라 대학생들 키의 모평균은 μ_3, 모분산은 σ_3^2이라 하자. 또한 세 대학생들의 키의 분포는 정규분포다. 그리고 신라 대학생들에서는 크기 n_3의 랜덤 표본 $Y_{31}, Y_{32}, \cdots, Y_{3n_3}$를 추출하였다. 대응되는 적절한 가설은 다음과 같이 작성한다.

$$H_0:\ \mu_1 = \mu_2 = \mu_3 \quad vs \quad H_1:\ \text{not } H_0$$

이표본일 때와 마찬가지로 각 대학생들은 서로 독립이며 또한 공통분산을 갖는다고 가정한다. 즉 $\sigma_1^2 = \sigma_2^2 = \sigma_3^2 \equiv \sigma^2$. 그림 3.3을 보라.

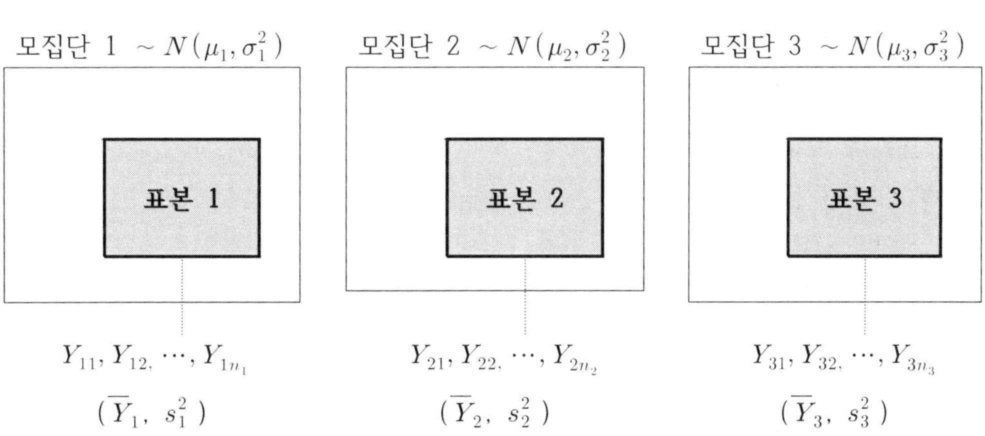

그림 3.3 서로 독립인 세 표본에서 모평균에 대한 검증: H_0: $\mu_1 = \mu_2 = \mu_3$

이표본일 때는 대립가설로 '$\mu_1 > \mu_2$'나 '$\mu_1 < \mu_2$'도 설정할 수 있지만 삼표본 이상일 경우에는 그러한 설정이 불가능하다. 삼표본 이상일 경우에는 오로지 세 개의 모평균들이 전부 동일한지 아닌지만 검증할 수 있다.

이런 이유로 대립가설을 단순히 'not H_0' 또는 '평균들이 전부 같지는 않다'라고 명시한다. 왜냐하면 귀무가설 '$\mu_1 = \mu_2 = \mu_3$'의 반대는 '$\mu_1 \neq \mu_2 \neq \mu_3$' 하나만이 아니라 예컨대 '$\mu_1 = \mu_2 < \mu_3$'과 같은 경우도 있기 때문이다.

삼표본 이상에서 평균들을 비교할 때는 **분산분석법**(ANOVA: analysis of variance)을 사용한다. 분산분석은 이름과는 달리 분산에 대한 검증이 아니라 셋 이상의 독립 표본들의 평균들을 같다고 할 수 있는지를 검증하는데 사용되는 고급 통계 해석법이다. 예를 들어 표 2.1에 주어진 오렌지 쥬스 데이터에서 4 가지 오렌지 쥬스들의 신 맛 간에 차이가 있는지를 검증하려면 분산분석을 해야한다.

평균에 대한 검증을 할 때 독립표본의 개수에 따라 달라지는 통계 분석법을 정리하면 다음과 같다.

① 단일 표본 또는 짝지어진 표본 - t 검증
② 두 개의 독립 표본 - 합동 t 검증
③ 셋 이상의 독립 표본 - 분산분석을 통한 F 검증

제 2.9 절에서 이미 언급한 바 두 평균에 대한 검증법 중 짝지어진 표본에 대한 검증은 원래 데이터를 버리고 차이값을 기초로 진행되기 때문에 결국 단일표본에서 평균에 대한 검증과 동일함을 잊지 말라.

3.2 완전 랜덤화 설계

완전 랜덤화 설계(CRD: completely randomized design)는 비교실험에 대한 오차조절 설계 중 가장 단순한 형태이다. 그리고 독립 이표본에서 데이터를 얻는 상황이 완전 랜덤화 설계의 가장 초보적인 경우이다. 완전 랜덤화 설계의 실용성은 낮은 편이지만 이 설계 방식의 개념과 대응되는 모형, 모형의 분석 방법 등의 기본 아이디어는 더 복잡한 여타의 설계에도 그대로 적용된다.

완전 랜덤화 설계는 동질적인 실험단위들이 가용한 경우에 사용한다. 이때 동질성을 너무 좁은 의미로 해석할 필요는 없다. 물론 동질적인 실험단위들보다는 완벽하게 동일한 실험단위들을 실험에 동원할 수 있다면 더 바랄 것이 없겠으나 자연 상태에서 완벽

한 동일성을 보여주는 개체는 존재하지 않는다. 따라서 이상적인 동질의 실험단위란 제반 성질이 최대한 흡사한 실험단위를 의미한다. 하지만 실험에 따라 동질성의 의미 부여는 달라지는 것이 정상이다. 예를 들어 한국인 성인 남자가 실험 대상이라면 한국인으로서 성인이며 남자인 점에서 동질성이 있는 것이지 얼굴이 닮았다든가 체중이 비슷하다는 의미는 아니다. 이런 경우에는 동질적인 실험단위라도 변동이 클 것이다. 하지만 공장에서 일정하게 조절해 놓은 공정 조건 하에서 생산되는 카세트 테이프들을 실험단위로 간주하면 테이프들의 측정 특성의 변동폭은 매우 작으리라고 짐작된다. 결국 동질성의 확보란 실험에 따라 상대적이고 가변적일 수밖에 없다.

완전 랜덤화 설계의 정의는 다음과 같다.

<u>**완전 랜덤화 설계(CRD)**</u>

$N = rt$ 개의 동질적인 실험단위가 가용하고 t 개의 처리를 비교하려 한다. N 개의 실험단위를 t 개의 그룹에 등확률(equal probability)로 랜덤 분할하는데 각 그룹마다 r 개의 실험단위를 갖도록 한다. 그 다음 t 개의 처리를 t 개의 그룹에 랜덤 배정한다.

이와 같은 설계 방식을 정확히는 **완전 랜덤화 등반복 설계**(completely randomized equal-replication design)라 부르고 이것이 현실화된 실험을 **완전 랜덤화 등반복 실험**이라 한다. 결국 각 처리마다 r 번씩의 등반복 실험을 하는 것인데 앞으로는 주로 등반복의 경우만을 다루므로 이 설계 방식을 간단히 완전 랜덤화 설계 또는 CRD로 지칭한다.

참고로 등반복 실험의 결과 얻어진 자료를 **균형 자료**(balanced data)라 부른다. 만일 처리마다 반복수가 같지 않으면 **불균형 자료**(unbalanced data)를 얻게 된다. 일반적으로 불균형자료의 해석은 간단치 않은 경우가 많으므로 애초에 균형자료를 얻을 수 있도록 실험설계를 해야함은 상식이다.

3.3 랜덤화 과정

완전 랜덤화 설계의 원리를 구현하는 방법은 많다. 그 중 한 가지 방법을 소개한다.

비교하고 싶은 처리가 4 개 있고 이들을 각각 A, B, C, D로 표기하자. 각 처리마다 3 회씩의 반복을 하고 싶다. 결국 12 개의 실험단위를 마련해야한다.

다음 표와 같은 형식으로 각 실험단위마다 1부터 12까지 번호를 배정한다.

처리	실험단위에 배정된 번호		
A	*1*	*2*	*3*
B	*4*	*5*	*6*
C	*7*	*8*	*9*
D	*10*	*11*	*12*

그 다음 균등난수(uniform random number)를 12 개 생성하고, 생성된 순서대로 1부터 12까지의 일련 번호를 붙인다. 이때의 일련 번호는 실험 순서가 된다. 균등난수의 생성은 어떤 컴퓨터 언어 또는 어떤 통계 소프트웨어에서도 지원한다. 아래의 표 왼쪽에 나타난 생성된 난수와 실험 순서를 보라.

생성된 균등난수	일련 번호		순서화된 균등난수	순서화된 일련 번호	처리
0.05343	1		0.05343	1	*A*
0.20805	2		0.10507	5	*B*
0.72834	3		0.17365	11	*D*
0.22014	4		0.20805	2	*A*
0.10507	5		0.22014	4	*B*
0.79376	6		0.45825	10	*D*
0.63101	7	⇒	0.50236	9	*C*
0.83916	8		0.63101	7	*C*
0.50236	9		0.72834	3	*A*
0.45825	10		0.79376	6	*B*
0.17365	11		0.81050	12	*D*
0.81050	12		0.83916	8	*C*

이와 같이 생성된 난수를 크기 순서로 정리한다. 이때 각 난수에 부여된 일련번호도 난수를 따라간다. 이때의 순서화된 일련 번호는 실험단위에 부여되었던 번호를 반영한다. 즉 순서화된 일련 번호가 *1, 2, 3*이면 처리 *A*를 가하고, *4, 5, 6*이면 처리 *B*, 또 *7, 8, 9*이면 처리 *C*, 마지막으로 *10, 11, 12*이면 처리 *D*를 가하는 것이다.

결국 이와 같은 랜덤화 과정을 거치면 실험 순서는 다음과 같이 결정된다.

① 실험단위 *1*에 처리 *A*를 가한다.

② 실험단위 *5*에 처리 *B*를 가한다.
③ 실험단위 *11*에 처리 *D*를 가한다.
⋮
⑫ 실험단위 *8*에 처리 *C*를 가한다.

이렇게 정해진 실험 순서는 반드시 그대로 지켜야 한다.

만일 우리의 실험이 동일 전자 부품에 과전류를 흘려 파괴되는 시간을 측정하는 것이라면 첫 번째로 선택된 실험단위에 대한 실험이 완전히 종료된 후 두 번째 실험으로 들어가야 한다.

다만 표 2.3에 주어진 돼지 사육 실험이라면 각 돼지 즉 실험단위마다 환경 조건이 동일한 우리를 마련해주고 동시에 실험을 수행해야할 것이다. 이런 경우에는 실험 순서는 의미가 없고 단지 실험단위마다 랜덤으로 배정된 처리만 그대로 따라준다.

3.4 자료 구조와 모형

완전 랜덤화 실험 결과 얻어진 자료는 표 3.1과 같은 형식으로 정리된다.

표 3.1에 주어진 자료에 대한 적절한 모형은 어떻게 구축할 수 있을까? 그림 3.3의 상황을 참조하면서 다음 논의를 생각해보자.

우선 각 처리마다 처리 고유의 평균값이 존재할 것이다. i 번째 처리에 대한 모평균을 μ_i로 표기하자.

그리고 각 처리마다 고유의 모분산이 있겠지만 공통분산을 가정해야 분석이 가능하다. 따라서 공통분산을 σ^2으로 표기한다. 또한 각 처리마다 데이터들의 분포는 서로 독립인 정규분포를 따른다고 가정하자.

표 3.1 CRD의 자료 구조

처리			
1	2	⋯	t
Y_{11}	Y_{21}	⋯	Y_{t1}
Y_{12}	Y_{22}	⋯	Y_{t2}
⋮	⋮	⋮	⋮
Y_{1r}	Y_{2r}	⋯	Y_{tr}

이상에서 언급한 상황을 요약하면 다음과 같다.

$$\begin{aligned} &Y_{11}, Y_{12}, \cdots, Y_{1r} \sim N(\mu_1, \sigma^2) \\ &Y_{21}, Y_{22}, \cdots, Y_{2r} \sim N(\mu_2, \sigma^2) \\ &\quad\vdots \\ &Y_{t1}, Y_{t2}, \cdots, Y_{tr} \sim N(\mu_t, \sigma^2) \end{aligned} \tag{3.1}$$

물론 이때 t 개의 데이터 그룹 또는 표본들은 서로 독립이다.
식 (3.1)은 다음과 같이 더 간단히 표현할 수 있다.

$$Y_{ij} \sim N(\mu_i, \sigma^2), \qquad i = 1,2,\cdots,t\,; \quad j = 1,2,\cdots,r \tag{3.2}$$

(3.2)의 모형은 또 (3.3)과 같이 표시할 수 있다.

$$Y_{ij} = \mu_i + \epsilon_{ij}\,, \qquad \epsilon_{ij} \sim N(0, \sigma^2) \tag{3.3}$$

모형 (3.3)이 소위 **일원 분산분석 모형**(1 - way ANOVA model) 또는 **단일요인 분산분석 모형**(single-factor ANOVA model)으로서 관측값 Y_{ij}의 모평균이 μ_i이므로 (3.2)의 정규분포 모형에서 모평균을 밖으로 끌어내어 '관측값 = 모평균 + 오차'의 형식으로 바꾸어 기술한 것에 불과하다. 이 경우 ϵ_{ij}는 오차항으로서 당연히 이 오차항의 분포의 평균은 0이 된다.

모형 (3.3)에서 오차(error)와 오차를 규정하는 **오차 분산**(error variance) σ^2의 의미는 무엇일까? 모형 (3.3)의 의미는 곧 i 번째 처리의 관측값들은 본래 평균이 μ_i인데 측정할 때 다소간의 오차가 개재되어 관측된다는 뜻이다.

예를 들어 처리 고유의 모평균이 5라고 하자. 이 경우에 실제 측정을 하여보면 4.5, 5.1, 6.2, 5.3 등과 같이 모평균 5와는 완전히 같지 않은 데이터를 얻게 되는데 이러한 오차는 측정의 정밀도에 따라 작을 수도 클 수도 있다. 물론 이 경우에 실험자는 그 처리의 모평균이 5라는 사실을 알지 못한다. 데이터를 기초로 평균값을 추정하면 (4.5 + 5.1 + 6.2 + 5.3)/4 = 5.275가 되어 처리 고유의 모평균 5와는 다소 차이가 있는 값을 얻는다. 그렇더라도 실험자에게 주어진 정보는 데이터 외에는 없기 때문에 그 처리의 평균을 5.275로 추정할 수 밖에 없다.

여하간 모평균이 5임에도 불구하고 데이터가 4.5, 5.1, 6.2, 5.3과 같이 나오는 것을 통계학에서는 피할 수 없는 오차 때문이라고 생각하며 오차의 변동폭을 분산 σ^2으로 나타낸다.

다시 말해서 모형 (3.3)에서는 정규분포를 가정하고 있으므로 처리의 모평균 μ_i 근방에서 데이터들이 많이 나오겠지만, 오차 분산 σ^2의 값으로 간섭되는 정도의 부정확도를 피할 수 없다는 뜻이다.

우리가 완전 랜덤화 설계를 생각한 애초의 이유는 처리 간 차이가 존재하는지 여부에 대한 객관적인 비교실험을 하기 위함이다. 그리고 처리의 대표값으로 평균을 고려하는 것이 상례인 바 결국 처리 간 차이를 확인하려는 것은 처리 평균들 간에 통계적으로 유의한 값 차이가 존재하는지 여부를 검증하는 문제로 귀착된다.

각 처리의 모평균이 μ_i이고 비교실험의 목적이 모든 μ_i들이 같은지 아닌지 여부를 검증하려는 것이지만, 검증시 반드시 μ_i들을 기초로 비교를 진행할 필요는 없다. 예를 들어 각 μ_i들마다 일률적으로 공통된 값을 빼서 비교를 해도 아무 상관이 없다.

μ_i들의 평균을 μ라고 하자. 그러면 $\mu_1, \mu_2, \cdots, \mu_t$ 들에 대한 비교는 $(\mu_1 - \mu)$, $(\mu_2 - \mu)$, $\cdots$, $(\mu_t - \mu)$들에 대한 비교로 바꾸어도 해석이 달라지지 않는다. 왜냐하면 μ_i들에 대한 비교는 상대적인 값의 차이에 대한 비교일 뿐이기 때문이다.

이와 같은 점을 고려하면 모형 (3.3)은 다시 다음과 같이 바꾸어 쓸 수 있다.

$$Y_{ij} = \mu + (\mu_i - \mu) + \epsilon_{ij}, \quad \epsilon_{ij} \sim N(0, \sigma^2) \tag{3.4}$$

모형 (3.4)에서 $(\mu_i - \mu)$를 τ_i로 표기하자.

$$Y_{ij} = \mu + \tau_i + \epsilon_{ij}, \quad \epsilon_{ij} \sim N(0, \sigma^2) \quad (i = 1, \cdots, t;\ j = 1, \cdots, r) \tag{3.5}$$

모형 (3.5)가 CRD에 대한 보편적인 모형이다. 여기서 μ_i들의 평균인 μ를 **전체 평균**(overall mean)이라 하며, τ_i는 i 번째 처리의 평균에서 전체 평균을 뺀 값으로서 결국 처리 i의 전체 평균에 대한 상대적인 **효과**(effect)다. 처리 효과 τ_i에 대해서는 항상 다음 관계식이 성립한다.

$$\sum_{i=1}^{t} \tau_i = 0$$

모형 (3.5)에서 관측 Y_{ij}와 오차 ϵ_{ij}는 정규 확률변수이며, 전체 평균 μ와 처리 효과 τ_i는 알지 못하는 상수다.

3.5 분산분석의 원리

완전 랜덤화 실험에서 우리가 검증하려는 가설은 다음 형태로 쓸 수 있다.

$$H_0: \mu_1 = \mu_2 = \cdots = \mu_t \quad vs \quad H_1: \text{not } H_0$$

즉 처리 평균들을 모두 같다고 할 수 있는지 없는지 여부를 가리려는 것이다. 하지만 모형 (3.5)를 고려하면 결국 μ_i들에 대한 비교는 τ_i들에 대한 비교와 동등하다. 다시 말해서 처리 평균들 간에 차이가 있느냐는 질문은 처리 효과들 간에 차이가 있느냐고 묻는 것과 같다. 따라서 우리가 고려하는 최종적인 가설의 형태는 다음과 같은 형식으로 기술된다.

$$H_0: \tau_1 = \tau_2 = \cdots = \tau_t = 0 \quad \text{(처리 효과 차이가 없다)}$$
$$H_1: \text{not } H_0 \quad \text{(그렇지 않다)}$$

이와 같은 가설은 분산분석(analysis of variance)으로 검증할 수 있으며 그 원리는 다음과 같다.

모형 (3.4)에서 i 번째 처리이 모평균 μ_i를 데이터로부터 추정하려면 i 번째 처리에서 관측된 값들의 평균을 취하는 것이 상식이다. 또한 전체 평균 μ는 모든 데이터 값들의 평균으로 추정하면 된다. 즉

$$\hat{\mu} = \sum_{i=1}^{t}\sum_{j=1}^{r} Y_{ij}/N \equiv \overline{Y}_{..} \qquad (N = rt)$$

$$\hat{\mu_i} = \sum_{j=1}^{r} Y_{ij}/r \equiv \overline{Y}_{i.}$$

전체 평균(overall mean) μ와 처리 모평균 μ_i에 대한 추정량 $\overline{Y}_{..}$과 $\overline{Y}_{i.}$을 각각 **총평균**(grand mean)과 **처리 평균**(treatment mean)으로 부르기로 하자. 그리고 총평균과 처리 평균 공식의 첨자에 붙은 점(.)은 합산이 진행된 첨자를 나타낸다.

이 경우 모형 (3.5)에서 총평균 μ에 대한 i 번째 처리의 상대적인 수준 효과 τ_i는 다음과 같이 추정된다.

$$\hat{\tau}_i = \hat{\mu}_i - \hat{\mu} = \overline{Y}_{i.} - \overline{Y}_{..}$$

또한 모형 (3.5)의 오차항 ϵ_{ij}는 i 번째 처리 내에서 μ_i를 정확히 측정하지 못해서 나타나는 것이므로 오차항 ϵ_{ij}의 추정값은 다음과 같이 주어진다.

$$\hat{\epsilon}_{ij} = Y_{ij} - \overline{Y}_{i.}$$

이상에서 우리는 $\mu, \mu_i, \tau_i, \epsilon_{ij}$ 들에 대한 추정을 직관에 의거하여 수행하였는데, 공식적으로 이러한 모수들에 대한 추정은 **최소제곱법**(least squars method)을 이용하여 동일한 결과를 얻을 수 있다.

어떤 모형이 주어지더라도 최소제곱법의 아이디어는 다음과 같이 요약된다.

<u>최소제곱의 원리</u>
오차제곱합, 즉 오차항들의 제곱합을 최소화하자

따라서 모형 (3.2)에서 μ와 τ_i들에 대한 최소제곱 추정은 다음과 같이 표현한다.

$$\underset{\mu, \tau_1, \cdots, \tau_t}{\text{minimize}} \; Q = \sum_{i=1}^{t}\sum_{j=1}^{r} \epsilon_{ij}^2 = \sum_{i=1}^{t}\sum_{j=1}^{r} (Y_{ij} - \mu - \tau_i)^2$$

오차제곱합(error SS) Q를 최소화하는 μ와 τ_i들은 다음 연립방정식들의 해로 결정된다.

$$\frac{\partial Q}{\partial \mu} = 0$$

$$\frac{\partial Q}{\partial \tau_i} = 0 , \quad i = 1, \cdots, t$$

이 연립방정식을 **정규방정식**(normal equations)이라 부르는데 구체적인 형태는 다음과 같다.

$$
\begin{aligned}
N\hat{\mu}+r\hat{\tau}_1+r\hat{\tau}_2+\cdots+r\hat{\tau}_t &= N\overline{Y}_{..}\\
r\hat{\mu}+r\hat{\tau}_1 \qquad\qquad\qquad &= r\overline{Y}_{1.}\\
r\hat{\mu} \qquad +r\hat{\tau}_2 \qquad\qquad &= r\overline{Y}_{2.}\\
\vdots \qquad\qquad \ddots \qquad\qquad &\ \ \vdots\\
r\hat{\mu} \qquad\qquad\qquad +r\hat{\tau}_t &= r\overline{Y}_{t.}
\end{aligned}
$$

그런데 이러한 정규방정식에서 추정해야할 모수는 $\mu, \tau_1, \cdots, \tau_t$ 의 $(t+1)$ 개이지만 서로 독립인 방정식의 수는 t 개밖에 되지 않는다. 왜냐하면 두 번째부터 $(t+1)$ 번째까지의 방정식들을 모두 더하면 첫 번째 방정식이 되기 때문이다.

이런 경우에는 $\mu, \tau_1, \cdots, \tau_t$ 에 대한 무한히 많은 해가 존재한다. 이런 문제를 방지하기 위하여 일반적으로 조건 $\sum \tau_i = 0$을 삽입하여 유일해를 얻는데, 이렇게 하여 얻는 해는 우리가 앞서 직관적으로 얻은 해와 일치한다.

이상과 같은 논의를 고려하면 데이터에서 구현된 모형 (3.5)의 형태는 식 (3.6)과 같이 쓸 수 있다.

$$Y_{ij} = \overline{Y}_{..} + (\overline{Y}_{i.} - \overline{Y}_{..}) + (Y_{ij} - \overline{Y}_{i.}) \tag{3.6}$$

그런데 통계적 가설검증법에서는 언제나 귀무가설을 일단 옳다고 간주하고 분석을 시작한다. 그리고 이 상황에서 데이터가 귀무가설에서 설정한 패턴과 부합되는지 여부를 검증 통계량과 임계값을 비교하여 귀무가설을 기각할지 못할지를 판정하는 것이다.

따라서 우리도 일단 처리 효과 차이가 없다는 귀무가설을 받아들이자. 그러면 모형 (3.5)는 다음과 같이 간략화된다.

$$Y_{ij} = \mu + \epsilon_{ij} \tag{3.7}$$

모형 (3.7)이 사실이라면, 즉 처리 효과들이 전부 0이라면 관계식 (3.6)에서 처리 효과를 추정하는 $(\overline{Y}_{i.} - \overline{Y}_{..})$의 값들이 0에 가깝게 나올 것이라 예측할 수 있다.

역으로 우리가 분석할 데이터에서 처리 효과의 추정값들이 0에 가깝게 나온다면 처리 효과들 간에 차이가 없다고 기대할 수 있으며, 이 경우에는 귀무가설을 기각하지 못한다.

식 (3.6)은 다시 다음과 같이 쓸 수 있다.

$$(Y_{ij} - \overline{Y}_{..}) = (\overline{Y}_{i.} - \overline{Y}_{..}) + (Y_{ij} - \overline{Y}_{i.}) \tag{3.8}$$

(3.8)의 등식이 의미하는 바는 살펴보자.

우선 $(Y_{ij} - \overline{Y}_{..})$는 어느 하나의 관측값에 대한 총평균으로부터의 편차(deviation)다. 이 항을 총편차라 부르기로 하자. 그리고 $(\overline{Y}_{i.} - \overline{Y}_{..})$는 i 번째 처리 평균에 대한 총평균으로부터의 편차로서 i 번째 처리의 고유 효과를 추정하는 값이다. 이를 처리효과편차라 부를 수 있겠다. 마지막으로 $(Y_{ij} - \overline{Y}_{i.})$는 i 번째 처리 내의 j 번째 관측값이 i 번째 처리 평균과 얼마만큼 떨어져있는가를 나타내는 편차로서 곧 오차를 추정하는 값이다. 이 세 번째 편차는 오차에 기인하는 편차인데 이를 오차편차라 부르자. 이를 정리하면 다음과 같이 나타낼 수 있다.

총편차 = 처리효과편차 + 오차편차

그러나 Y_{ij}라는 단일 관측 하나에 대해서만 (3.8)과 같은 해석을 내리는 것은 무의미하다. 우리가 얻은 N 개의 모든 관측마다 나름대로 (3.8)과 같은 분해가 가능하다. 그렇다면 이들이 갖고 있는 정보를 합쳐서 해석할 방법은 없을까?

분산분석에서는 이러한 시도의 하나로 등식 (3.9)에 보이는 바와 같이 (3.8)의 양변을 제곱하고 모든 관측들에 대하여 합을 취한다.

$$\begin{aligned}\sum_{i=1}^{t}\sum_{j=1}^{r}(Y_{ij} - \overline{Y}_{..})^2 &= \sum_{i=1}^{t}\sum_{j=1}^{r}[(\overline{Y}_{i.} - \overline{Y}_{..}) + (Y_{ij} - \overline{Y}_{i.})]^2 \\ &= \sum_{i=1}^{t}\sum_{j=1}^{r}(\overline{Y}_{i.} - \overline{Y}_{..})^2 + \sum_{i=1}^{t}\sum_{j=1}^{r}(Y_{ij} - \overline{Y}_{i.})^2\end{aligned} \tag{3.9}$$

이때 (3.9)에서 제곱을 전개할 때 나타나는 교차곱 항은 0이다. 즉

$$2\sum_{i=1}^{t}\sum_{j=1}^{r}(\overline{Y}_{i.} - \overline{Y}_{..})(Y_{ij} - \overline{Y}_{i.}) = 0$$

결국 (3.9) 식은 총편차들의 제곱합이 처리효과편차들의 제곱합과 오차편차들의 합으로 분해됨을 보여준다. 그래서 이 관계식을 일컬어 **제곱합의 분할**(partition of SS)이라 한다. 관계식 (3.9)에 나타나는 각 제곱합 항들은 순서대로 **총제곱합**(total SS), **처리제곱합**(treatments SS), **오차제곱합**(error SS)이라 부른다.

그리고 제곱합 대신 **변동**(variation)이란 용어를 사용하여 총변동, 처리변동, 오차변

동으로 부르기도 한다.

총제곱합은 데이터들이 총평균으로부터 떨어져있는 정도를 나타낸다. 처리 제곱합은 총제곱합 중에서 처리 간 효과 차이가 존재하기 때문에 유발되는 부분을 나타낸다. 만일 처리 평균들이 모두 동일하다면 이 부분의 값은 0이 될 것이다. 오차 제곱합은 순수한 오차 변동을 정량화한다. 만일 오차제곱합이 0이라면 각 처리 내 관측들은 모두 동일한 값을 갖게 될 것이다.

때때로 처리제곱합을 처리 간(between treatments 또는 among treatments) 제곱합, 그룹(group) 제곱합 등으로 부르기도 한다. 또한 오차제곱합 대신 잔차(residual) 제곱합, 처리내(within treatments) 제곱합, 그룹내(within groups) 제곱합 등의 용어도 자주 사용된다.

제 2.3 절의 내용을 보면 분산 공식에서 분자 부분이 바로 제곱합임을 확인할 수 있을 것이다. 그리고 제곱합을 자유도로 나누면 평균제곱이 되며, 이것이 곧 분산이라 하였다. 마찬가지로 (3.9)의 각 제곱합들에는 자신의 자유도가 있다.

총제곱합의 자유도는 $(N-1)$이다. 왜냐하면 총제곱합 $\sum\sum(Y_{ij}-\overline{Y}_{..})^2$를 계산할 때 동원되는 총관측수는 N 개이고 기준점이 총평균 하나이기에 $(N-1)$이 된다.

처리제곱합에 대한 자유도는 $(t-1)$이다. 왜냐하면 처리제곱합 $\sum\sum(\overline{Y}_{i.}-\overline{Y}_{..})^2$은 t 개의 처리 평균들의 총평균에 대한 변동으로, 이 값을 계산하려면 우리는 t 개의 처리 평균값을 알고있어야 하기 때문이다.

오차제곱합 $\sum\sum(Y_{ij}-\overline{Y}_{i.})^2$에 대한 자유도는 얼마일까? 이 경우에는 처리마다 제곱합 계산의 기준점이 다름을 잊지 말라. 오차는 단일 처리 내부에서 생각되는 개념이다. 이를테면 첫 번째 처리에 속하는 관측 Y_{11}의 오차가 얼마인가를 알고싶으면 Y_{11}과 첫 번째 처리 평균 $\overline{Y}_{1.}$ 간의 차이값을 계산해야지, $(Y_{11}-\overline{Y}_{3.})$ 따위를 생각할 수는 없는 것이다. 거듭 말하지만 어떤 처리에 속하는 관측값의 오차는 자신이 속한 처리의 평균값과의 차이라는 점을 유의하라. 오차제곱합을 처리별로 전개하면 다음과 같다.

$$\sum_{j=1}^{r}(Y_{1j}-\overline{Y}_{1.})^2+\sum_{j=1}^{r}(Y_{2j}-\overline{Y}_{2.})^2+\cdots+\sum_{j=1}^{r}(Y_{tj}-\overline{Y}_{t.})^2$$

따라서 오차제곱합의 자유도는 $(r-1)+(r-1)+\cdots+(r-1)=t(r-1)$이 되며 또 우변에서 $tr=N$이므로 결국 오차제곱합의 자유도는 $(N-t)$이다.

제곱합의 분할과 흡사하게 자유도도 분할된다. 즉 총제곱합에 대한 자유도는 처리제곱합의 자유도와 오차제곱합의 자유도의 합이다.

앞으로는 총제곱합을 SS_T, 처리제곱합을 SS_{Trt}, 오차제곱합을 SS_E로 표기한다.

이상의 논의에서 설명한 제곱합과 자유도의 분할은 다음과 같이 정리된다. 이러한 기본적인 관계가 분산분석의 근간이 된다.

$$\begin{array}{ccccc} SS_T & = & SS_{Trt} & + & SS_E \\ (N-1) & = & (t-1) & + & (N-t) \end{array}$$

만일 처리 간 효과 차이가 없다면 모형 (3.7)이 옳다. 그러나 효과 차이가 있다면 원래의 모형 (3.5)가 옳을 것이다. 따라서 관계식 (3.9)를 기준으로 생각하면, 모형 (3.7)이 옳다면 총제곱합에서 처리제곱합이 차지하는 비율이 미미할 것이다. 반대로 처리 효과 차이가 존재하기 때문에 모형 (3.5)가 옳은 상황에서는 총변동에서 처리제곱합이 차지하는 비율이 커질 것이다.

이런 이유로 총변동의 대부분을 처리 효과 차이에 기인한 변동으로 설명할 수 있다면 귀무가설을 기각할 수 있을 것이고, 반대로 총변동의 대부분이 오차에 기인하는 변동이고 처리 효과 차이로 설명할 수 있는 부분이 작다면 귀무가설을 기각할 수 없게 된다.

그러나 이상의 논의는 개념적인 것이고, 실제 분산분석은 제곱합을 대응되는 자유도로 나눈 다음의 두 평균제곱(MS)을 기초로 수행된다.

$$MS_{Trt} = \frac{SS_{Trt}}{t-1}, \qquad MS_E = \frac{SS_E}{N-t}$$

MS_{Trt}는 처리 평균제곱(treatment MS), MS_E는 오차평균제곱(error MS)이라 부른다. 총제곱합에 대한 평균제곱은 정의하지 않는다. 특히 MS_E는 오차 분산 σ^2에 대한 비편향추정량이다.

모형 (3.1)을 보자. i 번째 처리에서 얻는 r 개의 데이터 $Y_{i1}, Y_{i2}, \cdots, Y_{ir}$ 은 정규분포 $N(\mu_i, \sigma^2)$에서 추출된 것이다. 따라서 μ_i와 σ^2에 대한 추정량은 당연히 표본평균 $\overline{Y}_{i\cdot}$과 표본분산 s_i^2이다.

$$\hat{\mu}_i = \overline{Y}_{i\cdot} = \sum_{j=1}^{r} Y_{ij}/r$$

$$\hat{\sigma}^2 = s_i^2 = \sum_{j=1}^{r} (Y_{ij} - \overline{Y}_{i\cdot})^2/(r-1)$$

이와 같이 하면 각 처리마다 독립적인 오차 분산의 추정량 $s_1^2, s_2^2, \cdots, s_t^2$ 들을 얻는다. 그런데 우리는 처리마다 동일한 값의 공통분산을 가정하고 있다. 즉 하나의 모분산값에 t 개의 추정량이 존재하는 것이다. 이런 문제점을 해결하는 간단한 방법은 t 개 추정량들의 가중 평균을 취하는 것이다. 이러한 경우 가중값은 각 표본분산에 대응되는 자유도가 되는데, 현재 상황에서는 처리마다 자유도가 $(r-1)$로 동일하다.

따라서 $s_1^2, s_2^2, \cdots, s_t^2$ 들의 가중평균 s^2는 다음과 같이 정의된다.

$$
\begin{aligned}
s^2 &= \frac{(r-1)s_1^2 + (r-1)s_2^2 + \cdots + (r-1)s_t^2}{(r-1) + (r-1) + \cdots + (r-1)} \\
&= \frac{\sum_{i=1}^{t}(r-1)s_i^2}{t(r-1)} \\
&= \frac{\sum_{i=1}^{t}\sum_{j=1}^{r}(Y_{ij} - \overline{Y}_{i\cdot})^2}{N-t} \\
&= \frac{SS_E}{N-t} \\
&= MS_E
\end{aligned}
$$

처리 간 효과 차이가 없다는 귀무가설에 대한 검증 통계량은 다음과 같다.

$$
\text{검증 통계량 } F = \frac{MS_{Trt}}{MS_E} \sim F_{t-1,\, N-t}
$$

검증 통계량 F는 분자의 자유도가 $(t-1)$, 분모의 자유도가 $(N-t)$인 F 분포를 따른다. 그리고 유의수준이 α일 때, 계산된 검증 통계량 F의 값이 부록 $A.4$의 F 분포표에서 읽은 임계값 $F_{t-1,\, N-t,\, \alpha}$보다 크면 귀무가설을 기각하고 처리 간 효과 차이가 있다고 결론내린다.

이와 같이 완전 랜덤화 실험에 대한 분석은 처리 평균제곱과 오차평균제곱의 비가 F 분포를 따른다는 사실을 기초로 진행되는데, 평균제곱이 바로 분산이기 때문에 결국 이러한 검증은 분산비 검증(variance-ratio test)에 다름 아니다. 분산분석이란 이름은 여기에서 연유된 것이다.

완전 랜덤화 실험에 대한 분산분석

모형: $Y_{ij} = \mu + \tau_i + \epsilon_{ij}, \quad \epsilon_{ij} \sim N(0, \sigma^2)$

$(i = 1, \cdots, t\ ; \quad j = 1, \cdots, r)$

H_0: $\tau_1 = \tau_2 = \cdots = \tau_t = 0$ (처리 효과 차이가 없다)

H_1: not H_0 (그렇지 않다)

만일 $F = \dfrac{SS_{Trt} / (t-1)}{SS_E / (N-t)} > F_{t-1, N-t, \alpha}$ 이면 H_0를 기각한다.

분산분석은 **분산분석표**(ANOVA table)를 만들어 수행하는 것이 간편하다. 분산분석표는 **변동의 근원**(source of variation), **제곱합**(SS), **자유도**(df), **평균제곱**(MS), **검증 통계량 F의 값**으로 구성된다. 표 3.2를 보라.

변동의 근원은 곧 변동의 원인이다. 처리제곱합 즉 처리변동은 처리 평균들이 다르기 때문에 나타나는 변동이다. 또한 오차변동은 오차가 존재하기 때문에 나타나는 변동이다. 처리변동이 상대적으로 크면 처리 간 평균 차이 즉 효과 차이가 존재하는 것이다.

모형에서 i 번째 처리 평균 μ_i의 추정량은 $\overline{Y}_i.$이다. 그리고 오차들이 독립적으로 정규분포를 따르므로 $\overline{Y}_i. \sim N(\mu_i, \sigma^2/r)$이다. σ^2에 대한 추정량이 $MS_E = s^2$이므로 i 번째 처리 평균 μ_i에 대한 $100(1-\alpha)\%$ 신뢰구간의 공식은 다음 식과 같이 주어진다.

$$\overline{Y}_i. \pm t_{N-t, \alpha/2} \frac{\sqrt{MS_E}}{\sqrt{r}}$$

표 3.2 완전 랜덤화 설계(CRD)에 대한 분산분석표

source	SS	df	MS	F
처리(Treatments)	SS_{Trt}	$t-1$	MS_{Trt}	MS_{Trt}/MS_E
오차(Error)	SS_E	$N-t$	MS_E	
총 (Total)	SS_T	$N-1$		

또한 두 처리 평균 간의 차이 $(\mu_i - \mu_j)$에 대한 $100(1-\alpha)\%$ 신뢰구간의 공식은 다음과 같다.

$$(\overline{Y}_{i\cdot} - \overline{Y}_{j\cdot}) \pm t_{N-t,\alpha/2}\frac{\sqrt{2MS_E}}{\sqrt{r}} \qquad (i \neq j)$$

예 3.1

제 2.3 절의 표 2.3에 주어진 돼지의 체중 증가 자료를 분산분석해보자. 사료 내 단백질 첨가 %가 처리다. 그리고 $t=4$, $r=5$, $N=20$이다. 이 상황에 대한 가설은 다음과 같다.

$$H_0: \tau_1 = \tau_2 = \tau_3 = \tau_4 = 0$$
$$H_1: \text{not } H_0$$

유의수준을 0.05라고 하자. 제곱합을 손계산할 때는 다음 형식으로 계산한다.

$$SS_T = \sum_{i=1}^{t}\sum_{j=1}^{r} Y_{ij}^2 - \frac{Y_{\cdot\cdot}^2}{N}$$

$$SS_{Trt} = \sum_{i=1}^{t} Y_{i\cdot}^2 - \frac{Y_{\cdot\cdot}^2}{N}$$

$$SS_E = SS_T - SS_{Trt}$$

여기서 $Y_{\cdot\cdot}$은 모든 관측들의 **총합**(grand total), 또 $Y_{i\cdot}$는 i 번째 처리에 속하는 관측들의 합, 즉 **처리합**(treatment total)이다. 계산 과정은 제시하지 않으나 스스로 계산해서 다음에 주어진 분산분석표의 숫자들과 맞추어보라.

source	SS	df	MS	F
처리	4681.4	3	1560.5	194.3
오차	128.5	16	8.0	
총	4809.9	19		

총변동에서 처리변동이 차지하는 비율이 97.33%(= 4681.4/4809.9×100)로 데이터의 변동은 대부분 처리 간 효과 차이 때문으로 생각된다. 처리 내의 오차변동은 별로 크지 않다. 이런 결론은 그림 2.1의 산점도에서도 확인할 수 있다. 공식적으로 검증을 하자면, 표에서 계산된 F 통계량의 값 194.3이 임계값 $F_{3,16,0.05}=3.24$보다 크기 때문에 귀무가설을 기각하고, 유의수준 0.05에서 사료 내에 포함된 단백질 %에 따라 돼지의 체중 증가에 차이가 난다고 결론짓는다. ▌

예 3.2

제 2.3 절의 표 2.1에 주어진 오렌지 쥬스의 신 맛 평가 자료에 대한 분산분석표와 결과 해석은 다음과 같다.

source	SS	df	MS	F	유의확률
오렌지 쥬스	24.896	3	8.299	5.95^{**}	0.0017
오차	61.417	44	1.396		
총	86.313	47			

여기서 제시된 분산분석표는 원형과 약간 다르다. 우선 F 통계량에 별표의 윗 첨자가 붙었고, 유의확률(p 값)이 추가되었다. 일반적으로 유의확률이 0.05보다 작으면 처리 간 효과 차이가 '통계적으로 유의하다(significant)'라고 말하며, 이 값이 0.01보다도 작으면 '통계적으로 극히 유의하다(highly significant)'라고 말한다. 유의하다는 용어는 가정한 모형이 데이터 해석에 의미가 있다는 말이다. 그러나 유의하다는 사실과 모형의 설명력은 서로 같지 않다. 여하간 통계적으로 유의할 때는 검증 통계량 F에 '*'를 하나 붙이며, 극히 유의할 때는 '**'처럼 별표를 두 개 붙여 표시하는 것이 관례다. 현재 계산된 유의확률값이 0.0017로서 0.01보다도 아주 작으므로 '**'를 표시하였다. 따라서 현재 상황에서 애초에 유의수준을 0.05라고 놓았다면 귀무가설을 기각해야할 것이다. 만일 손으로 계산한다면, F 분포표에서 유의수준 0.05에 대응되는 임계값은 $F_{3,44,0.05}=2.81$이 되며, 이 값이 검증 통계량의 값 5.95보다 작으므로 귀무가설을 기각한다. 즉 유의수준 0.05에서 오렌지 쥬스들의 신 맛 간에는 통계적으로 유의한 차이가 있다고 결론내린다. ▌

3.6 유의성과 설명력

분산분석표를 해석할 때에는 언제나 모형의 유의성 검증과 더불어 모형의 설명력을 살펴보아야 한다.

처리 간 효과 차이가 유의하다는 말은 모형 (3.5)가 주어진 데이터를 설명하는데 의미가 있다는 뜻이다. 특히 모형에서 처리 효과항 τ_i를 삽입하기를 잘 했다는 것이다. 이러한 처리 간 효과 차이에 대한 유의성 검증을 모형의 유의성 검증이라 한다. 분산분석의 F 검증이 바로 모형에 대한 유의성 검증을 하는 것이다.

그런데 모형이 유의하다고 해서 그 모형이 반드시 데이터 해석에 쓸모가 있지는 않다. 모형의 유의성과 모형의 설명력은 서로 다른 문제다. 모형의 설명력이란 처리 효과 차이를 생각하는 모형 (3.5)가 데이터들의 변화 패턴을 어느 정도 설명할 수 있는가를 말한다.

모형의 설명력을 측정하는 한 가지 측도는 **결정계수**(coefficient of determination)다. 결정계수는 다음과 같이 정의된다.

결정계수 $R^2 = \dfrac{SS_{Trt}}{SS_T}$

즉 결정계수는 총변동 중 모형으로 설명 가능한 처리변동의 비율이다. 이 비율이 1에 가까우면 가정된 모형이 극히 데이터를 잘 설명하고 있는 것이다. 반면에 이 비율이 0에 가까우면 총변동의 대부분이 오차에 기인하는 변동이 되어 모형 설정의 의미가 없어진다. 결정계수의 값이 어느 정도나 되어야 좋다라는 기준은 없지만 최소 0.5 정도는 되어야 자료 분석의 가치가 있지 않을까 한다.

예 3.2에서 결정계수의 값은 24.896/86.313 = 0.288이다. 즉 모형의 설명력은 28.8%인 것이다. 이 경우 모형 자체는 통계적으로 극히 유의하지만 모형으로 설명되는 데이터의 변동이 매우 낮음을 알 수 있다. 이는 곧 오렌지 쥬스들 간에 신 맛 차이가 있기는 하지만 그 맛의 차이가 크지는 않음을 시사한다.

우리가 분산분석을 할 때 가장 이상적인 경우는 유의확률이 매우 0에 가깝고, 동시에 결정계수는 거의 1에 가까울 때다. 이렇게 되어야 모형 설정도 훌륭했고 설명력도 높은 것이다.

유의확률이 1에 가까우면 또는 유의확률이 유의수준 0.05보다 크면 모형이 의미가 없는 것이므로 이 모형으로 더 이상의 분석을 진행할 필요가 없다.

그러나 때로 유의확률은 0에 가깝지만 결정계수 역시 0에 가깝게 나오는 경우가 있다. 예를 들어 유의확률은 0.001인데 결정계수도 0.1이라 해보자. 결정계수가 0.1이라는 말은 모형의 설명력이 불과 10% 또는 모형이 설명하지 못하는 오차 부분이 무려 90%라는 것이다. 이런 경우는 분석의 가치가 없다.

그런데 왜 모형이 데이터의 변화 패턴을 제대로 설명도 못하면서 모형은 극히 유의하게 나오는가? 이는 기본적으로 표본 크기 때문에 나타나는 현상이다.

우리가 분산분석을 할 때 모형의 유의성 검증은 F 통계량을 기초로 수행한다. 그리고 F 통계량의 값이 크면 클수록 유의하다는 결론을 내리게 된다. 그런데 F 통계량은 처리 평균제곱과 오차평균제곱의 비다. 따라서 설사 처리 평균들 간에는 별 차이가 없더라도 오차평균제곱의 값이 아주 작으면 결국 유의하다는 결론을 내리게 되는 것이다. 또 오차평균제곱은 오차의 자유도가 크면 클수록 점점 작아진다. 따라서 총 표본 크기가 크면 자연히 오차평균제곱은 작을 수밖에 없다.

간단한 예를 들어보자. 9점 척도로 처리를 달리한 두 종류 과자의 맛을 비교한다. 가장 맛있는 경우에 9점을 주고 가장 맛없는 경우에 1점을 주는 것이다. 첫 번째 과자의 평균 점수는 6.4가 나왔고, 두 번째 과자의 평균 점수는 6.5가 나왔다고 가정하자. 상식적으로 0.1의 차이를 감시할 수 있는 미각의 판별력을 가진 사람은 없다. 따라서 이런 경우에는 두 과자 간에는 아무런 맛의 차이도 없다고 해야 정상일 것이다. 하지만 평가요원의 수가 커지면 커질수록 두 과자 간에는 통계적으로 유의한 맛의 차이가 있다는 말도 안 되는 결론을 내리게 된다.

이같은 해석 상의 난점은 통계방법론이 안고있는 내부적인 문제점인데, 그래서 표본 수가 크다는 것이 자료 해석에 도움이 되지 않는 경우가 종종 나온다.

우리가 알고있는 통계 검증법에서는 이러한 문제는 피할 수 없다. 그렇다고 통계적 검증법이 거짓말을 하는 것은 아니다. 다만 6.4와 6.5 간에 존재하는 미세한 차이를 통계적으로 구별할 수 있었을 뿐이다. 이와 같은 미세한 차이를 감지할 수 있음은 검증력이 강하기 때문인데 표본 크기가 커지면 검증력이 세지게 되고, 검증력이 세지면 모형이 유의하다는 결론을 자주 내리게 된다.

그렇기 때문에 실용적인 결론을 내릴 수 있는 적절한 표본 크기를 결정하는 문제가 대두되는데 이 부분은 고급 실험설계 교재를 참고하라.

3.7 처리 평균들 간의 비교와 분산

분산분석의 기본 원리는 처리 평균들 간의 비교를 분산을 이용하여 수행하는데 있다. 이는 매우 중요한 개념이기 때문에 한 번 더 설명한다.

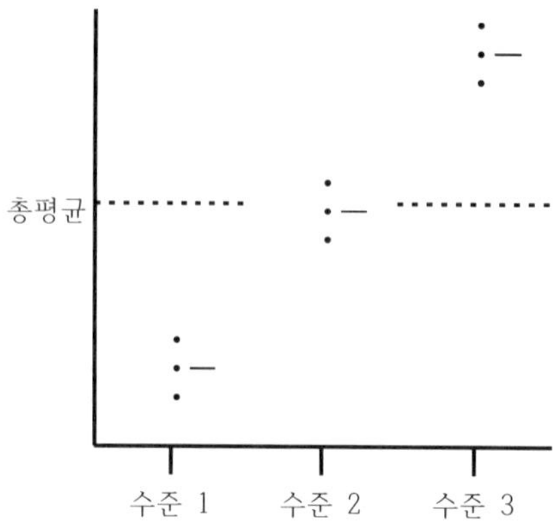

그림 3.4 처리 효과 차이가 존재하는 경우

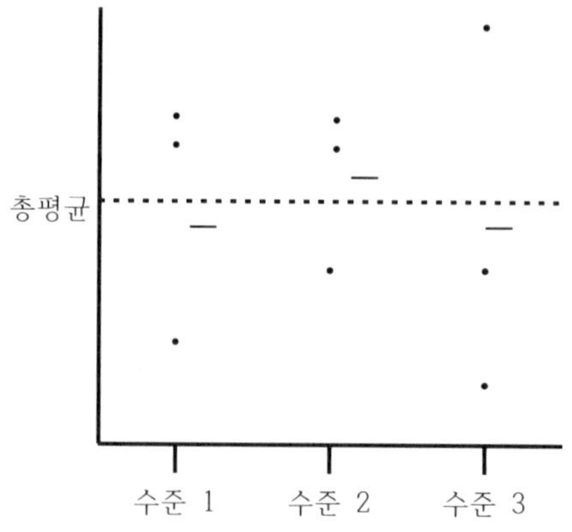

그림 3.5 처리 효과 차이가 존재하는 않는 경우

그림 3.4와 3.5는 처리 효과에 차이가 존재하는 경우와 그렇지 않은 경우를 극명하게 대조한 도해다. 두 그림에서 '•' 표시는 반응값이고 총평균을 점선으로 나타냈다. 그리고 각 처리 내의 반응값들 옆의 '—' 표시는 처리 평균을 나타낸다.

그림 3.4는 각 처리 내의 관측값들이 자신이 속한 처리 평균 근처에 위치하고 있어 오차가 작다. 반면 처리 평균들 간에는 차이가 많이 나고 있다. 이와 같은 상황에서는 데이터들의 총변동에서 처리변동이 차지하는 비율이 커지며 오차변동은 작을 수 밖에 없다. 따라서 이런 경우에 우리는 '처리 간 효과 차이가 존재한다'고 말한다.

반면에 그림 3.5에서는 처리 평균들 간에는 별 차이가 없지만 처리내 오차들이 매우 큰 경우를 보여주고 있다. 이때에는 총변동에서 처리변동이 차지하는 비율이 매우 낮은 대신 오차변동의 비율이 아주 커진다. 이런 경우에 우리는 '처리 간 효과 차이가 없다'고 말한다.

이상의 두 경우에서 각각의 처리 평균값들의 퍼짐성, 즉 분산을 생각해보자. 그림에서 처리 평균값들은 '—'로 표시되어 있다. 그림 3.4에서는 세 개의 처리 평균값 간에 값의 차이가 크며, 그림 3.5에서는 처리 평균값들 간에 별로 차이가 없다. 그림 3.4에 나타난 세 개의 평균값들에 대한 분산은 그림 3.5의 세 개 처리 평균값들에 대한 분산에 비하여 아주 클 것이다.

결국 처리 평균들 간에 값의 차이가 크면 분산이 커지고, 반대로 차이가 없으면 분산이 0에 가깝게 된다. 분산이란 퍼짐성의 척도임을 상기하라.

그래서 분산분석이란 처리 평균들 간의 차이 또는 처리 효과의 유무 여부를 분산을 기초로 확인하려는 분석법인 것이다.

그리고 분산분석의 기본 원리를 기하학적으로 해석하면 고차원에서 정의된 피타고라스(Pythagoras) 정리라 할 수 있다. 다시 말해서 「총제곱합 = 처리제곱합 + 오차제곱합」의 관계에서 '합'을 떼고 다시 쓰면, 「$(총)^2 = (처리)^2 + (오차)^2$」이라 할 수 있으며 이 관계를 직각삼각형으로 나타내면 그림 3.6과 같다.

결국 분산분석을 피타고라스 정리를 기초로 해석하면, 처리 효과를 나타내는 밑변의 길이가 총변동을 나타내는 빗변의 길이에 근접할수록 처리 효과 차이가 존재한다고 말할 수 있다.

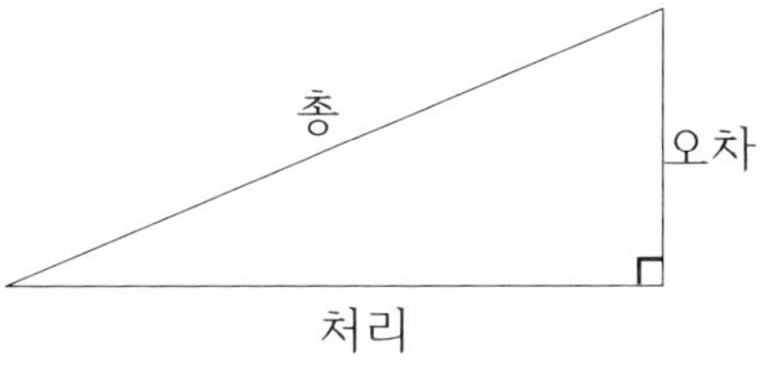

그림 3.6 분산분석과 피타고라스 정리

참고로 통계학에서 자주 사용하는 제곱합의 개념을 수리적으로 해석하면 거리의 측도라고 할 수 있다. 그림 3.7의 직교좌표 체계에서 원점으로부터 임의의 점 (a,b)까지의 거리는 피타고라스 정리를 이용하여 $\sqrt{a^2+b^2}$ 가 됨은 누구나 알고 있다. 이때 제곱근 안의 (a^2+b^2) 이 바로 제곱합의 형태다. 제곱합에 제곱근을 취하는 이유는 단순히 단위를 일치시키기 위함이니, 제곱합을 막바로 거리의 측도로 간주해도 무방하다.

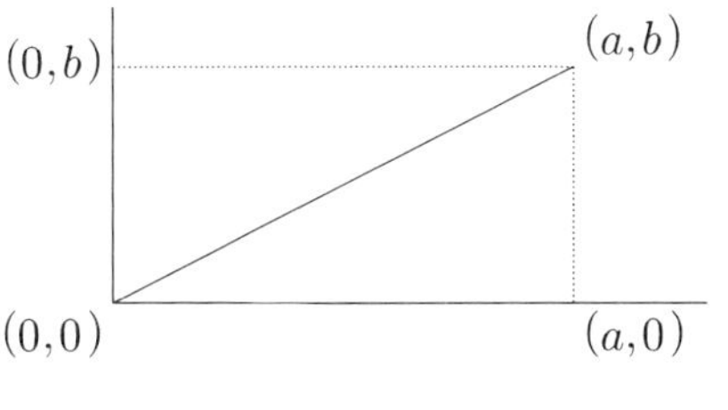

그림 3.7 거리 = 제곱합

제 2.3 절에서 이미 언급하였지만 데이터의 중심 측도는 평균이고 퍼짐성의 측도는 분산으로서 특히 분산은 평균제곱합으로 정의하였다. 그런데 제곱합을 거리로 해석하면 분산은 평균 거리가 되는 셈이다. 평균 거리에서의 거리는 무엇으로부터의 거리인가? 다름아닌 평균으로부터의 거리다. 즉 분산이란 각 관측값들이 데이터의 평균으로부터 떨어진 거리들의 평균으로 해석할 수 있다.

그런데 직각삼각형에서 각 변의 길이의 제곱을 거리로 해석하면, 빗변의 거리는 밑변의 거리와 높이의 거리의 합인 것이다. 마찬가지로 데이터를 분석할 때도 제곱합을 거리로 간주하면 데이터들이 총평균으로 떨어진 거리는 처리 효과의 거리와 오차 거리의 합으로 나타난다고 볼 수 있다. 결국 통계학에서 폭넓게 응용되는 제곱합의 개념은 우리가 이미 익히 알고있는 거리의 개념을 달리 표현한 것에 지나지 않는다.

이상의 논의를 염두에 두고 이번에는 분산분석 모형을 기초로 오차 분산 σ^2을 추정하는 세 가지 방법을 생각해보자. 이들은 각각 직각삼각형에서 빗변과 밑변과 높이에 해당하는 분산 계산법들이다.

우선 (3.2)의 모형에서 처리 평균들이 모두 동일($\mu_1 = \cdots = \mu_t \equiv \mu$)하다고 가정하자. 이 경우 모형 (3.2)에 주어진 데이터 구조는 다음과 같이 통합하여 표현할 수 있다.

$$Y_{11}, \cdots, Y_{1r}, Y_{21}, \cdots, Y_{2r}, \cdots, Y_{t1}, \cdots, Y_{tr} \sim N(\mu, \sigma^2)$$

그리고 이 상황에서 분산 σ^2의 추정량은 제 2.3 절에 주어진 바와 같이 통상적인 표본분산으로 결정된다. 즉

$$s_T^2 = \frac{\sum_{i=1}^{t}\sum_{j=1}^{r}(Y_{ij} - \overline{Y}_{..})^2}{(N-1)}, \qquad (N = tr) \tag{3.10}$$

두 번째는 원시 데이터는 모두 무시하고 현재 우리가 갖고있는 데이터로서 오로지 처리 평균값들만을 고려한다. 이 경우에도 모집단 처리 평균값들은 모두 같다고 가정한다. 두 번째 추정 방식은 처리 평균값들의 분산을 이용하여 오차 분산 σ^2을 추정하는 방법인데, 이 때의 데이터 구조는 다음과 같이 표현된다.

$$\overline{Y}_{1.}, \overline{Y}_{2.}, \cdots, \overline{Y}_{t.} \quad \sim \quad N\left(\mu, \frac{\sigma^2}{r}\right)$$

이와 같은 형태의 모형이 가정되는 이유는, 만일 $X_1, X_2, \cdots, X_n \sim N(\mu, \sigma^2)$ 이라면 표본평균 $\overline{X}$의 분산이 σ^2/n이기 때문이다. 즉 $Var(\overline{X}) = \sigma^2/n$.

따라서 t 개의 처리 평균값 $\overline{Y}_{1.}, \overline{Y}_{2.}, \cdots, \overline{Y}_{t.}$ 들에 대한 표본분산은 σ^2/r의 추정량이 된다. 즉

$$\frac{\sum_{i=1}^{t}(\overline{Y}_{i.} - \overline{Y}_{..})^2}{(t-1)} = \frac{\widehat{\sigma^2}}{r}$$

따라서 오차 분산 σ^2의 추정량은 다음 식으로 주어진다.

$$s^2_{Trt} = \frac{r\sum_{i=1}^{t}(\overline{Y}_{i}. - \overline{Y}..)^2}{t-1} \tag{3.11}$$

$$= \frac{\sum_{i=1}^{t}\sum_{j=1}^{r}(\overline{Y}_{i}. - \overline{Y}..)^2}{t-1}$$

$$= \frac{SS_{Trt}}{t-1}$$

$$= MS_{Trt}$$

마지막으로 이번에는 각 처리 내 관측값들의 표본분산을 기초로 오차 분산 σ^2의 추정량을 구해보자. 이 경우에는 처리 평균값들이 달라도 상관없다. 일단 모형 (3.2)에서 i 번째 처리만을 고려한다. 이 경우 모형은 다음과 같다.

$$Y_{i1}, Y_{i2}, \cdots, Y_{ir} \quad \sim \quad N(\mu_i, \sigma^2)$$

따라서 이 r 개 데이터의 표본분산이 곧 오차 분산 σ^2의 추정량이다. 이를 s_i^2로 표기하자.

$$s_i^2 = \frac{\sum_{j=1}^{r}(Y_{ij} - \overline{Y}_{i}.)^2}{(r-1)}$$

t 개의 처리마다 이와 같은 방식으로 오차 분산 σ^2을 추정할 수 있다. 그런데 공통분산을 가정하고 있으므로 오차 분산 σ^2은 하나의 값인데 서로 같지도 않은 추정량이 t 개가 존재한다는 문제가 있다. 그리고 각 s_i^2마다 나름대로 σ^2에 대한 정보가 있으므로 어느 것 하나라도 무시할 수는 없다. 이런 경우에 통계학에서는 언제나 자유도를 기초로 가중평균을 취한다.

따라서 각 처리 내의 표본분산 $s_1^2, s_2^2, \cdots, s_t^2$ 들의 가중평균을 취하여 오차 분산을 추정한 결과는 (3.12)와 같이 정리된다.

$$s_E^2 = \frac{(r-1)s_1^2 + \cdots + (r-1)s_t^2}{(r-1) + \cdots + (r-1)} \tag{3.12}$$

$$= \frac{\sum_{i=1}^{t}(r-1)s_i^2}{\sum_{i=1}^{t}(r-1)}$$

$$= \frac{\sum_{i=1}^{t}\sum_{j=1}^{r}(Y_{ij} - \overline{Y}_{i.})^2}{N-t}$$

$$= \frac{SS_E}{N-t}$$

$$= MS_E$$

결국 (3.10), (3.11), (3.12)는 모두 적법한 오차 분산의 추정량들로서 각 공식의 분자항은 각각 총제곱합, 처리제곱합, 오차제곱합이며 분모항들은 자유도들이다.

3.8 기대평균제곱 - EMS

제 3.5 절에서 오차 분산 σ^2의 비편향추정량이 MS_E라 하였다. 그런데 만일 처리 평균들이 동일하다면 MS_{Trt}도 역시 오차 분산 σ^2의 추정량이 된다. 이 사실은 제 3.7 절에서도 부연 설명하였다.

결국 처리 평균들이 동일하다면 MS_E와 MS_{Trt} 모두 오차 분산 σ^2의 추정량이다. 그리고 동일한 분산에 대한 추정량이므로 값에 별로 차이가 없을 것이라고 짐작할 수 있다. 하지만 만일 MS_E와 MS_{Trt}간에 값 차이가 크다면 처리 평균들 간에도 차이가 있다고 판단할 수 있다.

이러한 짐작은 MS_E와 MS_{Trt}에 대한 기대값을 산출해보면 확인할 수 있는 바 이같은 평균제곱에 대한 기대값을 **기대평균제곱**(EMS: expected mean square)이라 한다.

우선 $E(MS_E)$를 구해보자. 그런데 $MS_E = SS_E/(N-t)$이므로 $E(SS_E)$를 계산하는 것이 순서이겠다.

$$E(SS_E) = E\left[\sum_{i=1}^{t}\sum_{j=1}^{r}(Y_{ij} - \overline{Y}_{i.})^2\right]$$

$$= E\left[\sum_{i=1}^{t}\sum_{j=1}^{r} Y_{ij}^2 - 2\sum_{i=1}^{t}\sum_{j=1}^{r} Y_{ij}\overline{Y}_{i\cdot} + \sum_{i=1}^{t}\sum_{j=1}^{r}\overline{Y}_{i\cdot}^2\right]$$

$$= E\left[\sum_{i=1}^{t}\sum_{j=1}^{r} Y_{ij}^2 - r\sum_{i=1}^{t}\overline{Y}_{i\cdot}^2\right]$$

그런데 $Y_{ij} = \mu + \tau_i + \epsilon_{ij}$ 이므로 $\overline{Y}_{i\cdot}$는 다음과 같이 표현된다.

$$\overline{Y}_{i\cdot} = \frac{\sum_{j=1}^{r}(\mu + \tau_i + \epsilon_{ij})}{r}$$

따라서 다음을 얻는다.

$$E(SS_E) = E\left[\sum_{i=1}^{t}\sum_{j=1}^{r}(\mu + \tau_i + \epsilon_{ij})^2 - \frac{1}{r}\sum_{i=1}^{t}\left(\sum_{j=1}^{r}(\mu + \tau_i + \epsilon_{ij})\right)^2\right] \tag{3.13}$$

이제 남은 작업은 (3.13)의 오른쪽을 모두 진개해서 기대값을 취하면 된다. (3.13)에서 전체 평균 μ나 처리 효과 τ_i는 상수이므로 기대값 부호 밖으로 그냥 빼도 상관없으나, 오차 ϵ_{ij}는 확률변수라서 오차항에 관련된 기대값 연산에는 주의를 기울여야 한다. 이때 이용하는 관계식은 다음과 같다.

$$E(\epsilon_{ij}) = 0, \qquad E(\epsilon_{ij}^2) = \sigma^2$$

$$E\left(\sum_{j=1}^{r}\epsilon_{ij}^2\right) = r\sigma^2$$

$$E(\epsilon_{ij}\,\epsilon_{ik}) = 0, \qquad j \neq k$$

$$E(\epsilon_{ij}\,\epsilon_{hj}) = 0, \qquad i \neq h$$

$$\sum_{i=1}^{t}\tau_i = 0$$

또한

$$E\left[\sum_{i}^{t}\left(\sum_{j}^{r}\epsilon_{ij}\right)^2\right] = E\left[\sum_{i}^{t}\left(\epsilon_{i1}^2 + \cdots + \epsilon_{ir}^2 + 2\epsilon_{i1}\epsilon_{i2} + \cdots + 2\epsilon_{i,r-1}\epsilon_{ir}\right)\right] = tr\sigma^2$$

이렇게 하여 (3.13)을 계산하면 결국 $E(SS_E)=(N-t)\sigma^2$가 됨을 확인할 수 있고, 따라서 다음 결과를 얻는다.

$$E(MS_E)=\sigma^2 \tag{3.14}$$

즉 MS_E는 오차 분산 σ^2에 대한 비편향추정량(unbiased estimator)이다.

비슷하게 하면, 처리에 대한 기대평균제곱은 다음과 같이 표현된다.

$$E(MS_{Trt})=\sigma^2+r\frac{\sum_{i=1}^{t}\tau_i^2}{t-1} \tag{3.15}$$

따라서 처리 효과 τ_i가 모두 0이라면 $E(MS_{Trt})=\sigma^2$로 귀착된다. 즉 처리 효과 차이가 없다면 MS_{Trt} 역시 오차 분산 σ^2에 대한 비편향추정량이다.

식 (3.15)에서 우변의 $\sum\tau_i^2/(t-1)$는 일종의 분산 공식이다. 앞으로는 이를 σ_τ^2로 표기하자. 즉 τ_i들의 평균 $\bar{\tau}=0$이므로, 다음을 약속한다.

$$\frac{\sum\tau_i^2}{t-1}=\frac{\sum(\tau_i-\bar{\tau})^2}{t-1}\equiv\sigma_\tau^2$$

그런데 분산분석의 검증 통계량 F는 분산비 MS_{Trt}/MS_E로 정의되어 있다. 그렇기 때문에, 만일 처리 간 효과 차이가 없다는 귀무가설이 옳다면 분산비의 값은 1에 근접할 것이다. 반대로 처리 간 효과 차이가 존재한다면 τ_i들 모두가 0은 아니기 때문에 처리 평균제곱 MS_{Trt}의 값이 MS_E에 비하여 더 크게될 것이고, 이 경우 분산비는 자동적으로 1보다 크게 된다.

이상의 논의가 분산분석시 F 검증의 이론적 근거가 되며, CRD보다 더 복잡한 형태의 실험에 대한 분석에서도 처리 효과에 대한 구체적인 분석법은 언제나 기대평균제곱 간의 비교를 기초로 정립된다.

마지막으로 분산분석표를 보면 총제곱합에 대해서는 그 값을 대응되는 자유도로 나누어 이를테면 총평균제곱(total mean square) MS_T를 산출하지 않고 있는데 여기에는 이유가 있다. 만일 우리가 MS_T의 기대값을 구해보면 다음 결과를 얻는다.

$$E(MS_T)=\sigma^2+\frac{N-r}{N-1}\sigma_\tau^2$$

이때 우변의 $(N-r)/(N-1)$은 언제나 1보다 작기 때문에 결국 MS_T는 **총분산**(total variance) $(\sigma^2+\sigma_\tau^2)$ 를 항상 과소추정하는 편향추정량(biased estimator)이 된다.

3.9 불균형 자료

애초에 등반복 설계를 했더라도 때로 실험 중에 쥐가 죽는다든가 하는 이유로 균형 자료를 얻지 못하는 경우가 있다. 요인이 하나인 경우에 불균형 자료에 대한 분석은 균형일 때와 별반 다르지 않다.

이 절에서는 이와 같이 처리마다 관측수가 반드시 같지 않은 불균형 자료에 대한 분산분석을 고려한다. 불균형 자료에 대한 분산분석 모형은 (3.16)과 같다.

$$Y_{ij}=\mu+\tau_i+\epsilon_{ij},\quad \epsilon_{ij}\sim N(0,\sigma^2)\qquad (i=1,\cdots,t\,;\ j=1,\cdots,r_i) \tag{3.16}$$

모형 (3.16)이 균형 자료에 대한 모형 (3.5)와 비교하여 다른 점은 각 처리 내의 관측수가 r_i인 것 하나다. 이때 총 관측수는 $N=\sum r_i$이다. 각 제곱합 공식은 다음과 같이 주어진다.

$$\begin{aligned} SS_T &= \sum_{i=1}^{t}\sum_{j=1}^{r_i}(Y_{ij}-\overline{Y}..)^2 \\ SS_{Trt} &= \sum_{i=1}^{t}\sum_{j=1}^{r_i}(\overline{Y}_i.-\overline{Y}..)^2 \\ SS_E &= \sum_{i=1}^{t}\sum_{j=1}^{r_i}(Y_{ij}-\overline{Y}_i.)^2 \end{aligned} \tag{3.17}$$

또한 균형 자료의 경우에는 처리 효과 τ_i들의 합이 0이지만, 불균형 자료에서는 처리마다 반복수가 다르기 때문에 다음과 같이 수정된 가중합이 0이어야 한다.

$$\sum_{i=1}^{t} r_i\,\tau_i = 0$$

불균형 자료에 대한 분산분석은 제곱합 계산 공식만이 약간 다를 뿐 나머지는 균형 자료에 대한 분석과 동일하다.

그런데 분산분석의 검증력은 균형 자료일 때 최대가 되기 때문에 가급적 균형 자료를 얻는 편이 좋다.

3.10 고정효과 모형과 랜덤효과 모형

요인 수준 또는 처리 수준의 선택에는 두 가지 방법이 있다. 하나는 실험자가 스스로 적당한 실험 수준을 선택하는 것이고, 다른 하나는 가능한 모든 처리 수준 중 랜덤으로 몇 개를 고르는 것이다.

전자와 같은 형식으로 처리 수준을 선택하는 경우에는 그 요인이 **고정**(fixed)되었다고 하며 대응되는 모형을 **고정효과 모형**(fixed effects model)이라 부른다. 반면에 후자와 같은 형식으로 처리 수준을 선택하면 그 요인은 **랜덤**(random)이라 하며 대응되는 모형을 **랜덤효과 모형**(random effects model)이라 한다.

예 3.1은 관심 요인이 고정인 경우다. 예 3.1에서 사료 내의 단백질 %의 가능한 범위는 아마도 0%에서 100%까지일 것이다. 그 중 특별히 10%, 20%, 30%, 40%의 네 점을 실험자가 선택하였기 때문에 단백질 %는 고정 요인이 된다.

예 3.2에서는 네 가지 상표의 오렌지 쥬스를 선택하여 실험을 하고 있는데, 시판되는 수많은 오렌지 쥬스 중 네 가지를 실험자가 자의로 선택하였다면 오렌지 쥬스는 고정 요인이 될 것이고, 만일 시판되는 오렌지 쥬스들 중 랜덤으로 네 가지를 선택하였다면 오렌지 쥬스는 랜덤 요인으로 판단할 수 있다.

고정효과 모형과 랜덤효과 모형의 차이는 통계 추론의 범위에 있다. 고정효과 모형에서는 통계 추론이 오로지 실험이 실제 진행된 처리 수준들에 국한된다. 반면에 랜덤효과 모형에서는 통계 추론이 실제 실험을 하지 않은 처리 수순을 포함하는 가능한 모든 처리 수준들에까지 확대된다.

단일 요인의 경우에는 고정효과 모형과 랜덤효과 모형의 두 가지 모형이 존재한다. 그러나 요인의 개수가 둘 이상이면 **혼합효과 모형**(mixed effects model)도 나타난다. 혼합효과 모형은 고정 요인과 랜덤 요인이 동시에 존재하는 실험에 대한 모형을 의미한다.

때때로 고정효과, 랜덤효과, 혼합효과 모형을 순서대로 각각 **모형 Ⅰ**, **모형 Ⅱ**, **모형 Ⅲ**이라 부르기도 한다. 그리고 '효과'를 빼고 단순히 **고정 모형**, **랜덤 모형**, **혼합 모형**이라 하기도 한다.

예를 들어보자. 샴푸를 제조하는데 사용되는 화학 물질이 있는데, 이 화학 물질을 최소한 10%를 넣어야 머리카락을 세척하는데 효과가 있으며, 40% 이상을 넣으면 모발이 손상된다고 하자. 우리가 알고 싶은 것은 이 화학 물질이 10%에서 40% 사이의 모든 가능한 함유량 퍼센티지에서 동등히 효과적인가 하는 점이다. 이를 알기 위하여 두 사람의 연구원에게 실험을 해보라고 시켰다.

연구원 A는 30 명의 사람들을 골라 랜덤하게 세 그룹으로 나눈 후, 첫 그룹의 사람들에게는 15% 액을, 두번째 그룹에는 25% 액을, 세번째 그룹에는 35% 액을 사용하여 데이타를 얻었다.

연구원 B는 마찬가지 절차를 사용하였으나, 실험에 사용할 화학 물질의 함유량 퍼센티지를 고를 때, 일단 난수를 추출하여 10%에서 40% 사이에서 랜덤으로 세 개의 퍼센티지를 골라 데이타를 얻었다.

누구의 실험 방법이 더 좋을까? A의 방법인가, 아니면 B의 방법인가? 만일 연구원 B가 랜덤하게 선택한 퍼센티지들이 우연히도 11%, 13%, 16%라 하자. 그렇다면 누구의 실험이 더 좋다고 할 수 있을까?

이 두 사람의 실험의 근본적인 차이는 실험에 사용되는 함유량 퍼센티지의 선택 방식의 차이다. A는 단순히 10%에서 40% 사이에서 실험 영역을 대표할 수 있다고 생각되는 등간격의 세 점을 골라 실험을 하였고, B는 사용 가능한 퍼센티지의 범위가 10%에서 40%까지이고, 그 사이의 어떤 숫자라도 실험 가능하기 때문에, 이런 퍼센티지의 결정을 자신이 내리지 않고 랜덤 메카니즘으로 정한 것이다. 그런데 하필이면 11%, 13%, 16%의 좁은 구간 내의 세 점이 선택된 것이다.

상식적으로 A의 실험이 통계적 결론을 내리는데 더 유리해보인다. 왜냐하면 A의 실험 범위가 B의 실험 범위보다 더 넓기 때문이다. 그리니 여기서 한 가지 주의해야할 사실은 B의 실험점들은 우연히 그렇게 설정되었을 뿐이라는 것이다. 한 번 더 난수를 뽑아서 결정하면, 예를 들어 13%, 27%, 35% 등으로 나올 수도 있다. 그러나 이론상 B가 퍼센티지를 결정할 때 랜덤하게 요인 수준을 정하겠다고 마음먹었으면, 결과된 퍼센티지의 값들이 아무리 나빠보여도 그대로 강행해야한다. 이것이 통계 분석의 객관성을 유지할 수 있는 기본 원리다.

두 사람의 실험 중 더 나은 것은, 이 경우 B의 방법이다.

두 사람의 실험에서 처리 수준, 즉 어느 함유량 퍼센티지에서도 세척 효과의 차이가 없다는 결론에 도달했다고 하자. 이때, A의 결론은 단지 자신이 선택한 세 수준, 15%, 25%, 35%에만 적용된다. 다시 말해서 이 세 수준 간에는 차이가 없지만, 실험을 하지 않은 20%나 30%들에 도출된 결론을 확장시킬 수 없다. 그러나 B의 경우에는 비록 좁은 구간의 세 수준에서 실험을 하였더라도 세척 효과의 차이가 없다는 결론을 10%에서 40%까지의 모든 구간에 확대 적용할 수 있다. 왜냐하면 B가 고른 세 수준은 10%에서 40%까지 구간을 대표하는 세 점이 랜덤하게 추출된 것이기 때문이다. B의 경우에는 실험 전에 어느 퍼센티지에서 실험을 할지 실험자 자신이 전혀 모른다는 점에 유의하라.

정리하면, 랜덤효과 모형으로부터의 통계적 결론은 실험을 하지 아니한 모든 수준들에까지도 확대 적용할 수 있으나, 고정효과 모형에서는 단순히 실험이 실제로 수행된 수준들에 한해서 통계적 결론이 유효하다.

일원 분산분석 모형에서 랜덤효과 모형은 다음과 같이 쓴다.

$$Y_{ij} = \mu + \tau_i + \epsilon_{ij}, \quad \epsilon_{ij} \sim N(0, \sigma^2), \quad \tau_i \sim N(0, \sigma_\tau^2) \tag{3.18}$$

여기서, τ_i는 고정효과 모형에서처럼 상수가 아닌 확률변수로서 오차와는 서로 독립이다. 랜덤효과 모형에서 τ_i가 확률변수인 이유는 실험 전에 τ_i가 어떤 수준이 될지 미리 알 수 없기 때문이다.

(3.18)의 모형을 따르면 관측 Y_{ij}의 분산은 다음과 같다.

$$Var(Y_{ij}) = \sigma_\tau^2 + \sigma^2$$

즉 랜덤효과 모형에서 관측의 분산은 처리분산과 오차 분산의 두 요소로 이루어지며, 이런 면에서 랜덤모형을 **분산요소 모형**(components of variance model)이라 부르며, 또 처리분산 σ_τ^2과 오차 분산 σ^2를 **분산요소**(variance components)라 부른다.

따라서 랜덤효과 모형에서 처리 효과의 유무를 확인하는 가설의 형태는 다음과 같다.

$$H_0:\ \sigma_\tau^2 = 0 \quad vs \quad H_1:\ \sigma_\tau^2 > 0$$

랜덤효과 모형에서 처리 효과의 분포는 정규분포로 가정하였고, 그 정규분포의 모분산을 σ_τ^2으로 표기하였다. 만일 어느 처리 수준에서든 그 효과에 전혀 차이가 없다면 모든 처리 효과들의 값이 동일할 것이고 이 경우의 분산은 0이 될 수 밖에 없다. 그러나 효과에 차이가 있다면 처리 효과의 분산값은 0보다 크게 된다. 이 사실만 이해하면 랜덤효과 모형에 대한 가설 설정의 아이디어를 짐작할 수 있을 것이다.

고정효과 모형과 랜덤효과 모형의 근본적인 차이는 가설의 설정과 결과 해석에 있으며, 자신의 자료에서 어느 요인이 고정인지 랜덤인지는 요인 수준을 어떻게 결정했느냐에 따라 자동적으로 결정된다. 요인 수준을 실험자가 자의로 결정하였으면 그것은 언제나 고정효과 모형이 된다.

일원 분산분석 자료에서는 고정이든 랜덤이든 분산분석표를 만들고 분석하는 과정에 아무런 차이가 없다. 그러나 둘 이상의 관심 요인이 있는 분산분석 자료에서는 분산분석표를 이용한 가설검증에 큰 차이가 있다.

랜덤효과 모형 (3.18)에 대해서 처리와 오차에 대한 기대평균제곱을 산출하면 다음 관계식을 얻는다.

$$E(MS_{Trt}) = \sigma^2 + r\,\sigma_\tau^2 \tag{3.19}$$

$$E(MS_E) = \sigma^2$$

만일 처리 평균들 간에 차이가 정말로 없다면 σ_τ^2는 0이 된다. 이 경우 MS_{Trt}와 MS_E의 비는 1이 되리라고 기대할 수 있다.

그러나 처리 평균들 간에 차이가 존재한다면 $\sigma_\tau^2 > 0$이 되므로 두 평균제곱의 비는 1보다 크게 된다.

이번에는 분산요소들을 추정해보자. 관계식 (3.19)으로부터 다음과 같이 추정식을 만들 수 있다.

$$MS_{Trt} = \widehat{\sigma^2 + r\,\sigma_\tau^2} = \widehat{\sigma}^2 + r\,\widehat{\sigma}_\tau^2 \tag{3.20}$$

$$MS_E = \widehat{\sigma}^2$$

식 (3.20)을 σ_τ^2에 대하여 풀면 분산요소 σ_τ^2의 추정량은 다음과 같이 주어진다.

$$\widehat{\sigma}_\tau^2 = \frac{MS_{Trt} - MS_E}{r}$$

예 3.3

방직회사에서는 수많은 직조기를 설치하여 직물을 생산한다. 그리고 생산자는 직조기가 균일하여 생산된 직물들이 일정한 강도를 유지하기를 바란다. 그런데 공정 관리를 하다보니 동일 직조기에서 생산된 직물 간의 강도 변동뿐 아니라 직조기 간에도 상당한 강도 변동이 있다고 의심되어진다. 이를 조사하기 위하여, 직조기 4 대를 랜덤 선정하여 각 직조기마다 생산된 직물에 대하여 4 회의 강도 측정을 하였다. 데이터는 다음과 같았다.

	직조기			
	1	2	3	4
직물 강도	98	91	96	95
	97	90	95	96
	99	93	97	99
	96	92	95	98

이 상황은 바로 랜덤효과 모형이 적용될 수 있는 사례로서 가설은 다음과 같이 설정한다.

$$H_0:\ \sigma_\tau^2 = 0 \quad vs \quad H_1:\ \sigma_\tau^2 > 0$$

이 자료에 대한 분산분석표는 다음과 같이 정리된다.

source	SS	df	MS	F	유의확률
직조기	89.1875	3	29.729	15.68**	0.0002
오차	22.7500	12	1.896		
총	111.9375	15			

(3.20)을 이용하면 분산요소는 다음과 같이 추정된다.

$$\sigma^2 = 1.896, \qquad \sigma_\tau^2 = \frac{29.729 - 1.896}{4} = 6.958$$

하나의 직물 강도 관측에 대한 총분산은 $\sigma^2 + \sigma_\tau^2 = 1.896 + 6.958 = 8.854$인데, 이 분산값 중 직조기 차이에 기인하는 분산은 78.6% (6.958/8.854)이며, 직조기 내의 오차에 기인하는 분산은 21.4% (1.896/8.854)이다. 따라서 직물 강도의 변동은 주로 직조기 차이에 기인하는 것으로 생각되며, 직조기의 품질을 일정하게 유지시키는 방안을 강구해야할 것이다. 이같은 사실은 분산분석표에서 공식적으로 확인할 수 있는 바, 계산된 유의확률 0.0002로서 통상의 유의수준 0.05보다도 아주 작기 때문에 귀무가설을 기각하고 처리 평균들 간에 차이가 있다고 결론을 내린다. ▌

3.11 다중비교

분산분석법에서는 오로지 처리 평균들 간에 차이가 있는지 없는지만을 검증한다. 귀무가설을 기각하지 못하는 경우에는 상관없는 문제이지만, 만일 분산분석을 하여 처리들 간에 평균, 즉 처리 효과의 차이가 있다는 사실이 밝혀지면 그 다음 분석에서는 어느 처리의 평균값이 다른 처리들과 달라서 그리 되었는지를 밝혀야 한다. 이와 같은 추가 분석을 **다중비교 검증**(multiple comparison test)이라 한다.

다중비교 검증이 필요한 이유는 일원 분산분석의 귀무가설 $H_0:\ \mu_1 = \mu_2 = \cdots = \mu_t$의 기각이 t 개의 처리 평균들이 모두 서로 다름을 의미하지는 않기 때문이다.

처리가 세 개인 경우를 생각해보자. 이때의 귀무가설은 $H_0:\ \mu_1 = \mu_2 = \mu_3$이다. 이 귀무가설은 세 개의 평균이 동시에 같은지를 검증하기 위한 것이다. 따라서 이 귀무가설이 기각되더라도 이는 단지 처리 간 차이가 존재함을 시사할뿐 과연 어떤 형태의 대립가설이 진실일지 말해주진 않는다 즉 H_1: $\mu_1 \neq \mu_2 = \mu_3$일지 아니면 H_1: $\mu_1 = \mu_2 \neq \mu_3$일지 또는 H_1: $\mu_1 \neq \mu_2 \neq \mu_3$일지 알지 못한다. 그래서 우리는 다중비교 검증을 하여 대립가설의 정확한 형태를 알려는 것이다.

다중비교 검증에서는 가능한 모든 처리쌍들 간의 비교를 고려한다. 예를 들어 처리가 세 개인 경우에는 다음과 같은 세 개의 가설을 동시에 검증하는 것이다: H_0: $\mu_1 = \mu_2$, H_0: $\mu_1 = \mu_3$, H_0: $\mu_2 = \mu_3$. 이와 같이 하나의 비교가 아니라 동시에 여러 개의 비교를 수행하기에 다중비교라는 이름이 붙었다.

그런데 얼핏 생각하면 귀무가설들이 모두 두 개의 모평균들 간의 비교 형태이기 때문에 독립 이표본 t 검증을 연이어 수행하면 다중비교 검증을 할 수 있을 듯 하지만 이는 그렇지 않다.

예컨대 유의수준을 0.05로 놓고 독립 이표본 t 검증을 한다고 가정하자. 유의수준은 귀무가설이 옳을 때 귀무가설을 기가하는 오류의 확률이므로, 이 경우 두 모평균이 동일할 때 귀무가설을 기각하지 않을 확률은 0.95이다. 그런데 귀무가설이 세 개이므로 이들 가설이 모두 옳을 때 동시에 이들 모두를 기각하지 않을 확률은 $0.95^3 = 0.857$이다. 이를 뒤집으면 귀무가설이 옳을 때 세 개의 귀무가설들 중 어느 하나를 잘못 기각할 확률은 $1 - 0.857 = 0.143$이 된다. 결국 동시에 여러 개의 독립 이표본 t 검증을 수행하면 애초에 의도한 바와는 달리 결과적으로 실질적인 유의수준이 매우 커져서, 사실상 처리 평균들이 서로 다르지 않음에도 불구하고 처리 간 평균 차이가 존재한다는 잘못된 결론을 내릴 확률이 아주 높아지는 것이다. 이런 현상은 처리의 개수가 늘어날수록 심화된다.

일반적으로 처리가 t 개인 경우 가능한 **쌍별비교**(pairwise comparison)의 개수는 $c = {}_tC_2 = t(t-1)/2$ 개다. 다중비교의 아이디어는 이러한 c 개의 쌍별비교 전체를 동시 검중하는 경우에 대한 제1종 오류의 확률을 조절하는데 있다.

(1) 오류율의 조절

다중비교를 할 때 가장 중요한 개념이 **오류율의 조절**(error-rate control)이다. 여기서 언급하는 오류는 주어진 가설검증에 대한 제1종 오류를 의미한다. 독립 이표본 t 검증에서와 같이 각 비교별로 유의수준을 고정시키는 방식으로 오류 조절을 하는 것을 **비교별 오류율**(comparisonwise error rate)을 조절한다고 말한다. 반대로 c 개의 모든 가능한 쌍별 비교 가설들에 대한 동시 검증의 유의수준을 고정하는 방식의 오류율 조절을 **실험별 오류율**(experimentwise error rate)을 조절한다고 말한다.

비교별 오류율 조절의 개념은 **미리 계획된 비교** 또는 **대조**(contrast)에 대한 검증시 활용된다.

예를 들어 두 종류의 살충제 A와 B의 효과를 연구하는 경우를 생각해보자. 그런데 살충제를 분말 형태로 뿌릴 수도 있고 액체 상태로 살포할 수도 있다. 그래서 다음과 같이 모두 다섯 가지의 처리를 고려한다. 여기서 처리 C는 대조(control)로서 살충제를 뿌리지 않는 처리다.

A_1: 분말 A
A_2: 액체 A
B_1: 분말 B
B_2: 액체 B
C: 대조

이 경우 실험 자체의 구조상 우리는 자연스럽게 다음과 같은 비교들에 관심을 갖는다.

① 살충제 A 대 B
② 분말 대 액체
③ 살충제 대 대조 (3.21)
④ A_1 대 A_2
⑤ B_1 대 B_2

이러한 류의 미리 계획된 비교를 검증할 때는 비교별 오류율을 조절해야한다. 그리고 이러한 비교에서는 검증 통계량을 소위 **대비**(contrast) 형식으로 표현하여 가설검증에 임한다.

그런데 때로 모든 가능한 쌍별 비교를 해야하거나 또는 데이터를 보고나서 비교를 결정해야하는 경우가 있다. 이런 경우에는 실험별 오류율을 조절해야하며 다중비교가 바로 여기에 해당한다.

비교별 오류율을 α_0, 실험별 오류율을 α라 하자. 이들 간에는 (3.22)와 같은 관계가 성립한다.

$$\alpha = 1 - (1 - \alpha_0)^t \tag{3.22}$$

그리고 처리의 개수 t가 크면 근사적으로 다음 관계가 성립한다.

$$\alpha \approx t \times \alpha_0 \tag{3.23}$$

처리의 개수가 10이라면 모든 가능한 쌍별 비교의 총수는 10(10 - 1)/2 = 45 개이며 검증해야할 가설들은 다음과 같다.

$$H_0:\ \mu_1 = \mu_2$$
$$H_0:\ \mu_1 = \mu_3$$
$$\vdots$$
$$H_0:\ \mu_9 = \mu_{10}$$

이 45 개의 귀무가설에 대하여, 각 검증마다 유의수준을 0.05로 놓는다면, 이 가설들 중 어느 하나라도 옳은데도 불구하고 기각할 오류의 확률의 최대값은 (3.22)에 의하여 다음과 같이 계산된다.

$$1-(1-0.05)^{45}=0.90$$

즉 오류의 확률이 1에 가까운 0.9가 되는 것이다. 이 말은 개별적인 비교로는 유의수준이 0.05이지만 45 개의 가설 전부에 대하여 그 중 하나라도 잘못 결론을 내릴 확률이 무려 90% 정도가 된다는 것이다. 그렇다면 전체 비교에 대한 유의수준 α(실험별 오류율)를 0.05로 고정시키려면 각 쌍별 비교에 대한 유의수준 α_0(비교별 오류율)는 얼마로 잡아야할까? (3.22)의 공식을 다시 적용하면 α_0는 다음 방정식의 해로 결정된다.

$$1-(1-\alpha_0)^{45}=0.05$$

그러나 이 방정식을 정확히 풀려면 다소간 귀찮은 수고를 해야하므로, 대신 근사식 (3.23)을 사용하자.

$$\alpha_0 = 0.05/45 = 0.0011$$

따라서 각 쌍별 비교의 유의수준을 약 0.0011 정도로 놓아야 전체 45 개 가설들에 대한 동시 검증의 유의수준이 0.05가 됨을 알 수 있다.

이상의 설명을 거칠게 부연하자면 실험 전에 비교 가설을 세웠으면 비교별 오류율을 조절하면 되고, 실험 후에 데이터를 보고나서 비교 가설을 세운다면 실험별 오류율을 조절하는 것이다.

(2) 일반 사항

다중비교 검증은 고정효과 요인들에 대해서만 적법하다. 랜덤효과 요인들에 대한 다중 비교는 전혀 무의미하다.

통계 문헌에 나타난 다중비교 검증 절차는 무척 많으며 이들 중 어느 것이 가장 좋은가에 대해서는 아직까지 합의된 바가 없다. 그렇지만 가장 자주 사용되고 널리 받아들여지는 것으로는 튜키(Tukey)의 검증과 SNK (Student-Newman-Keuls) 검증을 들 수 있다. 또한 대조와의 비교 검증법으로는 더넷(Dunnett)의 검증이 주로 사용된다.

그밖에 최소유의차(LSD) 방법과 던컨(Duncan)의 검증이 있으나 이 두 가지는 별로 추천하고 싶지 않다. 특히 던컨의 방법은 귀무가설을 지나치게 기각하기를 잘 하므로 오히려 잘못된 결론을 내릴 확률이 크다. 그리고 **다중대조**(multiple contrast)를 검증하는 쉐페(Scheffé)의 검증이 많이 사용되는데 이 검증법에 대해서는 제 3.12 절을 참조하라.

다중비교는 원래 분산분석에서 유의한 결과가 나온 연후에 시행하는 것이 자연스럽지만 대부분의 다중비교 절차들은 사실상 분산분석의 F 검증과 독립적으로 개발되었다. 따라서 F 검증 결과 귀무가설이 기각되지 않은 자료에 대해서 다중비교를 하더라도 처리 평균 간에 차이가 있다는 판정이 나올 수도 있다. 다시 말해서 다중비교는 분산분석에서 귀무가설의 기각 여부에 관계없이 수행할 수 있다.

이하에서 소개하는 다중비교 검증법들에서는 전부 균형 자료를 가정한다. 즉 각 처리마다 관측수가 전부 동일하다.

또한 쌍별 비교의 가설을 다음과 같이 설정한다.

$$H_0:\ \mu_I = \mu_{II}$$
$$H_1:\ \mu_I \neq \mu_{II}$$

여기서 사용된 첨자 I, II 는 서로 다른 처리를 나타낸다.

그리고 처리 평균들을 비교할 때는 일단 처리 평균들의 크기 순서로 처리들을 재배열한 다음 비교의 순서를 결정해야한다. 예를 들어 5 개의 처리가 있다고 하자. 또한 처리 평균을 크기 순서로 나열하면 $\overline{Y}_2 < \overline{Y}_5 < \overline{Y}_1 < \overline{Y}_3 < \overline{Y}_4$라고 하자. 이때 최초의 비

교는 가장 큰 것과 가장 작은 것이다. 즉 H_0: $\mu_2 = \mu_4$를 가장 먼저 검증한다. 만일 이 검증 결과가 유의하지 않다면 나머지 검증은 할 필요가 없다. 반대로 검증 결과가 유의하다면, 이번에는 가장 작은 것과 두 번째로 큰 것을 검증한다. 또한 두 번째로 작은 것과 가장 큰 것을 비교한다. 즉 제 2 단계에서 검증하는 가설은 다음 두 가지다: H_0: $\mu_2 = \mu_3$, H_0: $\mu_5 = \mu_4$. 비슷하게 제 3 단계에서 고려하는 가설은 다음 세 가지다: H_0: $\mu_2 = \mu_1$, H_0: $\mu_5 = \mu_3$, H_0: $\mu_1 = \mu_4$. 이와 같은 식으로 비교를 해야 가장 효율적이다.

다중비교 검증의 결과를 표시할 때는 크기 순서로 배열된 처리 평균값들 중 차이가 없다고 판정된 평균값들 밑에 밑줄을 긋는 것이 상례다. 예를 들어 다중비교 검증을 했더니 $\mu_2 = \mu_5 < \mu_1 = \mu_3 < \mu_4$라는 결과를 얻었다고 하자. 이 결과는 다음과 같이 요약 표현한다.

$$\underline{\overline{Y}_2 \quad \overline{Y}_5} \quad \underline{\overline{Y}_1 \quad \overline{Y}_3} \quad \underline{\overline{Y}_4}$$

그리고 다중비교의 제 1 단계에서 H_0: $\mu_2 = \mu_4$를 검증하려면 $\overline{Y}_2$와 $\overline{Y}_4$ 간의 차이가 통계적으로 유의한지 밝혀야하는데, 이 두 평균의 차이를 오평균 차이(5-mean difference)라 부른다. 왜냐하면 $\overline{Y}_2$와 $\overline{Y}_4$ 사이에 자신들을 포함하여 모두 5 개의 평균값들이 존재하기 때문이다. 흡사하게 다중비교의 제 2 단계에서 검증하는 $\overline{Y}_2$와 $\overline{Y}_3$의 차이는 사평균 차이(4-mean difference)라 부른다. 일반적으로 '***p* 평균 차이**'라는 용어에서 p는 검증하려는 평균들의 범위 이내에 포함된 평균들의 개수다.

(3) 튜키(Tukey)의 검증

이 검증은 흔히 HSD (honestly significant difference; 정직한 유의차) 검증이라 부른다. 검증법은 다음과 같다.

- 검증 통계량 $q = \dfrac{|\overline{Y}_I - \overline{Y}_{II}|}{\sqrt{s^2/r}}$ $\Rightarrow$ 만일 $q > q_{\nu,k,\alpha}$ 이면 H_0를 기각한다.

여기서 s^2는 MS_E다. 그리고 ν는 분산분석표에서 오차의 자유도, $k(=t)$는 처리의 개수, r은 처리 내 관측수다. 검증 통계량의 분포인 q 분포에 대한 임계값은 부록의 표 A.5를 보라. 이때 유의수준 α는 물론 실험별 오류율이다.

튜키의 검증법은 가장 보수적인 방법이다. 여기서 보수적이라 함은 여간해서는 평균 차이가 유의하다는 결론을 잘 내리지않는다는 의미이다.

(4) SNK (Student-Newman-Keuls) 검증

이 검증은 임계값의 결정만 제외하면 튜키의 검증과 동일하다.

• 검증 통계량 $q=\dfrac{|\overline{Y}_I-\overline{Y}_{II}|}{\sqrt{s^2/r}}$ ⇒ 만일 $q>q_{\nu.p.\alpha}$이면 H_0를 기각한다.

여기서 p는 검증하려는 평균들의 범위에 포함된 평균들의 개수로서 p 평균 차이의 p와 같다.

SNK 검증은 튜키의 검증보다는 덜 보수적이다.

예 3.4

다음은 $t=5$, $r=6$인 완진 랜덤화 실험의 결과다.

처리				
1	2	3	4	5
28.2	39.6	46.3	41.0	56.3
33.2	40.8	42.1	44.1	54.1
36.4	37.9	43.5	46.4	59.4
34.6	37.1	48.8	40.2	62.7
29.1	43.6	43.7	38.6	60.0
31.0	42.4	40.1	36.3	57.3
$\overline{Y}_1=32.1$	$\overline{Y}_2=40.2$	$\overline{Y}_3=44.1$	$\overline{Y}_4=41.1$	$\overline{Y}_5=58.3$

이 자료에 대한 분산분석표는 다음과 같다.

source	SS	df	MS	F
처리	2193.442	4	548.36	56.2^{**}
오차	244.130	25	9.77	
총	2437.572	29		

H_0: $\mu_2 = \mu_5$를 튜키 방법으로 검증해보자. 검증 통계량의 값은 다음과 같다.

$$q = \frac{58.3 - 40.2}{\sqrt{9.77/6}} = 14.14$$

그리고 실험별 오류율을 0.05로 놓는다면 부록의 표 $A.5$에서 $q_{24,5,0.05} = 4.166$이므로 H_0를 기각한다. 동일한 가설에 대하여 만일 SNK 검증을 한다면 읽어야하는 임계값은 $q_{24,4,0.05} = 3.901$이다. 결론은 튜키 검증과 동일하다. 이와 같은 식으로 모든 가능한 쌍별 비교를 하고 나면 두 방법 모두 $\mu_1 \neq \mu_2 = \mu_4 = \mu_3 \neq \mu_5$라는 결과를 얻게되며 이를 도시하면 다음과 같다.

처리:	1	2	4	3	5
평균:	32.1	40.2	41.1	44.1	58.3
	───	────────	────────	────────	───

∎

예 3.5

예 3.2에서 분산분석한 오렌지 쥬스 데이터에 대하여 튜키 검증을 시행하면 다음과 같은 결과를 얻게 된다.

D	B	C	A
5.583	6.667	6.917	7.583
────────	────────		
	────────	────────	────────

해석하면 오렌지 쥬스 A, B, C 간에는 신 맛 차이가 없고, 또 오렌지 쥬스 B와 D 간에는 신 맛 차이가 없다. 그러나 D와 C, D와 A 간에는 신 맛 차이가 있다. 다중

비교를 하다보면 밑줄의 범위가 겹치는(overlapping) 경우가 종종 나타난다. 이 자료에 SNK 비교를 적용하면 다음과 같은 결과를 얻게 된다.

D	B	C	A
5.583	6.667	6.917	7.583
———	————————	————————	————————

이때에는 오렌지 쥬스 A, B, C 간에는 신 맛 차이가 없지만, A, B, C들과 오렌지 쥬스 D 간에는 신 맛 차이가 있다고 분석한다. ∎

(5) 더넷(Dunnett)의 검증: 대조와의 비교

때로 모든 가능한 쌍별 비교에는 관심이 없고, 대신 대조군과 나머지 처리들 간의 비교에만 관심이 있는 경우가 있다. 더넷의 검증법은 이와 같이 대조와 비교를 하는 다중 비교법이다. 즉 t 개의 처리가 있는 경우에 대조와 나머지 $(t-1)$ 개의 처리들을 비교한다.

가설은 다음과 같이 표기한다.

$$H_0: \ \mu_{control} = \mu_i$$
$$H_1: \ \mu_{control} \neq \mu_i$$

검증법은 다음과 같다.

- 검증 통계량 $q' = \dfrac{|\overline{Y}_{control} - \overline{Y}_I|}{\sqrt{2s^2/r}}$ $\Rightarrow$ 만일 $|q'| > q'_{\nu, p, \alpha/2}$ 이면 H_0를 기각한다.

여기서 p는 검증하려는 평균들의 범위에 포함된 평균들의 개수로서, SNK 검증에서 사용된 p와 동일하다. 따라서 더넷의 검증을 할 때에도 대조를 포함한 모든 처리 평균들을 크기 순서로 나열한 다음 대조군의 평균과 다른 처리 평균들을 비교하는 형식을 취한다.

더넷의 검증 통계량에 대한 임계값은 표 $A.6$의 q' 분포표에서 읽는다.

3.12 대비와 직교대비

많은 다중비교 검증법들은 대비의 아이디어를 사용한다. 제 3.11 절의 초입부에서 언급한 살충제 효과의 비교를 생각해보자. 이 상황에서 모두 5 개의 처리가 있었는데 A_1을 처리 1, A_2를 처리 2, B_1을 처리 3, B_2를 처리 4, C를 처리 5라 표기하자.

만일 우리가 A_1 대 A_2 간의 비교에 관심이 있다면 적절한 가설은 다음 형식으로 쓸 수 있다.

$$\begin{aligned} H_0&: \mu_1 = \mu_2 \\ H_1&: \mu_1 \neq \mu_2 \end{aligned} \quad \Leftrightarrow \quad \begin{aligned} H_0&: \mu_1 - \mu_2 = 0 \\ H_1&: \mu_1 - \mu_2 \neq 0 \end{aligned}$$

이 경우 $(\mu_1 - \mu_2)$에 대한 추론은 다음 통계량을 기초로 수행된다.

$$+\overline{Y}_{1}. - \overline{Y}_{2}. \tag{3.24}$$

또한 살충제 A 대 B의 비교를 하려면 대응되는 관심 가설은 아래와 같을 것이다.

$$\begin{aligned} H_0&: \frac{\mu_1+\mu_2}{2} = \frac{\mu_3+\mu_4}{2} \\ H_1&: \frac{\mu_1+\mu_2}{2} \neq \frac{\mu_3+\mu_4}{2} \end{aligned} \quad \Leftrightarrow \quad \begin{aligned} H_0&: \frac{\mu_1+\mu_2}{2} - \frac{\mu_3+\mu_4}{2} = 0 \\ H_1&: \frac{\mu_1+\mu_2}{2} - \frac{\mu_3+\mu_4}{2} \neq 0 \end{aligned}$$

그리고 이러한 비교는 다음과 같은 통계량을 기초로 수행됨이 자연스럽다.

$$+\frac{1}{2}\overline{Y}_{1}. + \frac{1}{2}\overline{Y}_{2}. - \frac{1}{2}\overline{Y}_{3}. - \frac{1}{2}\overline{Y}_{4}. \tag{3.25}$$

이런 식으로 비교 추론의 근간이 되는 통계량의 형태에는 일정한 형식이 존재하는데 이를 **대비**(contrast)라 부른다.

(1) 대비의 검증

대비는 통계적으로 추론 가능한 비교의 일반 형식으로서 불균형 자료를 고려할 때 대비의 정의는 다음과 같다.

대비(contrast)

$$C = \sum_{i=1}^{t} c_i \overline{Y}_{i}. \qquad (\text{단}, \sum_{i=1}^{t} r_i c_i = 0)$$

만일 균형 자료라면 계수의 조건은 $\sum c_i = 0$로 단순화된다. 즉 대비는 처리 평균들의 선형조합으로 계수 c_i들의 합은 반드시 0이어야 한다.

(3.24)는 $c_1 = +1,\ c_2 = -1$ 인 대비의 예다. 그리고 (3.25)에서 대비의 계수는 각각 $c_1 = +1/2, c_2 = +1/2, c_3 = -1/2, c_4 = -1/2$ 이다.

일반적으로 대비에 대응되는 가설은 다음과 같이 세운다.

$$H_0:\ \sum_{i=1}^{t} c_i \mu_i = 0 \qquad vs \qquad H_1:\ \sum_{i=1}^{t} c_i \mu_i \neq 0$$

대비에 대한 검증은 자유도 1의 **대비 제곱합**(contrast SS)을 기초로 수행하며, 일반적으로 불균형 자료의 경우 대비 제곱합의 공식은 (3.26)과 같다.

$$SS_C = \frac{\left(\sum_{i=1}^{t} c_i \overline{Y}_{i}.\right)^2}{\sum_{i=1}^{t} c_i^2 / r_i} = \frac{\left(\sum_{i=1}^{t} c_i Y_{i}.\right)^2}{\sum_{i=1}^{t} r_i c_i^2} \tag{3.26}$$

그리고 검증 통계량과 검증법은 다음과 같다.

- 검증 통계량 $F = \dfrac{SS_C / 1}{SS_E / (N-t)} = \dfrac{MS_C}{MS_E} \sim F_{1, N-t}$

$\Rightarrow$ 만일 $F > F_{1, N-t, \alpha}$ 이면 H_0를 기각한다.

참고로 대비 제곱합의 공식은 다음과 같이 유도된다. i 번째 처리 내 관측들에 대한 모형은 다음과 같다.

$$Y_{i1}, Y_{i2}, \cdots, Y_{ir_i} \sim N(\mu_i, \sigma^2)$$

따라서 i 번째 처리 평균의 분포는 다음과 같다.

$$\overline{Y}_{i\cdot} \sim N\left(\mu_i, \frac{\sigma^2}{r_i}\right)$$

대비는 처리 평균들의 선형조합이고, 정규 확률변수의 선형조합 역시 정규분포를 따른다. 또 각 처리는 서로 독립이므로 대비의 분포는 아래와 같다.

$$\sum_{i=1}^{t} c_i \overline{Y}_{i\cdot} \sim N\left(\sum_{i=1}^{t} c_i \mu_i, \sum_{i=1}^{t} c_i^2 \frac{\sigma^2}{r_i}\right)$$

이 분포를 표준화하자.

$$\frac{\sum_{i=1}^{t} c_i \overline{Y}_{i\cdot} - \sum_{i=1}^{t} c_i \mu_i}{\sqrt{\sum_{i=1}^{t} c_i^2 \frac{\sigma^2}{r_i}}} \sim N(0,1)$$

그런데 표준정규 확률변수의 제곱은 자유도 1의 카이제곱분포를 따른다. 따라서

$$\left(\frac{\sum_{i=1}^{t} c_i \overline{Y}_{i\cdot} - \sum_{i=1}^{t} c_i \mu_i}{\sqrt{\sum_{i=1}^{t} c_i^2 \frac{\sigma^2}{r_i}}}\right)^2 \sim \chi_1^2$$

참고로 제 2.4 절에서 정리하였지만 χ_1^2 확률변수는 언제나 (제곱합÷σ^2)의 형태를 취한다. 즉

$$\chi_1^2 = \frac{SS}{\sigma^2}.$$

따라서 대비 제곱합의 기본형은 다음과 같이 표현할 수 있다.

$$SS_C = \frac{\left(\sum_{i=1}^{t} c_i \overline{Y}_{i\cdot} - \sum_{i=1}^{t} c_i \mu_i\right)^2}{\sum_{i=1}^{t} c_i^2 / r_i}$$

그런데 통계적 가설검증에서는 언제나 귀무가설을 일단 옳다고 인정한 다음 검증을 진행한다. 따라서 귀무가설 하에서 대비 제곱합은 다음 형식으로 간략화된다.

$$SS_C = \frac{\left(\sum_{i=1}^{t} c_i \overline{Y}_{i\cdot}\right)^2}{\sum_{i=1}^{t} c_i^2/r_i} = \frac{C^2}{\sum_{i=1}^{t} c_i^2/r_i}$$

이 결과가 (3.26)이다.

그리고 만일 대비에 대한 일면 가설검증을 하려면 앞에서 유도한 F 통계량 대신 t 통계량을 사용한다. 즉 귀무가설 H_0: $\sum c_i \mu_i = 0$ 하에서 다음이 성립한다.

$$t = \frac{\sum_{i=1}^{t} c_i \overline{Y}_{i\cdot}}{\sqrt{\sum_{i=1}^{t} c_i^2 \frac{MS_E}{r_i}}} \sim t_{N-t}$$

참고로 이는 자유도가 ν일 때 $F_{1,\nu} = t_\nu^2$ 가 성립하는데서도 유추할 수 있는 사실이다.

다음과 같은 일면 가설검증을 생각하자.

$$H_0: \sum_{i=1}^{t} c_i \mu_i = 0 \quad vs \quad H_1: \sum_{i=1}^{t} c_i \mu_i > 0$$

이 경우 적절한 검증법은 다음과 같다.

- 만일 $t > t_{N-t,\alpha}$ 이면 H_0를 기각한다.

(2) 쉐페(Scheffé)의 다중대비 검증

쉐페는 여러 개의 대비들을 동시에 검증하는 방법을 제안했는데 이 검증은 때로 S **검증**(S test)이라 불리운다. 쉐페의 방법은 쌍별 비교시에는 튜키나 SNK 방법보다 열등하기 때문에 추천할 수 없으나 (3.25)와 같이 여러 개의 처리 평균이 개재된 대비들에 대한 동시 검증에 유효히 사용할 수 있다.

귀무가설 H_0: $\sum_{i=1}^{t} c_i \mu_i = 0$을 검증하는 쉐페의 방법은 다음과 같다.

- 검증 통계량 $S = \dfrac{|\sum c_i \overline{Y}_{i\cdot}|}{\sqrt{s^2 \sum_{i=1}^{t} \dfrac{c_i^2}{r_i}}}$ (여기서, $s^2 = MS_E$)

$\Rightarrow$ 만일 $S > \sqrt{(t-1)F_{t-1,N-t,\alpha}}$ 이면 H_0를 기각한다.

(3) 직교대비

직교대비(orthogonal contrasts)는 특수한 형태의 대비로서 대비의 개념 중 가장 쓸모있고 중요하다. 직교대비의 개념을 이용하면 처리 제곱합을 선형대비, 이차대비 등으로 더욱 세분하여 처리 수준들 간의 반응 패턴의 강도를 정량화할 수 있는 등 여러 가지 이점이 있다.

두 개의 대비 $C = \sum_{i=1}^{t} c_i \overline{Y}_{i\cdot}$와 $D = \sum_{i=1}^{t} d_i \overline{Y}_{i\cdot}$는 대응되는 대비 계수들 $\{c_i\}$와 $\{d_i\}$들 간에 다음 관계가 성립할 때 서로 직교한다고 말한다.

- 균형설계라면 $\sum_{i=1}^{t} c_i d_i = 0$
- 불균형설계라면 $\sum_{i=1}^{t} r_i c_i d_i = 0$

직교대비의 계수를 결정하는 방법은 상황에 따라 다르다. 한 가지 예를 들어보자.

예 3.6

실험설계 강좌를 진행하는 세 방법의 효율성을 비교한다. 24 명의 학생을 8 명씩의 세 그룹으로 랜덤하게 나눈 다음 각 그룹마다 교육 방식을 달리하였다. 일정 기간 동안 교육시킨 다음 동일한 시험을 치루게 하였다. 다음은 시험 성적 자료다.

교육 방식		
1	2	3
3	4	6
5	4	7
2	3	8
4	8	6
8	7	7
4	4	9
3	2	10
9	5	9

이 자료에 대한 분산분석표는 다음과 같다.

source	SS	df	MS	F
교육 방식	50.08	2	25.04	6.05^{**}
오차	86.88	21	4.14	
총	136.96	23		

그런데 우리의 관심 대비가 다음 두 개였다고 해보자: ① 교육 방식 1과 2 간의 비교, ② 교육 방식 3과 교육 방식 1과 2의 평균 간의 비교. 주어진 데이터는 균형되어 있으므로 이 경우 대응되는 두 대비의 형태는 다음과 같다.

$$\text{대비 } C_1 = \overline{Y}_1. - \overline{Y}_2.$$

$$\text{대비 } C_2 = \frac{\overline{Y}_1. + \overline{Y}_2.}{2} - \overline{Y}_3.$$

이와 같은 경우 대비의 계수는 정수로 표현해야 계산이 편하므로, 대비 C_2는 다시 다음과 같이 쓰는 것이 상례다.

$$\text{대비 } C_2 = \overline{Y}_1. + \overline{Y}_2. - 2\overline{Y}_3.$$

이때 두 대비의 대응되는 계수들의 곱의 합을 계산하면

$$1\times1+(-1)\times1+0\times(-2)=0$$

이므로 두 대비는 서로 직교임을 알 수 있다. 또한 각 대비의 제곱합은 다음과 같이 계산된다.

$$SS_{C_1} = 0.0625, \qquad SS_{C_2} = 50.02$$

그리고 이 두 직교대비 제곱합을 더하면 바로 처리 제곱합이 된다. 이 경우 분산분석표는 다시 다음과 같이 작성한다.

source	SS	df	MS	F
교육 방식	50.08	2	25.04	6.05**
직교대비				
C_1: $\mu_1 = \mu_2$	0.06	1	0.06	0.02
C_2: $2\mu_3 = \mu_1 + \mu_2$	50.02	1	50.02	12.08**
오차	86.88	21	4.14	
총	136.96	23		

결국 교육 방식 효과의 차이는 전적으로 교육 방식 3 때문이다. 대비 C_1에서는 교육 방식 1과 2를 비교하는 바 F 값이 전혀 유의하지 않으므로 아무런 차이가 없다고 하겠다. 대비 C_1를 보면 교육 방식 3은 다른 두 방식과 아주 다름을 알 수 있다. ▌

예 3.6과 연계하여 다음 두 가지 사실을 주목하라.

첫째로, 직교대비 제곱합을 더하면 처리 제곱합이 된다는 점이다. 일반적으로 처리가 t 개 존재할 때 처리 제곱합의 자유도는 $(t-1)$이며, 이 경우 처리 제곱합은 $(t-1)$ 개의 직교대비로 분해할 수 있다. 다시 말해서 처리 제곱합은 그 자유도만큼의 직교대비를 설정하여 분해할 수 있으며, 이때 직교대비 제곱합들은 서로 독립이다.

둘째로, 직교대비의 계수는 관심있는 비교가 무엇이냐에 따라 얼마든지 달라질 수 있다는 점이다. 예컨대 예 3.6에서 직교대비로서 다음과 같은 두 대비를 선정할 수도 있다.

$$\text{대비 } C_3 = (+1)\overline{Y}_{1.} + (0)\overline{Y}_{2.} + (-1)\overline{Y}_{3.}$$

$$\text{대비 } C_4 = (-1)\overline{Y}_{1.} + (2)\overline{Y}_{2.} + (-1)\overline{Y}_{3.}$$

물론 이 두 대비도 직교대비들이며, 만일 이들을 기초로 처리 제곱합을 분해하면 대응되는 대비 제곱합들의 값은 다음과 같다.

$$SS_{C_3} = 36.00, \qquad SS_{C_1} = 24.08$$

3.13 직교다항식과 반응곡선의 적합

표 2.3에 주어진 단백질 % 대 체중 증가량 데이터를 보자. 단백질 %가 증가함에 따라 데이터의 추세를 보면 10%에서 30%까지는 체중 증가량이 급속히 늘다가 40%에서는 오히려 떨어짐을 알 수 있다. 그림 2.1에 이 자료에 대한 산점도가 주어져있으니 살펴보라. 그림 3.8은 표 2.3의 자료에 3차 회귀선을 적합시킨 그림이며 특히 이러한 회귀선을 **반응곡선**(response curve)이라 부른다.

이와 같이 처리에 대한 반응값 데이터의 변화 패턴을 다항식으로 근사시킬 수 있는데, 특히 **직교다항식**(orthogonal polynomial)으로 표현하면 처리 수준에 따른 데이터의 추세가 일차적인지 또는 이차적인지를 판단할 수 있다. 또한 일차항으로 설명되는 양, 또 이차항으로 설명되는 양 등을 숫자화할 수 있다.

그림 3.8에 나타난 반응값들의 변화 패턴을 보면 일차식으로 전부를 설명하지 못함은 자명하다. 하지만 아마도 이차식으로는 상당 부분 설명할 수 있으리라 짐작된다.

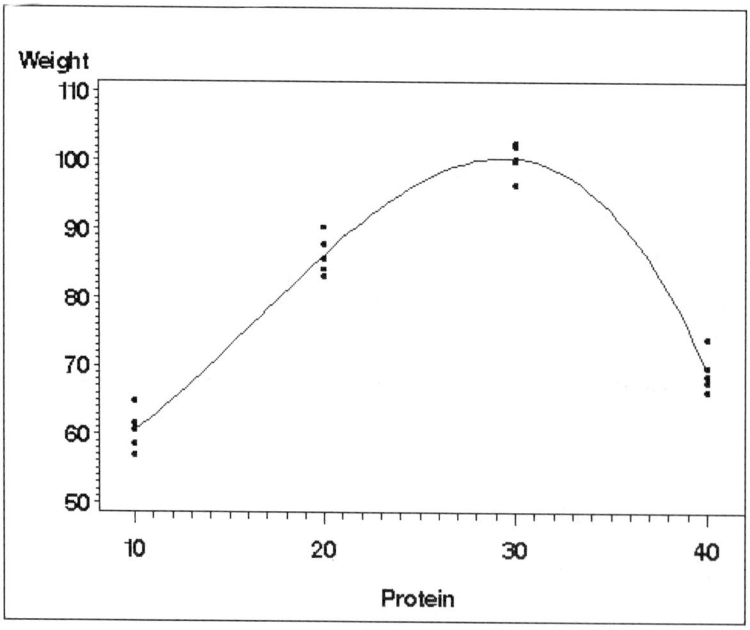

그림 3.8 반응곡선의 적합

표 3.3 처리 수준이 등간격일 때 직교다항식의 계수

$t=3$	1차:	-1	0	1			
	2차:	1	-2	1			
$t=4$	1차:	-3	-1	1	3		
	2차:	1	-1	-1	1		
	3차:	-1	3	-3	1		
$t=5$	1차:	-2	-1	0	1	2	
	2차:	2	-1	-2	-1	2	
	3차:	-1	2	0	-2	1	
	4차:	1	-4	6	-4	1	
$t=6$	1차:	-5	-3	-1	1	3	5
	2차:	5	-1	-4	-4	-1	5
	3차:	-5	7	4	-4	-7	5
	4차:	1	-3	2	2	-3	1
	5차:	-1	5	-10	10	-5	1

직교다항식 분해는 일종의 직교대비 분해로서 처리 제곱합을 일차식으로 설명 가능한 부분, 이차식으로 설명 가능한 부분 등으로 쪼개서 각각의 기여도를 기초로 반응값의 변화 패턴을 살펴보는 것이 목적이다. 직교다항식을 데이터 해석에 이용하려면 무엇보다도 처리 수준이 양적(quantitative)이어야 하며 또 처리 수준이 등간격이어야 유리하다. 표 2.3의 자료는 이 두 조건을 모두 만족시킨다.

처리 수준이 t 개일 때는 $(t-1)$차까지의 직교다항식 분해가 가능하다. 왜냐하면 t 개의 점을 연결할 수 있는 다항식은 $(t-1)$차이기 때문이다.

표 2.3의 자료에서는 처리 수준이 4 개다. 따라서 3차까지 직교다항식 분해가 가능하다. 이 경우에 직교다항식 분해의 개념은 다음과 같다. 즉 반응값의 패턴을 일단 1차 관계로 최대한 설명한다. 그리고 1차항으로 설명되지 못한 부분은 1차항과 서로 직교하는 즉 서로 독립인 2차항으로 마저 설명한다. 또 1차와 2차항으로도 설명되지 않은 부분은 역시 직교하는 3차항을 추가하여 다 설명하는 것이다.

이러한 직교다항식을 이용하려면 각 차수에 대응되는 직교대비의 계수들을 적절히 설정해야 하는데, 처리의 수가 6일 때까지의 계수들을 표 3.3에 정리하였다.

직교다항식의 계수들이 어떻게 결정되는지 살펴보자. 처리 수준이 등간격이고, 양적이라고 가정하자. 그림 3.9는 처리의 세 수준에서 반응값들의 패턴이 일직선을 이루고 있는 경우를 나타낸다. 또 그림 3.10에서는 반응값들의 패턴이 일직선에서 벗어나있다. 따라서 그림 3.10의 패턴을 적합시키려면 이차항이 필요할 것이다.

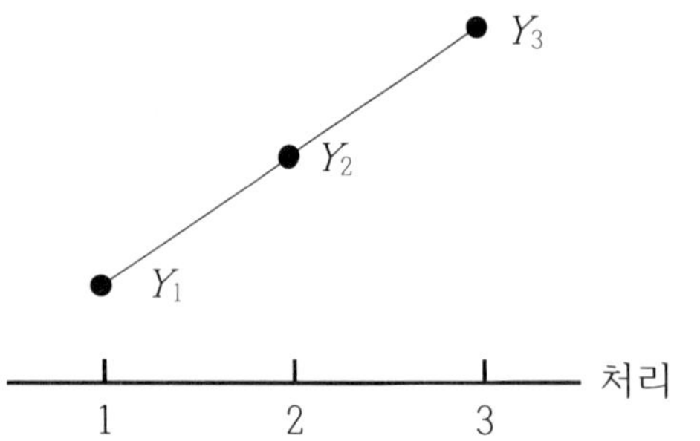

그림 3.9 직선형의 반응 패턴

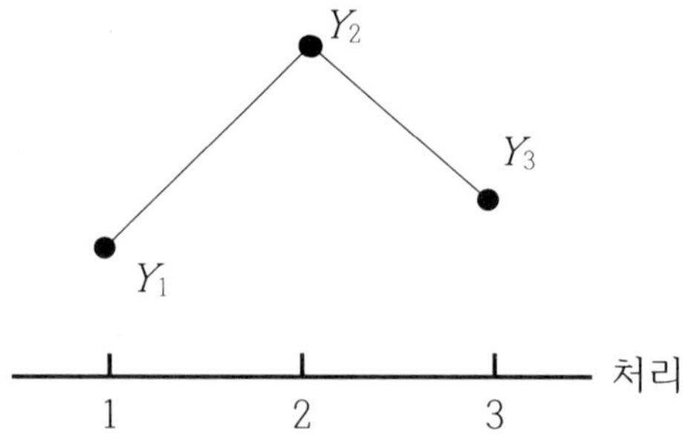

그림 3.10 비직선형의 반응 패턴

이때 처리 간 **선형 효과**(linear effect) 또는 **일차 효과**는 다음과 같은 개념으로 정의된다. 즉 처리 1에서 처리 2 사이의 선형 효과는 $(Y_2 - Y_1)$으로 정의한다. 마찬가지로 처리 2에서 처리 3까지의 선형 효과는 $(Y_3 - Y_2)$로 정의한다. 그렇다면 처리 1에서 처리 2를 거쳐 처리 3까지 나타난 반응 패턴의 선형 효과는 $(Y_2 - Y_1)$과 $(Y_3 - Y_2)$의 합으로 정의하면 될 것이다. 즉

$$\text{선형 효과} = (Y_2 - Y_1) + (Y_3 - Y_2) = (-1)Y_1 + (0)Y_2 + (1)Y_2$$

그리고 **이차 효과**(quadratic effect)가 존재한다면 분명히 $(Y_2 - Y_1)$과 $(Y_3 - Y_2)$의 값은 같지 않을 것이다. 그림 3.9에서와 같이 만일 이 두 값이 동일하다면 이차 효과가 없는 것이다. 그러나 그림 3.10과 같이 이 두 값에 차이가 난다면 이차 효과가 존재한다는 신호다. 따라서 이차 효과는 $(Y_3 - Y_2)$와 $(Y_2 - Y_1)$ 간의 차이로 정의한다. 즉

$$\text{이차 효과} = (Y_3 - Y_2) - (Y_2 - Y_1) = (1)Y_1 + (-2)Y_2 + (1)Y_2$$

표 3.3에서 $t=3$일 때의 1차 및 2차 계수들은 이렇게 결정된 것이다.

$t=4$라면 선형 효과를 어떻게 정의할까? 이때는 앞에서 정의한 $t=3$일 때의 선형 효과의 계수들을 이용하면 된다. 4 수준에서 3 수준을 선택하는 조합수는 모두 4다.

즉 $(Y_1 \to Y_2 \to Y_3)$, $(Y_1 \to Y_2 \to Y_4)$, $(Y_1 \to Y_3 \to Y_4)$, $(Y_2 \to Y_3 \to Y_4)$의 네 가지 경우가 있다. 이들 각각에 대하여 선형 계수가 -1, 0, +1이므로 다음과 같은 연산을 한다.

Y_1	Y_2	Y_3	Y_4
-1	0	+1	
-1	0		+1
-1		0	+1
	-1	0	+1
-3	-1	+1	+3

이 계수들이 표 3.3에서 $t=4$일 때의 일차 계수가 되는 것이다. 이차 계수도 마찬가지로 구할 수 있는데 이러한 계수들은 실상 비례 관계로 주어진다.

예 3.7

표 2.3의 자료를 3차까지의 직교다항식으로 분해한다. 이 경우 세 개의 직교대비들은 다음과 같다.

$$C_1 = -3\overline{Y}_1. - \overline{Y}_2. + \overline{Y}_3. + 3\overline{Y}_4.$$
$$C_2 = \overline{Y}_1. - \overline{Y}_2. - \overline{Y}_3. + \overline{Y}_4.$$
$$C_3 = -\overline{Y}_1. + 3\overline{Y}_2. - 3\overline{Y}_3. + \overline{Y}_4.$$

각 대비 제곱합의 계산은 (3.26)을 그대로 사용한다. 직교다항식 분해의 결과는 다음과 같이 요약된다.

source	SS	df	MS	F
처리	4681.4	3	1560.5	194.3^{**}
1차	401.2	1	401.2	50.0^{**}
2차	4001.6	1	4001.6	498.2^{**}
3차	278.6	1	278.6	34.7^{**}
오차	128.5	16	8.0	
총	4809.9	19		

제곱합 부분을 보면 반응 패턴을 1차식만으로 설명하기는 몹시 어렵다. 그러나 2차항

이 추가되니 처리 제곱합 즉 반응 패턴의 대부분을 설명할 수 있음을 알 수 있다. 3차항이 추가되어 설명되는 부분은 미미하다. 비록 각 항의 효과는 모두 매우 유의하게 나오고 있으나 이는 검증력이 높은 탓이며, 만일 이 데이터에 다항 회귀분석을 시도한다면 2차 모형으로 충분히 잘 적합될 것이다. ▌

만일 처리 수준이 등간격이 아니라면 표 3.3에 주어진 계수들은 사용 못한다. 이런 경우에는 천상 손계산을 해야하나, 일차 계수는 손쉽게 얻을 수 있지만 이차 계수 이상의 결정은 그리 간단하지 않다.

한 가지 예로 만일 처리 수준의 값들이 40, 80, 90으로 등간격이 아니라고 해 보자. 이 경우 선형 효과 즉 일차 효과에 대한 계수는 다음과 같이 얻는다.

40, 80, 90의 평균은 70이다. 각 수준값에서 평균을 빼면 다음을 얻는다.

$$40 - 70 = -30, \quad 80 - 70 = +10, \quad 90 - 70 = +20$$

이 차이값들의 비는 다음과 같이 간단히 할 수 있다.

$$-30 : +10 : +20 = -3 : 1 : 2$$

즉 -3, 1, 2가 현재 상황에서 일차 효과를 분해하는데 사용되는 직교 다항식의 계수가 된다.

3.14 부표집

지금까지 우리는 실험단위와 관찰단위가 동일한 CRD를 고려하였다. 이런 경우에는 실험오차와 관찰오차를 가를 수 없기 때문에 이 둘을 합쳐 그냥 오차라고 부른다.

그런데 실험단위와 관찰단위가 동일하지 않은 경우가 있으며, 이런 경우를 일컬어 **부표집을 한 완전 랜덤화 설계**(CRD with subsampling)라 부른다. 제 1.6 절의 실험설계 III에 예시한 상황이 바로 CRD에서 부표집을 하는 경우다.

또 다른 예로 컴퓨터 교육 방법의 효과를 비교하는 상황을 생각해보자. 교육 방법이 3 가지 있다고 하자. 한 고등학교의 1학년 학급 중 3 개를 임의로 골라 교육 방법 3 가지를 랜덤 배정한다. 일정 기간 교육시킨 후 동일한 시험을 보게 하여 학생들의 성적을 반응값으로 기록한다면, 이때 학급이 처리를 받는 실험단위가 되며 학급 내의 학생들이 관찰단위가 된다. 이것이 부표집의 예다.

처리 수준이 t 개 있고, 각 처리를 r 번 반복 실험한다. 그리고 각 실험단위(EU)는 n 개의 관찰단위(OU)를 갖는다고 하자. 즉 하나의 EU로부터 n 개의 관측값을 얻는다. 이와 같은 부표집을 하는 완전 랜덤화 설계에 대한 고정효과 모형은 (3.27)로 주어진다.

$$Y_{ijk} = \mu + \tau_i + \epsilon_{ij} + \eta_{ijk}, \quad \epsilon_{ij} \sim N(0, \sigma_\epsilon^2), \quad \eta_{ijk} \sim N(0, \sigma_\eta^2) \tag{3.27}$$
$$(i = 1, \cdots, t\,; j = 1, \cdots, r\,; k = 1, \cdots, n)$$

여기서 ϵ_{ij}는 실험오차(EE: experimental error), η_{ijk}는 관찰오차(OE: observational error)다.

모형 (3.27)에서 $Var(Y_{ijk}) = \sigma_\epsilon^2 + \sigma_\eta^2 = \sigma^2$이므로 오차 부분을 병합하면 모형 (3.5)와 다를 바가 없다. 하지만 부표집의 경우에는 σ_ϵ^2와 σ_η^2를 분해할 수 있다.

모형 (3.27)에 대응되는 제곱합의 분해는 다음 등식을 기초로 이루어진다.

$$Y_{ijk} = \overline{Y}_{...} + (\overline{Y}_{i..} - \overline{Y}_{...}) + (\overline{Y}_{ij.} - \overline{Y}_{i..}) + (\overline{Y}_{ijk} - \overline{Y}_{ij.})$$

그리고 각 변인별 제곱합의 공식은 다음과 같이 정리된다.

$$\text{처리제곱합 } SS_{Trt} = \sum_{i=1}^{t}\sum_{j=1}^{r}\sum_{k=1}^{n}(\overline{Y}_{i..} - \overline{Y}_{...})^2 = rn\sum_i(\overline{Y}_{i..} - \overline{Y}_{...})^2$$

$$\text{실험오차제곱합 } SS_{EE} = \sum_{i=1}^{t}\sum_{j=1}^{r}\sum_{k=1}^{n}(\overline{Y}_{ij.} - \overline{Y}_{i..})^2 = n\sum_i\sum_j(\overline{Y}_{ij.} - \overline{Y}_{i..})^2$$

$$\text{관찰오차제곱합 } SS_{OE} = \sum_{i=1}^{t}\sum_{j=1}^{r}\sum_{k=1}^{n}(\overline{Y}_{ijk} - \overline{Y}_{ij.})^2$$

$$\text{총제곱합 } SS_T = \sum_{i=1}^{t}\sum_{j=1}^{r}\sum_{k=1}^{n}(Y_{ijk} - \overline{Y}_{...})^2$$

표 3.4에 정리하였지만, 처리 차이가 없다는 귀무가설에 대한 검증은 처리 평균제곱을 실험오차 평균제곱으로 나누어 수행된다. 즉

- 검증 통계량 $F = \dfrac{MS_{Trt}}{MS_{EE}} \sim F_{t-1, t(r-1)}$

$\Rightarrow$ 만일 $F > F_{t-1, t(r-1), \alpha}$ 이면 H_0를 기각한다.

표 3.4 부표집을 한 완전 랜덤화 설계에 대한 분산분석표

source	SS	df	MS	$E(MS)$	F
처리	SS_{Trt}	$t-1$	MS_{Trt}	$\sigma_\eta^2 + n\sigma_\epsilon^2 + \frac{rn}{t-1}\sum_i \tau_i^2$	MS_{Trt}/MS_{EE}
실험오차	SS_{EE}	$t(r-1)$	MS_{EE}	$\sigma_\eta^2 + n\sigma_\epsilon^2$	
관찰오차	SS_{OE}	$tr(n-1)$	MS_{OE}	σ_η^2	
총	SS_T	$trn-1$			

그리고 실험오차 및 관찰오차에 대한 분산요소는 다음과 같이 추정할 수 있다.

$$\widehat{\sigma_\eta^2} = MS_{OE}$$

$$\widehat{\sigma_\epsilon^2} = \frac{MS_{EE} - MS_{OE}}{n}$$

예 3.8

일조량과 야간 기온에 따라 식물의 생장이 어떻게 달라지는지 알고 싶다. 일조 시간으로 8 시간, 12 시간, 16 시간을 선택하고, 야간 기온을 저온과 고온의 두 가지로 설정하였다. 즉 처리는 모두 6 수준인 바 순서대로 각각 (8 시간, 저온), (12 시간, 저온), (16 시간, 저온), (8 시간, 고온), (12 시간, 고온), (16 시간, 고온)이다. 각 처리마다 3 개씩의 화분을 준비하여 배치한 다음 화분마다 4 개의 식물을 심었다. 그리고 일주일 후에 생장량(cm)을 측정하였다. 데이터는 다음과 같다.

처리		1			2			3			4			5			6		
화분		1	2	3	1	2	3	1	2	3	1	2	3	1	2	3	1	2	3
식물	1	3.5	2.5	3.0	5.0	3.5	4.5	5.0	5.5	5.5	8.5	6.5	7.0	6.0	6.0	6.5	7.0	6.0	11.0
	2	4.0	4.5	3.0	5.5	3.5	4.0	4.5	6.0	4.5	6.0	7.0	7.0	5.5	8.5	6.5	9.0	7.0	7.0
	3	3.0	5.5	2.5	4.0	3.0	4.0	5.0	5.0	6.5	9.0	8.0	7.0	3.5	4.5	8.5	8.5	7.0	9.0
	4	4.5	5.0	3.0	3.5	4.0	5.0	4.5	5.0	5.5	8.5	6.5	7.0	7.0	7.5	7.5	8.5	7.0	8.0

분산분석표는 다음과 같이 요약된다.

source	*SS*	*df*	*MS*	*F*
처리	179.64	5	35.93	16.7**
실험오차	25.83	12	2.15	
관찰오차	50.44	54	0.93	
총	255.91	71		

결국 처리 간 효과 차이가 매우 유의함을 알 수 있다. ∎

3.15 SAS 활용

제 3 장에서 설명한 CRD를 분석하는 SAS 코드를 정리한다. 이하 Y는 반응 변수, TRT는 처리, REP는 반복을 의미한다. 그리고 다중비교를 지시하는 MEANS 문장은 필요하면 삽입한다.

- **CRD** - 모형 (3.5)

```
PROC GLM;
  CLASS TRT;
  MODEL Y = TRT;
  MEANS TRT / LINES TUKEY;
QUIT;
```

- **부표집을 하는 CRD** - 모형 (3.27)

```
PROC GLM;
  CLASS TRT REP;
  MODEL Y = TRT REP(TRT);
  TEST H=TRT E=REP(TRT);
  MEANS TRT / SNK;
QUIT;
```

예 3.9

표 2.3의 자료를 분산분석하고 각종 다중비교법을 적용하며 또 3차까지 직교다항식 분해를 하는 SAS 코드는 프로그램 3.1과 같은 형식으로 작성한다. 출력에 대한 해석은 본문을 참조하라.

```
DATA pig;
  INPUT protein weight @@;
DATALINES;
10  60.8  10  57.0  10  65.0  10  58.6  10  61.7
40  68.7  40  67.7  40  74.0  40  66.3  40  69.8
30 102.6  30 102.1  30 100.2  30  96.5  30  99.9
20  87.9  20  84.2  20  83.1  20  85.7  20  90.3
RUN;

PROC GLM DATA=pig;
  CLASS protein;
  MODEL weight = protein;
  MEANS protein / LINES TUKEY SNK;
  MEANS protein / DUNNETT("10");
  CONTRAST "Linear    " protein  -3 -1  1  3;
  CONTRAST "Quadratic" protein   1 -1 -1  1;
  CONTRAST "Cubic     " protein  -1  3 -3  1;
QUIT;
```

단, 출력에서 총제곱합에 대한 변인의 표기가 'Corrected Total'로 되어 있음을 유의하라. 원래 총제곱합의 공식은 $\sum\sum Y_{ij}^2$가 되어야 마땅하나, 총평균을 기준점으로 데이터의 상대적인 위치를 기초로 분산분석함이 상례다. 즉 우리는 통상 총제곱합의 공식으로 $\sum\sum(Y_{ij}-\overline{Y}..)^2$을 사용한다. 이와 같이 총평균에 대하여 변형된 총제곱합을 일컬어 **수정된 총제곱합**(corrected total sum of squares)라고 한다. 수정된 총제곱합을 손계산할 때는 다음 공식을 이용하는 것이 편하다.

$$SS_T=\sum\sum Y_{ij}^2-\frac{Y_{..}^2}{N}$$

The GLM Procedure

Dependent Variable: weight

Source	DF	Sum of Squares	Mean Square	F Value	Pr > F
Model	3	4681.377500	1560.459167	194.28	<.0001
Error	16	128.512000	8.032000		
Corrected Total	19	4809.889500			

R-Square	Coeff Var	Root MSE	weight Mean
0.973282	3.582679	2.834078	79.10500

Source	DF	Type I SS	Mean Square	F Value	Pr > F
protein	3	4681.377500	1560.459167	194.28	<.0001

Contrast	DF	Contrast SS	Mean Square	F Value	Pr > F
Linear	1	401.200900	401.200900	49.95	<.0001
Quadratic	1	4001.620500	4001.620500	498.21	<.0001
Cubic	1	278.556100	278.556100	34.68	<.0001

여기서 $Y_{..}$는 데이터들의 총합인데 특히 $Y_{..}^2/N$을 **수정항**(correction term) 또는 **수정요인**(correction factor)이라 부른다. ∎

예 3.10

예 3.8의 데이터를 분석하려면 다음과 같이 코딩한다. 처리, 화분, 생장량을 각각 trt, pot, growth로 표기하였다.

```
DATA;
  DO trt=1 TO 6;
     DO pot=1 TO 3;
        DO k=1 TO 4;
           INPUT growth @@; OUTPUT;
        END;
     END;
  END;
```

```
DATALINES;
 3.5  4.0  3.0  4.5
 2.5  4.5  5.5  5.0
 3.0  3.0  2.5  3.0
 5.0  5.5  4.0  3.5
 3.5  3.5  3.0  4.0
 4.5  4.0  4.0  5.0
 5.0  4.5  5.0  4.5
 5.5  6.0  5.0  5.0
 5.5  4.5  6.5  5.5
 8.5  6.0  9.0  8.5
 6.5  7.0  8.0  6.5
 7.0  7.0  7.0  7.0
 6.0  5.5  3.5  7.0
 6.0  8.5  4.5  7.5
 6.5  6.5  8.5  7.5
 7.0  9.0  8.5  8.5
 6.0  7.0  7.0  7.0
11.0  7.0  9.0  8.0
RUN;

PROC GLM;
  CLASS trt pot;
  MODEL growth = trt pot(trt);
  TEST H=trt E=pot(trt);
QUIT;
```

프로그램에서 사용된 TEST 문장은 처리(trt)에 대한 검증을 할 때 F 통계량의 분모항으로 실험오차 pot(trt)를 사용하라고 지정하기 위함이다. SAS에서는 만일 이 지정이 없으면 처리 효과를 검증할 때 무조건 분모항으로 관찰오차 평균제곱을 사용하므로 따라서 잘못된 결과 해석을 하게 된다. 출력을 보면 통상적인 처리(trt)에 대한 검증 통계량의 값은 38.47인데 이는 부표집 상황을 무시하고 계산한 값이다. 이런 경우에 제대로 된 분석 결과를 얻으려면 TEST 문장을 사용하여 검증 통계량의 분모항으로 사용할 평균제곱이 무엇인지 사용자가 프로그램에 명시해야 한다. ∎

Dependent Variable: growth

Source	DF	Sum of Squares	Mean Square	F Value	Pr > F
Model	17	205.4756944	12.0868056	12.94	<.0001
Error	54	50.4375000	0.9340278		
Corrected Total	71	255.9131944			

R-Square	Coeff Var	Root MSE	growth Mean
0.802912	16.70696	0.966451	5.784722

Source	DF	Type I SS	Mean Square	F Value	Pr > F
trt	5	179.6423611	35.9284722	38.47	<.0001
pot(trt)	12	25.8333333	2.1527778	2.30	0.0186

Source	DF	Type III SS	Mean Square	F Value	Pr > F
trt	5	179.6423611	35.9284722	38.47	<.0001
pot(trt)	12	25.8333333	2.1527778	2.30	0.0186

Tests of Hypotheses Using the Type III MS for pot(trt) as an Error Term					
Source	DF	Type III SS	Mean Square	F Value	Pr > F
trt	5	179.6423611	35.9284722	16.69	<.0001

예 3.11

다섯 종류의 콘크리트 갓돌(curb)의 수분 흡수율을 측정하였다. 물 속에 24 시간 넣은 후 건조 시 무게와 비교하여 증가한 무게의 %를 기록하였다. 콘크리트 갓돌 B가 현재 표준형이다. 분산분석을 시행하고 B와 나머지 갓돌들 간 효과 차이가 존재하는지 확인해보자. 데이터와 프로그램은 다음과 같다.

수분 흡수율				
A	B	C	D	E
6.7	5.1	4.4	6.7	6.5
5.8	4.7	4.9	7.2	5.8
5.5	5.1	4.6	6.8	4.7
5.8	5.2	4.5	6.3	5.9

```
DATA concrete;
  INPUT curb $ @;
  DO rep=1 TO 4;
     INPUT water @@; OUTPUT;
  END;
DATALINES;
A 6.7 5.8 5.5 5.8
B 5.1 4.7 5.1 5.2
C 4.4 4.9 4.6 4.5
D 6.7 7.2 6.8 6.3
E 6.5 5.8 4.7 5.9
RUN;

PROC GLM DATA=concrete;
  CLASS curb;
  MODEL water = curb;
  MEANS curb / DUNNETT("B");
QUIT;
```

출력을 보면 F 검증 통계량의 값은 13.1로 극히 유의하다. 또한 $R^2=0.78$로 모형의 설명력은 대략 80% 정도로서 현재 가정한 CRD 모형이 데이터의 변화 패턴을 잘 설명하고 있다. 따라서 콘크리트 갓돌 간에는 통계적으로 극히 의미있는 효과 차이가 존재한다.

The GLM Procedure

Dependent Variable: water

Source	DF	Sum of Squares	Mean Square	F Value	Pr > F
Model	4	11.16300000	2.79075000	13.10	<.0001
Error	15	3.19500000	0.21300000		
Corrected Total	19	14.35800000			

R-Square	Coeff Var	Root MSE	water Mean
0.777476	8.226724	0.461519	5.610000

Source	DF	Type I SS	Mean Square	F Value	Pr > F
curb	4	11.16300000	2.79075000	13.10	<.0001

Dunnett's t Tests for water

Note: This test controls the Type I experimentwise error for comparisons of all treatments against a control.

Alpha	0.05
Error Degrees of Freedom	15
Error Mean Square	0.213
Critical Value of Dunnett's t	2.72739
Minimum Significant Difference	0.8901

Comparisons significant at the 0.05 level are indicated by ***.				
curb Comparison	Difference Between Means	Simultaneous 95% Confidence Limits		
D - B	1.7250	0.8349	2.6151	***
A - B	0.9250	0.0349	1.8151	***
E - B	0.7000	-0.1901	1.5901	
C - B	-0.4250	-1.3151	0.4651	

갓돌 B와 나머지 갓돌들 간 비교는 대조군 대 다른 처리들을 비교하는 Dunnett의 다중비교법을 적용하였다. 그 결과 D와 A는 B에 비해 흡수율이 극히 유의하게 높으며 E와 C는 차이가 없다고 하겠다. 가장 흡수율이 낮은 갓돌은 C이지만 통계적으로 의미있을 정도는 아니다. ▮

예 3.12

세 종류의 티푸스 균 9D, 11C, DSCI들에 대한 독성 실험을 하였다. 균을 접종한 생쥐들이 며칠 후에 죽었는지 기록한 데이터를 분산분석해보자. 데이터를 보면 우선 불균형 자료임을 알 수 있다. 또한 티푸스균(typhoid) 종류와 죽을 때까지 산 날짜수마다 그에 해당하는 생쥐 수가 기록되었다. 이런 경우에는 FREQ 문장을 사용하여 데이터가 빈도임을 명시해야 한다. 뒤따르는 프로그램에서는 이 빈도에 해당하는 변수를 count로 명명하였다. 또한 다중비교 검증을 위하여 가장 보수적 검증법인 Tukey 검증을 시행하였다. 분석 결과를 보면 티푸스 균들 간 차이는 극히 유의하다. 다만 결정계수가 0.22로 설명력은 낮은 편이다. 튜키의 다중비교 검증 결과 DSCI와 11C는 독성에 차이가 없다. 그러나 9D는 다른 티푸스 균들과 유의한 차이를 보이는데 접종 후 평균 4.03일 정도에 생쥐들이 다 죽을 정도로 독하다. ▮

사망일	생쥐 수		
	9D	11C	DSCI
2	6	1	3
3	4	3	5
4	9	3	5
5	8	6	8
6	3	6	19
7	1	14	23
8	0	11	22
9	0	4	14
10	0	6	14
11	0	2	7
12	0	3	8
13	0	1	4
14	0	0	1

```
DATA virulence;
  INPUT days_till_death @;
  DO typhoid="9D  ", "11C ", "DSCI"; INPUT count @@; OUTPUT; END;
DATALINES;
 2  6  1  3
 3  4  3  5
 4  9  3  5
 5  8  6  8
 6  3  6 19
 7  1 14 23
 8  0 11 22
 9  0  4 14
10  0  6 14
11  0  2  7
12  0  3  8
13  0  1  4
14  0  0  1
RUN;

PROC GLM DATA=virulence;
  CLASS typhoid;
```

```
  FREQ count;
  MODEL days_till_death = typhoid;
  MEANS typhoid / LINES TUKEY;
QUIT;
```

The GLM Procedure

Dependent Variable: days_till_death

Frequency: count

Source	DF	Sum of Squares	Mean Square	F Value	Pr > F
Model	2	359.794413	179.897207	31.10	<.0001
Error	221	1278.419872	5.784705		
Corrected Total	223	1638.214286			

R-Square	Coeff Var	Root MSE	days_till_death Mean
0.219626	33.58801	2.405141	7.160714

Source	DF	Type I SS	Mean Square	F Value	Pr > F
typhoid	2	359.7944135	179.8972067	31.10	<.0001

Tukey's Studentized Range (HSD) Test for days_till_death

Alpha	0.05
Error Degrees of Freedom	221
Error Mean Square	5.784705
Critical Value of Studentized Range	3.33708
Minimum Significant Difference	1.1009
Harmonic Mean of Cell Sizes	53.15047

Note: Cell sizes are not equal.

Means with the same letter are not significantly different.			
Tukey Grouping	Mean	N	typhoid
A	7.7970	133	DSCI
A			
A	7.3667	60	11C
B	4.0323	31	9D

< 연 습 문 제 >

1. 4 군데 열쇠점에서 열쇠를 복사하는데 걸리는 시간을 비교한다. 정리된 데이터는 다음과 같다.

열쇠점	1	2	3	4
$n_i =$ 복사한 열쇠수	7	3	6	4
$\overline{Y}_{i}. =$ 평균소요시간	9	5	3	6
$s_i^2 =$ 표본분산	7	3	4	4

① 이 4 군데 열쇠점에서 열쇠 하나를 복사하는데 동일한 시간이 소요되는가? 유의수준 1%에서 검증하라.

② 알고봤더니 열쇠점 1과 2는 체인점이고 열쇠점 3과 4는 독립점이었다. 체인점 대 독립점을 1% 수준에서 비교하라.

2. 한강의 폐수처리장부터 5 km 간격으로 4 개 지점에서 용존산소량을 측정하였다. 실험은 CRD를 사용하여 진행하였다. 각 지점마다 용존산소량에 차이가 있는지 알고싶다. 정리된 데이터는 다음과 같다.

지점	A	B	C	D
관측값	4	6	7	8
	5	6	8	9
	6	6	9	10
평균	5	6	8	9

① 모형을 쓰고 유의수준 5%에서 용존산소량에 차이가 없는지 검증하라.

② 직교다항식 분해를 이용하여 선형 경향(linear trend)이 존재하는지 검증하라.

③ ②의 분석을 수행하는 다른 방법은 단순선형 회귀모형 $y = \beta_0 + \beta_1 x + \epsilon$을 적합하는 것이다. 이때 x는 폐수처리장부터 각 지점까지의 거리다. 분산분석을 했더니 다음 결과를 얻었다. ②와 동일한 검증을 하라.

source		df		SS	
회귀		1		29.4	
잔차	적합결여	10	2	6.6	0.6
	순수오차		8		6.0

④ ②의 모형이 회귀분석 모형과 수리적으로 동등하다고 할 수 있는가?
⑤ ②와 ③에서 검증 통계량의 값이 왜 다른지 설명해보라.

3. 쇠고기의 수분 손실을 막아주는 4 종류의 화학 제품(I, II, III, IV)의 효과를 비교한다. 40 개 시험관에 쇠고기를 준비하여 4 종류의 수분 손실 방지제에 10 개씩 랜덤 배치하였다. 다음 데이터는 뜨거운 물 속에서 시험관에 열을 가한 후 측정한 수분의 손실 퍼센티지다. 여기서 요인은 수분 손실 방지제가 된다. 수분 손실 방지제 간에 효과 차이가 있는가? 튜키의 다중비교 검증을 시행하고 결과를 해석하라.

수분 손실 방지제			
I	II	III	IV
24.54	22.73	22.02	20.83
23.97	22.28	21.97	24.40
22.85	23.99	21.34	23.01
24.34	23.23	22.83	23.54
24.47	23.94	22.90	21.60
24.36	23.52	22.28	21.86
23.37	24.41	21.14	24.57
24.46	22.80	21.85	22.28
23.89	21.52	22.16	22.41
24.00	23.73	22.56	22.81

4. 다음과 같은 고정효과 일원분산분석 모형을 가정하자:

$$Y_{ij} = \mu + \tau_i + \epsilon_{ij}, \qquad i = 1, \cdots, t; \quad j = 1, \cdots, r_i$$

여기서 $\sum r_i \tau_i = 0$, 그리고 $\epsilon_{ij} \sim N(0, \sigma^2)$ 이다. 다음 통계량들의 분포를 결정하라.

① $\overline{Y}_{..}$ ② $\left(\dfrac{\epsilon_{21}}{\epsilon_{31}}\right)^2$ ③ $\dfrac{\tau_1 + \epsilon_{13}}{\sigma}$

5. 연습문제 4의 조건에서 다음을 구하라.

① $E\,\overline{Y}_{i.}^{2}$ ② $Cov(\overline{Y}_{i.}, \overline{Y}_{j.})$

6. 다음은 6 가지 배양법에 따른 클로버 잎새의 질소 성분 함량을 측정한 자료다. 배양법에 따라 질소 함량에 차이가 있는가? 다중비교도 시행하라.

배양법					
I	II	III	IV	V	VI
19.4	17.7	17.0	20.7	14.3	17.3
32.6	24.8	19.4	21.0	14.4	19.4
27.0	27.9	9.1	20.5	11.8	19.1
32.1	25.2	11.9	18.8	11.6	16.9
33.0	24.3	15.8	18.6	14.2	20.8

7. 민지가 다음 숫자들을 여러분에게 내밀고 분산분석표를 만들어 달라고 떼를 쓰고 있다. 만들어보라. 표본합동분산값은 20이다.

모집단	1	2	3	4
표본 평균 표본 크기	40 6	35 6	50 6	35 6

8. 대학생들 간의 상호 적개심을 줄이는 심리 치료법(therapy) 세 가지를 비교하기 위하여 모두 11 명의 대학생을 추출하여 랜덤하게 세 그룹으로 나눈 후 치료법 한 가지 씩을 적용한 다음 동일한 심리 테스트를 하여 나온 점수를 SAS로 처리하였다. 분산분석표의 빈 칸을 채우고 결과를 해석하라.

source	df	SS	MS	F value	Pr > F
Therapy		452.13			0.0137
Error					
Corrected Total		686.55			

9. 식 (3.15)를 유도하라.

10. 화학공장에서는 매달 수백 단위의 원료 뭉치를 공급받는다. 공장장은 공급받는 원료 품질이 균일하기를 바란다. 그런데 최근 원료에 따라 품질에 변동이 있는 듯하여 이를 조사하였다. 그는 수백개의 원료 뭉치들에서 랜덤으로 5 개의 뭉치를 골라 3

회의 품질 조사를 하였다. 데이터는 다음과 같다. 분산요소를 추정하고 해석해보라.

원료 뭉치				
1	2	3	4	5
74	68	75	72	79
76	71	77	74	81
75	72	77	73	79

※ 분산요소의 추정 - VARCOMP 절차

SAS의 VARCOMP 절차를 이용하면 랜덤효과요인이 존재하는 모형에서 분산요소를 추정할 수 있다. 연습문제 10번과 같은 경우에 분산요소 추정을 하려면 다음 형식으로 프로그램을 작성한다.

```
DATA chemical;
  INPUT source quality @@;
DATALINES;
1 74  1 76  1 75
2 68  2 71  2 72
3 75  3 77  3 77
4 72  4 74  4 73
5 79  5 81  5 79
RUN;

PROC VARCOMP DATA=chemical;
  CLASS source;
  MODEL quality = source;
RUN;
```

출력을 보면 MIVQUE 추정값이라 하여 $\sigma_\tau^2 = 11.7$, $\sigma^2 = 1.8$로 나온다. MIVQUE란 최소분산 이차비편향추정법(minimum variance quadratic unbiased estimation)을 말하는데 추정 아이디어는 약간 차이가 있지만 거의 대부분의 경우 본서에서 기술한 분산요소 추정과 일치하는 결과를 얻는다.

Variance Components Estimation Procedure

Class Level Information		
Class	Levels	Values
source	5	1 2 3 4 5

Number of Observations Read	15
Number of Observations Used	15

MIVQUE(0) SSQ Matrix			
Source	source	Error	quality
source	36.00000	12.00000	443.20000
Error	12.00000	14.00000	165.73333

MIVQUE(0) Estimates	
Variance Component	quality
Var(source)	11.71111
Var(Error)	1.80000

4

랜덤화 블록 설계

4.1 개요

설계된 실험이 필요한 이유 중의 하나는 실험 오차를 줄여 처리 간 차이를 더욱 정밀하게 보려는데 있다. CRD에서 고려한 오차항은 결국 오차 분산 σ^2으로 수량화되는데, 이 오차 분산은 EU들 간의 이질성(heterogeneity) 때문에 나타나는 것이다. 만일 EU들 간에 완벽한 동질성(homogeneity)가 확보되어 있다면 구태여 복잡한 실험설계를 할 이유가 없는 것이다. 다시 말해서 실험에 동원된 돼지들이 유전적 특성, 생김새, 먹성 등 모든 면에서 완벽히 동일하다면 굳이 반복 실험을 할 필요도 없을 것이다. 그러나 현실은 그렇지 않다. 한국인으로서 20 세의 남자들을 실험단위로 선정한다면 어떤 자극에 대한 반응이 똑같기를 기대함은 어리석은 일이다. 우리가 아무리 실험단위들을 좁은 범주에서 선정하더라도 근본적으로 EU들이 동일하다고 볼 수는 없다.

이러한 실험단위들 간의 변동은 일반적으로 계통적이거나 아니면 랜덤하거나 두 가지 중의 하나다.

계통적 변동(systematic variation)의 예로는 다음을 들 수 있다.

- 농업 실험에서 선정된 농지의 비옥도가 방향에 따라 다르다.
- 약물의 독성 실험에 동원된 동물들이 혈통이 다르다.
- 실험 물질들이 서로 다른 공정으로 제조되었다.

그리고 **랜덤 변동**(random variation)의 예로는 다음과 같은 것들이 있다.

- 생장도를 측정하는 실험에서 선택한 식물의 키가 처음부터 다르다.
- 교육 연구에 동원된 학생들의 지능지수가 차이가 난다.
- 다이어트 연구에 선택된 사람들의 체중이 다르다.

계통적 변동을 실험설계로 해결하려면 블록화 기법을 사용해야 하며, 랜덤 변동을 해결하려면 공분산 분석을 사용함이 일반적이다.

블록의 개념에 대해서는 이미 제 1.4 절에서 다루었고 또 제 1.6 절의 실험설계 IV의 상황이 블록화 실험의 한 예다.

실험설계에서 블록 개념의 삽입은 매우 현실적이고 실용성이 높은 아이디어라고 할 수 있다. 블록은 관심 요인의 효과 차이를 더 뚜렷하게 밝혀내려는 목적으로 삽입되며, 블록을 실험설계에 사용하면 오차 분산을 줄일 수 있게 되어 더욱 정밀한 자료 분석이 가능하다.

현재 우리는 관심 요인이 하나인 경우만을 생각하고 있음을 잊지 말라. 블록 요인을 몇 개를 삽입하든 블록 요인을 고려하는 이유는 관심 요인의 수준 간 효과 차이를 더욱 확실히 알려는데 있다. 따라서 블록 요인은 검증 대상이 되지 못한다.

예를 들어 여러 가지 인절미의 맛을 평가하는 평가원들을 블록으로 간주하는 경우에, 우리의 실험 목적은 인절미들 간에 맛 차이가 있느냐 없느냐에 있을뿐 사람들 간에 입맛 차이가 있는지에는 전혀 관심이 없기 때문이다. 즉 사람들 간에 입맛 차이가 존재한다면 인절미 맛의 평가에 영향을 미치는 사람의 입맛을 블록 효과로 제거할 수 있기 때문에 사람을 블록으로 간주한 우리의 판단이 옳았던 것이 되며, 반대로 설사 사람들 간에 입맛 차이가 없는 경우에 사람을 블록으로 간주해서 분석하더라도 결과 해석에 잘못될 일이 없는 것이다.

그런데 일부 통계학 교재들에서는 블록 요인에 대한 효과 검증법을 제시하곤 하는데 블록화 실험설계에서는 모형 구축의 구조적 문제로 인하여 본질적으로 블록 요인에 대해서는 효과 검증 자체가 불가능하다. 이런 점에 대한 설명은 본서의 수준을 넘는데 관심있는 사람은 Hinkelmann and Kempthorne (2007)을 참조하라.

제 4 장에서는 블록 요인이 하나인 경우만을 고려한다. 블록 요인이 하나인 경우에 블록화 실험설계는 크게 완전 블록 설계(complete block design)와 불완전 블록 설계(incomplete block design)의 두 가지로 나뉜다.

그리고 제 5 장에서 다루는 라틴 정방 형식의 실험설계 기법들은 블록 요인의 개수가 둘 이상인 경우를 고려하는 것들이다.

4.2 랜덤화 완전 블록 설계

랜덤화 완전 블록 설계(RCBD: randomized complete block design)은 블록 설계들 중 가장 단순하면서 가장 많이 사용되는 설계 방식이다. 공식적인 정의는 다음과 같다.

랜덤화 완전 블록 설계(RCBD)

t를 처리의 개수라 하자. 전체 실험 재료를 b 개의 그룹으로 분할하되, 각 그룹마다 t 개씩의 실험단위가 존재하도록 한다. 이때 각 그룹에 소속된 실험단위들은 최대한 동질적이고, 또 서로 다른 그룹에 속한 실험단위들은 그룹이 다른 만큼 최대한 이질적이다. 이러한 그룹을 블록이라 부른다. 블록 내에서 t 개의 처리는 t 개의 실험단위에 랜덤 배정하는데, 블록 내에서 각 처리는 단 한 번씩 나타난다. 그리고 각 블록마다 독립적인 랜덤화가 이루어진다.

완전 랜덤화 설계와 비교하여 랜덤화 완전 블록 설계를 생각해보자.

콩의 수확량을 높일 수 있는 3 가지 비료의 효능을 비교하는 실험에서 CRD를 사용한다고 가정하자. 비료마다 3 회씩 반복 실험을 한다면 이 경우 모두 9 군데의 농지를 확보하여 각 농지마다 랜덤하게 비료를 배정하고 실험을 진행하면 목적을 달성할 수 있을 것이다. 표 4.1은 CRD를 사용하여 랜덤 배치된 실험설계를 한 예다.

그런데 만일 농지 1, 2, 3은 보통흙이고, 농지 4, 5, 6은 진흙, 또 농지 7, 8, 9는 모래흙이라고 가정해보자. 이때 비료의 효능이 토질에 따라 차이가 난다면 CRD에서는 심각한 결점이 파생된다.

표 4.1 완전 랜덤화 설계의 예

비료		
I	II	III
농지 8	농지 9	농지 5
농지 2	농지 1	농지 7
농지 3	농지 4	농지 6

표 4.2 랜덤화 완전 블록 설계의 예

토질	비료		
	I	II	III
보통	농지 2	농지 3	농지 1
진흙	농지 4	농지 6	농지 5
모래	농지 9	농지 8	농지 7

표 4.1의 실험설계를 살펴보면 비료 I은 농지 8, 2, 3에 배정되었고 따라서 진흙땅에는 비료 I이 전혀 사용되지 않았다. 또한 비료 III은 농지 5, 7, 6에 배정되었기 때문에 보통흙에는 비료 III이 전혀 사용되지 않음을 알 수 있다. 이런 경우에 분산분석 결과 비료 간 차이가 존재한다는 결론을 얻더라도 그것이 정말로 비료 간 차이 때문인지 아니면 토질 차이 때문에 그리된 것인지 알 방법이 없다.

이런 문제를 해결하는 쉬운 방법은 각 토질마다 세 가지 비료가 모두 나타나게끔 농지를 배정하는 것이다. 이와 같이 일부러 각 토질마다 세 가지 비료가 모두 나타나게 실험설계를 하는 것은 완전한 랜덤화를 제한하는 것이다. 그러나 이러한 제한을 가함으로써 토질이 콩 수확량에 끼치는 영향을 제거한 순수한 비료 효과만의 비교가 가능하게 된다.

이 경우 토질이 블록이 되며, 표 4.2에 제시한 실험설계가 블록 개념을 이용하는 실험설계 중에서 가장 간단한 형태인 랜덤화 완전 블록 설계의 일례다.

랜덤화 완전 블록 설계에서는 동질적인 실험단위들을 블록으로 간주하여 블록의 효과를 제거한 다음 처리 효과의 유의성을 검증하기 때문에 통계 분석이 더 정밀해진다.

보통흙에 속하는 농지 1, 2, 3은 서로 **동질적**(homogeneous)이다. 또한 진흙에 속하는 농지 4, 5, 6은 서로 동질적이다. 반대로 진흙에 속하는 농지 4, 5, 6과 모래에 속하는 농지 7, 8, 9는 서로 **이질적**(heterogeneous)이다.

표 4.2와 같은 랜덤화 완전 블록 설계에서 토질을 블록 요인이라 부른다. 또한 블록 내에서는 서로 동질적이고 블록 간에는 서로 이질적이라고 간단히 표현한다.

랜덤화 완전 블록 설계에서는 블록 내에서 랜덤화가 독립적으로 이루어진다. 다시 말해서 보통흙에 속하는 농지 1, 2, 3을 비료 I, II, III에 랜덤 배정한 다음, 이와 독립적으로 진흙에 속하는 농지 4, 5, 6을 비료 I, II, IIII에 랜덤 배정하는 식이다. 결국 블록화는 CRD에 비하여 제한된 랜덤화 기법이다.

블록 설계를 고려할 때 특히 주목해야 하는 사실은 블록 요인은 단순히 처리 요인 즉 관심 요인을 더 잘 알기 위하여 삽입된다는 점이다. 즉 우리가 알고 싶어하는 것은 본질적으로 비료들 간의 효능 비교다. 토질에 따라 콩 수확량에 차이가 나느냐 아니냐 하는 것은 처음부터 관심 대상이 아니다. 단지 토질 간의 차이가 비료 간 효능 비교를 불명확하게 만들 수 있기 때문에 토질을 블록 요인으로 삽입하는 것 뿐이다. 결국 블록 요인은 처리 효과의 비교를 더 잘 하기 위한 목적으로 사용하는 것으로서 우리는 블록 요인의 효과 유무에는 아무 관심이 없다. 그렇기는 하더라도 블록 간 효과 차이가 크면 클수록 블록 설계의 효율성은 증대된다.

거듭 말하거니와 일반적으로 블록에 대한 유의성 검증은 불필요하다. 왜냐하면 블록 효과가 유의하면 블록간 차이가 존재하는 것이고, 블록간 차이가 클수록 랜덤화 완전 블록 설계의 목표를 잘 달성할 수 있기 때문이다. 또 설사 블록 효과가 유의하지 않더라도 이 실험설계의 성격상 블록의 효과를 제거하여 처리 효과의 유무를 판정하는 과정에서 실험 결과의 정밀한 분석에 일조를 다 한 것이기 때문이다.

관심 요인의 수준 개수를 t, 블록 요인의 수준 개수를 b라고 하자. 이때 RCBD에 대한 모형은 (4.1)과 같이 설정한다.

$$Y_{ij} = \mu + \beta_i + \tau_j + \epsilon_{ij}, \quad \epsilon_{ij} \sim N(0, \sigma^2) \quad (i = 1, \cdots, b\ ;\ j = 1, \cdots, t) \tag{4.1}$$

모형 (4.1)에서 μ는 전체 평균, β_i는 블록 요인의 i 번째 수준의 효과, τ_j는 관심 요인의 j 번째 수준의 효과다. 그리고 관심 요인은 고정효과 요인이라고 가정하자. 즉 $\sum \tau_j = 0$을 가정한다. 블록 요인은 고정일수도 있고 랜덤일수도 있으나 대부분의 실험 상황에서 블록 요인은 랜덤효과 요인으로 간주된다. 그리고 블록 요인이 고정이냐 랜덤이냐는 관심 요인의 효과 검증에 영향을 주지 않는다.

모형 (4.1)에서 우리의 관심 가설은 CRD의 경우와 마찬가지다.

H_0: $\tau_1 = \tau_2 = \cdots = \tau_t = 0$

H_1: 적어도 하나의 j에 대하여 $\tau_j \neq 0$

관심 요인에 대해서 처리 수준 간 효과 차이가 없다는 귀무가설을 검증하기 위한 분산분석표는 다음 등식을 기초로 수립된다. 이와 같은 형태의 총평균을 기준점으로 효과항들을 분해하는 등식에 대한 아이디어는 제 3 장의 CRD에 대한 설명을 참조하라.

$$Y_{ij} = \overline{Y}_{..} + (\overline{Y}_{i.} - \overline{Y}_{..}) + (\overline{Y}_{.j} - \overline{Y}_{..}) + (Y_{ij} - \overline{Y}_{i.} - \overline{Y}_{.j} + \overline{Y}_{..})$$

총평균 $\overline{Y}_{..}$를 좌변으로 이항시키고 모든 첨자에 대하여 각 항의 제곱합을 취하면 랜덤화 완전 블록 설계에 대한 제곱합의 분할은 공식 (4.2)와 주어진다. 물론 이 경우에도 교차곱(cross-product) 항들은 전부 0이다.

$$\sum_{i=1}^{b}\sum_{j=1}^{t}(Y_{ij} - \overline{Y}_{..})^2 = \sum_{i=1}^{b}\sum_{j=1}^{t}(\overline{Y}_{i.} - \overline{Y}_{..})^2 + \sum_{i=1}^{b}\sum_{j=1}^{t}(\overline{Y}_{.j} - \overline{Y}_{..})^2 + \sum_{i=1}^{b}\sum_{j=1}^{t}(Y_{ij} - \overline{Y}_{i.} - \overline{Y}_{.j} + \overline{Y}_{..})^2 \tag{4.2}$$

공식 (4.2)에 주어진 제곱합들을 순서대로 다음과 같이 표기하자.

$$SS_T = SS_{Blk} + SS_{Trt} + SS_E$$

각 제곱합에 대응되는 자유도는 다음과 같이 분할된다.

$$(bt-1) = (b-1) + (t-1) + (b-1)(t-1)$$

이상을 논의를 정리한 분산분석표가 표 4.3에 주어져있다. 랜덤화 완전 블록 설계에서는 이와 같은 형식의 분산분석표를 사용하여 처리 효과에 대한 유의성 검증을 한다.

표 4.3 랜덤화 완전 블록 설계(RCBD)에 대한 분산분석표

source	SS	df	MS	F
블록	SS_{Blk}	$b-1$	MS_{Blk}	
처리	SS_{Trt}	$t-1$	MS_{Trt}	MS_{Trt}/MS_E
오차	SS_E	$(b-1)(t-1)$	MS_E	
총	SS_T	$bt-1$		

관심 요인의 처리 효과 차이에 대한 유의성 검증법은 다음과 같다. 유의수준을 α라 하자.

- 만일 $F=\dfrac{MS_{Trt}}{MS_E} > F_{t-1,(b-1)(t-1),\alpha}$ 이면 H_0를 기각한다.

예 4.1

4 종류의 오렌지 쥬스 I, II, III, IV 간에 신 맛 차이를 평가한다. 12 명의 평가 요원이 있다. 평가 요원들 간에 입맛 차이가 있을 수 있으므로 평가 요원을 블록 요인으로 잡아 각자 4 종류의 오렌지 쥬스 모두의 신 맛을 평가한다. 각 평가 요원마다 오렌지 쥬스의 평가 순서는 랜덤으로 정하였다. 데이터는 표 4.4와 같다. 분산분석 결과를 표 4.5에 정리하였다.

표 4.4 오렌지 쥬스의 신 맛에 대한 평가 자료

	오렌지 쥬스			
평가 요원	I	II	III	IV
1	8	6	8	9
2	7	7	8	6
3	8	6	6	4
4	9	6	6	5
5	6	7	7	7
6	7	8	7	8
7	8	5	8	4
8	9	7	5	5
9	7	7	7	4
10	8	8	7	6
11	8	6	6	5
12	6	7	8	4

표 4.5 오렌지 쥬스 자료에 대한 분산분석표

source	SS	df	MS	F
평가요원(블록)	14.06	11	1.28	
쥬스	24.90	3	8.30	5.78^{**}
오차	47.35	33	1.44	
총	86.31	47		

참고로 이 경우에 블록 요인인 평가 요원은 당연히 랜덤효과 요인이다. 왜냐하면 이런 류의 실험을 할 때 우리의 결론은 실험에 동원된 12 명에게만 국한시키는 것이 아니라, 오렌지 쥬스를 먹는 모든 사람들에게 우리의 결론을 확대 적용시킬 것이기에 그렇다. 즉 12 명의 평가 요원들은 큰 모집단을 대표하는 랜덤 표본이기에 랜덤효과 요인인 것이다.

유의수준을 0.05라 할 때 부록의 F 분포표에서 임계값이 $F_{3,33,0.05}=2.90$ 정도이므로 검증 통계량의 값 5.78이 임계값 2.90보다 더 크다. 따라서 유의수준 0.05에서 오렌지 쥬스들 간에는 신 맛 차이가 존재한다고 결론짓는다. ▌

예 3.2에서는 동일한 데이터를 CRD로 간주하여 분산분석을 하였다. 그리고 예 4.1에서는 RCBD로서 간주하여 분산분석을 하고 있는데 이 두 가지 경우를 비교해보면 총제곱합과 처리 즉 쥬스 제곱합의 값은 동일하지만, CRD에서는 오차 제곱합의 값이 61.42였는데 RCBD를 적용한 현재는 47.35로 줄었다. 이는 CRD에서의 오차 제곱합은 실상 평가 요원들 간의 입맛 차이와 순수한 오차의 합인데 평가 요원을 블록화한 관계로 오차 제곱합이 상당히 감소된 현상을 보여주는 것이다. 또한 CRD에서는 결정 계수의 값이 0.288이었으나, RCBD에서는 결정 계수가 (14.06 + 24.90)/86.31 = 0.451이 되어 모형으로 설명할 수 있는 데이터의 변동 비율이 크게 증가함을 알 수 있다. 오렌지 쥬스에 대하여 다중 비교법을 적용한 결과는 완전 랜덤화 설계로 분석했을 때와 일치하므로 다중 비교에 대한 처리 평균들 간의 분석은 생략한다.

그리고 모형 (4.1)에서 블록과 처리 간 **상호작용**(interaction)을 고려할 수도 있다. 이 경우 모형 (4.1)은 다음과 같이 변형된다.

$$Y_{ij}=\mu+\beta_i+\tau_j+(\beta\tau)_{ij}+\epsilon_{ij} \tag{4.3}$$

블록-처리 상호작용이란 예를 들어 어떤 사람은 단 맛이 강할수록 인절미 맛이 더 좋다고 하지만, 또 다른 사람은 싱거울수록 더 맛있다고 평가하는 효과다. 즉 똑같은 인절미라도 평가하는 사람과의 상호작용으로 반응값이 달라짐을 말한다.

물론 모형 (4.3)와 같이 RCBD 모형에 상호작용 효과까지 삽입하는 편이 없는 것보다 더 낫고 또 개념적으로도 전혀 잘못된 것은 아니지만 실상 RCBD에서 상호작용의 고려는 실용성이 없다.

왜냐하면 모형에서 사용되는 항들에 붙는 아래 첨자는 사람들의 이름과 같아서 얼굴은 달라도 이름이 같으면 두 사람을 이름만으로 구분할 수 없듯이 첨자가 같으면 효과항들을 구분할 수 없기 때문이다. 그래서 모형 (4.2)에서 상호작용 효과항과 오차항 간의 구분은 현실적으로 불가능하다.

이런 경우에 우리는 두 효과가 **교락**되어(confounded)되어 분리할 수 없다고 말한다.

만일 블록-처리 상호작용 효과가 분석에 큰 영향을 줄만큼 우려할 수준이라면 상호작용 효과를 걸러낼 방안을 마련해야 하며 이렇게 하려면 반복 실험을 해서 관측수를 늘려야 한다. 관측수를 늘이는데는 몇 가지 대안이 있는 바 부표집을 할 수도 있고 일반 랜덤화 블록 설계를 할 수도 있고 독립적인 RCBD를 반복 실험할 수도 있다.

4.3 부표집을 하는 랜덤화 완전 블록 설계

RCBD에서는 근본적으로 블록마다 처리 수준이 단 한 번씩 나타난다. 이때 처리마다 2 회 이상의 관측을 얻는 경우를 부표집을 하는 랜덤화 완전 블록 설계(RCBD with subsampling)라 한다. 모형은 다음과 같다.

$$Y_{ijk} = \mu + \beta_i + \tau_j + \epsilon_{ij} + \eta_{ijk}, \quad \epsilon_{ij} \sim N(0, \sigma^2), \quad \eta_{ijk} \sim N(0, \sigma_\eta^2) \tag{4.4}$$
$$(i = 1, \cdots, b\ ;\ j = 1, \cdots, t\ ;\ k = 1, \cdots, n)$$

모형 (4.3)에서 실험오차 ϵ_{ij}는 실상 블록과 처리 간의 상호작용 효과로서 정의된다. 각 효과의 분해는 다음 등식을 기초로 한다.

$$\begin{aligned} Y_{ijk} - \overline{Y}_{\cdots} &= (\overline{Y}_{i\cdot\cdot} - \overline{Y}_{\cdots}) + (\overline{Y}_{\cdot j\cdot} - \overline{Y}_{\cdots}) \\ &\quad + (\overline{Y}_{ij\cdot} - \overline{Y}_{i\cdot\cdot} - \overline{Y}_{\cdot j\cdot} + \overline{Y}_{\cdots}) + (Y_{ijk} - \overline{Y}_{ij\cdot}) \end{aligned} \tag{4.5}$$

제곱합의 분할은 (4.6)과 같이 쓸 수 있다.

$$\begin{aligned} \sum_{i=1}^{b}\sum_{j=1}^{t}\sum_{k=1}^{n} (Y_{ijk} - \overline{Y}_{\cdots})^2 &= \sum_{i=1}^{b}\sum_{j=1}^{t}\sum_{k=1}^{n} (\overline{Y}_{i\cdot\cdot} - \overline{Y}_{\cdots})^2 \\ &\quad + \sum_{i=1}^{b}\sum_{j=1}^{t}\sum_{k=1}^{n} (\overline{Y}_{\cdot j\cdot} - \overline{Y}_{\cdots})^2 \end{aligned} \tag{4.6}$$

$$+ \sum_{i=1}^{b}\sum_{j=1}^{t}\sum_{k=1}^{n} (\overline{Y}_{ij.} - \overline{Y}_{i..} - \overline{Y}_{.j.} + \overline{Y}_{...})^2$$

$$+ \sum_{i=1}^{b}\sum_{j=1}^{t}\sum_{k=1}^{n} (Y_{ijk} - \overline{Y}_{ij.})^2$$

공식 (4.6)에 주어진 제곱합들을 순서대로 다음과 같이 표기하자.

$$SS_T = SS_{Blk} + SS_{Trt} + SS_{EE} + SS_{OE}$$

또 각 제곱합에 대응되는 자유도는 다음과 같이 분할된다.

$$(btn-1) = (b-1) + (t-1) + (b-1)(t-1) + bt(n-1)$$

모형 (4.4)에 대한 분산분석표가 표 4.6이다.
처리 효과 차이에 대한 검증법은 다음과 같다. 유의수준은 α다.

- 만일 $F = \dfrac{MS_{Trt}}{MS_{EE}} > F_{t-1,(b-1)(t-1),\alpha}$ 이면 H_0를 기각한다.

표 4.6 부표집을 하는 랜덤화 완전 블록 설계에 대한 분산분석표

source	SS	df	MS	F
블록	SS_{Blk}	$b-1$	MS_{Blk}	
처리	SS_{Trt}	$t-1$	MS_{Trt}	MS_{Trt}/MS_{EE}
실험오차	SS_{EE}	$(b-1)(t-1)$	MS_{EE}	
관찰오차	SS_{OE}	$bt(n-1)$	MS_{OE}	
총	SS_T	$btn-1$		

예 4.2

표 4.7은 5 명의 평가 요원들이 4 가지의 처리(I, II, III, IV)를 7 점 척도로 평가한 자료다. 이때 평가 요원이 블록이다. 각 평가 요원에게 4 가지의 처리를 랜덤 배정하여 평가하게 하되 배정된 시료를 한 번에 2 회씩 평가토록 한다. 결국 평가 요원 한 사람이 모두 8 번의 평가를 한다.

표 4.7 부표집을 하는 RCBD: 처리마다 두 번씩 관측

	처리			
평가 요원	I	II	III	IV
1	(4, 2)	(2, 2)	(2, 3)	(3, 3)
2	(3, 4)	(2, 3)	(4, 3)	(1, 1)
3	(3, 5)	(3, 2)	(3, 3)	(2, 2)
4	(4, 3)	(4, 1)	(2, 4)	(1, 1)
5	(3, 3)	(3, 2)	(1, 2)	(2, 1)

분산분석 결과는 다음과 같다.

source	SS	df	MS	F
평가요원	2.4	4	0.60	
처리	14.9	3	4.97	6.62^{**}
실험오차	9.6	12	0.80	
관찰오차	15.0	20	0.75	
총	41.9	39		

처리 요인의 효과 차이가 통계적으로 극히 유의하므로 처리 간 효과 차이가 존재한다고 할 수 있다. ∎

4.4 일반 랜덤화 블록 설계

일반 랜덤화 블록 설계(GRBD: generalized randomized block design)는 블록-처리 상호작용 효과가 상당히 강하다고 생각될 경우에 가장 적절한 실험 방식이다.

> **일반 랜덤화 블록 설계(GRBD)**
>
> b 개의 블록이 있고, 각 블록마다 $s = rt$ 개의 EU가 존재한다. 각 블록마다 t 개의 처리 각각을 r 개씩의 EU들에 랜덤 배정한다. 각 블록마다 독립적인 랜덤화가 이루어진다.

정의에서 $r=1$이면 GRBD는 RCBD로 귀착된다. GRBD에 대한 모형은 다음과 같다.

$$Y_{ijk} = \mu + \beta_i + \tau_j + (\beta\tau)_{ij} + \epsilon_{ijk}, \quad \epsilon_{ijk} \sim N(0, \sigma^2) \tag{4.7}$$
$$(i=1,\cdots,b\ ;\ j=1,\cdots,t\ ;\ k=1,\cdots,r)$$

모형 (4.7)에 대한 각 효과의 분해와 제곱합의 분할 형식은 각각 제 4.3 절의 공식 (4.5)와 (4.6)과 동일하다. 이 경우에 각 제곱합은 분할 순서대로 다음과 같이 표기한다.

$$SS_T = SS_{Blk} + SS_{Trt} + SS_{Blk\times Trt} + SS_E$$

각 제곱합에 대응되는 자유도는 다음과 같다.

$$(btr-1) = (b-1) + (t-1) + (b-1)(t-1) + bt(r-1)$$

표 4.8에 분산분석표가 주어져있다.
블록-처리 상호작용 효과에 대한 유의성 검증법은 다음과 같다.

- 만일 $F = \dfrac{MS_{Blk\times Trt}}{MS_E} > F_{(b-1)(t-1),bt(r-1),\alpha}$ 이면 H_0를 기각한다.

처리 효과 차이에 대한 섬증법은 블록 요인이 고정이냐 랜덤이냐에 따라 같지 않다.

- 고정 블록: 만일 $F = \dfrac{MS_{Trt}}{MS_E} > F_{t-1,bt(r-1),\alpha}$ 이면 H_0를 기각한다.
- 랜덤 블록: 만일 $F = \dfrac{MS_{Trt}}{MS_{Blk\times Trt}} > F_{t-1,(b-1)(t-1),\alpha}$ 이면 H_0를 기각한다.

표 4.8 일반 랜덤화 블록 설계(GRBD)에 대한 분산분석표

source	SS	df	MS	F	
				고정 블록	랜덤 블록
블록	SS_{Blk}	$b-1$	MS_{Blk}		
처리	SS_{Trt}	$t-1$	MS_{Trt}	MS_{Trt}/MS_E	$MS_{Trt}/MS_{Blk\times Trt}$
블록×처리	$SS_{Blk\times Trt}$	$(b-1)(t-1)$	$MS_{Blk\times Trt}$	$MS_{Blk\times Trt}/MS_E$	
오차	SS_E	$bt(r-1)$	MS_E		
총	SS_T	$btr-1$			

참고로 랜덤 효과 블록일 때의 검증법은 정확한 검증법이 아니라 근사 검증법이다.

예 4.3

표 4.9에 주어진 자료는 표 4.7의 자료를 약간 변형시켜 제시한 것이다. 주어진 데이터의 형식의 보면 표 4.7과 표 4.9의 차이는 거의 없다. 그러나 데이터가 수집된 형태는 서로 전혀 다르다. 즉 5 명의 평가 요원들이 4 가지의 처리(I, II, III, IV)를 7점 척도로 평가하는 것은 표 4.7의 경우와 똑같지만 각 요원에게 평가 시키는 순서가 다르다. 현재의 경우에는 각 처리마다 2 개씩의 시료를 준비하여 이 8 개의 시료를 평가 요원에게 랜덤 배정한다. 그러나 표 4.7과 같이 부표집의 경우라면 4 개의 시료를 준비하여 이 시료들을 랜덤 배정하되 한 시료에서 2 회의 관측을 하는 것이다. 그림 4.1에 이 차이점을 도시하였다. 번호들은 랜덤 배정된 평가 순서를 나타낸다.

표 4.9 일반 랜덤화 블록 설계의 자료

	처리			
평가 요원	I	II	III	IV
1	4	2	2	3
	2	2	3	3
2	3	2	4	1
	4	3	3	1
3	3	3	3	2
	5	2	3	2
4	4	4	2	1
	3	1	4	1
5	3	3	1	2
	3	2	2	1

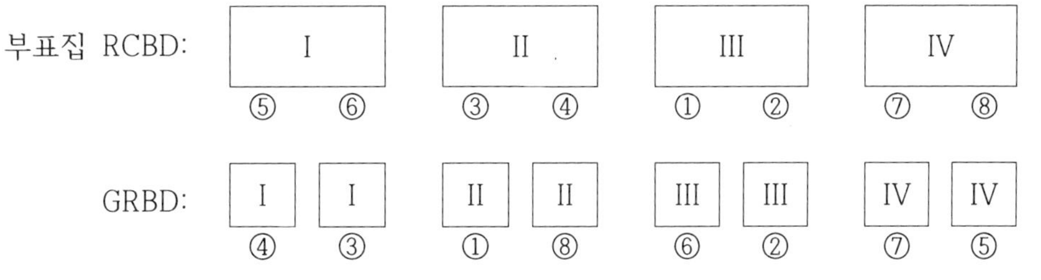

그림 4.1 부표집을 하는 RCBD와 GRBD 간의 실험 순서 차이

분산분석 결과는 다음과 같다. 평가 요원의 경우라면 랜덤효과 블록이므로 처리 효과 차이를 검증할 때 상호작용 평균제곱을 분모로 잡았다.

source	SS	df	MS	F
평가요원	2.4	4	0.60	
처리	14.9	3	4.97	6.62^{**}
요원×처리	9.6	12	0.80	1.07
오차	15.0	20	0.75	
총	41.9	39		

분산분석표를 보면 처리는 통계적으로 극히 유의하지만 블록-처리 상호작용 효과는 유의하지 않다. ∎

4.5 반복된 랜덤화 완전 블록 설계

반복된 랜덤화 완전 블록 설계(replicated RCBD)는 RCBD의 기본형을 두 번 이상 반복하는 실험 방식이다. 예를 들어 동일한 RCBD를 여러 군데의 실험실에서 동시에 실험하는 경우를 생각할 수도 있다. 또, 날마다 단일 RCBD를 여러 번 반복하는 것도 한 가지 예가 된다.

이러한 반복된 RCBD에서는 **반복**(replication) 자체가 블록 요인이 되며, 반복 요인은 일반적으로 랜덤효과 요인으로 간주한다. 따라서 반복된 RCBD에서는 블록이 두 개 존재한다.

그리고 반복된 RCBD에서는 매 반복마다 실험의 랜덤화를 전부 새롭게 다시 해야한다.

이 경우에 고려할 수 있는 가장 간단한 모형은 다음과 같다.

$$Y_{ijk} = \mu + \rho_i + \beta_j + \tau_k + \epsilon_{ijk}, \quad \epsilon_{ijk} \sim N(0, \sigma^2) \tag{4.8}$$

$$(i = 1, \cdots, r\ ;\ j = 1, \cdots, b\ ;\ k = 1, \cdots, t)$$

모형 (4.8)에서 ρ_i는 i 번째 반복에 대한 효과다. 각 효과를 분해하는 등식은 다음과 같다.

$$
\begin{aligned}
Y_{ijk} - \overline{Y}_{\cdots} = \; & (\overline{Y}_{i\cdot\cdot} - \overline{Y}_{\cdots}) \\
& + (\overline{Y}_{\cdot j \cdot} - \overline{Y}_{\cdots}) \\
& + (\overline{Y}_{\cdot\cdot k} - \overline{Y}_{\cdots}) \\
& + (Y_{ijk} - \overline{Y}_{i\cdot\cdot} - \overline{Y}_{\cdot j\cdot} - \overline{Y}_{\cdot\cdot k} + 2\overline{Y}_{\cdots})
\end{aligned} \tag{4.9}
$$

각 효과에 대응되는 제곱합의 표기를 다음과 같이 하자.

$$SS_T = SS_{Rep} + SS_{Blk} + SS_{Trt} + SS_E$$

그리고 각 제곱합의 계산 공식은 다음과 같다.

$$
\begin{aligned}
SS_T &= \sum_{i=1}^{r}\sum_{j=1}^{b}\sum_{k=1}^{t} (Y_{ijk} - \overline{Y}_{\cdots})^2 \\
SS_{Rep} &= \sum_{i=1}^{r}\sum_{j=1}^{b}\sum_{k=1}^{t} (\overline{Y}_{i\cdot\cdot} - \overline{Y}_{\cdots})^2 \\
SS_{Blk} &= \sum_{i=1}^{r}\sum_{j=1}^{b}\sum_{k=1}^{t} (\overline{Y}_{\cdot j\cdot} - \overline{Y}_{\cdots})^2 \\
SS_{Trt} &= \sum_{i=1}^{r}\sum_{j=1}^{b}\sum_{k=1}^{t} (\overline{Y}_{\cdot\cdot k} - \overline{Y}_{\cdots})^2 \\
SS_E &= SS_T - SS_{Rep} - SS_{Blk} - SS_{Trt}
\end{aligned}
$$

각 제곱합에 대응되는 자유도는 순서대로 다음과 같다.

$$(rbt-1) = (r-1) + (b-1) + (t-1) + (rbt-r-b-t+2)$$

표 4.10의 분산분석표에서 처리 효과에 대한 유의성 검증법은 다음과 같다.

- 만일 $F = \dfrac{MS_{Trt}}{MS_E} > F_{t-1,\, rbt-r-b-t+2,\alpha}$ 이면 H_0를 기각한다.

표 4.10 반복된 RCBD에 대한 분산분석표

source	SS	df	MS	F
반복	SS_{Rep}	$r-1$	MS_{Rep}	
블록	SS_{Blk}	$b-1$	MS_{Blk}	
처리	SS_{Trt}	$t-1$	MS_{Trt}	MS_{Trt}/MS_E
오차	SS_E	차이	MS_E	
총	SS_T	$rbt-1$		

예 4.4

표 4.11은 표 4.9의 데이터를 다시 변형한 것으로 5 명의 평가 요원들이 4 가지의 처리(I, II, III, IV)를 7 점 척도로 평가하는 실험을 2 회 반복한 경우를 예시한 자료다. 이때 반복과 평가 요원이 각각 블록이 된다. 각 평가 요원은 4 가지의 처리를 2 회씩 평가하는 점에서는 다를 것이 없으나 하루에 4 개씩 이틀에 걸쳐 평가함이 다르다.

표 4.11 2 회 반복된 랜덤화 완전 블록 설계

		반복							
		첫째날				둘째날			
	처리	I	II	III	IV	I	II	III	IV
평가요원	1	4	2	2	3	2	2	3	3
	2	3	2	4	1	4	3	3	1
	3	3	3	3	2	5	2	3	2
	4	4	4	2	1	3	1	4	1
	5	3	3	1	2	3	2	2	1

분산분석 결과는 다음과 같다.

source	SS	df	MS	F
반복	0.1	1	0.10	
평가요원	2.4	4	0.60	
처리	14.9	3	4.97	6.28^{**}
오차	24.5	31	0.79	
총	41.9	39		

처리가 통계적으로 극히 유의하므로 처리 간 효과 차이가 존재한다고 할 수 있다. ▮

4.6 반복된 완전 랜덤화 설계

제 4.5 절에서는 반복된 RCBD를 생각했는데 이번에는 제 3 장에서 설명한 CRD를 반복하는 경우를 고려한다. **반복된 완전 랜덤화 설계**(replicated CRD)는 본질적으로 CRD를 반복한 것이라 블록화 설계와는 개념이 다소 다르나 반복 실험의 개념을 제 4.5 절에서 본격적으로 소개했기 때문에 여기에 삽입한다.

모형은 다음과 같다.

$$Y_{ijk} = \mu + \rho_i + \tau_j + (\rho\tau)_{ij} + \epsilon_{ijk}, \quad \epsilon_{ijk} \sim N(0, \sigma^2) \tag{4.10}$$

$$(i = 1, \cdots, r\,;\; j = 1, \cdots, t\,;\; k = 1, \cdots, n)$$

모형 (4.10)은 일종의 이원 분산분석(2-way ANOVA) 모형으로서 이런 모형에 대한 상세한 분석은 제 6 장을 참조하라. 한 가지 예를 든다.

예 4.5

소금 농도 및 저장 기간이 깍두기의 단단한 정도에 미치는 영향을 조사하기 위하여 무우 무게의 1%, 2%, 3%에 해당하는 소금을 일정 크기로 썰은 무우에 첨가한 다음 20℃에서 4 일, 또는 8 일간 숙성시켰다. 이때 소금 외에 들어가는 양념들은 어느 처리에서나 일정하다. 처리는 소금과 저장 기간에 따라 모두 6 가지로서, (1%, 4 일), (1%, 8 일), (2%, 4 일), (2%, 8 일), (3%, 4 일), (3%, 8 일)이다. 깍두기의 경도는 54 명의 평가 요원들을 랜덤하게 6 그룹으로 나누어 각 처리에 배치시키고 9 점 평점법을 사용하여 평가하도록 요구하였다. 또한 이 6 종류의 깍두기에 대한 평가는 4 회 반복 실시되었으며 평가 데이터는 표 4.12에 정리되어 있다. 참고로 여기서는 처리를 단일 요인으로 잡았으나 소금 농도와 저장일수의 두 요인으로 대체하여 분석도 가능하다. 그리고 평가 요원들은 실험 전 충분한 훈련을 하였기 때문에 요원들 간 차이는 없다고 가정한다. 따라서 현재 고려하는 요인은 반복과 처리의 두 가지이며 반복은 블록 요인이자 랜덤효과 요인이고 처리는 고정효과 요인이다. 결국 이 실험은 CRD를 여러 번 반복한 실험이다.

표 4.12 반복된 CRD: 깍두기의 경도 평가 자료

처리	반복 1	반복 2	반복 3	반복 4
1: (1%,4일)	7 7 7 7 7 5 6 8 7	6 9 6 8 5 8 7 8 7	8 9 6 8 7 6 8 8 4	9 8 8 7 6 8 8 8 7
2: (1%,8일)	2 2 2 2 2 2 2 6 2	2 4 3 4 5 3 3 4 2	7 7 8 6 6 5 7 7 3	4 4 4 5 4 4 2 6 2
3: (2%,4일)	4 5 6 6 7 4 5 5 5	8 5 5 6 7 8 6 7 5	8 8 7 7 5 6 6 6 5	3 5 6 8 4 8 7 7 5
4: (2%,8일)	5 5 5 3 4 4 5 3 4	3 2 2 4 6 4 5 3 2	4 3 4 4 6 3 4 5 4	3 3 4 3 3 3 4 4 3
5: (3%,4일)	4 3 4 5 5 7 4 4 6	8 8 7 7 6 7 7 8 6	8 6 5 7 4 7 7 7 6	7 6 6 4 5 7 7 7 4
6: (3%,8일)	6 4 5 4 5 3 4 7 5	8 3 4 6 5 7 4 6 3	6 5 6 5 7 3 5 4 4	1 4 5 3 4 6 4 5 2

분산분석 결과는 다음과 같다.

source	SS	df	MS	F
반복	41.00	3	13.67	
처리	320.32	5	64.06	11.30^{**}
반복×처리	85.06	15	5.67	
오차	291.11	192	1.52	
총	737.48	215		

이런 경우에, 블록 요인인 반복은 언제나 랜덤효과 요인으로 잡기 때문에, 처리 효과를 검증할 때 F 통계량의 분모항으로는 반복-처리 상호작용에 대한 평균제곱을 사용해야 한다. 분산분석표로부터 처리 요인이 통계적으로 극히 유의하므로 처리 간 차이가 있다고 결론내린다. 특히 결정 계수의 값이 0.61이므로 설정된 모형이 자료를 대체로 잘 설명하고 있는 편이다. SNK의 다중 비교 결과를 정리하면 다음과 같다. 밑줄 그어진 처리 간에는 효과 차이가 없다.

(2%,8일)	(1%,8일)	(3%,8일)	(2%,4일)	(3%,4일)	(1%,4일)
3.778	3.972	4.667	5.972	6.000	7.167
――――	――――	――	――――	――――	――

표 4.16 균형 불완전 블록 설계 BIBD($t, b, k, r; \lambda$)에 대한 분산분석표

source	SS	df	MS	F
블록	SS_{Blk}	$b-1$	-	
처리(보정됨)	$SS_{Trt(adj)}$	$t-1$	$MS_{Trt(adj)}$	MS_{Trt}/MS_E
오차	SS_E	$n-b-t+1$	MS_E	
총	SS_T	$n-1$		

예 4.6

BIBD를 이용하여 4 종류의 버터를 비교한다. 6 명의 평가 요원(블록)을 동원하여 각 사람당 한 번에 두 종류의 버터를 평가하게 하였다. 버터는 9 점 척도의 평점법으로 평가되었다. 표 4.17의 데이터를 보라. 이 설계는 BIBD(4, 6, 2, 3; 1)이다. 표 4.18에 제시한 분산분석표를 보면 검증 통계량의 값이 통계적으로 유의하지 않으므로 버터 간 차이가 없다고 결론내린다. ▮

표 4.17 BIBD(4, 6, 2, 3; 1)에 의한 버터 평가 자료

	버터			
평가 요원	1	2	3	4
1	7	5		
2		2		1
3		2	4	
4	5			4
5	8		6	
6			6	2

표 4.18 버터 자료에 대한 분산분석표

source	SS	df	MS	F
평가 요원	39.67	5	-	
버터(보정됨)	10.75	3	3.58	2.53
오차	4.25	3	1.42	
총	54.67	11		

균형 불완전 블록 설계가 존재하는 설계 모수의 조합은 제한되어 있으며, 많은 경우 블록의 개수가 아주 커지는 문제가 있다. 이를 해결하는 한 가지 방법은 **부분 균형 불완전 블록 설계**(PBIBD: partially balanced incomplete block design) 기법을 사용하는 것이다.

PBIBD에서는 몇 개의 처리쌍들은 λ_1 번씩 나타나고, 다른 몇 개의 처리쌍들은 λ_2 번씩 나타나는 등 처리쌍에 따라 나타나는 횟수가 틀리다. 일반적으로 λ_i 번씩 나타나는 처리쌍들을 i 번째 **동반류**(associate class)라 부른다. PBIBD에 대해서는 고급 실험설계법 책들을 참조하라.

4.8 SAS 활용

제 4 장에서 언급된 몇 가지 실험 형식을 분석하는 기본적인 SAS 코드를 정리한다. 이하 Y는 반응 변수, TRT는 처리, BLK는 블록, REP는 반복을 의미한다.

- **RCBD**

```
PROC GLM;
  CLASS BLK TRT;
  MODEL Y = BLK TRT;
  MEANS TRT;
QUIT;
```

- **부표집을 하는 RCBD**

```
PROC GLM;
  CLASS BLK TRT;
  MODEL Y = BLK TRT BLK*TRT;
  TEST H=TRT E=BLK*TRT;
  MEANS TRT;
QUIT;
```

- **GRBD (블록이 랜덤효과 요인)**

```
PROC GLM;
```

```
  CLASS BLK TRT;
  MODEL Y = BLK TRT BLK*TRT;
  TEST H=TRT E=BLK*TRT;
  MEANS TRT;
QUIT;
```

- **반복된 RCBD**

```
PROC GLM;
  CLASS REP BLK TRT;
  MODEL Y = REP BLK TRT;
  MEANS TRT;
QUIT;
```

- **반복된 CRD**

```
PROC GLM;
  CLASS REP TRT;
  MODEL Y = REP TRT REP*TRT;
  TEST H=TRT E=REP*TRT;
  MEANS TRT;
QUIT;
```

- BIBD

```
PROC GLM;
  CLASS BLK TRT;
  MODEL Y = BLK TRT;
  LSMEANS TRT;
QUIT;
```

BIBD의 경우에 처리 평균을 추정하려면 통상적인 평균 대신 **최소제곱 평균**(least-squares mean)을 계산해야 한다.

그리고 SAS에서 분산분석을 처리하는 절차는 ANOVA와 GLM인데 이들 중 GLM이 더 강력한 분석법을 제공한다. ANOVA 절차는 기본적으로 균형 자료의 경우에만 사용해야한다.

예 4.7

모르모트(guinea pig)에 네 가지 종류의 음식(diet)을 일정 기간 먹이고 체중 증가분(weight gain)을 측정하였다. 이때, 쥐가 갇혀있는 우리를 블록으로 설정하여 각 우리마다 환경 조건 이를테면 채광도, 소음, 온도, 습도 등을 서로 다르게 설정하였다. 데이터는 다음과 같다.

	음식(관심 요인)			
우리(블록)	1	2	3	4
1	1.5	2.7	2.1	1.3
2	1.4	2.9	2.2	1.0
3	1.4	2.1	2.4	1.1
4	1.2	3.0	2.0	1.3
5	1.4	3.3	2.5	1.5

이 자료에서 음식은 고정효과 요인이다. 분산분석을 하고 음식에 대한 다중 비교를 수행하는 프로그램과 출력을 제시하였다. 분산분석 출력에서 DIET의 효과는 F 값이 41.87로 극히 유의하다. 튜키의 다중 비교법의 결과를 보면 음식 2가 체중 증가에 가장 도움이 되며 그 다음은 음식 3, 그리고 나머지 1과 4는 가장 도움이 못되며 1과 4의 두 음식 간 차이는 없다고 하겠다. ∎

```
DATA guinea_pig;
  INPUT block @;
  DO diet=1 TO 4;
     INPUT wt_gain @; OUTPUT;
  END;
DATALINES;
1  1.5  2.7  2.1  1.3
2  1.4  2.9  2.2  1.0
3  1.4  2.1  2.4  1.1
4  1.2  3.0  2.0  1.3
5  1.4  3.3  2.5  1.5
RUN;

PROC ANOVA DATA=guinea_pig;
```

```
  CLASS block diet;
  MODEL wt_gain = block diet;
  MEANS diet / TUKEY;
RUN;
```

The ANOVA Procedure

Dependent Variable: wt_gain

Source	DF	Sum of Squares	Mean Square	F Value	Pr > F
Model	7	8.54650000	1.22092857	18.81	<.0001
Error	12	0.77900000	0.06491667		
Corrected Total	19	9.32550000			

R-Square	Coeff Var	Root MSE	wt_gain Mean
0.916466	13.30483	0.254787	1.915000

Source	DF	Anova SS	Mean Square	F Value	Pr > F
block	4	0.39300000	0.09825000	1.51	0.2597
diet	3	8.15350000	2.71783333	41.87	<.0001

Tukey's Studentized Range (HSD) Test for wt_gain

Means with the same letter are not significantly different.			
Tukey Grouping	Mean	N	diet
A	2.8000	5	2
B	2.2400	5	3
C	1.3800	5	1
C			
C	1.2400	5	4

예 4.8

배추벌레를 퇴치하기 위한 살충제 효과를 비교한다. 6 군데 농지를 블록으로 잡았다. 아무 처리도 가하지 않은 대조군(control)과 세 종류의 살충제를 처리로 선택하였다. 다음 데이터는 배추에 생긴 구멍 개수를 헤아린 것이다.

살충제(관심요인)	농지(블록)					
	1	2	3	4	5	6
Control	62	55	50	45	52	49
Parathion 15%	22	30	25	29	28	18
Lindane 25%	13	17	11	24	22	14
TEPP 50%	26	23	20	27	25	34

```
DATA cabbage;
  INPUT insecticide $ 1-15 @;
  DO block=1 TO 6;
     INPUT punctures @; OUTPUT;
  END;
DATALINES;
Control         62 55 50 45 52 49
Parathion 15%   22 30 25 29 28 18
Lindane 25%     13 17 11 24 22 14
TEPP 50%        26 23 20 27 25 34
RUN;

PROC ANOVA DATA=cabbage;
  CLASS block insecticide;
  MODEL punctures = block insecticide;
  MEANS insecticide / TUKEY SNK;
RUN;
```

살충제에 대한 검증 통계량의 값은 41.81로 극히 유의하다. 결정계수도 0.91로 모형의 설명력이 매우 높다. 튜키의 다중비교 결과 모든 살충제가 대조군과 유의하게 다르다. 그러나 살충제들 간에는 차이가 없다. 그런데 튜키의 다중비교 검증은 가장 보수적인 비교법이라 그렇게 나왔지만 만약 SNK와 같은 다른 다중비교 검증법을 적용하면 린데인이 가장 살충 효과가 높게 나온다. ∎

	Control	TEPP 50%	Parathion 15%	Lindane 25%
Tukey:	3.778	3.972	4.667	5.972
SNK:	3.778	3.972	4.667	5.972

The ANOVA Procedure

Dependent Variable: punctures

Source	DF	Sum of Squares	Mean Square	F Value	Pr > F
Model	8	4305.333333	538.166667	18.28	<.0001
Error	15	441.625000	29.441667		
Corrected Total	23	4746.958333			

R-Square	Coeff Var	Root MSE	punctures Mean
0.906967	18.06164	5.426018	30.04167

Source	DF	Anova SS	Mean Square	F Value	Pr > F
block	5	82.208333	16.441667	0.56	0.7302
insecticide	3	4223.125000	1407.708333	47.81	<.0001

Tukey's Studentized Range (HSD) Test for punctures

Means with the same letter are not significantly different.			
Tukey Grouping	Mean	N	insecticide
A	52.167	6	Control
B	25.833	6	TEPP 50%
B			
B	25.333	6	Parathion 15%
B			
B	16.833	6	Lindane 25%

Student-Newman-Keuls Test for punctures

Means with the same letter are not significantly different.			
SNK Grouping	Mean	N	insecticide
A	52.167	6	Control
B	25.833	6	TEPP 50%
B			
B	25.333	6	Parathion 15%
C	16.833	6	Lindane 25%

< 연 습 문 제 >

1. 5 개의 처리를 비교하는 실험을 한다. 각 처리에 대한 반응값을 7회 반복 측정하였다. 처리는 모두 5 개로 각각 두 수준을 갖는 요인 A, B의 조합과 처리를 가하지 않은 대조군(control group)이다. 데이터는 다음과 같다.

처리	평균반응값
$A=0,\ B=10$	17
$A=5,\ B=10$	16
$A=0,\ B=20$	3
$A=5,\ B=20$	8
control	21
평균	13

① 처리 차이에 기인하는 제곱합의 값은 얼마인가?

② CRD를 사용하였다면 오차에 대한 자유도는 얼마인가?

③ 각 처리가 각 블록마다 단 한 번씩 나타나도록 RCBD를 수행하였다면 오차에 대한 자유도는 얼마인가?

2. 3 가지의 우유 컨테이너 세척제 간에 박테리아 성장 억제 효과를 비교한다. 실험실의 규모상 하루에 3 회의 실험이 가능하다. 실험이 진행되는 날이 변동의 근원이 될 수 있으므로 날을 블록으로 잡아 4 일 간 실험을 진행한다. 다음 데이터를 분석하고 세척제 간에 차이가 있는지 검증하라.

	날			
세척제	1	2	3	4
1	13	22	18	39
2	16	24	17	44
3	5	4	1	22

3. 5 가지 휘발유 첨가제가 자동차 연비 향상에 미치는 영향을 비교하고자 한다. 주행시험에서 자동차를 블록으로 잡았다. 시간 제약때문에 다음과 같은 형태의 BIBD를 사용하여 데이터를 얻었다. 분석하라.

	자동차				
첨가제	1	2	3	4	5
1		17	14	13	12
2	14	14		13	10
3	12		13	12	9
4	13	11	11	12	
5	11	12	10		8

4. 면화에 5 수준의 잿물을 가했을 때 강도 지수를 측정하였다. 데이터는 다음과 같다.

	처리				
	1	2	3	4	5
블록 1	7.62	8.14	7.76	7.17	7.46
블록 2	8.00	8.15	7.73	7.57	7.68
블록 3	7.93	7.87	7.74	7.80	7.21

① 분산분석표를 만들고 처리 간에는 차이가 없다는 가설을 검증하라.

② 처리 수준이 양적이므로 개별 처리 간 비교를 하는 대신 반응 곡선을 탐색해보고 싶다. 처리 제곱합을 선형 효과, 이차 효과와 나머지의 세 요소로 직교 분해하라. 그리고 선형 및 이차 효과를 검증하라.

5. 처리가 5 개, 블록이 10 개인 RCBD를 고려하자. 분산분석표가 다음과 같이 주어졌다. 빈 칸을 채우고, 처리 효과 차이에 대한 검증을 하라.

source	SS	df	MS	F
블록	135			
처리	100			
오차				
총	307			

6. 5 개의 처리와 3 개의 블록을 사용한 RCBD에서 분산분석표는 다음과 같다.

source	SS	df	MS	F
블록			10	
처리				
오차		20		
총		150		

① 분산분석표에서 빈칸을 채우라.

② '처리 1'과 '처리 2와 3의 평균'을 비교하고자 한다. 적절한 추정량을 제시하고 이 추정량의 분산값을 추정하라.

5

라틴 정방 형식의 설계

5.1 개요

제 4 장에서 설명한 블록화 설계 기법들은 관심 요인의 수준 차이를 검증하는데 방해가 되는 요인을 블록으로 잡아 관심 요인에 대한 검증을 더욱 정밀하게 하기 위하여 개발된 것들이다. 이 블록화 설계들에서는 블록 요인이 하나인 경우만을 생각하고 있다.

그런데 블록 요인들이 둘 이상 존재하면 어떻게 해야할까? 제 5 장에서 다루는 라틴 정방 형식의 설계 기법들은 실험에서 블록 요인들의 개수가 둘 이상인 경우에 사용하는 방법들이다.

예를 들어 제조 방법을 서로 다르게 처리한 케익의 부드러운 정도를 평가하는 실험을 설계하는 상황을 생각해보자. 그런데 밀가루 반죽을 누가 했느냐에 따라 결과에 차이가 난다는 것을 경험적으로 알고 있다면 반죽을 하는 사람을 블록으로 잡아야 할 것이다. 또한 케익을 구우려면 오븐에 넣어야 하는데 오븐마다 제조원이 다르고 사용한 기간도 다르다면 오븐 역시 블록으로 잡아야 한다.

만일 반죽하는 사람 간에 차이가 없다고 가정한다면 오븐을 블록으로 잡아 통상적인 RCBD를 진행하면 된다. 또 오븐 간에 차이가 없다는 가정을 할 수 있다면 반죽하는 사람을 블록으로 잡아 역시 RCBD를 적용하면 된다. 하지만 반죽하는 사람과 오븐 모두 차이가 없다는 가정을 할 수 없는 상황이라면 천상 두 요인 모두 블록 요인으로 잡아야 한다.

반죽하는 사람이 r 명 있다고 하자. 또 오븐이 c 개 있다고 가정하자. 그리고 처리의 개수를 t라고 하자. 그렇다면 이런 경우에 가장 쉽게 생각할 수 있는 방법은 모두 rct 개의 EU를 준비하여, rc 개의 블록들과 t 개의 처리를 갖는 RCBD로서 실험을 진행하는 것이다. 그러나 이런 류의 실험은 개념상으로는 간단하지만 대체로 현실적인 실용성은 없다. 왜냐하면 관리하기 힘들 정도로 지나치게 많은 EU들이 요구되기 때문이다.

게다가 이러한 실험 자체가 물리적으로 불가능한 경우가 많다. 왜냐하면 특히 농업 실험에서는 실험 농지로 큰 정사각형의 구획을 사용하곤 하는데 토질 따위가 행(row)과 열(column)의 양방향으로 변동을 나타내는 경우가 많기 때문이다. 따라서 이런 경우에 합당한 실험설계는 양방향의 이질성을 제거할 수 있는 **행-열 설계**(row-column design)라야 한다. 이 경우 행과 열은 두 방향의 블록 요인이 된다. 이러한 행-열 설계의 특수한 경우이자 가장 간단한 설계 기법이 **라틴 정방 설계**(LSD: Latin square design)다.

5.2 라틴 정방 설계

라틴 정방 설계(LSD: Latin square design)는 t 개의 행과 t 개의 열에서 t 개의 처리를 비교할 때 사용한다. 물론 처리와 행과 열의 개수가 동일해야 한다는 제한이 LSD의 가장 큰 결점이다.

라틴 정방 설계(LSD)

t차의 라틴 정방이란 t 개의 행과 t 개의 열로 이루어진 정사각형에서 t 개의 라틴 글자, 즉 로마자들을 배열한 것인데, 이때 각 라틴 글자는 각 행마다 단 한 번, 또 각 열마다 단 한 번씩 나타난다. 더 일반적으로 정의하면 $t \times t$ 배열에 t 개의 기호를 배열하는데 각 기호는 각 행과 열에서 단 한 번씩만 나타난다. 이때 라틴 글자 또는 기호가 처리에 해당한다.

정의에서 **라틴 글자**(Latin letter)는 A, B, C 등의 로마자 알파벳을 말한다. 그리고 일반적으로 $t \times t$ 라틴 정방이란 t 개의 행과 t 개의 열을 갖는 정사각형을 말하는 것이다. 그리고 모든 t에 대하여 라틴 정방이 존재한다.

특히 첫 번째 행과 첫 번째 열이 철자 순서로 배열된 라틴 정방을 표준형 라틴 정방이라 부른다. 표준형 라틴 정방의 몇 가지 예를 들어보면 다음과 같다.

3×3	**4×4**	**5×5**
$A\ B\ C$	$A\ B\ C\ D$	$A\ B\ C\ D\ E$
$B\ C\ A$	$B\ C\ D\ A$	$B\ C\ D\ E\ A$
$C\ A\ B$	$C\ D\ A\ B$	$C\ D\ E\ A\ B$
	$D\ A\ B\ C$	$D\ E\ A\ B\ C$
		$E\ A\ B\ C\ D$

표준형 $t \times t$ 라틴 정방에서 행과 열의 배열 순서를 바꾸면 변형된 $t \times t$ 라틴 정방을 생성할 수 있는데 가능한 서로 다른 정방형의 개수는 $t!(t-1)!$이다. 따라서 3×3 라틴 정방에는 표준형을 포함하여 모두 12 가지의 변형이 존재한다. 예를 들어 다음도 적법한 3×3 라틴 정방이다.

$$\begin{matrix} C & B & A \\ B & A & C \\ A & C & B \end{matrix}$$

LSD에서는 실험 횟수가 적기 때문에 자유도가 모자라 상호작용의 효과는 검증하지 못한다. 다시 말해서 라틴 정방 실험에서는 처리 요인과 행 블록, 열 블록의 수준수가 반드시 모두 같아야하므로 행과 열의 두 블록과 처리들 간의 가능한 조합수는 모두 t^3 개인데 실제 실험이 진행되는 조합의 수는 t^2에 불과하므로 모든 효과에 대한 검증이 불가능하다. 그래서 이 설계로는 오로지 주효과만의 통계적 유의성을 검증할 수 있다. 그렇기는 하더라도 실험 자체가 간단한 점이 장점이다.

$t \times t$ 라틴 정방 설계에 대한 통계 모형은 다음과 같다.

$$Y_{ijk} = \mu + \rho_i + \gamma_j + \tau_k + \epsilon_{ijk} \quad (i, j, k = 1, 2, \cdots, t) \tag{5.1}$$

모형 (5.1)에서 첨자는 i, j, k의 세 개가 있지만 실제 얻게되는 데이터 수는 t^2 개임을 유의하라. 모형에서 ρ_i는 i 번째 행 블록의 효과, γ_j는 j 번째 열 블록의 효과, τ_k는

k 번째 처리의 효과다.

각 효과의 분해를 위한 등식은 다음과 같다.

$$Y_{ijk} - \overline{Y}_{\cdots} = (\overline{Y}_{i\cdot\cdot} - \overline{Y}_{\cdots}) + (\overline{Y}_{\cdot j\cdot} - \overline{Y}_{\cdots}) + (\overline{Y}_{\cdot\cdot k} - \overline{Y}_{\cdots})$$
$$+ (Y_{ijk} - \overline{Y}_{i\cdot\cdot} - \overline{Y}_{\cdot j\cdot} - \overline{Y}_{\cdot\cdot k} + 2\overline{Y}_{\cdots})$$

각 효과에 대응되는 제곱합의 표기와 공식은 다음과 같다.

$$SS_T = SS_R + SS_C + SS_{Trt} + SS_E$$

여기서,

$$SS_T = \sum_i\sum_j\sum_k (Y_{ijk} - \overline{Y}_{\cdots})^2 = \sum_i\sum_j\sum_k Y_{ijk}^2 - \frac{\overline{Y}_{\cdots}^2}{t^2}$$

$$SS_R = \sum_i\sum_j\sum_k (\overline{Y}_{i\cdot\cdot} - \overline{Y}_{\cdots})^2 = \sum_{i=1}^{t}\frac{\overline{Y}_{i\cdot\cdot}^2}{t} - \frac{\overline{Y}_{\cdots}^2}{t^2}$$

$$SS_C = \sum_i\sum_j\sum_k (\overline{Y}_{\cdot j\cdot} - \overline{Y}_{\cdots})^2 = \sum_{j=1}^{t}\frac{\overline{Y}_{\cdot j\cdot}^2}{t} - \frac{\overline{Y}_{\cdots}^2}{t^2}$$

$$SS_{Trt} = \sum_i\sum_j\sum_k (\overline{Y}_{\cdot\cdot k} - \overline{Y}_{\cdots})^2 = \sum_{k=1}^{t}\frac{\overline{Y}_{\cdot\cdot k}^2}{t} - \frac{\overline{Y}_{\cdots}^2}{t^2}$$

$$SS_E = SS_T - SS_R - SS_C - SS_A$$

또한 각 제곱합에 대응되는 자유도는 다음과 같다.

$$t^2 - 1 = (t-1) + (t-1) + (t-1) + (t-2)(t-1)$$

처리 요인에 대한 유의성 검증을 위한 통계적 가설 설정은 전과 동일하다.

H_0: $\tau_1 = \tau_2 = \cdots = \tau_t = 0$

H_1: 적어도 하나의 i에 대하여 $\tau_i \neq 0$

표 5.1 $t \times t$ 라틴 정방 설계(LSD)에 대한 분산분석표

source	SS	df	MS	F
행블록	SS_R	$t-1$	MS_R	
열블록	SS_C	$t-1$	MS_C	
처리	SS_{Trt}	$t-1$	MS_{Trt}	MS_{Trt}/MS_E
오차	SS_E	$(t-2)(t-1)$	MS_E	
총	SS_T	t^2-1		

유의수준을 α라 하자. 검증법은 다음과 같다. 분산분석표는 표 5.1에 정리하였다.

- 만일 $F = \dfrac{MS_{Trt}}{MS_E} > F_{t-1,(t-2)(t-1),\alpha}$ 이면 귀무가설을 기각하고 처리 수준 간 효과 차이가 존재한다고 결론내린다.

예 5.1

재료와 제조 방법을 달리하여 제조한 4 종류의 케익(A, B, C, D)의 부드러운 정도를 평가한다. 반죽을 혼합하는 사람(열 요인)과 오븐 안에 놓이는 위치(행 요인)에 따르는 차이를 제거하기 위하여 4×4 라틴 정방 실험을 설계하였다. 즉 4 사람이 각각 동시에 서로 다른 종류의 케익 반죽을 혼합하여 사등분한 다음 라틴 정방 설계로 결정된 오븐 내의 위치에 놓고 케익를 굽는다. 구어진 케익의 부드러운 정도는 기구를 이용하여 자동 계측하였다. 데이터가 표 5.2에 또 분산분석표는 표 5.3에 정리되어 있다. 이 실험에서는 결정계수의 값이 1422.69/1525.44 = 0.9522로서 통계 모형이 자료 변동을 아주 잘 설명하고 있다. 또한 유의수준 $\alpha = 0.01$에서 임계값이 $F_{3,6,0.01} = 9.78$이므로 처리 간에는 통계적으로 극히 유의한 차이가 있다. 다시 말해서 케익들 간에 부드러운 정도의 차이가 존재한다. ∎

표 5.2 4×4 라틴 정방 실험의 데이터

오븐 내 위치	반죽하는 사람			
	1	2	3	4
1	C: 21	B: 47	A: 31	D: 49
2	A: 35	D: 49	C: 29	B: 44
3	B: 42	A: 38	D: 51	C: 27
4	D: 53	C: 25	B: 40	A: 32

표 5.3 케익 자료에 대한 분산분석표

source	SS	df	MS	F
오븐	18.69	3	6.23	
반죽	11.19	3	0.31	
처리	1422.69	3	474.23	39.04**
오차	72.88	6	12.15	
총	1525.44	15		

5.3 반복된 라틴 정방

차수가 낮은 라틴 정방에서는 오차에 대한 자유도가 너무 작아 검증력이 떨어지는 문제가 있다. 이를 해결하려면 단일 라틴 정방을 반복 실험해야 한다.

반복된 라틴 정방 설계(replicatied LSD)에는 몇 가지 다른 방법이 있으며, 실험 수행 방법이 다르면 모형도 바뀌고 분석법도 달라진다.

제 5.1 절에서 언급한 여러 가지 케익의 부드러운 정도를 평가하는 실험을 생각해보자. 이때 밀가루 반죽을 하는 사람과 케익을 굽는 오븐을 각각 행 블록과 열 블록으로 잡았다. 케익의 종류가 3 가지라서 반죽하는 사람도 3 명, 오븐도 3 대를 준비했다고 하자. 이 상황에서 3×3 라틴 정방 설계를 적용한다.

이 설계를 반복하는데는 다음과 같은 네 가지의 서로 다른 상황을 상정해볼 수 있다.

① 동일한 사람과 동일한 오븐을 사용하여 라틴 정방 실험을 반복한다.
② 반복마다 반죽하는 사람은 같지만 오븐은 다르다.
③ 반복마다 오븐은 같지만 반죽하는 사람을 다르게 한다.
④ 반복마다 사람과 오븐이 모두 다르다.

이 네 가지에서 ②와 ③은 본질적으로 동일하게 취급할 수 있다.

그리고 반복할 때마다 라틴 정방의 형태는 랜덤하게 결정해야 한다. 즉 다음에 도시한 예와 같은 형식으로 반복한다.

A	C	B
C	B	A
B	A	C

반복 1

B	C	A
C	A	B
A	B	C

반복 2

⋯

이와 같이 반복을 할 경우에 반복 자체가 블록 요인이 된다. 따라서 반복된 라틴 정방 설계에서는 반복, 행, 열의 3 개의 블록 요인이 있고 관심 요인은 하나가 된다.

①과 같은 상황은 예를 들어 한 군데의 실험실에서 동일한 사람과 동일한 오븐을 이용하여 하루에 하나의 라틴 정방을 실험하기를 며칠에 걸쳐 하는 경우를 생각하면 될 것이다. 이 경우에는 실험이 수행되는 날이 반복에 해당한다. 그리고 이때 우리는 행과 열이 반복에 교차되어(crossed) 있다고 표현한다.

②는 몇 군데의 실험실을 확보하여 각 실험실에 놓여있는 오븐을 사용하되 반죽하는 사람들을 모든 실험실에 보내는 경우다. 이런 경우에는 실험실이 반복 요인에 해당하며, 오븐은 실험실에 지분되어(nested) 있으며 사람들은 실험실과 교차한다고 표현한다.

③의 경우는 실험실은 하나이고 실험실에 준비된 오븐만을 사용하되 반복할 때마다 반죽하는 사람을 바꾸는 것이다. 이때에는 사람이 반복에 지분되어 있으며 오븐은 반복에 교차된 경우다.

마지막으로 ④의 경우는 여러 군데 실험실에서 독자적으로 반죽하는 사람과 오븐을 준비하여 실험을 하는 것이다. 그리고 이 경우에는 사람과 오븐이 모두 실험실 즉 반복 요인에 지분되어있다.

각 경우마다 모형과 분석법을 정리한다. 전과 같이 반복은 *Rep*, 행은 *R*, 열은 *C*, 처리는 *Trt*, 오차는 *E*로 표기한다. 또한 모형에서 α_i는 i 번째 반복 블록의 효과, ρ_j는 j 번째 행 블록의 효과, γ_k는 k 번째 열 블록의 효과, τ_l은 l 번째 처리의 효과다.

(1) 반복에 교차된 행과 열

모형: $$Y_{ijkl} = \mu + \alpha_i + \rho_j + \gamma_k + \tau_l + \epsilon_{ijkl} \quad (5.2)$$
$$(i = 1, \cdots, r\ ;\ j, k, l = 1, 2, \cdots, t)$$

제곱합의 분할: $SS_T = SS_{Rep} + SS_R + SS_C + SS_{Trt} + SS_E$

$$SS_T = \sum_i \sum_j \sum_k \sum_l (Y_{ijkl} - \overline{Y}_{....})^2$$
$$SS_{Rep} = \sum_i \sum_j \sum_k \sum_l (\overline{Y}_{i...} - \overline{Y}_{....})^2$$
$$SS_R = \sum_i \sum_j \sum_k \sum_l (\overline{Y}_{.j..} - \overline{Y}_{....})^2$$
$$SS_C = \sum_i \sum_j \sum_k \sum_l (\overline{Y}_{..k.} - \overline{Y}_{....})^2$$
$$SS_{Trt} = \sum_i \sum_j \sum_k \sum_l (\overline{Y}_{...l} - \overline{Y}_{....})^2$$

표 5.4 반복된 LSD: 모형 (5.2)에 대한 분산분석표

source	SS	df	MS	F
반복	SS_{Rep}	$r-1$	MS_{Rep}	
행	SS_R	$t-1$	MS_R	
열	SS_C	$t-1$	MS_C	
처리	SS_{Trt}	$t-1$	MS_{Trt}	MS_{Trt}/MS_E
오차	SS_E	$(t-1)[r(t+1)-3]$	MS_E	
총	SS_T	rt^2-1		

$$SS_E = SS_T - SS_{Rep} - SS_R - SS_C - SS_{Trt}$$

분산분석표는 표 5.4를 보라. 검증법은 다음과 같다.

- 만일 $F = \dfrac{MS_{Trt}}{MS_E} > F_{t-1,(t-1)[r(t+1)-3],\alpha}$ 이면 H_0를 기각한다.

(2) 반복에 지분된 행과 교차된 열

모형: $$Y_{ijkl} = \mu + \alpha_i + \rho_{j(i)} + \gamma_k + \tau_l + \epsilon_{ijkl} \quad (5.3)$$
$$(i = 1,\cdots,r\,;\ j,\, k,\, l = 1,2,\cdots,t\ )$$

이 모형에서 행 블록의 효과를 $\rho_{j(i)}$로 표기하였는데 이는 행이 반복에 지분됨을 나타낸다. 따라서 행 블록 제곱합 SS_R의 공식도 전과 달라진다.

제곱합의 분할: $SS_T = SS_{Rep} + SS_{R(Rep)} + SS_C + SS_{Trt} + SS_E$

$$SS_T = \sum_i\sum_j\sum_k\sum_l (Y_{ijkl} - \overline{Y}_{....})^2$$
$$SS_{Rep} = \sum_i\sum_j\sum_k\sum_l (\overline{Y}_{i...} - \overline{Y}_{....})^2$$
$$SS_{R(Rep)} = \sum_i\sum_j\sum_k\sum_l (\overline{Y}_{ij..} - \overline{Y}_{i...})^2$$
$$SS_C = \sum_i\sum_j\sum_k\sum_l (\overline{Y}_{..k.} - \overline{Y}_{....})^2$$

표 5.5 반복된 LSD: 모형 (5.3)에 대한 분산분석표

source	SS	df	MS	F
반복	SS_{Rep}	$r-1$	MS_{Rep}	
행(반복)	$SS_{R(Rep)}$	$r(t-1)$	$MS_{R(Rep)}$	
열	SS_C	$t-1$	MS_C	
처리	SS_{Trt}	$t-1$	MS_{Trt}	MS_{Trt}/MS_E
오차	SS_E	$(t-1)(rt-2)$	MS_E	
총	SS_T	rt^2-1		

$$SS_{Trt} = \sum_i\sum_j\sum_k\sum_l(\overline{Y}_{\ldots l} - \overline{Y}_{\ldots.})^2$$

$$SS_E = SS_T - SS_{Rep} - SS_{R(Rep)} - SS_C - SS_{Trt}$$

분산분석표는 표 5.5를 보라. 표에서 변인 행을 특히 '행(반복)'으로 표시했는데, 이는 표준적인 표기법으로 행이 반복에 지분됨을 나타낸다.

처리 간 효과 차이에 대한 검증법은 다음과 같다.

- 만일 $F = \dfrac{MS_{Trt}}{MS_E} > F_{t-1,(t-1)(rt-2),\alpha}$ 이면 H_0를 기각한다.

(3) 반복에 지분된 행과 열

모형: $Y_{ijkl} = \mu + \alpha_i + \rho_{j(i)} + \gamma_{k(i)} + \tau_l + \epsilon_{ijkl}$ (5.4)

$(i = 1,\cdots,r\,;\ j,\,k,\,l = 1,2,\cdots,t\ )$

제곱합의 분할: $SS_T = SS_{Rep} + SS_{R(Rep)} + SS_{C(Rep)} + SS_{Trt} + SS_E$

$$SS_T = \sum_i\sum_j\sum_k\sum_l(Y_{ijkl} - \overline{Y}_{\ldots.})^2$$

$$SS_{Rep} = \sum_i\sum_j\sum_k\sum_l(\overline{Y}_{i\ldots} - \overline{Y}_{\ldots.})^2$$

$$SS_{R(Rep)} = \sum_i\sum_j\sum_k\sum_l(\overline{Y}_{ij..} - \overline{Y}_{i\ldots})^2$$

$$SS_{C(Rep)} = \sum_i\sum_j\sum_k\sum_l(\overline{Y}_{i\cdot k.} - \overline{Y}_{i\ldots})^2$$

표 5.6 반복된 LSD: 모형 (5.4)에 대한 분산분석표

source	SS	df	MS	F
반복	SS_{Rep}	$r-1$	MS_{Rep}	
행(반복)	$SS_{R(Rep)}$	$r(t-1)$	$MS_{R(Rep)}$	
열(반복)	$SS_{C(Rep)}$	$r(t-1)$	$MS_{C(Rep)}$	
처리	SS_{Trt}	$t-1$	MS_{Trt}	MS_{Trt}/MS_E
오차	SS_E	$(t-1)(rt-r-1)$	MS_E	
총	SS_T	rt^2-1		

$$SS_{Trt} = \sum_i \sum_j \sum_k \sum_l (\overline{Y}_{\dots l} - \overline{Y}_{\dots\dots})^2$$

$$SS_E = SS_T - SS_{Rep} - SS_R - SS_C - SS_{Trt}$$

분산분석표는 표 5.6을 보라. 검증법은 다음과 같다.

- 만일 $F = \dfrac{MS_{Trt}}{MS_E} > F_{t-1,(t-1)(rt-r-1),\alpha}$ 이면 H_0를 기각한다.

예 5.2

4 종류의 육질 연화제의 효능을 비교한다. 8 마리의 돼지를 준비하여, 각 돼지마다 왼쪽 앞과 뒤, 오른쪽 앞과 뒤 허리 부분의 살을 베어내어 4×4 라틴 정방 실험을 2회 반복하도록 설계하였다. 데이터는 다음과 같다.

	반복 I				반복 II			
	돼지				돼지			
허리 부위	1	2	3	4	5	6	7	8
1	D: 7	A: 7	C: 7	B: 7	A: 6	D: 7	C: 8	B: 5
2	B: 5	C: 6	A: 5	D: 7	B: 3	A: 4	D: 5	C: 4
3	A: 6	B: 7	D: 7	C: 6	D: 7	C: 6	B: 5	A: 6
4	C: 8	D: 8	B: 6	A: 5	C: 5	B: 6	A: 3	D: 6

이 경우에는 반복에 행(허리 부위)과 열(돼지)이 지분되어 있다. 따라서 표 5.6을 기초

로 분산분석을 하면 되나 때로 반복과 처리 간 상호작용까지 모형에 고려하여 더 정밀한 분석을 시도하기도 한다. 이런 상황에서는 모형 (5.4)가 다음과 같이 변형되어야 한다.

$$Y_{ijkl} = \mu + \alpha_i + \rho_{j(i)} + \gamma_{k(i)} + \tau_l + (\alpha\tau)_{ik} + \epsilon_{ijkl}$$

또한 제곱합의 분할은 다음 형식으로 이루어진다.

$$SS_T = SS_{Rep} + SS_{R(Rep)} + SS_{C(Rep)} + SS_{Trt} + SS_{Rep\times Trt} + SS_E$$

제곱합의 공식 중 바뀌어야 하는 것은 다음 두 가지다.

$$SS_{Rep\times Trt} = \sum_i \sum_j \sum_k \sum_l (\overline{Y}_{i..l} - \overline{Y}_{i...} - \overline{Y}_{...l} + \overline{Y}_{....})^2$$

$$SS_E = SS_T - SS_{Rep} - SS_{R(Rep)} - SS_{C(Rep)} - SS_{Trt} - SS_{Rep\times Trt}$$

이 두 제곱합에 대응되는 자유도는 각각 $(r-1)(t-1)$과 $r(t-1)(t-2)$이다. 분산분석표는 다음과 같다.

source	*SS*	*df*	*MS*	*F*
반복	10.12	1	10.12	
행(반복)	18.25	6	3.04	
열(반복)	2.25	6	0.38	
처리	11.37	3	3.79	3.95*
반복×처리	0.38	3	0.13	
오차	11.50	12	0.96	
총	53.87	31		

분산분석 결과 처리 간에는 유의수준 0.05에서 유의한 차이가 존재한다. ∎

5.4 라틴 직사각형

라틴 직사각형(Latin rectangle) 설계는 라틴 정방을 반복하는 또다른 기법으로 역시 오차의 자유도를 증가시키려는 목적으로 고안되었다.

C	B	A
B	A	C
A	C	B
①	②	③

+

A	B	C
B	C	A
C	A	B
④	⑤	⑥

⇒

A	C	C	B	A	B
B	B	A	A	C	C
C	A	B	C	B	A
④	①	⑥	②	③	⑤

그림 5.1 2 개의 라틴 정방이 혼합되어 생성된 라틴 직사각형

라틴 직사각형

각 처리는 각 열에서 한 번씩 나타나고, 각 행에서는 r 번씩 나타난다. 즉 r 개의 라틴 정방을 혼합하되 각 라틴 정방의 원형을 유지하지 않고 모든 열을 랜덤하게 교환한다.

정의에서는 열을 기준으로 하고 있지만 행을 기준으로 해도 무방하다.

그림 5.1은 3×3 라틴 정방 2 개를 혼합하여 라틴 직사각형으로 만드는 예를 도시한 것이다. 열 밑의 번호는 랜덤 배정된 형식을 보이기 위하여 삽입하였다.

라틴 직사각형에 대한 모형은 다음과 같다.

$$Y_{ijk} = \mu + \rho_i + \gamma_j + \tau_k + \epsilon_{ijk} \qquad (5.5)$$
$$(i = 1, \cdots, t; \quad j = 1, \cdots, rt; \quad k = 1, \cdots, t \quad)$$

모형 (5.5)에 대한 제곱합의 분할 및 계산 공식은 모형 (5.1)에 대한 것들을 그대로 사용하나 단 첨자 j의 범위를 1부터 rt까지로 바꾸고 또 열과 오차에 대한 자유도를 아래와 같이 수정해야 한다.

source	df
행	$t-1$
열	$rt-1$
처리	$t-1$
오차	$(rt-2)(t-1)$
총	rt^2-1

5.5 유덴 정방 - 불완전 라틴 정방

유덴 정방(Youden square)은 **불완전 라틴 정방**(incomplete LS)이다. 이는 완전 블록 설계가 불가능할 때 불완전 블록 설계를 고려하는 것과 동일한 개념이다.

유덴 정방은 라틴 정방 형식의 배열을 유지하고, 행과 처리의 수는 t로서 동일하나 열의 수 c가 t보다 작은 경우를 말한다. 다음은 $t=5$, $c=4$인 경우의 유덴 정방이다.

$$\begin{matrix} A & B & C & D \\ B & C & D & E \\ C & D & E & A \\ D & E & A & B \\ E & A & B & C \end{matrix}$$

일반적으로 라틴 정방에서 임의의 열 하나를 제거하면 유덴 정방이 된다. 그러나 둘 이상의 열들을 제거하면 유덴 정방이 될 수도 있고 아닐 수도 있다. 간단히 말하자면 실험점들이 상호 균형이 맞으면 유덴 정방이고, 맞지 않으면 유덴 정방이 못 되는 것이다. 실상 유덴 정방은 BIBD의 특수한 경우로 보면 된다.

유덴 정방의 모형은 다음과 같이 쓴다.

$$Y_{ijk} = \mu + \rho_i + \gamma_j + \tau_k + \epsilon_{ijk} \qquad (5.6)$$
$$(i = 1, \cdots, t\,; \quad j = 1, \cdots, c\,; \quad k = 1, \cdots, t \quad)$$

유덴 정방의 분석은 BIBD$(t, t, c, c; \lambda)$에 준하여 진행한다. 즉 총제곱합은 다음 형태로 분할된다.

$$SS_T = SS_R + SS_C + SS_{Trt(adj)} + SS_E$$

각 제곱합 표기에 대응되는 공식은 다음과 같다.

$$SS_T = \text{총 제곱합} = \sum_i \sum_j \sum_k (Y_{ijk} - \overline{Y}_{\cdots})^2$$
$$SS_R = \text{행 블록 제곱합} = \sum_i \sum_j \sum_k (\overline{Y}_{i\cdot\cdot} - \overline{Y}_{\cdots})^2$$
$$SS_C = \text{열 블록 제곱합} = \sum_i \sum_j \sum_k (\overline{Y}_{\cdot j\cdot} - \overline{Y}_{\cdots})^2$$

표 5.7 유덴 정방에 대한 분산분석표

source	SS	df	MS	F
행	SS_R	$t-1$	MS_R	
열	SS_C	$c-1$	MS_C	
처리(보정됨)	$SS_{Trt(adj)}$	$t-1$	MS_{Trt}	MS_{Trt}/MS_E
오차	SS_E	$(t-1)(c-2)$	MS_E	
총	SS_T	$tc-1$		

$$SS_{Trt(adj)} = \text{보정된 처리 제곱합} = \frac{c\sum_{k=1}^{t} Q_k^2}{\lambda t}$$

$$SS_E = \text{오차 제곱합} = SS_T - SS_R - SS_C - SS_{Trt(adj)}$$

분산분석표는 표 5.7을 보라. 검증법은 다음과 같다.

- 만일 $F = \dfrac{MS_{Trt(adj)}}{MS_E} > F_{t-1,(t-1)(c-2),\alpha}$ 이면 H_0를 기각한다.

예 5.3

다음에 주어진 유덴 정방 실험 데이터를 분석해보자.

	1	2	3	4
1	A: 3	B: 1	C: -2	D: 0
2	B: 0	C: 0	D: -1	E: 7
3	C: -1	D: 0	E: 5	A: 3
4	D: -1	E: 6	A: 4	B: 0
5	E: 5	A: 2	B: 1	C: -1

이 자료는 BIBD(5, 5, 4, 4; 3)으로 해석할 수 있다. 계산을 하면 다음과 같은 분산분석표를 얻는다.

source	SS	df	MS	F
행	6.70	4	-	
열	1.35	3	0.45	
처리(보정됨)	120.37	4	30.09	36.87**
오차	6.53	8	0.82	
총	134.95	19		

즉 유의수준 0.01에서 처리 간 차이가 존재한다. ▌

5.6 그레코-라틴 정방 설계

그레코-라틴 정방 설계(GLSD: Graeco-Latin square design)은 2 개의 $t \times t$ 라틴 정방 설계들을 포갠 형태로서 블록 요인 3 개를 고려한다. 즉 처리 효과의 유의성을 탐지하는데 장애가 되는 3 가지 변동의 근원을 제거한다. 이 경우 3 개의 블록 요인들과 관심 요인의 수준수는 모두 t 개로서 동일해야 하며, 실험 결과 얻어지는 데이터의 개수는 t^2 개다.

표 5.8이 4×4 그레코-라틴 정방 설계의 한 예다. 표 5.8에서 행, 열, 그리스 문자는 3 개의 블록 요인을 대표한다. 그리고 라틴 정방 설계에서와 마찬가지로 로마자는 관심 요인의 수준들이다. 표에서 로마자를 무시하더라도 4×4 라틴 정방이며, 또 그리스자를 무시해도 역시 4×4 라틴 정방이다. 그래서 그레코-라틴 정방은 라틴 정방 2 개가 포개졌다는 것이다.

그레코-라틴 정방 실험에서도 상호작용의 효과는 검증못한다. 라틴 정방일 때와 같이 오로지 주효과만의 통계적 유의성을 검증할 수 있다.

표 5.8 4×4 그레코-라틴 정방 설계

	열			
행	1	2	3	4
1	$A\alpha$	$B\beta$	$C\gamma$	$D\delta$
2	$B\delta$	$A\gamma$	$D\beta$	$C\alpha$
3	$C\beta$	$D\alpha$	$A\delta$	$B\gamma$
4	$D\gamma$	$C\delta$	$B\alpha$	$A\beta$

행 블록 요인을 R, 열 블록 요인을 C, 그리스 문자 블록 요인을 G, 관심 요인을 A로 표기할 때 $t \times t$ GLSD에 대한 통계 모형은 다음과 같다.

$$Y_{ijkl} = \mu + \rho_i + \gamma_j + \eta_k + \tau_l + \epsilon_{ijkl} \qquad (i, j, k, l = 1, \cdots, t) \tag{5.7}$$

모형 (5.7)에서 첨자는 i, j, k, l의 네 개가 있지만 실제 얻게되는 데이터 수는 t^2 개에 불과하다. 모형에서 ρ_i 는 행 블록의 효과, γ_j 는 열 블록의 효과, η_k 는 그리스 문자 블록의 효과, τ_l 은 처리 요인의 효과다.

분산분석표를 만들기 위한 제곱합의 표기와 분할 공식은 다음과 같다.

$$SS_T = SS_R + SS_C + SS_G + SS_{Trt} + SS_E$$

여기서,

$$SS_T = \text{총 제곱합} = \sum_i \sum_j \sum_k \sum_l (Y_{ijkl} - \overline{Y}_{....})^2$$

$$SS_R = \text{행 블록 제곱합} = \sum_i \sum_j \sum_k \sum_l (\overline{Y}_{i...} - \overline{Y}_{....})^2$$

$$SS_C = \text{열 블록 제곱합} = \sum_i \sum_j \sum_k \sum_l (\overline{Y}_{.j..} - \overline{Y}_{....})^2$$

$$SS_G = \text{그리스 문자 블록 제곱합} = \sum_i \sum_j \sum_k \sum_l (\overline{Y}_{..k.} - \overline{Y}_{....})^2$$

$$SS_{Trt} = \text{처리 제곱합} = \sum_i \sum_j \sum_k \sum_l (\overline{Y}_{...l} - \overline{Y}_{....})^2$$

$$SS_E = \text{오차 제곱합} = SS_T - SS_R - SS_C - SS_G - SS_{Trt}$$

그레코-라틴 정방 설계에 대한 분산분석표는 표 5.9와 같이 정리할 수 있다.
유의수준 α에서 귀무가설에 대한 검증법은 다음과 같이 요약된다.

- 만일 $F = \dfrac{MS_{Trt}}{MS_E} > F_{t-1,(t-3)(t-1),\alpha}$ 이면 귀무가설을 기각한다.

예 5.4

5 가지의 제조 공식(처리)에 따라 만든 다이나마이트의 폭발력을 측정하여 제조 공식 간 폭발력의 차이가 있는지 알고 싶다. 그런데 원료 뭉치(열)에 따라 다이나마이트의 폭발력에 차이가 날 것 같고, 또 제조 기사(행)가 누구냐에 따라 폭발력이 다르게되지

표 5.9 $t \times t$ 그레코-라틴 정방 설계(GLSD)에 대한 분산분석표

source	SS	df	MS	F
행	SS_R	$t-1$	MS_R	
열	SS_C	$t-1$	MS_C	
그리스 문자	SS_G	$t-1$	MS_G	
처리	SS_{Trt}	$t-1$	MS_{Trt}	MS_{Trt}/MS_E
오차	SS_E	$(t-3)(t-1)$	MS_E	
총	SS_T	t^2-1		

않을까 염려된다. 또한 제조 라인(그리스 문자)이 폭발력에 영향을 줄 것 같아 이 세 가지 요인의 효과를 블록으로 잡아 제거할 수 있는 5×5 그레코-라틴 정방 설계를 사용한다. 데이터는 표 5.10과 같다. 그리고 분산분석표를 표 5.11에 요약하였다.

표 5.10 5×5 그레코-라틴 정방 실험의 데이터

행(원료뭉치)	열(기사)				
	1	2	3	4	5
1	$A\alpha$: -1	$B\gamma$: -5	$C\epsilon$: -6	$D\beta$: -1	$E\delta$: -1
2	$B\beta$: -8	$C\delta$: -1	$D\alpha$: 5	$E\gamma$: 2	$A\epsilon$: 11
3	$C\gamma$: -7	$D\epsilon$: 13	$E\beta$: 1	$A\delta$: 2	$B\alpha$: -4
4	$D\delta$: 1	$E\alpha$: 6	$A\gamma$: 1	$B\epsilon$: -2	$C\beta$: -3
5	$E\epsilon$: -3	$A\beta$: 5	$B\delta$: -5	$C\alpha$: 4	$D\gamma$: 6

표 5.11 다이나마이트 자료에 대한 분산분석표

source	SS	df	MS	F
원료(행)	68	4	17.00	
기사(열)	150	4	37.50	
라인(그리스 문자)	62	4	15.50	
제조 공식	330	4	82.50	10.00^{**}
오차	66	8	8.25	
총	676	24		

유의수준 0.01에서 임계값은 $F_{4,8,0.01}=7.01$이므로 처리 간에는 통계적으로 극히 유의한 차이가 있다. 즉 유의수준 0.01에서 제조 공식에 따라 다이나마이트의 폭발력에는 차이가 존재한다고 판정한다. ▮

5.7 전환 설계

라틴 정방의 구조는 수많은 오차조절 설계의 기본형으로 사용된다. 이 절에서 논의하는 **전환 설계**(change-over design; 또는 cross-over design, carry-over design, switch-over design, counter-balanced design)에서는 특히 개체(subject)와 시기(time period)의 두 블록 요인을 고려한다.

전환 설계는 주로 약학 분야에서 신약을 검사하거나 심리학 분야에서 행동 실험을 하는 경우에 사용된다.

예를 들어 두 가지 약(A, B)의 효능을 비교하는데 10 명의 사람이 가용한 경우를 생각해보자.

만일 10 명의 사람들을 랜덤하게 5 명씩의 두 그룹으로 나누어 한 그룹에는 약 A를, 다른 그룹에는 약 B를 투여한다면 두 약의 비교는 제대로 이루어질 수 없다. 왜냐하면 개인적인 차이가 약의 효능 비교를 방해할 수 있기 때문이다. 즉 약 A가 더 낫다고 판정되더라도 이 결과가 정말로 약의 차이 때문인지 아니면 그 약을 복용한 사람들의 체질 차이인지 알 방법이 없기 때문이다.

이런 경우에는 천상 두 약을 모든 사람들에게 복용시키는 것이 합당하다. 하지만 일률적으로 모든 사람이 약 A를 복용한 후에 효과를 측정하고 다시 약 B를 복용한 후에 약의 효과를 측정하면 이도 좋은 실험이 못 된다. 왜냐하면 약의 효과는 적든 크든 몸에 잔류하기 때문에 먼저 복용한 약의 잔류 효과가 다음에 복용하는 약의 효능에 영향을 줄 것이기에 그렇다.

이와 같은 문제점을 해결하려면 사람들의 절반은 A를 먼저 복용하고 나머지 반은 B를 먼저 복용하는 것이다. 그리고 일정 시간이 지나 먼저 복용한 약의 잔류 효과가 없어졌다고 판단되면 A를 복용했던 사람들에게는 B를 복용시키고 또 B를 복용했던 사람들에게는 A를 복용시키면 된다. 이런 식의 실험설계를 전환 설계라 한다. 그리고 약을 복용하는 시기와 약을 복용하는 사람들이 블록이 된다.

전환 설계를 현실화할 수 있는 방법은 라틴 정방을 여러 개 붙이는 것이다. 표 5.12에 주어진 전환 설계의 도식을 보라.

표 5.12 전환 설계의 예

라틴 정방	I		II		III		IV		V	
사람	1	2	3	4	5	6	7	8	9	10
시기 1	B	A	A	B	A	B	B	A	A	B
시기 2	A	B	B	A	B	A	A	B	B	A

표 5.12에 예시한 전환 설계는 2×2 라틴 정방 5 개를 붙여 만든 것이다.

표 5.12에서와 같이 약(로마자; 처리)이 A와 B의 둘이고, 시기(행 블록) 수준이 2, 사람(열 블록)이 $2m$ 명 가용하다고 가정하자. 여기서 m은 2×2 라틴 정방의 개수로서 표 5.12에서는 $m=10$이다. 모형은 다음과 같다.

$$Y_{ijk} = \mu + p_i + s_j + \tau_k + \epsilon_{ijk} \quad (i,k=1,2;j=1,2,\cdots,2m) \tag{5.8}$$

여기서 p_i는 i 번째 시기의 효과, s_j는 j 번째 개체의 효과다. 전환 설계의 분석은 라틴 직사각형의 분석과 동일하다. 표 5.13에 표 5.12에 대한 분산분석표를 요약하였다.

표 5.13 전환 설계에 대한 분산분석표

source	df
시기	1
사람	$2m-1$
약	1
오차	$2(m-1)$
총	$4m-1$

전환 설계의 변종은 무척 많은데 이에 대해서는 고급 실험설계 교재들을 참고하라.

5.8 SAS 활용

라틴 정방 실험 형식을 분석하는 SAS 코드를 다음과 같이 작성한다. 이하 Y는 반응변수, TRT는 처리, ROW는 행 블록, COL은 열 블록, REP는 반복 블록, GREEK는 그리스 문자 블록을 의미한다.

- **LSD**

```
PROC GLM;
  CLASS ROW COL TRT;
  MODEL Y = ROW COL TRT;
QUIT;
```

- **반복된 LSD** - 모형 (5.2)

```
PROC GLM;
  CLASS REP ROW COL TRT;
  MODEL Y = REP ROW COL TRT;
QUIT;
```

- **반복된 LSD** - 모형 (5.3)

```
PROC GLM;
  CLASS REP ROW COL TRT;
  MODEL Y = REP ROW(REP) COL TRT;
QUIT;
```

- **반복된 LSD** - 모형 (5.4)

```
PROC GLM;
  CLASS REP ROW COL TRT;
  MODEL Y = REP ROW(REP) COL(REP) TRT;
QUIT;
```

- **라틴 직사각형**: LSD와 동일
- **유덴 정방**: LSD와 동일
- **전환 설계**: LSD와 동일

- **그레코-라틴 정방 설계**

```
PROC GLM;
  CLASS ROW COL GREEK TRT;
  MODEL Y = ROW COL GREEK TRT;
QUIT;
```

예 5.5

4 종류의 타이어의 마모도를 비교한다. 현대, 기아, 대우, 삼성 승용차(car)들을 1 대씩 준비하였다. 또 타이어의 마모도는 어느 위치(position)에 장착하느냐에 따라 달라질 수 있기 때문에 타이어 장착 위치 4 군데도 설계시 고려하기로 하였다. 이 상황에 알맞는 설계는 4×4 라틴 정방이다. 데이터는 다음과 같다.

	승용차			
장착 위치	I	II	III	IV
1	*C*: 12	*D*: 11	*A*: 13	*B*: 8
2	*B*: 14	*C*: 12	*D*: 11	*A*: 13
3	*A*: 17	*B*: 14	*C*: 10	*D*: 9
4	*D*: 13	*A*: 14	*B*: 13	*C*: 9

이 데이터를 분석하는 프로그램은 다음과 같이 작성한다.

```
DATA lsd;
  DO car=1 TO 4;
     DO position=1 TO 4;
        INPUT tire $ wear @@; OUTPUT;
     END;
  END;
DATALINES;
C 12  B 14  A 17  D 13
D 11  C 12  B 14  A 14
A 13  D 11  C 10  B 13
B  8  A 13  D  9  C  9
```

```
RUN;

PROC GLM DATA=lsd;
  CLASS position car tire;
  MODEL wear = position car tire;
QUIT;
```

The GLM Procedure

Dependent Variable: wear

Source	DF	Sum of Squares	Mean Square	F Value	Pr > F
Model	9	75.56250000	8.39583333	9.37	0.0066
Error	6	5.37500000	0.89583333		
Corrected Total	15	80.93750000			

R-Square	Coeff Var	Root MSE	wear Mean
0.933591	7.846505	0.946485	12.06250

Source	DF	Type I SS	Mean Square	F Value	Pr > F
position	3	6.18750000	2.06250000	2.30	0.1769
car	3	38.68750000	12.89583333	14.40	0.0038
tire	3	30.68750000	10.22916667	11.42	0.0068

출력에서 타이어의 마모도는 타이어의 종류에 따라 차이가 남을 알 수 있다. 그리고 필요하다면 MEANS 문장을 삽입하여 다중비교도 시행할 수 있다. ▎

예 5.6

예 5.3에 주어진 유덴 정방 데이터를 분석하려면 다음과 같이 프로그램을 작성한다.

```
DATA1;
  DO row=1 TO 5;
     DO column=1 TO 4;
        INPUT trt $ y @@; OUTPUT;
     END;
  END;
```

```
DATALINES;
A  3  B  1  C -2  D  0
B  0  C  0  D -1  E  7
C -1  D  0  E  5  A  3
D -1  E  6  A  4  B  0
E  5  A  2  B  1  C -1
run;

PROC GLM;
  CLASS row column trt;
  MODEL y = block column trt;
QUIT;
```

Dependent Variable: y

Source	DF	Sum of Squares	Mean Square	F Value	Pr > F
Model	11	128.4166667	11.6742424	14.29	0.0004
Error	8	6.5333333	0.8166667		
Corrected Total	19	134.9500000			

R-Square	Coeff Var	Root MSE	y Mean
0.951587	58.30298	0.903696	1.550000

Source	DF	Type I SS	Mean Square	F Value	Pr > F
block	4	6.7000000	1.6750000	2.05	0.1797
column	3	1.3500000	0.4500000	0.55	0.6615
trt	4	120.3666667	30.0916667	36.85	<.0001

< 연 습 문 제 >

1. 여섯 종류의 파인애플(A,B,C,D,E,F)에 대한 수확량을 비교하는 실험에서 LSD를 사용하였다. 행 블록 요인은 6 가지의 토질, 열 블록 요인은 6 가지의 배수구 형태다. 이 자료를 분산분석하여 품종 간 차이가 있는지를 검증하라. 그리고 SNK 다중 비교 검증법을 사용하여 어느 품종들의 수확량이 가장 높은지 분석해보라.

토질	배수구					
	1	2	3	4	5	6
1	B: 220	F: 98	D: 149	A: 92	E: 282	C: 169
2	A: 74	E: 238	B: 158	C: 228	F: 48	D: 188
3	D: 118	C: 279	F: 118	E: 278	B: 176	A: 65
4	E: 295	B: 222	A: 54	D: 104	C: 213	F: 163
5	C: 187	D: 90	E: 242	F: 96	A: 66	B: 122
6	F: 90	A: 124	C: 195	B: 109	D: 79	E: 211

2. 화학 반응시간(A, B, C, D, E)에 따른 생산량의 차이가 있는지 알고 싶다. 5 개의 원료 뭉치와 5 가지의 산 농도, 그리고 5 가지의 촉매 농도(α,β,γ,δ,ε)를 블록으로 고려한다. 다음의 그레코-라틴 정방 자료를 분석하라.

원료 뭉치	산 농도				
	1	2	3	4	5
1	Aα: 26	Bβ: 16	Cγ: 19	Dδ: 16	Eε: 13
2	Bγ: 18	Cδ: 21	Dε: 18	Eα: 11	Aβ: 21
3	Cε: 20	Dα: 12	Eβ: 16	Aγ: 25	Bδ: 13
4	Dβ: 15	Eγ: 15	Aδ: 22	Bε: 14	Cα: 17
5	Eδ: 10	Aε: 24	Bα: 17	Cβ: 17	Dγ: 14

6

요인 설계의 기초 개념

6.1 요인 실험

지금까지 우리는 관심 요인이 하나일 때에 한하여 각종 오차조절 설계 기법들을 논의하였다. 그러나 동시에 둘 이상의 관심 요인들이 존재하는 경우도 많다. 이런 상황에서 **요인 설계**(factorial design)는 가장 효율적인 도구다. 그리고 요인 설계를 기반으로 하는 실험을 **요인 실험**(factorial experiment)이라 부른다.

예를 들어 우리가 고려하는 요인이 3 개로서 각각 A, B, C로 표기하기로 하자. 그리고 각 요인마다 실험하려고 고려하는 수준수가 각각 a, b, c라고 하자. 요인 설계에서는 실험에서 고려하는 요인들의 모든 가능한 **수준 조합**(level combination)들이 처리가 된다. 따라서 이 상황에서 가능한 처리의 총수는 $a \times b \times c$가 된다.

이와 같이 요인들의 가능한 모든 수준 조합에서 실험을 하려는 설계가 요인 설계이며, 기본적인 요인 설계를 지금까지 설명한 오차조절 설계에 적용시켜 더욱 정밀한 실험을 설계할 수 있다.

앞서 언급한 세 요인에 대한 요인 설계를 간단히 $a\times b\times c$ 요인 설계라 부른다. 또다른 예로, 2^k $(=2\times 2\times\cdots\times 2)$ 요인 설계라 하면 요인의 수가 k 개이고, 각 요인마다 수준수가 2 개인 요인 실험을 의미한다. 비슷하게 3^k 요인 설계는 요인의 수가 k 개이고, 각 요인마다 수준수가 3 개인 경우다. 또 3×2^2 요인 설계는 요인의 개수가 3이고, 한 요인의 수준수는 3, 나머지 두 요인의 수준수는 둘다 2인 경우다.

2^k 설계는 모든 요인들을 고려하면서 최소의 실험을 하는 것이 되므로 특히 실험설계의 초기 단계에서 유용하다.

반응 패턴을 더 잘 이해하려면 3^k 설계가 필요하다. 3^k 요인 설계는 각각 3 개의 수준을 갖는 k 개의 요인들에 대한 실험설계로서 이 설계를 시행하면 수준 간 반응값들의 변화 패턴을 이차 반응 곡선으로 적합시킬 수 있는 이점이 있다.

수준수를 늘리면 반응의 변화 패턴을 인지하기 쉬운 반면 실험수가 기하급수적으로 늘어난다. 예를 들어 요인이 3 개일 때 각각 다섯 수준에서 실험을 설계한다면 총 실험횟수는 $5^3=125$ 번이 되어 시료의 준비와 실험 조건의 조절 등 관리가 어려워지는 문제가 유발된다. 따라서 실험의 초기 단계부터 수준수를 많이 잡는 것은 피해야한다. 언제나 둘 내지 세 수준만 잡아서 실험하고 바라는 최적 조건이 얼추 잡히면 그 근처에서 수준 폭을 좁혀 실험하는 형태가 바람직하다.

6.2 주효과와 상호작용 효과

요인 효과(factor effect)란 요인의 수준이 변할 때 나타나는 반응값의 변화를 뜻한다. 이를 흔히 **주효과**(main effect)라 부른다.

표 6.1의 2×2 요인 실험 데이터를 보자. 여기서는 각 수준 조합마다 1 회씩 실험을 하여 데이터를 얻은 것이다. 그리고 요인 A의 두 수준을 A_1, A_2, 그리고 요인 B의 두 수준을 B_1, B_2로 표기하였다.

표 6.1 2×2 요인 실험의 가상 데이터

	B_1	B_2
A_1	10	20
A_2	15	24

이때 요인 A의 효과는 수준이 A_1에서 A_2로 변할 때 유발되는 반응값의 차이다. 그런데 B_1에서도 A의 수준이 변할 수 있고 B_2에서도 A의 수준이 변한다. 즉 요인 A의 효과는 B의 수준에 따라 따로따로 계산할 수 있다.

$$B_1 \text{ 수준에서 } A\text{의 주효과} = (A_2 - A_1)_{B_1} = 15 - 10 = 5$$
$$B_2 \text{ 수준에서 } A\text{의 주효과} = (A_2 - A_1)_{B_2} = 24 - 20 = 4$$

그런데 A의 주효과가 둘 이상의 값으로 나오면 곤란하다. 따라서 A의 주효과는 요인 B의 수준에 따라 계산된 값들의 평균으로 정의함이 상례다. A의 주효과는 다음과 같이 계산된다.

$$A\text{의 주효과} = \frac{5+4}{2} = 4.5$$

비슷하게 B의 주효과는 다음 형식으로 계산한다.

$$A_1 \text{ 수준에서 } B\text{의 주효과} = (B_2 - B_1)_{A_1} = 20 - 10 = 10$$
$$A_2 \text{ 수준에서 } B\text{의 주효과} = (B_2 - B_1)_{A_2} = 24 - 15 = 9$$

따라서

$$B\text{의 주효과} = \frac{10+9}{2} = 9.5$$

결국 요인의 주효과란 수준이 변할 때 나타나는 평균 반응값의 차이라고 하겠다.

그런데 관심 요인이 두 개 이상이면 요인 간의 **상호작용**(interaction)에 대한 고려가 필수적이다. 상호작용이란 두 개체의 변화나 운동이 독립되지 않고 서로 영향을 미치는 작용을 의미한다. 따라서 두 요인 간에 상호작용 효과가 존재하면 두 요인이 독립적으로 존재할 때와 어울려서 존재할 때의 반응값의 양태가 서로 다르다.

예를 들어 두 사람이 있는데, 각 사람은 하루에 10 단위의 일을 할 수 있는 능력이 있다. 그런데 이 두 사람이 평소에 아주 뜻이 잘 맞는 친한 사이라서 두 사람을 동시에 작업에 투입하였더니 25 단위의 일을 해냈다고 가정해보자. 이같이 개개인의 능력인 10 단위의 작업량의 두 배인 20 단위의 일을 한 것이 아니라 그보다 더 많은 25 단위의 일을 하게되는 것을 상호작용 효과 때문이라 한다. 물론 이 경우 상호작용 효과는 +5 단위가 될 것이다. 반대로 두 사람이 사이가 아주 나빠서 협동작업을 하면 사사건건 충

돌만 일으키는 경우도 생각할 수 있다. 만일 이렇게 사이가 나쁜 관계로 협동작업 결과 불과 13 단위의 일만을 수행했다면 이 경우 상호작용 효과는 -7이라 할 수 있다. 이와 같은 두 가지 경우에 우리는 두 사람 간에 '상호작용 효과가 존재한다'고 말한다.

또한 두 사람 사이에 피차 아무 관계도 없고 서로 간섭하기를 싫어한다면 협동작업을 하더라도 처리할 수 있는 작업량은 정확히 20 단위가 될 것이며 이 경우에는 '상호작용 효과가 존재하지 않는다'고 말한다.

이와 같이 한 요인의 존재가 다른 요인으로 인한 반응값의 변화에 영향을 주면 상호작용이 있는 것이고, 그렇지 않다면 상호작용이 없는 것이다. 상호작용과 대비하여, 각 요인 본래의 효과가 주효과인 셈이다.

그렇다면 표 6.1의 가상 데이터에서 **상호작용 효과**(interaction effect)는 어떻게 계산할 수 있을까?

만일 요인 B의 존재가 요인 A에 미치는 영향이 전혀 없다면 즉 상호작용이 존재하지 않는다면, B_1 수준에서 A의 주효과를 계산하든 B_2 수준에서 A의 주효과를 계산하든 그 값은 거의 같을 것이다. 따라서 상호작용이 없다면 B_1과 B_2에서 계산된 A의 주효과들 간에는 값의 차이가 거의 없게 될 것이다.

반대로 상호작용이 크다면 B_1 수준에서 계산된 A의 주효과와 B_2 수준에서 계산된 A의 주효과 간에는 값의 차이가 크게 나타날 것이다.

이상의 논의를 종합하면 A와 B 간의 상호작용 효과는 다음과 같이 B_1 수준에서 계산된 A의 주효과와 B_2 수준에서 계산된 A의 주효과 간의 평균적 차이로 정의할 수 있다.

$$A\text{와 } B\text{의 상호작용 효과} = \frac{(A_2 - A_1)_{B_2} - (A_2 - A_1)_{B_1}}{2} = \frac{4-5}{2} = -0.5$$

물론 A와 B의 상호작용 효과는 A_1 수준에서 계산된 B의 주효과와 A_2 수준에서 계산된 B의 주효과 간의 평균적 차이로 정의해도 무방하다.

$$A\text{와 } B\text{의 상호작용 효과} = \frac{(B_2 - B_1)_{A_2} - (B_2 - B_1)_{A_1}}{2} = \frac{9-10}{2} = -0.5$$

이상의 결과를 종합하면 표 6.1의 데이터에는 상호작용이 별로 존재하지 않음을 알 수 있다. 즉 수준별 주효과들의 값이 대체로 비슷하고, 상호작용 효과의 값도 0에 가깝게 나오고 있다.

편의상 앞으로는 주효과를 단순히 A, B로 표기하고, 또 상호작용 효과는 AB로 표기하겠다.

표 6.2 상호작용이 존재하는
2×2 요인 실험의 가상 데이터

	B_1	B_2
A_1	10	30
A_2	25	9

표 6.2는 상호작용이 매우 큰 예를 보여주는 가상 데이터다. 표 6.2의 자료에 대해서 주효과들과 상호작용 효과는 다음과 같이 계산된다.

$$A=\frac{15+(-21)}{2}=-3$$

$$B=\frac{20+(-16)}{2}=2$$

$$AB=\frac{(-21)-(15)}{2}=\frac{(-16)\quad(20)}{2}=-18$$

이 결과를 음미하면 주효과는 거의 없고 상호작용 효과가 대부분이다.

그런데 상호작용 효과가 크게 나오면 실제로는 주효과의 유의성이 감추어질 수 있다. 표 6.2의 자료가 사실은 이런 경우인데 표 6.1의 자료와 비교하여 살펴보자.

표 6.1과 표 6.2의 자료를 각각 그림 6.1과 그림 6.2에 도시하였다.

그림 6.1에서는 요인들의 주효과 또는 수준 간 효과 차이들이 거의 동일했기 때문에 데이터들을 연결한 선이 평행선을 이루고 있으나 그림 6.2에서는 평행이 아니다. 오히려 거의 '×' 형태를 보여주고 있다. 그런데 그림 6.2에 나타난 패턴에서 주효과가 없는 것일까? 이는 그렇지 않다. 우리가 요인의 주효과를 수준별 주효과들의 평균으로 정의했기 때문에, 현재의 경우에는 양의 주효과와 음의 주효과가 평균적으로 상쇄되어 결과적으로 요인의 주효과가 0에 가까운 작은 값으로 나타났을 뿐이다.

그래서 상호작용 효과가 존재할 경우 데이터 분석에는 세심한 주의가 필요한데, 항상 '어머니 없는 자식은 없다'라는 사실만 머리 속에 넣고 있으면 충분하겠다.

상호작용은 글자 그대로 서로 간의 작용이다. 따라서 상호작용이 통계적으로 유의하다면 그 상호작용을 잉태한 원래의 주효과들도 유의한 법이다. 그렇기 때문에, 분산분석표에서 설사 주효과들은 전혀 유의하지 않고 상호작용 효과만 극히 유의하게 나오더라도 데이터 해석시 반드시 주효과에 대한 논의도 포함시켜야한다.

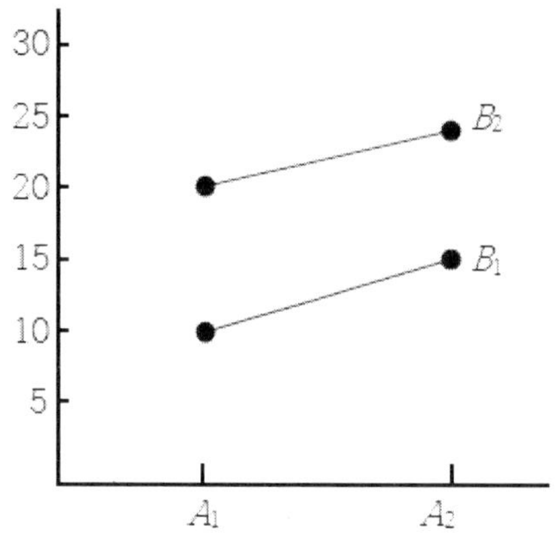

그림 6.1 상호작용 효과가 존재하지 않는 경우(표 6.1)

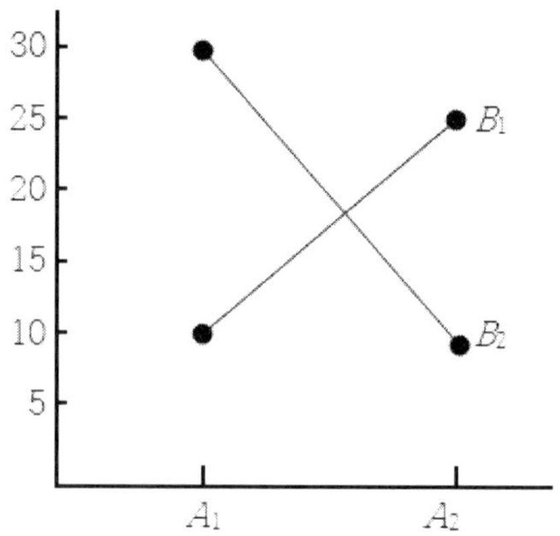

그림 6.2 상호작용 효과가 존재하는 경우(표 6.2)

전술하였지만 극히 유의한 상호작용 효과는 실제로 존재하는 주효과의 유의성을 가린다. 이를 **가면 효과**(masking effect)라 한다. 가면 효과는 주효과와 상호작용 효과를 정의하는 과정에서 파생된 문제이기에 해석시 조심하는 수밖에 없다.

6.3 이요인 요인 설계와 분석

우선 관심 요인이 둘일 경우를 살펴보자. 두 요인을 각각 A, B라 하고, 각 요인의 수준을 a, b라 가정한다. 각 요인 수준의 조합 즉 처리마다 n 번씩 반복 실험을 한다고 하면 결과되는 데이터는 표 6.3과 같은 형식으로 정리된다. 앞으로는 편의상 현재와 같은 균형 자료만을 고려한다.

표 6.3 이요인 요인 설계의 자료 구조

		요인 B		
		1	$\cdots$	b
	1	$Y_{111} \cdots Y_{11n}$	$\cdots$	$Y_{1b1} \cdots Y_{1bn}$
요인 A	$\vdots$	$\vdots$	$\ddots$	$\vdots$
	a	$Y_{a11} \cdots Y_{a1n}$	$\cdots$	$Y_{ab1} \cdots Y_{abn}$

표 6.3에 보이는 형식의 데이터를 얻는 실험을 할 때 한 가지 주의해야 할 사실은 각 수준 조합 즉 처리마다 n 번씩 한꺼번에 실험을 하는 것이 아니라는 점이다. 다시 말해서 abn 개의 실험을 완전 랜덤화하여 즉 CRD로서 실험 순서를 결정해야 한다. 이같은 실험 순서의 랜덤화의 예를 들면 다음과 같다.

$$A_3B_1,\ A_2B_2,\ A_2B_4,\ A_3B_1,\ \cdots$$

이런 식으로 랜덤하게 결정된 실험 순서에 의거하여 실험을 진행한 후 얻어진 데이터를 정리하면 비로소 표 6.3과 같은 형식으로 데이터를 표현할 수 있다.

또한 표 6.3의 데이터처럼 두 요인의 수준들이 교차하는 곳마다 데이터가 나오는 실험을 **교차 실험**(crossed experiment)이라 한다. 교차 실험과 대비되는 실험으로 **지분 실험**(nested experiment)이 있다.

지분 실험에서는 요인을 위계화하며 상위 요인의 수준에 따라 하위 요인의 수준이 전부 다르다. 예를 들어 콜레스테롤 혈중 농도를 조절하는데 사용되는 약들의 효과를 비교한다고 하자. 비교할 약이 3 종류(I, II, III)라 하자. 또한 약 I을 제조하는 제약회사는 ㄱ과 ㄴ회사, 약 II를 제조하는 제약회사는 ㄷ과 ㄹ회사, 약 III을 제조하는 제약회사는 ㅁ, ㅂ, ㅅ회사라 하자. 이 경우에 고려되는 두 요인은 약과 약을 만드는 제약회사가 되며, 제약회사는 상위 요인인 약에 종속되는 하위 요인이다. 이같은 지분 실험에서는 모든 수준 조합에서 실험을 하지 못한다. 예를 들어 약 III과 제약회사 ㄴ에서는 데이터가 나올 수 없다. 지분 실험에 대해서는 제 10 장에서 상술한다.

이와 반대로 교차 실험에서는 가능한 모든 수준 조합에서 실험을 하여 데이터를 얻을 수 있으며 제 6 장에서 고려하는 요인 설계는 교차 실험설계의 대표적인 경우다.

사실상 모든 실험설계는 교차와 지분이라는 두 유형의 실험 방식이 혼합되어 만들어진다. 정리하면 교차 실험에서는 모든 요인 수준의 조합에서 데이터를 얻을 수 있지만 지분 실험에서는 그렇지 않다.

다시 표 6.3에 주어진 데이터로 돌아가자. 이 데이터는 두 요인에 대한 교차 실험 데이터이자 균형 실험에서 결과된 데이터다. 이 데이터에 대한 통계 모형은 다음 형식으로 기술한다.

$$Y_{ijk} = \mu + \alpha_i + \beta_j + (\alpha\beta)_{ij} + \epsilon_{ijk} \qquad (6.1)$$
$$(i = 1, \cdots, a;\quad j = 1, \cdots, b;\quad k = 1, \cdots, n)$$

(6.1)을 **이요인 요인 설계**(2-factor factorial design)의 모형 또는 이원 분산분석(2-way ANOVA) 모형이라 부른다.

모형 (6.1)에서 Y_{ijk}는 요인 A의 i 번째 수준과 요인 B의 j 번째 수준에서 k 번째로 관측된 반응값이다. 또 α_i는 요인 A의 i 번째 수준의 효과, β_j는 요인 B의 j 번째 수준의 효과, $(\alpha\beta)_{ij}$는 요인 A의 i 번째 수준과 요인 B의 j 번째 수준에서의 상호작용 효과다. 그리고 오차에 대해서는 전과 마찬가지로 $\epsilon_{ijk} \sim N(0, \sigma^2)$ 을 가정한다.

이때 전체 데이터의 개수는 N으로 표기하자. 즉 $N = abn$.

모형 (6.1)에서 실험자가 검증하고 싶은 가설은 다음 세 가지다.

① 요인 A의 수준 간 효과 차이가 존재하는가?
② 요인 B의 수준 간 효과 차이가 존재하는가?
③ 요인 A와 요인 B 간의 상호작용 효과가 존재하는가?

이러한 질문을 통계적 가설 형식으로 표현하면 다음과 같다. 물론 귀무가설은 효과 차이가 없다는 것이고 대립가설은 효과 차이가 있다는 것이다.

① H_0 : $\alpha_1 = \alpha_2 = \cdots = \alpha_a = 0$
H_1 : 적어도 하나의 $\alpha_i \neq 0$

② H_0 : $\beta_1 = \beta_2 = \cdots = \beta_b = 0$
H_1 : 적어도 하나의 $\beta_j \neq 0$

③ H_0 : $(\alpha\beta)_{ij} = 0 \quad \forall\, i, j$
H_1 : 적어도 하나의 $(\alpha\beta)_{ij} \neq 0$

분산분석 시 가장 먼저 검증해야할 것은 상호작용 효과의 유무이며 다행히 상호작용이 없다고 판정되면 통계 분석 및 자료 해석이 간단해진다.

분산분석의 요체는 총제곱합을 주효과들과 상호작용 효과에 기인하는 제곱합들로 분할하는 것이다. 다음과 같은 표기를 약속하자.

$$SS_T = SS_A + SS_B + SS_{AB} + SS_E$$

여기서,

$$SS_T = \sum_{i=1}^{a}\sum_{j=1}^{b}\sum_{k=1}^{n}(Y_{ijk} - \overline{Y}_{\cdots})^2$$

$$SS_A = \sum_{i=1}^{a}\sum_{j=1}^{b}\sum_{k=1}^{n}(\overline{Y}_{i\cdot\cdot} - \overline{Y}_{\cdots})^2$$

표 6.4 이요인 요인 실험 모형에 대한 분산분석표: 고정효과 모형

source	SS	df	MS	F
A	SS_A	$a-1$	MS_A	MS_A/MS_E
B	SS_B	$b-1$	MS_B	MS_B/MS_E
AB	SS_{AB}	$(a-1)(b-1)$	MS_{AB}	MS_{AB}/MS_E
오차	SS_E	$N-ab$	MS_E	
총	SS_T	$N-1$		$(N=abn)$

$$SS_B = \sum_{i=1}^{a}\sum_{j=1}^{b}\sum_{k=1}^{n}(\overline{Y}_{\cdot j \cdot} - \overline{Y}_{\cdots})^2$$

$$SS_{AB} = \sum_{i=1}^{a}\sum_{j=1}^{b}\sum_{k=1}^{n}(\overline{Y}_{ij\cdot} - \overline{Y}_{i\cdot\cdot} - \overline{Y}_{\cdot j\cdot} + \overline{Y}_{\cdots})^2$$

$$SS_E = \sum_{i=1}^{a}\sum_{j=1}^{b}\sum_{k=1}^{n}(Y_{ijk} - \overline{Y}_{ij\cdot})^2$$

이때 각각의 제곱합에 대응되는 자유도는 다음과 같다.

$$(N-1) = (a-1) + (b-1) + (a-1)(b-1) + (N-ab)$$

표 6.4에 분산분석표의 일반 형식을 정리하였다.

각 효과에 대한 검증 방법은 제 3 장에서 설명한 바와 같이 검증 통계량 F의 값이 임계값 즉 주어진 유의수준에서 검증 통계량의 분자와 분모로 사용된 평균 제곱의 자유도에 대응되는 F 분포표의 표값보다 큰 경우에 귀무가설을 기각한다.

예를 들어 유의수준이 α일 때 상호작용 AB에 대한 가설 검증은 다음과 같이 수행한다.

① 검증 통계량 $F = \dfrac{MS_{AB}}{MS_E}$를 계산한다.

② 부록의 F 분포표에서 표값 $F_{(a-1)(b-1),(N-ab),\alpha}$를 읽는다.

③ 만일 $F > F_{(a-1)(b-1),(N-ab),\alpha}$ 이면 귀무가설을 기각하고, 유의수준 α에서 상호작용 효과가 존재한다고 결론내린다.

이런 식으로 분산분석표에서 요인 효과의 유무를 탐지하는 F 검증법의 사용법은 어떤 모형에서도 동일하므로 앞으로는 단순히 F 통계량의 공식만 쓰기로 하자. 또 귀무가

설에는 항상 '효과 차이가 없다'라고 기술하며 대립가설은 항상 '효과 차이가 없지 않다'라고 기술하므로 이 역시 앞으로는 일일이 언급하지 않는다.

상호작용 효과가 유의하지 않다면 모형 (6.1)에서 상호작용항을 제거하여 모형을 다음과 같이 간략히 쓸 수 있다.

$$Y_{ijk} = \mu + \alpha_i + \beta_j + \epsilon_{ijk} \qquad (6.2)$$

이 경우 대응되는 분산분석표는 표 6.5와 같이 정리된다. 따라서 상호작용이 없으면 상호작용 효과를 오차에 합쳐서 통계 추론을 더욱 강력히 만들 수 있는 이점이 있다. 즉 상호작용에 대한 자유도가 오차의 자유도로 더해지므로 검증력이 증진된다.

표 6.5 이요인 요인 실험 모형에 대한 분산분석표

source	SS	df	MS	F
A	SS_A	$a-1$	MS_A	MS_A/MS_E
B	SS_B	$b-1$	MS_B	MS_B/MS_E
오차	SS_E	$N-a-b+1$	MS_E	
총	SS_T	$N-1$		$(N=abn)$

다시 표 6.3의 데이터로 돌아가자. 이 데이터에서는 각 수준 조합마다 반복수를 n으로 설정하였다. 그런데 $n=1$인 경우에는 모형 (6.1)이 적합하지 않다. 모형 (6.1)은 n이 2 이상인 경우에만 사용할 수 있다.

$n=1$이라면 모형 (6.1)은 다음과 같이 쓸 수 있다.

$$Y_{ij} = \mu + \alpha_i + \beta_j + (\alpha\beta)_{ij} + \epsilon_{ij}$$

여기서 첨자 k를 생략한 이유는 언제나 $k=1$이기 때문이다. 그런데 개념상 위 모형에 잘못된 것은 전혀 없으나 상호작용 효과 $(\alpha\beta)$와 오차 ϵ에 붙은 첨자가 ij로 동일하기 때문에 데이터에서 이 두 가지 항을 구분하여 추정하는 것이 불가능하다. 그러므로 실제 데이터 분석시 이런 모형을 가정해봐야 전혀 쓸모가 없다.

이와 같이 두 효과가 서로 혼재되어 따로 떼어낼 수 없는 경우에 두 효과가 서로 교락되었다(confounded)고 표현함은 이미 설명한 바 있다. 따라서 이원 분산분석 모형에서 $n=1$인 경우에 대한 최상의 모형은 다음과 같다.

$$Y_{ij} = \mu + \alpha_i + \beta_j + \epsilon_{ij} \qquad (6.3)$$

모형 (6.3)에는 상호작용 효과항이 없지만 실제로 상호작용 효과가 없어서 생략된 것이 아니고 오차와 교락되었기 때문에 어쩔 수 없이 빠진 것이다. 물론 이런 경우에는 상호작용 효과에 대한 검증이 불가능하다. 그리고 모형 (6.3)의 형태는 제 4 장에서 설명한 RCBD에 대한 모형과 동일함에 유의하라.

모형 (6.3)에 대한 총 제곱합의 분할 공식은 다음과 같다.

$$SS_T = SS_A + SS_B + SS_E$$

여기서,

$$SS_T = \sum_{i=1}^{a}\sum_{j=1}^{b}(Y_{ij} - \overline{Y}_{..})^2$$

$$SS_A = \sum_{i=1}^{a}\sum_{j=1}^{b}(\overline{Y}_{i.} - \overline{Y}_{..})^2$$

$$SS_B = \sum_{i=1}^{a}\sum_{j=1}^{b}(\overline{Y}_{.j} - \overline{Y}_{..})^2$$

$$SS_E = \sum_{i=1}^{a}\sum_{j=1}^{b}(\overline{Y}_{ij} - \overline{Y}_{i.} - \overline{Y}_{.j} + \overline{Y}_{..})^2$$

또한 각 제곱합에 대응되는 자유도는 다음과 같다.

$$(a-1) = (a-1) + (b-1) + (a-1)(b-1)$$

표 6.6에 반복이 1인 경우에 대한 분산분석표의 형식을 정리하였다.

요인이 둘 이상일 때 고려해야할 사항 하나는 통계 모형의 유형 구분이다. 이미 제 3.10 절에서 소개하였지만 통계 모형은 요인 수준을 어떻게 선택하느냐에 따라 **고정 모형**(fixed model), **랜덤 모형**(random model), **혼합 모형**(mixed model)의 세 가지로 구분한다.

표 6.6 반복이 1인 이요인 요인 실험 모형에 대한 분산분석표

source	SS	df	MS	F
A	SS_A	$a-1$	MS_A	MS_A/MS_E
B	SS_B	$b-1$	MS_B	MS_B/MS_E
오차	SS_E	$(a-1)(b-1)$	MS_E	
총	SS_T	$ab-1$		

예를 들어 떡을 만들 때 첨가하는 엿기름의 당화 시간에 대한 실험을 할 때 실험자가 자의로 1 시간, 3 시간, 5 시간의 실험 수준을 결정하고 실험을 진행한다면 당화 시간 요인의 효과는 고정효과가 된다. 반대로 랜덤 메카니즘 즉 난수표나 컴퓨터의 난수 추출 기능 등의 활용으로 당화 시간을 선택한다면 당화 시간 요인의 효과는 랜덤효과가 된다. 이 경우에 결과적으로 선택된 당화 시간은, 만일 10 분 단위로 랜덤 선택한다면 2 시간 40 분, 4시간 20 분, 6 시간 10 분 등으로 결정될 수 있다.

요컨대 어떤 요인의 실험 수준을 실험자가 임의로 결정하면 그 요인의 효과는 고정효과가 되며, 랜덤하게 결정하면 랜덤효과가 된다. 랜덤하게 결정하는 경우에는 실험 전에 자신이 과연 어떤 수준에서 실험을 하게 될지 실험자는 전혀 알지 못한다.

모형에서 고려하는 모든 요인들이 고정효과 요인들일 때 그 모형을 고정 모형이라 한다. 또 모형에 삽입된 모든 요인들이 랜덤효과 요인일 때 그 모형을 랜덤 모형이라 한다. 혼합 모형은 고정효과 요인과 랜덤효과 요인이 혼합된 경우다.

혼합 모형에서 고정효과 요인과 랜덤효과 요인의 상호작용 효과는 랜덤효과가 된다. 즉 상호작용 요인에 개재된 어느 요인 하나라도 랜덤효과 요인이면 그 상호작용의 효과는 랜덤효과가 된다.

요인이 하나있는 일원 분산분석 모형에서는 고정 모형과 랜덤 모형의 두 가지만 존재하며, 어느 경우나 효과 검증법은 같다. 그러나 요인이 둘 이상이면 세 가지 유형의 모형이 다 나타날 수 있으며 모형의 종류에 따라 요인 효과에 대한 검증법이 전부 다르다. 즉 분산분석표에서 검증 통계량 F를 계산하는 공식들이 달라진다.

이런 이유로 표 6.4의 제목에 고정효과 모형이라고 첨기한 것이다. 즉 표 6.4의 F 검증법은 고정 모형일 때에 한하여 유효하다.

수준 조합마다 반복수가 2 이상인 경우의 이원 분산분석 모형에서 세 가지 유형의 모형에 따라 달라지는 효과 검증법을 표 6.7에 정리하였다.

표 6.7 반복수가 2 이상인 이원 분산분석에서 F 검증법

검증할 효과	고정 모형 (A와 B가 둘다 고정)	랜덤 모형 (A와 B가 둘다 랜덤)	혼합 모형 (A가 고정, B가 랜덤)
A	$\frac{MS_A}{MS_E}$	$\frac{MS_A}{MS_{AB}}$	$\frac{MS_A}{MS_{AB}}$
B	$\frac{MS_B}{MS_E}$	$\frac{MS_B}{MS_{AB}}$	$\frac{MS_B}{MS_E}$
AB	$\frac{MS_{AB}}{MS_E}$	$\frac{MS_{AB}}{MS_E}$	$\frac{MS_{AB}}{MS_E}$

참고로 모형 (6.2)와 모형 (6.3)에 대한 검증법은 어떤 유형의 모형에서나 동일하다. 아하튼 요인이 셋 이상이면 모형의 유형에 따라 F 통계량의 계산법이 전혀 달라진다는 점을 십분 인식하라. 단, 고정 모형에서는 어느 효과에 대한 검증이든 F 통계량의 분모는 언제나 MS_E이다.

이러한 모형의 차이는 결과 해석에 가장 큰 영향을 미친다. 어느 요인에 대한 효과 검증에서 통계적 유의성이 밝혀졌다고 하자. 만일 이 요인이 고정효과 요인이면 통계적 유의성은 실험을 한 수준에서만 유효하다. 만일 랜덤효과 요인이면 통계적 유의성은 실험을 하지 아니한 모든 수준에까지 확대 적용할 수 있다.

앞서 언급한 당화 시간에 대한 실험에서 관심 영역이 0 시간에서 6 시간까지라 하자. 실험자가 스스로 실험 수준을 1 시간, 3 시간, 5 시간으로 정하고 실험을 한 경우에 이 요인은 고정효과 요인이 되며, 개념상 이 요인에 대한 어떠한 통계적 결론도 실험이 수행된 세 수준에만 한정된다. 그러나 실험 수준을 랜덤하게 결정하여 실험을 하였다면 모든 통계 분석 결과는 실험을 수행한 시간 수준뿐 아니라 실험을 하지 아니한 0 시간에서 6 시간 사이의 모든 시간대에 확대 적용된다.

따라서 분석 결과의 해석만을 놓고 보면 랜덤 모형이 고정 모형보다 우월하다. 그러나 랜덤하게 결정된 실험 수준은 조절하기가 어려운 경우가 많으므로 실용적인 면에서 순수한 랜덤 모형은 드문 편이다.

효과 차이에 대한 다중 비교법은 고정효과 요인에 대해서만 적용할 수 있다. 랜덤효과 요인에 대해서는 다중 비교가 원천적으로 불가능하다.

또한 각종 통계 소프트웨어에서 출력되는 모든 분산분석표는 예외없이 고정 모형을 가정하고 계산되니 착오없기 바란다. 만일 자신의 모형이 랜덤이나 혼합 모형이고 사용하는 소프트웨어에서 효과 유형의 지정을 허용하지 않는다면 천상 손으로 F 통계량의 값을 다시 계산하고 검증해야 한다.

부연하지만 분산분석표를 구성하는 변인(source of variation), 제곱합(SS), 자유도(df), 평균제곱(MS)들은 모형에 종류에 관계없이 일치한다. 단, 효과 검증을 하는 F 통계량의 계산 공식이 모형에 따라 달라질 뿐이다.

이요인 분산분석 모형을 ab 개의 처리를 보유한 단일 요인 분산분석으로 파악할 수도 있다. 즉 현재 두 요인 A, B의 수준수는 각각 a, b인데, 이들 간의 수준 조합 (A_1, B_1), (A_1, B_2), $\cdots$, (A_a, B_b)를 단일 요인의 처리들로 간주해서 일원 분산분석을 하는 것이다. 이렇게 하는 것을 **펼치기**(unfolding)라고 표현한다. 등반복 데이터의 경우 항상 다음이 성립한다.

$$SS_{Trt} = SS_A + SS_B + SS_{AB}$$

여기서 SS_{Trt}는 단일 요인 분산분석에서 처리 제곱합이다. 그리고 자유도 역시 동일한 구조로 분해된다. 그리고 이같은 성질은 단일 요인으로 간주했을 때의 처리 제곱합을 A, B, AB의 효과에 대한 직교대비들의 제곱합들로 분해하는 것과 같다.

이와 같은 펼치기는 등반복 즉 균형 자료일 때 성립하는 성질이다. 불균형 자료에서는 항상 이같은 펼치기가 성립되지 않는다.

더 일반적으로 말해서, 불균형 자료에서는 심지어 총제곱합의 분할조차 되지 않을 수가 있다. 즉

$$SS_T \neq SS_A + SS_B + SS_{AB} + SS_E$$

우리가 지금까지 공부했듯이 총제곱합이 효과 제곱합들의 합으로 표시되는 통상적인 분산분석을 **직교 분산분석**(orthogonal ANOVA)라 한다. 그리고 이 성질이 성립되지 않는 분산분석을 **비직교 분산분석**(non-orthogonal ANOVA)이라 한다.

균형 불완전 블록 설계(BIBD)가 비직교 분산분석의 한 예다. 직교성이 없기 때문에 BIBD에서 처리에 대한 검증을 할 때 통상적인 처리 제곱합이 아닌 보정된 처리 제곱합을 계산한다.

그런데 일부 특수한 경우를 제외한 대부분의 불균형 자료에서는 비직교 분산분석이 결과된다. 특히 데이터가 없는 수준 조합이 존재하는 경우에는 문제가 더욱 심각하여, 효과에 대한 검증을 일상적인 방법으로 하더라도 도대체 어떤 가설을 검증한 것인지 불분명한 상황이 나타나며 해석 또한 확실치 않게 된다.

이런 이유로 실험을 할 때는 항상 균형 자료를 얻도록 설계를 해야 한다.

예 6.1

공부 환경에 영향을 주는 소음(A)과 고독성(B)에 대한 연구를 한다.

		소음		
		없음	약함	시끄러움
고독성	홀로	10	23	5
		6	21	15
		14	16	7
	함께	6	6	1
		11	17	2
		1	13	6

데이터를 보면 소음 요인의 수준은 없음, 약함, 시끄러움의 3 개이고, 고독성 요인에는 방 안에서 홀로 공부하는 수준과 다른 사람과 함께 공부하는 수준의 2 수준을 설정하였다. 모두 18 명의 사람을 각 수준 조합에 3 명씩 랜덤 배정하였다. 그리고 실험에 참여한 각 사람에게 30 분을 주고 일정 범위의 역사책을 읽게 한 다음 25 문항의 시험을 치루게 하였다. 반응값으로 맞은 문항수를 기록하였다. 이에 대한 분산분석은 다음과 같다.

source	SS	df	MS	F
A(소음)	336	2	168	8.40^{**}
B(고독성)	162	1	162	8.10^{*}
AB	12	2	6	0.30
오차	240	12	20	
총	750	17		

분산분석 결과를 보면, 소음과 고독성 간에는 상호작용이 없으며, 소음과 고독성의 주효과들은 모두 유의한데, 소음이 너 영향을 미치는 요인이라고 판단된다

이번에는 주어진 데이터에서 소음 수준을 무시하고 고독성 요인에 대하여 일원 분산분석을 해보자. 즉 고독성이 단일 요인이고 각 수준마다 9 개씩의 데이터가 있다고 생각한다. 이 경우 분산분석표는 다음과 같다.

source	SS	df	MS	F
고독성	162	1	162.00	4.41
오차	588	16	36.75	
총	750	17		

이상의 두 분산분석표를 비교해보면, 이요인일 때 SS_A, SS_{AB}, SS_E가 합쳐져 단일 요인 분산분석의 오차 제곱합이 되었음을 알 수 있다. 그리고 고독성의 효과는 이요인 분산분석에서는 유의하지만, 단일 요인 분산분석에서는 유의하지 않게 나오고 있다. 이 현상은 변동이 큰 소음의 효과가 오차로 편입되었기 때문에 검증력이 약화된데 기인한다. ∎

6.4 삼요인 요인 설계와 분석

요인이 셋 이상일 때도 지금까지 설명한 기본 원리가 그대로 적용된다. 여기서는 우선 **삼요인 요인 설계**(3-factor factorial design)에 대하여 살펴본다.

다음은 일반적인 균형 삼원 분산분석 모형(balanced 3-way ANOVA model)이다. 세 요인을 A, B, C로 표기하고, 각각의 수준을 a, b, c라 하자. $n>1$이다.

$$Y_{ijkl}=\mu+\alpha_i+\beta_j+\gamma_k+(\alpha\beta)_{ij}+(\alpha\gamma)_{ik}+(\beta\gamma)_{jk}+(\alpha\beta\gamma)_{ijk}+\epsilon_{ijkl} \tag{6.4}$$
$$(i=1,\cdots,a\,;\quad j=1,\cdots,b\,;\quad k=1,\cdots,c\,;\quad l=1,\cdots,n)$$

모형에서 $(\alpha\beta\gamma)_{ijk}$는 세 요인 모두의 상호작용 효과다. 분산분석을 할 때에는 언제나 고차 상호작용 효과부터 효과의 유의성 검증을 하여야 하며, 고차 상호작용 효과가 미미할 때는 이런 항을 오차에 편입시키는 편이 분석에 도움을 주는 경우가 왕왕 있다. 그리고 고차 상호작용은 해석도 어려울뿐더러 현실적으로 무시해도 좋은 경우가 대부분이다.

모형 (6.4)에 대한 총제곱합의 분할을 다음과 같이 표기하자.

$$SS_T = SS_A + SS_B + SS_C + SS_{AB} + SS_{AC} + SS_{BC} + SS_{ABC} + SS_E$$

여기서,

$$SS_T=\sum_{i=1}^{a}\sum_{j=1}^{b}\sum_{k=1}^{c}\sum_{l=1}^{n}(Y_{ijkl}-\overline{Y}_{....})^2$$

$$SS_A=\sum_{i=1}^{a}\sum_{j=1}^{b}\sum_{k=1}^{c}\sum_{l=1}^{n}(\overline{Y}_{i...}-\overline{Y}_{....})^2$$

$$SS_B=\sum_{i=1}^{a}\sum_{j=1}^{b}\sum_{k=1}^{c}\sum_{l=1}^{n}(\overline{Y}_{.j..}-\overline{Y}_{....})^2$$

$$SS_C=\sum_{i=1}^{a}\sum_{j=1}^{b}\sum_{k=1}^{c}\sum_{l=1}^{n}(\overline{Y}_{..k.}-\overline{Y}_{....})^2$$

$$SS_{AB}=\sum_{i=1}^{a}\sum_{j=1}^{b}\sum_{k=1}^{c}\sum_{l=1}^{n}(\overline{Y}_{ij..}-\overline{Y}_{i...}-\overline{Y}_{.j..}+\overline{Y}_{....})^2$$

$$SS_{AC}=\sum_{i=1}^{a}\sum_{j=1}^{b}\sum_{k=1}^{c}\sum_{l=1}^{n}(\overline{Y}_{i\cdot k.}-\overline{Y}_{i...}-\overline{Y}_{..k.}+\overline{Y}_{....})^2$$

$$SS_{BC}=\sum_{i=1}^{a}\sum_{j=1}^{b}\sum_{k=1}^{c}\sum_{l=1}^{n}(\overline{Y}_{.jk.}-\overline{Y}_{.j..}-\overline{Y}_{..k.}+\overline{Y}_{....})^2$$

$$SS_{ABC} = \sum_{i=1}^{a}\sum_{j=1}^{b}\sum_{k=1}^{c}\sum_{l=1}^{n}(\overline{Y}_{ijk\cdot} - \overline{Y}_{i\cdots} - \overline{Y}_{\cdot j\cdot\cdot} - \overline{Y}_{\cdot\cdot k\cdot} + \overline{Y}_{ij\cdot\cdot} + \overline{Y}_{i\cdot k\cdot} + \overline{Y}_{\cdot jk\cdot} - \overline{Y}_{\cdots\cdot})^2$$

$$SS_E = \sum_{i=1}^{a}\sum_{j=1}^{b}\sum_{k=1}^{c}\sum_{l=1}^{n}(Y_{ijkl} - \overline{Y}_{ijk\cdot})^2$$

이때 각각의 제곱합에 대응되는 자유도는 다음과 같다. 여기서 $N = abcn$이다.

$$\begin{aligned}(N-1) = {} & (a-1) + (b-1) + (c-1) \\ & + (a-1)(b-1) + (a-1)(c-1) + (b-1)(c-1) \\ & + (a-1)(b-1)(c-1) + (N-abc)\end{aligned}$$

삼원 분산분석 모형에 대한 분산분석표의 일반 형식이 표 6.8에 주어져있다. 모형의 유형에 따라 F 통계량을 계산할 때 사용할 분모항의 평균제곱 기호들을 수록하였다. ①은 고정 모형의 경우로 이때는 언제나 MS_E를 분모로 삼는다. ②와 ③은 혼합 모형일 때로 ②는 하나의 요인이 랜덤, 나머지 두 요인이 고정효과 요인일 경우이고, ③은 두 개의 요인이 랜덤, 하나가 고정효과 요인일 경우다. 특히 ③에서 고정효과 요인 C에 대한 정확한 검증법은 없다. 이 문제점에 대해서는 제 6.5 절을 보라.

표 6.8 삼요인 요인 실험 모형에 대한 분산분석표

source	SS	df	MS	F: ① A, B, C 모두 고정	② A는 랜덤; B, C는 고정	③ A, B는 랜덤; C는 고정
A	SS_A	$a-1$	MS_A	MS_E	MS_E	MS_{AB}
B	SS_B	$b-1$	MS_B	MS_E	MS_{AB}	MS_{AB}
C	SS_C	$c-1$	MS_C	MS_E	MS_{AC}	-
AB	SS_{AB}	$(a-1)(b-1)$	MS_{AB}	MS_E	MS_E	MS_E
AC	SS_{AC}	$(a-1)(c-1)$	MS_{AC}	MS_E	MS_E	MS_{ABC}
BC	SS_{BC}	$(b-1)(c-1)$	MS_{BC}	MS_E	MS_{ABC}	MS_{ABC}
ABC	SS_{ABC}	$(a-1)(b-1)(c-1)$	MS_{ABC}	MS_E	MS_E	MS_E
오차	SS_E	$N-abc$	MS_E			
총	SS_T	$N-1$			$(N=abcn)$	

예 6.2

서해안 개펄에 서식하는 게의 호흡률을 연구한다. 관심 요인은 종(A), 외부 기온(B), 성별(C)이다. 3 종의 게가 있고, 외부 기온은 저, 중, 고의 3 수준을 설정하였다. 물론 성별은 2 수준이다. 각 처리마다 4 마리 씩의 게를 랜덤 배치하였다. 호흡률은 산소 소비량으로 결정하였다. 데이터는 다음과 같다.

	종 1		종 2		종 3	
	암	수	암	수	암	수
저온	1.8	1.9	2.3	2.1	1.4	1.1
	1.7	1.8	2.0	2.0	1.0	1.2
	1.4	1.6	1.9	1.8	1.3	1.0
	1.5	1.4	1.7	2.2	1.2	1.4
중온	2.4	2.3	2.0	2.4	2.4	2.0
	2.7	2.1	2.3	2.6	2.6	2.1
	2.4	2.0	2.1	2.7	2.3	1.9
	2.6	2.6	2.4	2.3	2.2	2.2
고온	3.0	2.9	3.1	3.6	3.2	2.9
	3.1	2.8	3.0	3.1	2.9	2.8
	3.0	3.4	2.8	3.4	2.8	3.0
	2.7	3.2	3.2	3.2	2.9	3.1

세 요인 모두 고정 요인이다. 분산분석표는 다음과 같다.

source	SS	df	MS	F
A(종)	1.82	2	0.91	24.48^{**}
B(온도)	24.66	2	12.33	332.02^{**}
C(성)	0.01	1	0.01	0.24
AB	1.10	4	0.28	7.42^{**}
AC	0.37	2	0.19	4.99^{*}
BC	0.17	2	0.09	2.36
ABC	0.22	4	0.06	1.49
오차	2.01	54	0.04	
총	30.36	71		

따라서 게의 호흡률은 종과 온도에 따라 차이가난다. 그리고 한 종의 호흡률은 성에 따라 다르다. ▌

6.5 요인 설계에 대한 글자 표기 EMS 규칙

EMS (expected mean square; 기대평균제곱)는 평균제곱(MS)에 대한 통계적 기대값인데, 이 EMS 값들을 기초로 F 검증 통계량을 만들어 요인 효과에 대한 검증을 함은 이미 제 3.8 절에서 언급하였다. 이 절에서는 요인 설계 모형에서 각 효과마다 EMS를 산정하는 간단하고 편리한 EMS 규칙을 소개하고 이를 토대로 정확한 검증이 불가능한 효과에 대하여 근사 검증을 하는 방법을 설명한다.

삼요인 요인 설계 모형에서, 고려되는 세 요인에 관련된 효과는 A, B, C, AB, AC, BC, ABC들이다. 그리고 오차를 E로 표기하자.

다음 사항들을 주지하고 있으면 각 효과에 대한 EMS를 결정하는 것은 쉽다.

- 오차 E는 언제나 랜덤효과다.
- 주효과는 각 요인의 수준이 어떻게 결정되었는가에 따라 고정효과 또는 랜덤효과로 구분된다.
- 상호작용 효과에 포함된 어느 한 요인이라도 랜덤효과이면 그 상호작용 효과는 랜덤효과이고 그렇지 않으면 고정효과다.

한 가지 예로, 모형 (6.4)에서 요인 A가 고정, 요인 B가 랜덤, 요인 C가 고정효과이면 상호작용 효과 AB는 랜덤효과, AC는 고정효과, BC는 랜덤효과, ABC는 랜덤효과다.

이런 기초 지식을 토대로 주어진 효과에 대한 **EMS 규칙**(EMS rule)은 다음과 같이 정리된다.

> <u>EMS 규칙</u>
>
> 오차 E와 자체 효과 그리고 주어진 효과에 대한 기호를 모두 포함하는 상호작용 효과들 중 주어진 효과를 제외한 나머지 요인들이 전부 랜덤 효과인 상호작용 효과들을 덧셈 형식으로 표기한다.

표 6.9 A가 랜덤, B와 C는 고정인 경우의 글자 표기 EMS

source	EMS	F 통계량의 분모항
A	$E+A$	E
B	$E+AB+B$	AB
C	$E+AC+C$	AC
AB	$E+AB$	E
AC	$E+AC$	E
BC	$E+ABC+BC$	ABC
ABC	$E+ABC$	E
E	E	

한 가지 예를 들어보자. 요인 A가 랜덤이고 B와 C는 고정효과라 하자. 이에 대한 각 효과들의 EMS는 표 6.9와 같이 정리된다.

표 6.9의 결과에 대하여 부연 설명을 하겠다.

우선 오차 E가 들어가는 상호작용 효과는 없으므로 E에 대한 EMS는 그대로 E로 표기한다.

상호작용 효과 ABC에 대한 EMS를 구하려면 규칙에 따라 오차 E와 자체 효과 ABC만을 고려한다. 따라서 ABC에 대한 EMS는 $E+ABC$다.

B에 대한 EMS를 구하려면, 우선 오차 E와 자체 효과 B를 고려한다. 그리고 B를 포함하는 모든 상호작용 효과들을 나열한다. 이런 상호작용 효과들에는 AB, BC, ABC의 세 개가 있다. 이들 중 AB에서는 자체 효과 B를 제외한 나머지가 A인데 A는 랜덤효과라 가정하였으므로 AB는 EMS에 포함하여야 한다. 두 번째로 상호작용 효과 BC에서 B를 제외하면 C가 남는데 C는 고정효과이므로 상호작용 효과 BC는 EMS에 포함되지 않는다. 세 번째로 상호작용 효과 ABC에서 B를 제외하면 남는 효과가 AC인데, A와 C 둘다 동시에 랜덤효과가 아니므로 ABC 역시 EMS에 포함되지 않는다. 따라서 B에 대한 EMS는 $E+AB+B$가 된다.

부연 설명하지 않은 나머지 효과들에 대하여는 스스로 생각해보라.

표 6.8과 같은 형식으로 EMS를 구하는 방법을 **글자 표기**(letter notation) EMS 규칙이라 부른다. 글자 표기 EMS 규칙은 요인 설계 모형 즉 교차 실험 모형에 대해서만 적용할 수 있다. 순수한 지분 모형이나, 지분 요인이 혼재된 모형에는 사용할 수 없다.

그리고 EMS로 나타난 각 글자들의 기대값은 항상 0 이상이다. 왜냐하면 평균제곱은 제곱합의 평균이고 또 제곱합은 언제나 0 이상이기 때문에 평균제곱의 기대값도 항상 0

이상이 된다. 또 바꾸어 표현하자면 평균제곱은 일종의 분산이고, 분산은 항상 0 이상이기 때문에 기대평균제곱은 언제나 0 이상이라고 해도 좋다.

분산분석에서 어느 효과의 존재 유무를 검증할 때는 언제나 두 평균제곱의 비로 F 통계량을 만들어 검증을 한다. 이는 분산분석의 골격이 되는 기본 원리다. 그렇다면 어떤 주어진 효과를 검증할 때 분자와 분모에 위치하는 평균제곱으로 어느 것을 골라 사용해야하는가? 이것을 결정하는 기초적인 통계량이 바로 EMS 규칙에서 도출된다.

예를 들어 효과 B에 대한 검증법을 찾아보자. B를 고정효과 요인이라 가정했으므로 대응되는 적절한 가설은 다음과 같이 쓴다.

$$H_0: \beta_j = 0 \quad \forall j$$
$$H_1: \text{적어도 하나의 } \beta_j \neq 0$$

어떤 효과를 검증하는 F 통계량을 만들 때, F 통계량의 분자항은 언제나 검증하려는 효과에 대한 EMS를 넣으면 된다. 현재 주효과 B에 대한 EMS는 $E+AB+B$다. 그렇다면 분모항에 어떤 효과의 EMS가 들어와야 적법한 분석이 가능할까? 즉

$$F = \frac{E+AB+B}{?}$$

이런 경우에 분모항은 언제나 분자에 나타난 EMS 표기에서 검증하려는 효과 하나를 제거한 형태로서 결정된다. 즉 주효과 B에 대한 검증 통계량의 형태는 다음과 같다.

$$F = \frac{E+AB+B}{E+AB}$$

B의 효과가 전혀 존재하지 않으면 즉 B의 효과의 크기가 0이라면 F의 값은 정확히 1이 된다. 그리고 B의 효과가 무시해도 좋을 정도로 미미하다면 B의 효과의 크기는 여전히 0에 가까울 것이고, 이 경우에 위의 비는 1보다는 약간 크겠지만 그래도 1에 가까운 값을 갖는다. 그러나 효과 B가 정말로 통계적으로 유의하다면 F의 값은 1보다 상당히 크게 될 것이다.

따라서 B의 효과 유무를 검증하려면 분모항으로서 B에 대한 EMS에서 자신의 효과 B를 제외한 나머지 부분들과 동일한 형태의 EMS를 주는 효과를 선택해야함은 자명하다. 다른 어떤 효과의 EMS도 그런 역할을 수행하지 못한다.

그리고 표 6.8을 보면 EMS가 $E+AB$인 효과는 AB다. 따라서 표 6.8에서 B에 대한 F 통계량의 분모항이 AB로 주어진 것이다.

결국 주효과 B를 검증하는 F 통계량은 다음의 두 평균제곱의 비로 주어진다.

$$F=\frac{MS_B}{MS_{AB}}$$

MS_B에 대한 자유도는 $(b-1)$, MS_{AB}에 대한 자유도는 $(a-1)(b-1)$이므로 유의수준 α에서 주효과 B에 대한 검증법은 다음과 같다.

- 만일 $F=\frac{MS_B}{MS_{AB}}>F_{b-1,(a-1)(b-1),\alpha}$ 이면 H_0를 기각한다.

현재 우리는 요인 A가 랜덤이고 B와 C는 고정효과라고 가정하였다. 이 경우에 합당한 통계 모형은 다음과 같다.

$$Y_{ijkl}=\mu+\alpha_i+\beta_j+\gamma_k+(\alpha\beta)_{ij}+(\alpha\gamma)_{ik}+(\beta\gamma)_{jk}+(\alpha\beta\gamma)_{ijk}+\epsilon_{ijkl}$$
$$(i=1,\cdots,a\,;\quad j=1,\cdots,b\,;\quad k=1,\cdots,c\,;\quad l=1,\cdots,n)$$

이때 β_j, γ_k, $(\beta\gamma)_{jk}$는 알지 못하는 상수들이고, 각 랜덤 효과항에 대하여 다음과 같은 조건들이 덧붙는다.

$$\alpha_i\sim N(0,\sigma^2_\alpha),\qquad (\alpha\beta)_{ij}\sim N(0,\sigma^2_{\alpha\beta}),\qquad (\alpha\gamma)_{ik}\sim N(0,\sigma^2_{\alpha\gamma}),$$
$$(\alpha\beta\gamma)_{ijk}\sim N(0,\sigma^2_{\alpha\beta\gamma})$$

그리고 이때 각 상호작용들 간에는 상관(correlation)이 존재하지 않는다고 가정한다. 즉 각 상호작용들은 서로 독립이다. 참고로 만일 상호작용들 간의 상관을 용인하면 지금까지와는 다소 다른 EMS 규칙이 나오는데 실상 모형에 어떤 가정을 하느냐에 따라 EMS의 산정은 달라진다.

여하튼 이상의 조건들을 고려하여 간편한 EMS의 글자 표기가 실제로는 어떤 공식을 대표하는지 알아보자.

우선 **고정효과**(fixed effect)는 효과 요소의 제곱합을 그 자유도로 나눈 형태로 정의된다. 이는 곧 분산에 다름 아니다. 예를 들어 B의 효과는 다음과 같다.

$$\sum_{j=1}^{b}\beta_j^2/(b-1)$$

마찬가지로 BC의 효과는 다음과 같이 표현된다.

$$\sum_{j=1}^{b}\sum_{k=1}^{c}(\beta\gamma)_{jk}^2 \,/\, (b-1)(c-1)$$

그리고 **랜덤효과**(random effect)는 대응되는 분산요소(variance component)를 그대로 쓴다. 따라서 A의 랜덤효과는 σ_α^2이다. 흡사하게 AB의 랜덤효과는 $\sigma_{\alpha\beta}^2$이다. 또 오차 E의 랜덤효과는 σ^2이다.

그렇다면 글자 표기의 EMS로 $E+AB+B$를 얻었다면 이 값의 실제 표현은 어떻게 할까? 이는 다음과 같다.

$$\sigma^2 + cn\sigma_{\alpha\beta}^2 + acn\sum_{j=1}^{b}\beta_j^2/(b-1)$$

즉 현재 모형에서 주어진 데이터의 개수는 $abcn$인데 효과에서 사용된 첨자에 대응하지 않는 수준수들을 곱한 형식으로 표시하는 것이다. 즉 $\sigma_{\alpha\beta}^2$에서 첨자 $\alpha\beta$는 ab에 대응한다. 따라서 cn을 곱한다. 또 β_j^2에서 첨자 j는 b에 대응하므로 나머지 수준수들 acn을 곱하는 식이다.

이런 논의를 종합하여 표 6.9의 글자 표기 EMS를 실제 공식으로 바꾸면 표 6.10을 얻는다. 표 6.7과 표 6.8에 주어진 F 검증 통계량의 공식도 이상과 같은 논의 하에 만들어진 것들이다.

표 6.10 A가 랜덤, B와 C는 고정인 경우의 EMS

source	EMS
A	$\sigma^2 + bcn\,\sigma_\alpha^2$
B	$\sigma^2 + cn\,\sigma_{\alpha\beta}^2 + acn\sum_{j=1}^{b}\beta_j^2\,/\,(b-1)$
C	$\sigma^2 + bn\,\sigma_{\alpha\gamma}^2 + abn\sum_{k=1}^{c}\gamma_k^2\,/\,(c-1)$
AB	$\sigma^2 + cn\,\sigma_{\alpha\beta}^2$
AC	$\sigma^2 + bn\,\sigma_{\alpha\gamma}^2$
BC	$\sigma^2 + n\sigma_{\alpha\beta\gamma}^2 + an\sum_{j=1}^{b}\sum_{k=1}^{c}(\beta\gamma)_{jk}^2\,/\,(b-1$
ABC	$\sigma^2 + n\sigma_{\alpha\beta\gamma}^2$
E	σ^2

예 6.3

표 6.7에 주어진 반복수가 2 이상인 이원 분산분석에서 F 검증법을 구축하는 예를 든다. 표 6.11은 두 요인 모두 고정인 경우에 대한 EMS 표다. 또 표 6.12는 두 요인 모두 랜덤인 경우고, 표 6.13은 요인 A가 고정, 요인 B가 랜덤인 경우다.

표 6.11 A, B가 모두 고정인 경우의 EMS

source	EMS		F 통계량의 분모항
	글자 표기	실제 공식	
A	$E+A$	$\sigma^2 + bn\sum_i \alpha_i^2/(a-1)$	E
B	$E+B$	$\sigma^2 + an\sum_j \beta_j^2/(b-1)$	E
AB	$E+AB$	$\sigma^2 + n\sum_i\sum_j (\alpha\beta)_{ij}^2/(a-1)(b-1)$	E
E	E	σ^2	

표 6.12 A, B가 모두 랜덤인 경우의 EMS

source	EMS		F 통계량의 분모항
	글자 표기	실제 공식	
A	$E+AB+A$	$\sigma^2 + n\sigma_{\alpha\beta}^2 + bn\sigma_\alpha^2$	AB
B	$E+AB+B$	$\sigma^2 + n\sigma_{\alpha\beta}^2 + an\sigma_\beta^2$	AB
AB	$E+AB$	$\sigma^2 + n\sigma_{\alpha\beta}^2$	E
E	E	σ^2	

표 6.13 A가 고정, B가 랜덤인 경우의 EMS

source	EMS		F 통계량의 분모항
	글자 표기	실제 공식	
A	$E+AB+A$	$\sigma^2 + n\sigma_{\alpha\beta}^2 + bn\sum_i \alpha_i^2/(a-1)$	AB
B	$E+B$	$\sigma^2 + an\sigma_\beta^2$	E
AB	$E+AB$	$\sigma^2 + n\sigma_{\alpha\beta}^2$	E
E	E	σ^2	

표 6.8에 정리된 검증법들에 대해서도 EMS 표를 만들고 검증 통계량의 공식들을 확인해보라. ∎

6.6 근사 F 검증

균형된 삼요인 요인 설계에서 세 요인 A, B, C 모두가 랜덤효과라고 가정하자. 이때 각 효과의 EMS들은 표 6.14와 같이 정리된다.

그런데 표 6.14를 보면 상호작용 효과들에 대한 검증법은 간단히 결정할 수 있지만, 주효과들을 검증할 수 있는 F 통계량의 분모항을 구할 수 없음을 알 수 있다. 예를 들어 주효과 A에 대한 검증을 하려면 EMS가 $E+ABC+AB+AC$가 되는 효과가 존재해야 되는데 표를 아무리 살펴보아도 이런 EMS를 주는 효과가 존재하지 않는다. 결국 세 요인 모두 랜덤효과일 때 각 주효과에 대한 정확한 F 검증법은 없다. 이런 경우에는 천상 근사 검증법을 고려해야 한다.

한 가지 예를 들어 분산분석에 자주 사용되는 근사 검증법의 요체를 설명한다.

표 6.14의 상황에서 주효과 A에 대한 검승이 목표라고 하자. 표 6.14에서 효과 AB에 대한 EMS와 효과 AC에 대한 EMS를 더한 다음 여기에서 효과 ABC에 대한 EMS를 빼자. 즉

$$
\begin{aligned}
&(E+ABC+AB) + (E+ABC+AC) - (E+ABC) \\
= \ & E+AB+AC+ABC
\end{aligned}
$$

표 6.14 A, B, C가 모두 랜덤인 경우의 글자 표기 EMS

source	EMS	F 통계량의 분모항
A	$E+ABC+AB+AC+A$	-
B	$E+ABC+AB+BC+B$	-
C	$E+ABC+BC+AC+C$	-
AB	$E+ABC+AB$	ABC
AC	$E+ABC+AC$	ABC
BC	$E+ABC+BC$	ABC
ABC	$E+ABC$	E
E	E	

이렇게하면 주효과 A를 검증하는데 필요한 분모항의 EMS가 나오는 것을 확인할 수 있다. 이와 같이 어떤 효과를 검증하기 위한 분모항이 없을 때는 둘 이상의 다른 효과들에 대한 EMS들을 가감하여 바라는 EMS를 얻을 수 있으며, 이러한 방법으로 수행하는 근사 F 검증법을 **새터스웨이트의 근사**(Satterthwaite's approximation)라 한다. 그리고 단일 EMS들의 선형 조합으로 형성되는 새로운 EMS를 **합성 EMS** (synthesized EMS)라고 부른다.

따라서 주효과 A를 검증하는 새터스웨이트의 근사 검증 통계량은 다음과 같이 설정한다.

$$F = \frac{MS_A}{MS_{AB} + MS_{AC} - MS_{ABC}} \tag{6.5}$$

이 통계량에서 분모항을 **합성 평균제곱**(synthesized MS)이라 부르기로 하자.

표 6.14에서 빠진 주효과들의 검증을 위한 합성 평균제곱을 이용한 새로운 F 통계량의 분모항을 표 6.15에 정리하였다.

표 6.15 합성 평균제곱을 이용한 주효과의 근사 검증

source	EMS	F 통계량의 분모항
A	$E+ABC+AB+AC+A$	$AB+AC-ABC$
B	$E+ABC+AB+BC+B$	$AB+BC-ABC$
C	$E+ABC+BC+AC+C$	$AC+BC-ABC$

그런데 이렇게 합성 평균제곱을 이용하여 설정한 F 통계량은 더 이상 정확한 F 분포를 따르지 않는다. 다만 새터스웨이트가 적률법으로 증명한 바에 의거하면 근사적으로 F 분포를 따른다고 할 수 있다.

여기서 분모항의 자유도 ν는 다음 공식으로 결정된다.

$$v = \frac{(MS_{AB} + MS_{AC} - MS_{ABC})^2}{\frac{MS_{AB}^2}{df_{AB}} + \frac{MS_{AC}^2}{df_{AC}} + \frac{MS_{ABC}^2}{df_{ABC}}}$$

일반적으로 다음 형식의 합성 평균제곱을 생각하자.

$$MS^* = c_1 MS_1 + \cdots + c_p MS_p$$

여기서 c_i들은 상수다. 그리고 df_i를 평균제곱 MS_i의 자유도라 할 때 합성 평균제곱 MS^*의 자유도 공식은 다음과 같다.

$$v = \frac{(MS^*)^2}{\sum_{i=1}^{p} \frac{(c_i\, MS_i)^2}{df_i}} = \frac{(c_1 MS_1 + \cdots + c_p MS_p)^2}{\frac{(c_1 MS_1)^2}{df_1} + \cdots + \frac{(c_p MS_p)^2}{df_p}}$$

그런데 이렇게 계산한 합성 평균제곱 ν의 자유도는 정수가 아니다. 따라서 결과적으로 F 분포표에서 표값을 읽을 수가 없다. 이를 해결하려면 보간법을 이용하는 것도 한 가지 방법이겠지만 ν의 값 이하의 최대 정수를 자유도로 잡는 편이 더 실용적이다. 즉 ν의 값이 6.75라면 6을 자유도로 잡으면 된다.

그러나 새터스웨이트의 근사 검증법에는 한 가지 단점이 있는 바 이론적으로 평균제곱은 항상 0 이상의 값을 취해야하는데 실제 계산을 하다 보면 합성 평균제곱의 값이 음수로 나오는 경우가 있다. 특히 근사 F 통계량 (6.5)에서 분모항이 음수라면 문제가 심각하다.

이런 단점을 보완한 검증 방식을 **코크란의 보정**(Cochran's modification)이라 한다. 공식 (6.5)에서 분모항의 값이 음수라고 가정하자. 즉

$$MS_{AB} + MS_{AC} - MS_{ABC} < 0$$

여기서 음수가 나타난 이유는 MS_{ABC}를 빼는 연산 때문이다. 이 점에 착안하여 코크란은 공식 (6.5)의 분자항과 분모항 각각에 MS_{ABC}를 더하기를 제안하였다. 이렇게 하면 근사 F 통계량 (6.5)의 공식은 다음과 같이 수정된다.

$$F = \frac{MS_A + MS_{ABC}}{MS_{AB} + MS_{AC}} \tag{6.6}$$

이렇게 하면 분자, 분모 어디서도 빼기 연산이 없기 때문에 합성 평균제곱의 값이 0보다 작아질 염려가 없게 된다. 이 경우에 (6.6)의 분자항의 자유도 v_1과 분모항의 자유도 v_2는 다음 공식으로 결정된다.

$$v_1 = \frac{(MS_A + MS_{ABC})^2}{\frac{MS_A^2}{df_A} + \frac{MS_{ABC}^2}{df_{ABC}}}, \qquad v_2 = \frac{(MS_{AB} + MS_{AC})^2}{\frac{MS_{AB}^2}{df_{AB}} + \frac{MS_{AC}^2}{df_{AC}}}$$

예 6.4

다음은 삼요인 요인 설계에 따라 얻은 데이터다. A가 고정, B와 C는 랜덤으로 가정하고 모든 효과를 검증하자.

	C_1			C_2		
	B_1	B_2	B_3	B_1	B_2	B_3
A_1	28 34	9 13	11 9	19 12	3 4	15 3
A_2	29 21	21 11	10 11	13 13	4 7	13 4
A_3	26 22	18 27	16 23	10 16	12 3	15 15
A_4	12 11	25 36	34 29	2 10	6 14	18 31

분산분석표는 다음과 같다. 여기서는 EMS, 분모항, F 통계량의 값, 그리고 유의수준 0.05에서 검증한 결과만을 요약한다.

source	EMS	분모항	F	결론
A	$E+ABC+AB+AC+A$	$AB+AC-ABC$	0.435	
B	$E+BC+B$	BC	0.639	
C	$E+BC+C$	BC	9.404	
AB	$E+ABC+AB$	ABC	9.400	H_0를 기각
AC	$E+ABC+AC$	ABC	0.298	
BC	$E+BC$	E	4.487	H_0를 기각
ABC	$E+ABC$	E	1.045	
오차	E			

주효과 A를 검증하려면 합성 평균제곱을 계산해야 한다.

$$MS^* = MS_{AB} + MS_{AC} - MS_{ABC}$$
$$= 239.118 + 7.583 - 25.438$$
$$= 221.263$$

이 합성 평균제곱에 대한 자유도는 다음과 같이 계산한다.

$$v = \frac{221.263^2}{\frac{239.118^2}{6} + \frac{7.583^2}{3} + \frac{(-25.438)^2}{6}} = 5.07$$

따라서 ν의 값으로 5를 취한다. 그리고 여기서 유의하지 않게 나타난 3 개의 주효과들은 AB와 BC 상호작용들 때문에 가려졌다고 판단된다. ▮

< 연 습 문 제 >

1. 토마토를 재배하는 농가에서 3 종류의 품종(A)과 4 종류의 비료(B)가 생산량에 끼치는 영향을 산정하고 싶어한다. 이요인 요인 설계에 의거하여 각 수준 조합마다 2 그루의 토마토를 키운 결과 다음 자료를 얻었다. 반응값은 시판 가능한 토마토의 숫자다. 분석하라.

	B_1	B_2	B_3	B_4
A_1	12 18	14 10	12 4	20 14
A_2	4 6	13 13	6 12	17 9
A_3	20 14	22 22	15 9	17 25

2. 유통 회사들에 대하여 3 가지의 재고 관리 방법(A)과 재고가 소진되는 상황에서 4 가지의 주문 시점의 결정 방법(B)에 대한 효과를 연구한다. 재고 관리 방법과 주문 시점의 결정 방법은 국내에서 사용되는 많은 방법들 중에서 랜덤으로 골랐다. 각 수준 조합에 부합되는 회사들 중 3 군데씩을 랜덤으로 골라 예측한 현금 흐름의 절대

차이값을 산출하였다. 다음 표에 나타난 자료는 각 수준 조합에서 관측한 반응값들의 평균이며 괄호 속의 값은 분산이다.

	B_1	B_2	B_3	B_4
A_1	11 (17)	18 (29)	7 (18)	9 (26)
A_2	14 (15)	16 (22)	3 (23)	6 (11)
A_3	23 (23)	29 (14)	14 (17)	9 (19)

① 분석을 하고 결과를 해석하라. 또 분산 요소들을 추정하라.

② 재고 관리 방법이 고정효과라고 가정하고 다시 분석해보라. 그리고 재고 관리 방법들에 대하여 다중 비교를 하라.

3. A와 B는 랜덤효과 요인, C는 고정효과 요인인 균형된 교차실험에서 EMS를 산출하고, 또 각 효과를 검증할 때 사용할 F 통계량의 분모항을 제시하라.

4. 예 6.4에서 완전한 분산분석표를 만들어보라.

5. 예 6.4에서 A와 B를 고정, C를 랜덤이라 하고 분석을 다시 하라. 유의수준 0.05에서 그리고 A의 네 수준에 대하여 튜키의 다중비교 검증을 시행하라.

6. 다음은 A가 고정, B와 C가 랜덤인 경우의 분산분석표다. 코크란 보정을 이용하여 주효과 A를 검증하라.

source	SS	df
A	616.78	2
B	175.56	3
C	5.03	2
AB	809.44	6
AC	179.06	4
BC	242.19	6
ABC	231.07	12
오차	1248.00	36
총	3507.11	71

7

제곱합과 자유도, 그리고 기대평균제곱

7.1 제곱합과 자유도의 분할

실험설계에서 가장 중요한 고려 사항은 물론 분산분석의 수행이라 할 수 있다. 분산분석을 하기 위해서는 실험설계에 대응되는 모형을 구성하는 각 효과들에 대한 제곱합과 그 자유도를 결정해야 한다. 그 다음 적절한 검증법을 구축하려면 기대평균제곱의 유도가 필수적이다. 특히 랜덤 모형이나 혼합 모형에서 이러한 제반 과정의 공식적인 절차 확립은 매우 중요하다.

따라서 이 절에서는 주어진 모형에서 제곱합과 자유도를 분할하는 공식적인 방법을 소개하고, 제 7.2 절에서는 기대평균제곱을 유도하는 방법을 설명한다. 이 방식들은 균형된 요인 실험(factorial experiment), 지분 실험(nested experiment), 또는 지분 요인 실험(nested factorial experiment)에서 사용할 수 있다.

이 장에서 소개하는 EMS 규칙은 라틴 정방이나 불완전 블록 설계와 같이 부분적으로 균형된 실험에는 적용할 수 없다.

제곱합의 분할시 모형에 관계없이 공통적으로 준수해야 하는 몇 가지 규칙이 있다.

- 오차항에서 수준 조합 내 반복 실험을 나타내는 첨자는 다른 모든 첨자에 지분된다.

예를 들어 반복이 2 이상인 이요인 요인 설계 모형에서 지금까지 오차항은 ϵ_{ijk}로 표기했으나 여기서는 $\epsilon_{k(ij)}$로 표기하여, 첨자 k가 첨자 i, j에 지분됨을 명시한다. 그러나 반복이 1이라면 첨자 k는 불필요하고 따라서 이런 경우에는 그냥 ϵ_{ij} 라고 표시한다.

- 어떤 모형에서도 반드시 전체 평균 μ와 오차 ϵ은 항상 나타난다. 그리고 실험에 개재된 모든 요인들의 주효과와 상호작용들을 나열한다. 그러나 지분 요인과 그 상위요인 간에는 상호작용이 없다. 이때 상위요인에 해당하는 첨자(들)은 괄호 속에 표시한다.

따라서 반복이 2 이상인 이요인 요인 설계 모형은 다음과 같이 작성한다.

$$Y_{ijk} = \mu + \alpha_i + \beta_j + (\alpha\beta)_{ij} + \epsilon_{k(ij)}$$

또 이 경우 만일 요인 B가 요인 A에 지분되어 있다면 모형은 다음과 같다.

$$Y_{ijk} = \mu + \alpha_i + \beta_{j(i)} + \epsilon_{k(ij)}$$

이 모형은 가장 간단한 형태의 지분 모형인데 이런 경우에 상호작용 AB는 존재할 수 없다. 따라서 다음 모형은 잘못된 것이다.

$$Y_{ijk} = \mu + \alpha_i + \beta_{j(i)} + (\alpha\beta)_{ij} + \epsilon_{k(ij)}$$

간단히 말해서 괄호 속 첨자와 괄호 밖 첨자 간에는 상호작용이 존재하지 않는다.

- 첨자는 사용 방식에 따라 세 종류로 구분한다. 효과항에 존재하되 괄호 밖에 있으면 '살았다(live)'고 한다. 효과항에 존재하되 괄호 안에 있으면 '죽었다(dead)'고 한다. 또 효과항에 사용되지 않았으면 '빠졌다(absent)'고 한다.

현재 모형에서 사용되는 첨자가 i, j, k의 3 개라고 하자. 이때 효과항 $(\alpha\beta)_{ij}$에서 i, j는 살았고 k는 빠진 것이다. 또 오차항 $\epsilon_{k(ij)}$에서 i, j는 죽었고 k는 살았다. 그리고 효과항 $\gamma_{j(i)}$가 있다면 여기서는 i가 죽었고 j는 살았고 k는 빠진 것이다.

■ 모형에 나타난 각 효과항의 자유도는 다음 공식으로 결정된다.

$$\text{자유도} = \{\prod_{\text{죽은 첨자}} (\text{수준수})\} \times \{\prod_{\text{살아있는 첨자}} (\text{수준수} - 1)\}$$

예를 들어 $(\alpha\beta)_{ij}$에서 i, j는 살아있다. 그러므로 $(\alpha\beta)_{ij}$의 자유도는 $(a-1)(b-1)$이다. 또 $\epsilon_{k(ij)}$에서 i, j는 죽었고 k는 살았으므로 대응되는 자유도는 $ab(n-1)$이 된다. 마찬가지로 $\gamma_{j(i)}$의 자유도는 $a(b-1)$이다. 요컨대 괄호 속 첨자는 수준수를 그대로 쓰고, 괄호 밖 첨자는 (수준수 - 1)을 하여 모두 곱하면 바로 자유도가 된다.

■ 제곱합의 공식은 자유도 공식과 개념상 동일하다. 즉 어느 효과항에 대한 제곱합을 구할 때는 효과항에 붙어있는 모든 첨자에 대하여 살아있는 첨자에서는 1을 빼고, 죽은 첨자는 그대로 두고 모두 곱해서 전개한다. 이때 나타나는 첨자들과 그 부호는 제곱합 공식에서 평균에 그대로 반영된다. 빠진 첨자에 대해서는 그 첨자에 대하여 합산함을 나타내는 합산 부호 '•'를 붙인다.

예를 들어 반복이 2 이상인 이요인 요인 설계 모형에서 $(\alpha\beta)_{ij}$에 대응하는 제곱합의 공식을 구해보자. 두 첨자 모두 살았으므로 위에서 설명한 첨자곱의 규칙에 의거하면 $(i-1)(j-1) = ij - i - j + 1$을 얻는다. 따라서 대응되는 제곱합 공식은 다음과 같다.

$$\sum_i \sum_j \sum_k (\overline{Y}_{ij\cdot} - \overline{Y}_{i\cdot\cdot} - \overline{Y}_{\cdot j\cdot} + \overline{Y}_{\cdot\cdot\cdot})^2 \tag{7.1}$$

또 오차 $\epsilon_{k(ij)}$에 대한 제곱합은 $ij(k-1) = ijk - ij$이므로 다음과 같이 쓴다.

$$\sum_i \sum_j \sum_k (Y_{ijk} - \overline{Y}_{ij\cdot})^2$$

■ 제곱합의 공식을 손계산으로 산출하려면 부득이 공식을 전개해야 한다. 손계산용 공식은 관측합을 기초로 주어지는데, 이 규칙은 제곱합 (7.1)을 변환하는 다음의 실례로 설명을 대신한다.

$$\sum_{i=1}^{a}\sum_{j=1}^{b}\frac{Y_{ij\cdot}^2}{n}-\sum_{i=1}^{a}\frac{Y_{i\cdot\cdot}^2}{bn}-\sum_{j=1}^{b}\frac{Y_{\cdot j\cdot}^2}{an}+\frac{Y_{\cdots}^2}{abn}$$

7.2 EMS 규칙

제 6.5 절에서 소개한 글자 표기 EMS 규칙은 요인 설계와 같은 교차 실험인 경우에 간편히 기대평균제곱을 산출하는 규칙이었다. 이 절에서는 지분 실험까지 포함하는 보다 일반적인 EMS 규칙을 소개한다.

다음 두 가지의 표기를 약속하자.

첫째로, Q를 효과라고 할 때 지시변수(indicator variable) δ_Q를 다음과 같이 정의한다.

$$\delta_Q=\begin{cases}0, & Q\text{는 고정효과}\\ 1, & Q\text{는 랜덤효과}\end{cases}$$

예를 들어 오차는 항상 랜덤이므로 언제나 $\delta_\epsilon=1$이다.

두 번째로, 편의상 모든 분산은 분산요소 형식으로 표현한다. 따라서 A가 고정일 때 σ_α^2 란 표기는 실제로 $\sum\sum\alpha_i^2/(a-1)$을 의미한다. 마찬가지로 AB가 고정이라면 $\sigma_{\alpha\beta}^2=\sum\sum(\alpha\beta)_{ij}^2/(a-1)(b-1)$이다. 물론 랜덤이라면 그대로 사용하면 되겠다.

■ **1 단계**: 모형을 쓴다.

예를 들어 다음 모형을 기초로 EMS를 계산해보자.

$$Y_{ijkl}=\mu+\alpha_i+\beta_j+(\alpha\beta)_{ij}+\gamma_{k(j)}+(\alpha\gamma)_{ik(j)}+\epsilon_{ijkl}$$
$$(i=1,\cdots,a\,;\quad j=1,\cdots,b\,;\quad k=1,\cdots,c\,;\quad l=1,\cdots,n\,)$$

■ **2 단계**: 다음 형식으로 표를 만든다.

① 각 행의 제목에 모형의 효과항을 쓴다. μ는 쓰지 않는다.

② 각 행에 부제로 분산요소를 쓴다.

③ 열의 제목으로 모형에서 사용된 모든 첨자들을 나열한다.

④ 열의 부제로 첨자에 대응되는 지시변수를 쓴다.

⑤ 열의 두 번째 부제로 각 첨자에 대응하는 수준수를 쓴다. 이때 오차의 수준수는 처리 내 관측수다.

현재의 모형에 대하여 2 단계를 완성하면 표 7.1을 얻는다.

표 7.1 2 단계의 표 형식

<table>
<tr><td colspan="2" rowspan="3">EMS</td><td>i</td><td>j</td><td>k</td><td>l</td></tr>
<tr><td>δ_A</td><td>δ_B</td><td>δ_C</td><td>1</td></tr>
<tr><td>a</td><td>b</td><td>c</td><td>n</td></tr>
<tr><td>α_i</td><td>σ_α^2</td><td></td><td></td><td></td><td></td></tr>
<tr><td>β_j</td><td>σ_β^2</td><td></td><td></td><td></td><td></td></tr>
<tr><td>$(\alpha\beta)_{ij}$</td><td>$\sigma_{\alpha\beta}^2$</td><td></td><td></td><td></td><td></td></tr>
<tr><td>$\gamma_{k(j)}$</td><td>σ_γ^2</td><td></td><td></td><td></td><td></td></tr>
<tr><td>$(\alpha\gamma)_{ik(j)}$</td><td>$\sigma_{\alpha\gamma}^2$</td><td></td><td></td><td></td><td></td></tr>
<tr><td>ϵ_{ijkl}</td><td>σ^2</td><td></td><td></td><td></td><td></td></tr>
</table>

■ **3 단계**: 오차항에 대한 행에서 각 열마다 1을 넣는다. (표 7.2)

■ **4 단계**: 행 제목의 첨자 중 괄호 안의 첨자에 대응되는 열에 1을 넣는다. (표 7.3)

■ **5 단계**: 행 제목의 첨자 중 괄호 밖의 첨자에 대응되는 열에 지시변수 δ 항을 넣는다. (표 7.4)

■ **6 단계**: 나머지 모든 칸에는 열 별로 수준수를 쓴다. (표 7.5)

■ **7 단계**: 임의의 항에 대한 기대평균제곱을 다음 순서로 구한다.

① 그 항에 붙은 모든 첨자들을 나열한다.

② 표의 각 행에서,

(1) 만일 행 제목이 그 첨자들을 전부 포함하지 않으면 그 행을 무시한다.

(2) 만일 행 제목이 그 첨자들을 전부 포함하면 그 첨자들의 열을 가리고 나머지 행의 원소들을 곱한다. 그리고 이 곱에 행의 부제인 분산요소를 곱한다.

③ 이 결과들을 더한다.

■ **8 단계**: 7 단계를 모든 효과항에 대해서 반복한다.

표 7.2 3 단계의 표 형식

EMS		i	j	k	l
		δ_A	δ_B	δ_C	1
		a	b	c	n
α_i	σ^2_α				
β_j	σ^2_β				
$(\alpha\beta)_{ij}$	$\sigma^2_{\alpha\beta}$				
$\gamma_{k(j)}$	σ^2_γ				
$(\alpha\gamma)_{ik(j)}$	$\sigma^2_{\alpha\gamma}$				
ϵ_{ijkl}	σ^2	**1**	**1**	**1**	**1**

표 7.3 4 단계의 표 형식

EMS		i	j	k	l
		δ_A	δ_B	δ_C	1
		a	b	c	n
α_i	σ^2_α				
β_j	σ^2_β				
$(\alpha\beta)_{ij}$	$\sigma^2_{\alpha\beta}$				
$\gamma_{k(j)}$	σ^2_γ		**1**		
$(\alpha\gamma)_{ik(j)}$	$\sigma^2_{\alpha\gamma}$		**1**		
ϵ_{ijkl}	σ^2	1	1	1	1

표 7.4 5 단계의 표 형식

EMS		i	j	k	l
		δ_A	δ_B	δ_C	1
		a	b	c	n
α_i	σ^2_α	$\boldsymbol{\delta_A}$			
β_j	σ^2_β		$\boldsymbol{\delta_B}$		
$(\alpha\beta)_{ij}$	$\sigma^2_{\alpha\beta}$	$\boldsymbol{\delta_A}$	$\boldsymbol{\delta_B}$		
$\gamma_{k(j)}$	σ^2_γ		1	$\boldsymbol{\delta_C}$	
$(\alpha\gamma)_{ik(j)}$	$\sigma^2_{\alpha\gamma}$	$\boldsymbol{\delta_A}$	1	$\boldsymbol{\delta_C}$	
ϵ_{ijkl}	σ^2	1	1	1	1

표 7.5 6 단계의 표 형식

EMS		i	j	k	l
		δ_A	δ_B	δ_C	1
		a	b	c	n
α_i	σ_α^2	δ_A	b	c	n
β_j	σ_β^2	a	δ_B	c	n
$(\alpha\beta)_{ij}$	$\sigma_{\alpha\beta}^2$	δ_A	δ_B	c	n
$\gamma_{k(j)}$	σ_γ^2	a	1	δ_C	n
$(\alpha\gamma)_{ik(j)}$	$\sigma_{\alpha\gamma}^2$	δ_A	1	δ_C	n
ϵ_{ijkl}	σ^2	1	1	1	1

예를 들어 효과 $C(B)$에 대한 기대평균제곱은 다음과 같이 구한다. 효과 $C(B)$는 모형에서 $\gamma_{k(j)}$에 해당한다. 이 항의 첨자는 j와 k이다. 이제 표 7.5에서 각 행마다 순서대로 하나씩 연산을 한다.

처음 세 행은 제목이 α_i, β_j, $(\alpha\beta)_{ij}$로서 첨자 j와 k를 포함하지 않는다. 따라서 이들 행은 무시한다. 표 7.6에서 무시된 행을 지웠다.

나머지 세 행의 제목은 모두 첨자 j, k를 포함한다. 따라서 이 세 행에 대해서는 첨자 j, k의 열을 지운다. 표 7.6을 보라.

$\gamma_{k(j)}$ 행에서 남아있는 칸 내 원소들의 곱에 분산요소를 곱하면 $an\sigma_\gamma^2$이다.

$(\alpha\gamma)_{ik(j)}$ 행에서 남아있는 칸 내 원소들의 곱에 분산요소를 곱하면 $n\delta_A\sigma_{\alpha\gamma}^2$이다.

ϵ_{ijkl} 행에서 남아있는 칸 내 원소들의 곱은 $(1)(1)\sigma^2 = \sigma^2$이다.

표 7.6 $C(B)$에 대한 기대평균제곱의 계산

EMS		i	j	k	l
		δ_A	δ_B	δ_C	1
		a	b	c	n
α_i	σ_α^2	δ_A	b	c	n
β_j	σ_β^2	a	δ_B	c	n
$(\alpha\beta)_{ij}$	$\sigma_{\alpha\beta}^2$	δ_A	δ_B	c	n
$\gamma_{k(j)}$	σ_γ^2	a	1	δ_C	n
$(\alpha\gamma)_{ik(j)}$	$\sigma_{\alpha\gamma}^2$	δ_A	1	δ_C	n
ϵ_{ijkl}	σ^2	1	1	1	1

이 결과들을 모두 더하면 $E[MS_{C(B)}]$를 얻게 된다. 즉

$$E[MS_{C(B)}] = \sigma^2 + n\delta_A\sigma^2_{\alpha\gamma} + an\sigma^2_\gamma$$

이제 남은 작업은 효과항들이 고정이냐 랜덤이냐에 따라 δ 값으로 0 또는 1을 대입하고 또 고정일 경우에는 분산요소 공식을 바꾸는 것이다.

이 같은 연산을 모든 항에 대하여 수행하면 표 7.7과 같은 결과를 얻는다.

표 7.7 완성된 EMS 표

source	E(MS)
A	$\sigma^2 + n\delta_C\sigma^2_{\alpha\gamma} + cn\delta_B\sigma^2_{\alpha\beta} + bcn\sigma^2_\alpha$
B	$\sigma^2 + n\delta_A\delta_C\sigma^2_{\alpha\gamma} + an\delta_C\sigma^2_\gamma + cn\delta_A\sigma^2_{\alpha\beta} + acn\sigma^2_\beta$
AB	$\sigma^2 + n\delta_C\sigma^2_{\alpha\gamma} + cn\sigma^2_{\alpha\beta}$
$C(B)$	$\sigma^2 + n\delta_A\sigma^2_{\alpha\gamma} + an\sigma^2_\gamma$
$AC(B)$	$\sigma^2 + n\sigma^2_{\alpha\gamma}$
E	σ^2

< 연 습 문 제 >

1. 다음 모형에 대해서 EMS 표를 만들라.

$$Y_{ijk} = \mu + \alpha_i + \beta_{j(i)} + \epsilon_{ijk} \quad (i=1,\cdots,a\,;\ j=1,\cdots,b\,;\ k=1,\cdots,n)$$

① 고정 모형일 경우 ② 랜덤 모형일 경우

③ 혼합 모형일 경우: A는 고정, $B(A)$는 랜덤

2. 다음 모형에 대해서 EMS 표를 만들라. 효과항의 자유도를 명시하라.

$$Y_{ijkl} = \mu + \alpha_i + \beta_{j(i)} + \gamma_{k(ji)} + \epsilon_{ijkl} \quad (i=1,\cdots,a\,;\ j=1,\cdots,b\,;\ k=1,\cdots,c\,;\ l=1,\cdots,n)$$

3. 다음 모형에 대해서 EMS 표를 만들라.

$$Y_{ijkl} = \mu + \alpha_i + \beta_j + (\alpha\beta)_{ij} + \gamma_{k(ij)} + \epsilon_{ijkl}$$
$$(i=1,\cdots,a\,;\ j=1,\cdots,b\,;\ k=1,\cdots,c\,;\ l=1,\cdots,n)$$

8

2^k 요인 설계

8.1 2^k 요인 설계

요인 설계 중 가장 중요한 특별한 경우는 각 요인의 수준이 둘씩인 경우다. 일반적으로 관심 요인의 개수가 k 개라고 하자. 수준이 각 요인 당 둘씩이므로, 모든 수준 조합에 대한 완전한 요인 실험의 총횟수는 $2 \times 2 \times \cdots \times 2 = 2^k$ 이다. 이런 이유로 2^k 요인 설계란 이름이 붙었다.

이 장에서는 다음과 같은 두 가지 사항들을 가정한다.

- 모든 요인들은 고정효과 요인들이다.
- 요인 설계는 완전 랜덤화하였다.

2^k 요인 설계는 실험점의 수효가 가장 적은 설계이기 때문에 특히 많은 요인들이 개재된 실험의 초기 단계에서 유용하다. 그러나 수준 간 반응 패턴은 기껏해야 선형으로

표현할 수밖에 없는 단점이 있다.

요인마다 두 수준씩 실험하기 때문에 이 두 수준은 언제나 관심 영역의 극단값이 된다. 즉 실험에서 고려하는 공정 온도의 영역이 100℃에서 120℃라면, 온도 요인의 두 수준은 100℃와 120℃로 잡게 된다.

이런 이유로 두 수준을 낮은(low) 수준과 높은(high) 수준으로 구분한다. 또 낮은 수준과 높은 수준을 각각 '0'과 '1', 또는 '-'와 '+'로 표기하기도 한다. 그런데 수준은 양적일 수도 있고 질적일 수도 있기 때문에 단순히 수준을 표시하는 숫자값의 크기만으로 수준의 높고 낮음을 분간할 필요는 없다. 두 수준의 구분은 완전히 임의적이다.

8.2 2^2 설계

관심 요인이 2 개 있고 요인 수준이 각각 2 개씩인 경우다. 두 요인을 A, B로 표기하자. 따라서 처리 조합은 모두 4 개가 존재한다. 처리 조합을 나타낼 때는 다음과 같이 영어 소문자로 표기하되 높은 수준만 표시하고 낮은 수준은 표기하지 않는다.

ab = A의 높은 수준과 B의 높은 수준
a = A의 높은 수준과 B의 낮은 수준
b = A의 낮은 수준과 B의 높은 수준
(1) = A의 낮은 수준과 B의 낮은 수준

그리고 각 처리 조합마다 n 개의 측정값을 얻는다고 가정하자.

이 설계에 대한 통계 모형은 다음과 같다.

$$Y_{ijk} = \mu + \alpha_i + \beta_j + (\alpha\beta)_{ij} + \epsilon_{ijk} \qquad (i,j=1,2\ ; \quad k=1,\cdots,n) \tag{8.1}$$

이 모형은 모형 (6.1)의 특수한 경우에 해당하며, 대응되는 분산분석표는 표 8.1과 같이 주어진다. 표 8.1에서는 변인과 자유도, 제곱합의 표기만을 보이고 있다. 앞서도 언급하였지만 고정 모형을 가정하고 있기 때문에 효과 검증시 F 통계량의 분모는 언제나 MS_E이다.

그런데 일반적으로 2^k 설계에서 $n=1$이면 오차의 추정이 불가능하다. 즉 오차에 대한 자유도가 0이다. 이런 경우에는 고차 상호작용이 없다고 가정하고, 상호작용을 오차로 간주해서 분석을 진행한다. 모형 (8.1)의 경우라면 상호작용 AB를 오차로 간주하여

표 8.1 모형 (8.1)에 대한 분산분석표

source	SS	df
A	SS_A	1
B	SS_B	1
AB	SS_{AB}	1
오차	SS_E	$2^2(n-1)$
총	SS_T	2^2n-1

주효과들에 대한 F 검증을 한다. 그러나 이런 식으로 상호작용을 무시하는 것은 썩 좋지 않기 때문에 가급적 2 회 이상의 반복 실험을 추천한다.

다음에는 각 요인 효과의 추정에 대하여 알아보자.

우선 이하 공식들에서 처리를 나타내는 부호는 그 처리 내의 모든 관측값들의 합을 표시한다고 약속하자. 예를 들어 ab는 요인 A의 높은 수준과 요인 B의 높은 수준에 속하는 칸 내의 모든 관측값들의 합이다.

요인 B가 낮은 수준일 때 요인 A의 효과는 $[a-(1)]$로 정의된다. 또 요인 B가 높은 수준일 때 요인 A의 효과는 $[ab-b]$로 정의된다. 그러므로 요인 B의 두 수준을 모두 고려할 때 요인 A의 효과는 방금 정의한 두 효과의 평균으로 계산한다. 그런데 각 처리 조합마다 n 번 관측하였으므로 결국 요인 A의 효과는 다음과 같이 정의할 수 있다.

$$A=\frac{[ab-b]+[a-(1)]}{2n}=\frac{ab+a-b-(1)}{2n}$$

비슷하게 요인 B의 효과는 요인 A가 낮은 수준일 때의 효과 $[b-(1)]$과 요인 A가 높은 수준일 때의 효과 $[ab-a]$의 평균으로 추정되며, 반복 관측을 고려할 때의 공식은 다음과 같다.

$$B=\frac{[ab-a]+[b-(1)]}{2n}=\frac{ab+b-a-(1)}{2n}$$

상호작용 AB의 효과 계산 시, 요인 B의 높은 수준에서 요인 A의 효과는 $[ab-b]$이고, 요인 B의 낮은 수준에서 요인 A의 효과는 $[a-(1)]$임을 주목하라. 만일 이 두 값이 다르면 요인 A와 요인 B 간에는 상호작용이 있는 것이다. 반대로 이 두 값에 차이가 없으면 두 요인 간에는 상호작용이 없다. 따라서 상호작용 AB의 효과는 이 두 값의 평균적 차이로 정의한다.

표 8.2. 2^2 요인 설계에서 효과의 계수

효과	처리 조합(관측값들의 합)				분모
	(1)	a	b	ab	
A	- 1	+ 1	- 1	+ 1	$2n$
B	- 1	- 1	+ 1	+ 1	$2n$
AB	+ 1	- 1	- 1	+ 1	$2n$

$$AB = \frac{[ab-b]-[a-(1)]}{2n} = \frac{ab+(1)-a-b}{2n}$$

물론 상호작용 AB의 효과는 요인 A의 수준별로 나타난 요인 B의 효과 차이로 정의해도 마찬가지 결과를 얻는다.

표 8.2는 처리마다 n 번 관측하는 2^2 요인 설계에서 각 효과를 계산할 때 사용하기 편리한 계수표다. 지금까지의 설명과 대조하면 직관적으로 이해가 될 것이다.

표 8.2의 계수들을 보면 각 효과들이 직교대비임을 알 수 있다. 대비 제곱합의 공식 (3.26)에서 관측합 기준의 공식을 이용하면 각 효과의 제곱합은 다음과 같이 된다.

$$SS_A = \frac{[ab+a-b-(1)]^2}{4n}$$

$$SS_B = \frac{[ab+b-a-(1)]^2}{4n}$$

$$SS_{AB} = \frac{[ab+(1)-a-b]^2}{4n}$$

총 제곱합은 전과 마찬가지로 계산하면 된다.

$$SS_T = \sum_{i=1}^{2}\sum_{j=1}^{2}\sum_{k=1}^{n} Y_{ijk}^2 - \frac{Y_{\cdots}^2}{4n}$$

그리고 오차 제곱합은 다음과 같이 차이값으로 계산한다.

$$SS_E = SS_T - SS_A - SS_B - SS_{AB}$$

물론 현재와 같이 처리 조합 내 관측합들과 직교대비의 개념을 이용하지 않고 모형

(8.1)에 직접 제 6 장과 제 7 장에서 설명한 방법들을 적용해서 제곱합을 구해도 동일한 결과를 얻는다.

예 8.1

다음 자료는 케익의 경도에 영향을 미치는 설탕(A)과 지방(B)의 효과에 대한 2^2 요인 실험의 결과다. 12 명의 평가 요원을 각 처리마다 3 명씩 랜덤 배치하고 각 평가 요원으로 하여금 9 점 평점법으로 평가토록 하였다.

	저지방	고지방
저설탕	(1): 5, 5, 6	b: 4, 4, 4
고설탕	a: 5, 4, 4	ab: 2, 3, 2

이 자료에서 처리 조합 내 관측들의 합은 다음과 같다.

$$(1) = 16, \quad a = 13, \quad b = 12, \quad ab = 7$$

따라서 효과 제곱합들은 다음과 같이 계산된다.

$$SS_A = \frac{(7+13-12-16)^2}{4(3)} = \frac{(-8)^2}{12} = 5.333$$

$$SS_B = \frac{(7+12-13-16)^2}{4(3)} = \frac{(-10)^2}{12} = 8.333$$

$$SS_{AB} = \frac{(7+16-13-12)^2}{4(3)} = \frac{(-2)^2}{12} = 0.333$$

그리고 총 제곱합을 계산하면 16이다. 따라서 분산분석표는 다음과 같이 정리된다.

source	SS	df	MS	F	p-value
A	5.33	1	5.33	21.33^{**}	0.0017
B	8.33	1	8.33	33.33^{**}	0.0004
AB	10.33	1	0.33	1.33	0.2815
오차	2.00	8	0.25		
총	16.00	11			

결과를 해석하면 설탕과 지방의 상호작용은 없다고 할 수 있으며, 두 주효과는 모두 통계적으로 극히 유의하므로 설탕과 지방의 수준에 따라 케익의 경도에 차이가 있다. 지방 효과에 대한 추정값은 다음과 같이 계산한다.

$$\text{지방 효과} = \frac{7+12-13-16}{2(3)} = -1.67$$ ∎

8.3 2^3 설계

2^3 설계는 관심 요인이 3 개 있고 요인 수준이 각각 2 개씩인 경우다. 세 요인을 A, B, C로 표기하자. 요인 수준의 조합은 모두 8 개가 존재하며 2^2 요인 설계의 표기 규약을 따르면 각 처리는 다음과 같이 표기할 수 있다.

$$(1) \quad a \quad b \quad c \quad ab \quad ac \quad bc \quad abc$$

각 수준 조합마다 n 개의 측정값을 얻는다고 가정하자.
이 설계에 대한 통계 모형은 다음과 같다.

$$Y_{ijkl} = \mu + \alpha_i + \beta_j + \gamma_k + (\alpha\beta)_{ij} + (\alpha\gamma)_{ik} + (\beta\gamma)_{jk} + (\alpha\beta\gamma)_{ijk} + \epsilon_{ijkl}$$
$$(i,j,k = 1,2\,;\quad l = 1,\cdots,n)$$

각 효과항의 추정을 생각해보자. 우선 주효과 A의 추정은 다음 식으로 이루어진다.

- B의 낮은 수준과 C의 낮은 수준에서 A의 효과 = $[a-(1)]$
- B의 높은 수준과 C의 낮은 수준에서 A의 효과 = $[ab-b]$
- B의 낮은 수준과 C의 높은 수준에서 A의 효과 = $[ac-c]$
- B의 높은 수준과 C의 높은 수준에서 A의 효과 = $[abc-bc]$

A의 효과가 B와 C의 조합에 따라 4 개가 있고 각 조합 내의 반복수는 n이므로 주효과 A는 다음과 같은 평균으로 추정된다.

$$A = \frac{a+ab+ac+abc-(1)-b-c-bc}{4n}$$

비슷하게 주효과 B와 C의 공식은 다음과 같다.

$$B = \frac{b + ab + bc + abc - (1) - a - c - ac}{4n}$$

$$C = \frac{c + ac + bc + abc - (1) - a - b - ab}{4n}$$

이번에는 이요인 상호작용 효과를 추정해보자. 상호작용 AB는 B의 두 수준에서 평균적인 A 효과의 차이로 정의된다. 제 6.2 절의 논의를 돌이켜보라.

- B의 낮은 수준에서 A의 평균적 효과 = $\dfrac{[abc - bc] + [ab - b]}{2n}$
- B의 높은 수준에서 A의 평균적 효과 = $\dfrac{[ac - c] + [a - (1)]}{2n}$

따라서 상호작용 AB는 이 두 값의 평균적인 차이, 즉 두 값의 차이를 2로 나눈 값으로 정의된다.

$$AB = \frac{abc - bc + ab - b - ac + c - a + (1)}{4n}$$

비슷하게 상호작용 AC와 BC의 공식은 다음과 같다.

$$AC = \frac{(1) - a + b - ab - c + ac - bc + abc}{4n}$$

$$BC = \frac{(1) + a - b - ab - c - ac + bc + abc}{4n}$$

마지막으로 상호작용 ABC는 C의 두 수준에서 계산된 AB 상호작용의 평균적인 차이로 정의한다.

- C의 낮은 수준에서 AB의 효과 = $\dfrac{[ab - b] - [a - (1)]}{2n}$
- C의 높은 수준에서 AB의 효과 = $\dfrac{[abc - bc] - [ac - c]}{2n}$

따라서 이 두 값의 평균적인 차이를 계산하면 다음과 같다.

표 8.3 2^3 요인 설계에서 효과의 계수

효과	처리 조합(관측값들의 합)								분모
	(1)	a	b	ab	c	ac	bc	abc	
A	-1	+1	-1	+1	-1	+1	-1	+1	$4n$
B	-1	-1	+1	+1	-1	-1	+1	+1	$4n$
AB	+1	-1	-1	+1	+1	-1	-1	+1	$4n$
C	-1	-1	-1	-1	+1	+1	+1	+1	$4n$
AC	+1	-1	+1	-1	-1	+1	-1	+1	$4n$
BC	+1	+1	-1	-1	-1	-1	+1	+1	$4n$
ABC	-1	+1	+1	-1	+1	-1	-1	+1	$4n$

$$ABC = \frac{abc - bc - ac + c - ab + b + a - (1)}{4n}$$

표 8.3은 처리마다 n 번 관측하는 2^3 요인 설계에서 각 효과에 대한 계수표다.

표 8.3에서 각 효과의 계수들은 직교대비를 이루며, 따라서 각 대비 제곱합은 다음 공식으로 구할 수 있다.

표 8.4 2^3 설계에 대한 분산분석표(각 처리마다 n 번 반복)

source	SS	df
A	SS_A	1
B	SS_B	1
C	SS_C	1
AB	SS_{AB}	1
AC	SS_{AC}	1
BC	SS_{BC}	1
ABC	SS_{ABC}	1
오차	SS_E	$2^3(n-1)$
총	SS_T	$2^3 n - 1$

$$SS_C = \frac{(\text{대비})^2}{8n}$$

2^3 설계에 대한 분산분석표는 표 8.4를 보라. 2^2 설계 때와 마찬가지로 $n=1$이면 오차를 계산하지 못하며 이때에는 최고차 상호작용 ABC를 오차로 간주하여 주효과들과 이차 상호작용들에 대한 F 검증을 한다.

8.4 블록 교락 설계

완전한 요인 설계를 단일 블록에서 수행할 수 없는 경우가 비일비재하다. 예를 들어 요인 설계 전체를 하루에 실험을 할 수 없을 수도 있고 한 실험실에서 다 못할 수도 있다. 이런 경우에는 요인 설계를 쪼개서 일부를 오늘 하고 나머지를 내일 해야한다. 또 두 군데 실험실로 처리 조합을 나눠서 실험할 수도 있다. 그러나 오늘과 내일은 서로 조건이 같지 않다. 마찬가지로 실험실 간에도 조건의 차이가 존재한다. 이런 경우 실험이 진행되는 날이나 실험실 따위가 블록이 된나.

완전한 요인 설계를 둘 이상의 블록으로 분할하여 실험을 하면, 완전한 랜덤화를 못하고 제한된 랜덤화를 하게 되므로 일부 정보의 손실은 피할 수가 없게 된다. 다시 말해서 어떤 처리 효과들은 블록 효과와 교락되어 구분이 되지 않으며, 따라서 블록과 교락된 처리 효과에 대한 검증이 불가능하게 된다.

그런데 **블록 교락 설계**(block-confounding scheme)는 검증에 별반 관심이 없는 고차 상호작용 효과를 일부러 블록 효과와 교락되게 하여, 전체 요인 설계를 둘 이상의 블록에서 나누어 실험할 수 있게 하는 고급 설계 기법이다.

그리고 이러한 블록 교락 설계는 궁극적으로 불완전 블록 설계가 되지만 2^k 설계라는 특수한 형태 때문에 분석이 단순화된다.

예를 들어 반복이 1인 2^2 요인 실험에서 4 가지 처리 조합을 하루에 실험할 수가 없어서, 하루에 두 개씩 이틀 동안 실험하기로 하였다고 하자.

처리 조합을 다음과 같은 두 블록으로 나누어 실험하는 경우를 생각해보자.

블록 1	블록 2
ab	b
a	(1)

이때 블록 효과는 블록 1에 속한 관측들의 평균과 블록 2에 속한 관측들의 평균으로 정의할 수 있다. 즉

$$\text{블록 효과} = \frac{1}{2}[ab + a - b - (1)]$$

그런데 우리는 이미 각 효과가 다음과 같이 정의됨을 알고 있다.

$$A = \frac{1}{2}[ab + a - b - (1)]$$

$$B = \frac{1}{2}[ab + b - a - (1)]$$

$$AB = \frac{1}{2}[ab + (1) - a - b]$$

이 결과들을 보면 블록 효과와 주효과 A의 계산 공식이 동일함을 알 수 있다. 다시 말해서 이 경우에는 블록 효과와 주효과 A가 교락되어 구분이 안 되는 것이다. 그렇기 때문에 만일 분산분석 결과 주효과 A가 유의하더라도, 이러한 유의성이 정말 A 때문인지 아니면 블록 차이 때문인지 전혀 알 수가 없게 된다.

그런데 주효과에 대한 정보의 손실을 초래하는 실험설계는 전혀 잘못된 것이다. 주효과보다는 차라리 해석하기도 쉽지 않은 상호작용을 희생시키는 편이 더 낫다.

현재의 상황에서 주효과에 대한 정보 손실을 막으려면 반드시 다음과 같은 순서로 실험을 진행해야 한다.

블록 1	블록 2
ab	a
(1)	b

이렇게 설계하면 블록 효과는 상호작용 AB와 교락된다. 물론 이 경우 상호작용 AB에 대한 추론은 불가능하다.

그리고 이와 같이 실험을 두 블록으로 분할했을 때 어느 블록을 먼저 실행하고 어느 블록을 나중에 실행할지는 전적으로 실험자가 랜덤하게 결정해야 한다. 또 블록 내에서 처리 조합의 실험 순서도 랜덤하게 정해야 한다.

거듭 강조하지만 전체 요인 실험을 블록화하여 실험을 진행하면 언제나 블록과 교락되어 검증할 수 없는 효과가 나오게 마련이다. 따라서 블록 교락 설계를 수립할 때에는

가장 관심이 없는 효과나 고차 상호작용을 블록과 교락시켜 최소한의 정보 손실을 꾀해야 한다. 블록 교락시 주효과를 교락시키는 일은 없다.

(1) 두 블록에서의 2^k 요인 설계

2^k 요인 설계를 2 개의 블록으로 나누는 기법은 여러 가지가 있는데 본서에서는 선형 조합을 이용하는 방법을 소개한다.

2^k 요인 실험을 두 개의 블록으로 나눌 때는 다음 형태의 선형 조합을 사용한다.

$$L = \alpha_1 x_1 + \alpha_2 x_2 + \cdots + \alpha_k x_k \tag{8.2}$$

여기서 α_i 는 교락될 효과에 i 번째 요인이 나타나면 1, 그렇지 않으면 0을 취한다. 즉 α_i 는 교락될 효과에서 i 번째 요인의 지수(exponent)다. 그리고 x_i는 특정 처리 조합에 나타나는 i 번째 요인의 수준으로서 그 요인이 높은 수준에 있으면 1, 낮은 수준이면 0을 취한다.

가능한 모든 처리 조합에서 L의 값을 계산하고 2로 나눈 나머지 값(즉 mod 2 연산)이 동일한 처리들을 같은 블록에 넣는다. 그런데 L (mod 2) 연산의 결과는 0과 1이므로 결국 2^k 개의 처리 조합들은 정확히 두 블록으로 나누어진다.

(8.2)를 **정의대비**(defining contrast)라 한다.

예 8.2

2^2 계획을 두 블록으로 나누는데, 상호작용 AB를 블록과 교락시키는 설계를 만들어 보자. $AB = A^{\alpha_1}B^{\alpha_2} = A^1B^1$이므로 $\alpha_1 = 1$, $\alpha_2 = 1$이다. 따라서 정의대비는 다음과 같다.

$$L = x_1 + x_2 \qquad (\text{mod}2)$$

각 처리 조합에 대하여 L의 값을 계산하면 다음과 같다.

(1): $L = 0 + 0 = 0$

a: $L = 1 + 0 = 1$

$$b: \quad L = 0 + 1 = 1$$

$$ab: \quad L = 1 + 1 = 2 = 0$$

따라서 ab와 (1)이 한 블록을 구성하고, a와 b가 다른 블록을 구성한다. ▎

예 8.3

2^3 요인 실험을 2 개의 블록으로 나눈다. 희생되는 효과는 ABC이다. 이때 $\alpha_1 = \alpha_2 = \alpha_3 = 1$이다. 따라서 선형 조합 L은 다음과 같다.

$$L = x_1 + x_2 + x_3 \qquad (\text{mod}2)$$

2^3 요인 실험에서 가능한 모든 처리 조합에 대하여 L을 계산하고 2로 나눈 나머지(0 또는 1)를 계산한 결과는 다음과 같다.

$$
\begin{aligned}
(1):& \quad 0+0+0 = 0 = 0 \quad (\text{mod}2)\\
a:& \quad 1+0+0 = 1 = 1 \quad (\text{mod}2)\\
b:& \quad 0+1+0 = 1 = 1 \quad (\text{mod}2)\\
ab:& \quad 1+1+0 = 2 = 0 \quad (\text{mod}2)\\
c:& \quad 0+0+1 = 1 = 1 \quad (\text{mod}2)\\
ac:& \quad 1+0+1 = 2 = 0 \quad (\text{mod}2)\\
bc:& \quad 0+1+1 = 2 = 0 \quad (\text{mod}2)\\
abc:& \quad 1+1+1 = 3 = 1 \quad (\text{mod}2)
\end{aligned}
$$

따라서 2 개의 블록에 배치되는 처리 조합은 다음과 같이 주어진다. ▎

블록 1	블록 2
(1)	a
ab	b
ac	c
bc	abc

예 8.4

예 8.3에서 AC를 교락시켜보자. $AC = A^1 B^0 C^1$이므로 $\alpha_1 = 1,\ \alpha_2 = 0, \alpha_3 = 1$ 이다. 따라서 각 처리 조합마다 $L = x_1 + x_3 \pmod 2$ 를 계산하면 다음과 같다.

$$
\begin{aligned}
(1):&\quad 0+0 = 0 = 0 \pmod 2\\
a:&\quad 1+0 = 1 = 1 \pmod 2\\
b:&\quad 0+0 = 0 = 0 \pmod 2\\
ab:&\quad 1+0 = 1 = 1 \pmod 2\\
c:&\quad 0+1 = 1 = 1 \pmod 2\\
ac:&\quad 1+1 = 2 = 0 \pmod 2\\
bc:&\quad 0+1 = 1 = 1 \pmod 2\\
abc:&\quad 1+1 = 2 = 0 \pmod 2
\end{aligned}
$$

따라서 2 개의 블록에 배치되는 처리 조합은 다음과 같이 주어진다. ▮

블록 1	블록 2
(1)	a
b	c
ac	ab
abc	bc

이상과 같은 블록 교락 설계에서 오차를 추정하려면 필히 기본 설계를 반복 실험해야 한다. 그림 8.1의 도해는 예 8.3의 설계를 3 회 반복하는 예다. 랜덤화 방법을 눈여겨 보라.

반복 I		반복 II		반복 III	
블록 1	블록 2	블록 1	블록 2	블록 1	블록 2
ac	a	c	(1)	ab	c
(1)	c	abc	ac	(1)	b
ab	abc	b	bc	ac	abc
bc	b	a	ab	bc	a

그림 8.1 ABC가 교락된 2^3 설계의 3회 반복

예 8.3의 설계를 r 회 반복하는 경우에 대한 모형은 다음과 같다. 여기서 η_i 는 i 번째 블록의 효과다. 그리고 상호작용 ABC 항은 존재하지 않는다.

$$Y_{ijkl} = \mu + \eta_i + \alpha_j + \beta_k + \gamma_l + (\alpha\beta)_{jk} + (\alpha\gamma)_{jl} + (\beta\gamma)_{kl} + \epsilon_{ijkl}$$
$$(i = 1, \cdots, 2r\,; \quad j,k,l = 1,2)$$

분산분석표는 표 8.5와 같이 작성한다. 기본 설계가 2 개의 블록으로 이루어졌기 때문에 전체 실험의 블록 수는 $2r$ 개다. 따라서 블록의 자유도는 $(2r-1)$이 된다.

그리고 만일 반복을 블록 요인으로 간주하고 각 반복마다 2 개씩의 블록이 존재한다고 파악하면 모형을 다음과 같이 쓸 수 있다.

$$Y_{ijklm} = \mu + \rho_i + \eta_j + (\rho\eta)_{ij} + \alpha_k + \beta_l + \gamma_m + (\alpha\beta)_{kl} + (\alpha\gamma)_{km} + (\beta\gamma)_{lm} + \epsilon_{ijkl}$$
$$(i = 1, \cdots, r\,; \quad j,k,l,m = 1,2)$$

여기서 ρ_i는 i 번째 반복의 효과, η_j는 j 번째 블록의 효과, $(\rho\eta)_{ij}$는 i 번째 반복과 j 번째 블록 간의 상호작용 효과다.

이 경우 표 8.5를 표 8.6과 같은 형식으로 더욱 세분할 수 있지만 관심 요인의 효과 검증과는 무관하다. 이때 반복과 블록은 서로 교차한다. 표 8.6에서 '반복*블록'은 반복과 블록 간 상호작용이다.

표 8.5 r 회 반복하는 블록 교락 2^3 설계에 대한 분산분석표

source	df
블록	$2r-1$
A	1
B	1
C	1
AB	1
AC	1
BC	1
오차	$6(r-1)$
총	$8r-1$

표 8.6 세분된 분산분석표 (표 8.5의 블록을 세분)

source	df
반복	$r-1$
블록	1
반복*블록	$r-1$
A	1
B	1
C	1
AB	1
AC	1
BC	1
오차	$6(r-1)$
총	$8r-1$

예 8.5

다음 자료는 4 회 반복하는 블록 교락 2^3 실험에서 나온 것이다. 분석해보자.

반복 I	
블록 1	블록 2
(1): 2249	a: 2319
ab: 2173	b: 2300
ac: 3532	c: 3538
bc: 2948	abc: 3524

반복 II	
블록 1	블록 2
a: 2228	(1): 2094
b: 2386	ab: 2373
c: 3116	ac: 3495
abc: 3592	bc: 2249

반복 III	
블록 1	블록 2
(1): 2382	a: 2272
ab: 2240	b: 2118
ac: 3495	c: 3528
bc: 2995	abc: 3350

반복 IV	
블록 1	블록 2
a: 2215	(1): 2297
b: 2234	ab: 2393
c: 1934	ac: 3400
abc: 2996	bc: 2814

분산분석표는 다음과 같다.

source	SS	df	MS	F	p-value
반복	409719.59	3			
블록	56868.78	1			
반복*블록	467021.59	3			
A	364444.53	1	364444.53	3.13	0.0936
B	5227.53	1	5227.53	0.04	0.8345
C	6330571.53	1	6330571.53	54.44^{**}	0.0001
AB	18963.78	1	18963.78	0.16	0.6911
AC	302058.78	1	302058.78	2.60	0.1244
BC	16698.78	1	16698.78	0.14	0.7092
오차	2093039.31	18	116279.96		
총	10064614.22	31			

분산분석표에서 요인 C의 주효과가 극히 유의하며 아마도 실험 횟수를 늘리면 주효과 A도 유의하게 판정될 것이다. ∎

(2) 네 블록에서의 2^k 요인 설계

2^k 설계를 4 개 블록으로 나누어 실험하려면 블록과 교락될 효과를 2 개 선정해야한다.

예를 들어 2^5 설계를 4 개 블록으로 나누기 위하여 ADE와 BCE를 교락시킨다고 하자. 교락될 효과에 대응되는 정의대비는 다음 두 개다.

$$L_1 = x_1 + x_4 + x_5$$

$$L_2 = x_2 + x_3 + x_5$$

모든 처리 조합에 대하여 L_1 (mod 2)와 L_2 (mod 2)를 산출하면 (L_1, L_2)의 가능한 값은 다음 네 가지가 된다.

$$(L_1, L_2) = \{ (0,0), (0,1), (1,0), (1,1) \}$$

이 결과 도출되는 4 개 블록의 구성은 그림 8.2와 같다.

이 시점에서 한 가지 주목할 사실이 있다. 그림 8.2에서 4 개 블록의 자유도는 3이다. 따라서 4 개 블록을 가르는 자유도 1의 효과도 3 개가 존재해야 한다. 그런데 우리는 ADE와 BCE의 두 효과만을 교락 효과로 선정하였음에도 4 개 블록을 얻었다. 그렇다면 감춰진 즉 자동적으로 교락된 나머지 하나의 효과는 무엇일까?

이렇게 숨겨진 교락 효과를 ADE와 BCE의 **일반 상호작용**(generalized interaction)이라 한다. 일반 상호작용은 두 효과의 곱 연산으로 얻어진다. 그리고 2^k 설계에서는 효과를 X로 표기할 때 항상 $X^2 = X^0 = 1$이 성립한다.

블록 1		블록 2		블록 3		블록 4	
(1)	abe	a	be	b	$abce$	e	$abcde$
ad	ace	d	$abde$	abd	ae	ade	bd
bc	cde	abc	ce	c	$bcde$	bce	ac
$abcd$	bce	bcd	$acde$	acd	de	ab	cd
$L_1=0$		$L_1=1$		$L_1=0$		$L_1=1$	
$L_2=0$		$L_2=0$		$L_2=1$		$L_2=1$	

그림 8.2 4 개 블록에서의 2^5 설계(ADE, BCE, $ABCD$가 교락됨)

ADE와 BCE의 일반 상호작용은 다음과 같이 계산한다.

$$(ADE)(BCE) = ABCDE^2 = ABCD$$

따라서 ADE와 BCE를 교락시키면 일반 상호작용 $ABCD$도 자동적으로 교락된다.

일반적으로 $p < k$ 일 때 2^k 요인 설계를 2^p 개의 블록으로 나누려면 블록과 교락될 효과들을 p 개 선정해야하는데, 선정된 효과들은 서로 독립이어야 한다. 여기서 효과들이 서로 독립이라 함은 선정된 어떤 효과도 다른 효과들의 일반 상호작용으로 표현되지 않는다는 의미다. 그리고 p 개의 블록은 선정된 교락 효과에 대응하는 p 개의 정의대비 $L_1, L_2, \cdots, L_p$ 들의 값으로 생성된다.

이때 각 블록에 들어가는 실험점들의 수는 2^{k-p} 개다.

(3) 부분 교락

그림 8.1에 주어진 ABC가 교락된 경우의 반복된 2^3 블록 교락 설계를 다시 보자.

이 설계에서는 반복마다 항상 ABC를 교락시켰기 때문에 반복을 아무리 많이 하더라도 ABC 상호작용에 대한 정보는 완전히 손실된다. 이런 방식의 설계를 **완전 교락**되었다(completely confounded)고 표현한다.

이에 비하여 **부분 교락**(partial confounding)의 개념은 반복마다 교락시키는 효과를 다르게 잡는 설계 방식이다. 예를 들어 2^3 설계에서 상호작용은 AB, AC, BC, ABC의 4 개다. 그림 8.3에 주어진 바 이들 상호작용들을 한 번씩 교락시키는 반복 교락 설계의 아이디어는 다음과 같다.

- 반복 I: ABC를 교락시키자.
- 반복 II: AB를 교락시키자.
- 반복 III: AC를 교락시키자.
- 반복 IV: BC를 교락시키자.

이와 같은 설계를 하면 전혀 교락을 시키지 않았을 때와 비교하여 부분적으로 교락된 상호작용들 AB, AC, BC, ABC에 대해서는 (3/4) 만큼의 정보를 얻을 수 있게 된다. 물론 교락되지 않은 주효과 A, B, C에 대해서는 완전한 정보를 얻을 수 있다.

그러나 그림 8.1과 같은 완전 교락 실험을 하면 교락된 상호작용 ABC에 대해서 얻을 수 있는 상대적 정보량은 0이다.

반복 I		반복 II		반복 III		반복 IV	
(1)	a	(1)	a	(1)	a	(1)	b
ab	b	c	b	b	c	a	c
ac	c	ab	ac	ac	ab	bc	ab
bc	abc	abc	bc	abc	bc	abc	ac
ABC가 교락		AB가 교락		AC가 교락		BC가 교락	

그림 8.3 부분 교락 2^3 설계

그림 8.3의 설계에 대한 모형은 다음과 같이 작성한다. 분산분석표는 표 8.7을 보라.

$$Y_{ijkl} = \mu + \eta_i + \alpha_j + \beta_k + \gamma_l + (\alpha\beta)_{jk} + (\alpha\gamma)_{jl} + (\beta\gamma)_{kl} + (\alpha\beta\gamma)_{jkl} + \epsilon_{ijkl}$$
$$(i = 1, \cdots, 2r\ ;\ j, k, l = 1, 2)$$

표 8.7을 보면 상호작용 변인들의 표기에 반복 첨자들이 붙어있는데 이는 대응되는 제곱합을 계산할 때 그 효과가 교락되지 않은 반복의 데이터만 이용해서 계산한다는 뜻이다. 예를 들어 $AB_{\text{I,III,IV}}$에 대한 제곱합을 계산할 때 AB는 반복 II와 교락되었으므로 반복 II의 데이터는 AB 계산에 사용 못한다.

표 8.7 부분 교락 2^3 설계에 대한 분산분석표

source	df
블록	7
A	1
B	1
C	1
$AB_{\text{I,III,IV}}$	1
$AC_{\text{I,II,IV}}$	1
$BC_{\text{I,II,III}}$	1
$ABC_{\text{II,III,IV}}$	1
오차	17
총	31

예 8.6

다음은 그림 8.3의 부분 교락 설계를 따라 실험하여 얻은 데이터다.

반복 I - *ABC* 교락

블록 1		블록 2	
(1):	2208	a:	2196
ab:	2133	b:	2086
ac:	2459	c:	3356
bc:	3096	abc:	2776

반복 II - *AB* 교락

블록 1		블록 2	
(1):	2004	a:	2179
ab:	2112	b:	2073
c:	3073	ac:	3474
abc:	2631	bc:	3360

반복 III - *AC* 교락

블록 1		블록 2	
c:	2839	(1):	1916
a:	2189	ac:	2979
bc:	3522	b:	2151
ab:	2095	abc:	2500

반복 IV - *BC* 교락

블록 1		블록 2	
a:	2056	b:	1878
(1):	2010	ab:	2156
bc:	3209	c:	3423
abc:	3066	ac:	2524

만일 이 데이터에서 분산분석표를 손계산하려면, A, B, C에 대한 제곱합은 평소와 같이 구하면 되나 상호작용에 대한 계산 방법은 달라진다. 예를 들어 AB에 대한 제곱합의 공식은 원래 다음과 같았다.

$$SS_{AB} = \frac{[abc - bc + ab - b - ac + c - a + (1)]^2}{8n}$$

만일 AB가 교락되지 않았다면 n의 값으로 4를 넣어야 한다. 그러나 현재 AB가 반복 II와 교락되어 있으므로 SS_{AB}를 계산할 때는 반복 I, III, IV의 데이터만을 사용해야 하고, 이 경우 각 처리 조합의 반복수는 3이다. 따라서 현재의 경우에는 n의 값으로 3을 넣고 계산을 해야 한다. 계산은 다음과 같이 수행된다.

$$SS_{AB} = \frac{[(2776 + 2500 + 3066) - \cdots + (2208 + 1916 + 2010)]^2}{8(3)}$$

$$= \frac{133^2}{24} = 737.04$$

그러나 SAS로 연산하는 경우에는 모형 지정의 순서만 제대로 지키면 내부적으로 올바른 연산이 진행되므로 분석자가 손계산할 필요가 전혀 없다. 이 데이터에 대한 분산분석표는 다음과 같다.

source	SS	df	MS	F	p-value
반복	38717.59	3			
블록(반복)	401060.13	4			
A	224282.53	1	224282.53	3.97	0.0627
B	52.53	1	52.53	0.00	0.9760
C	6886688.28	1	6886688.28	121.79^{**}	0.0001
AB	737.04167	1	737.04167	0.01	0.9104
AC	416066.67	1	416066.67	7.36^{*}	0.0148
BC	2667.04	1	2667.04	0.05	0.8307
ABC	70742.04	1	70742.04	1.25	0.2789
오차	961283.11	17	56546.08		
총	9002296.97	31			

표를 보면 요인 C의 주효과가 극히 유의하며, 유의수준 0.05에서 상호작용 AB도 유의하다. 그리고 주효과 A도 거의 유의하다고 판정할 수 있다. ∎

참고로 그림 8.3의 상황에서 반복 자체를 블록 요인으로 간주하면 이 상황에서는 반복마다 2 개의 블록들이 지분되었기 때문에 즉 반복마다 사용된 블록들이 동일하지 않기 때문에 모형을 다음과 같이 써야 한다. 삼요인 상호작용은 무시하자.

$$Y_{ijklm} = \mu + \rho_i + \eta_{j(i)} + \alpha_k + \beta_l + \gamma_m + (\alpha\beta)_{kl} + (\alpha\gamma)_{km} + (\beta\gamma)_{lm} + \epsilon_{ijkl}$$
$$(i = 1, \cdots, r\,; \quad j, k, l, m = 1, 2)$$

여기서 ρ_i는 i 번째 반복의 효과, $\eta_{j(i)}$는 i 번째 반복에 지분된 j 번째 블록의 효과다. 이 모형에 대한 분산분석표는 표 8.8의 형식으로 작성한다. 예 8.6의 분산분석표 도 실은 이 모형에 의거하여 만든 것이다.

표 8.8 부분 교락 2^3 설계에 대한 세부 분산분석표

source	df
반복	$r-1$
블록(반복)	r
A	1
B	1
C	1
$AB_{\text{I,III,IV}}$	1
$AC_{\text{I,II,IV}}$	1
$BC_{\text{I,II,III}}$	1
오차	$6(r-1)$
총	$8r-1$

8.5 2^{k-p} 일부 요인 설계

2^k 설계가 비록 요인 설계 중 가장 실험점이 적은 설계 방식이지만, 요인의 개수 k가 증가함에 따라 총 실험수가 급속히 증가하기 때문에 가용한 실험 자원을 초과하는 경우가 생긴다.

그런데 k가 크면 사실상 2^k 설계의 모든 처리 조합을 다 실험하더라도 그만한 노력에 대한 현실적 가치가 없다. 왜냐하면 2^k 설계에서 나타나는 주효과의 개수는 k 개며, 이요인 상호작용의 수는 ${}_kC_2$ 개, 삼요인 상호작용의 수는 ${}_kC_3$ 개다. 이렇게 하여 k-요인 싱호작용의 수는 ${}_kC_k=1$ 개가 된다. 이런 효과들 중 적어도 삼요인 이상의 상호작용은 현실적으로 해석도 어렵기 때문에 일반적으로 이런 고차 상호작용들은 오차로 편입시켜 검증력을 증진시키는 쪽을 택한다.

그렇다면 쓸모없는 고차 상호작용들에 대한 정보를 희생시키는 대가로 실험을 적게 할 수는 없을까? 이것이 바로 **일부 요인 설계**(fractional factorial design)의 아이디어다. 이때 희생되는 정보량을 최소화하여 주효과와 저차 상호작용들의 추론에는 문제가 없어야 한다.

2^k 설계에서 $1/2^p$ 만큼의 일부만을 실험할 때 이 실험을 2^{k-p} 일부 요인 설계라 한다. 물론 $p<k$이다. 이 경우 실험점의 수는 2^{k-p} 개다.

예를 들어 2^3 실험에서 절반만 실험한다면 이는 2^{3-1} 일부 요인 실험이 되며 이 경우 실험점의 수는 4 개가 된다. 비슷하게 2^{6-2} 일부 요인 실험은 2^6 실험의 1/4만 실험하는 것이다.

(1) 2^{k-1} 일부 요인 설계

2^{k-1} 설계는 2^k 설계의 절반만을 실험하는 것이다. 그런데 도대체 어떤 식으로 절반을 선택해야할까?

2^3 요인 설계의 1/2을 선택하는 문제를 통하여 이 점을 논의해보자. 2^3 설계에서 처리 조합 대 효과의 부호는 표 8.9와 같이 정리할 수 있다.

표 8.9에서 *ABC* 효과의 부호가 '+'인 처리들은 *abc*, *a*, *b*, *c*의 4 개다. 이 4 개 처리들에 대해서 *ABC* 효과를 제외한 나머지 효과들의 부호는 모두 2 개의 '+'와 2 개의 '-'가 균형되게 나타나고 있다. 따라서 *abc*, *a*, *b*, *c*의 4 개 처리 조합을 실험하면 *ABC* 효과를 측정할 방법이 없기 때문에 *ABC*에 대한 정보가 완전히 손실됨을 알 수 있다. 표 8.9에서 처리 조합들을 반분했는데 이는 *ABC*에 대한 정보 손실을 감수하는 대가다.

그렇다면 이 경우에 나머지 효과들은 제대로 추정되는가? 그렇지 않다. 표를 보면 효과 *A*에 대한 부호열이 '+ + - -'로서, 효과 *BC*에 대한 부호열과 일치한다. 결과적으로 효과 *A*의 계산 공식과 효과 *BC*의 계산 공식이 동일하게 된다.

표 8.9 2^3 설계의 부호

처리 조합	요인 효과						
	A	*B*	*C*	*AB*	*AC*	*BC*	*ABC*
abc	+	+	+	+	+	+	+
a	+	-	-	-	-	+	+
b	-	+	-	-	+	-	+
c	-	-	+	+	-	-	+
ab	+	+	+	-	-	-	-
ac	+	-	-	+	+	-	-
bc	-	+	-	+	-	+	-
(1)	-	-	+	-	+	+	-

따라서 $+ABC$를 갖는 처리 조합들만을 실험하면 효과 A와 효과 BC를 구분할 방법이 없다. 이런 경우 A와 BC는 교락된 것이며, 특히 A와 BC를 **별명**들(aliases)이라 한다. A는 BC의 별명이고, BC는 A의 별명이다. 결국 우리가 효과 A를 추정할 때 우리는 실제로 효과 $A+BC$를 추정하는 셈이 된다. 별명 관계에 있는 효과들을 구분해서 떼어낼 수는 없다.

별명이란 용어가 사용된 이유는 간단하다. 효과의 진짜 이름은 $A+BC$인데 이를 A라고도 부르고 BC라고도 부르니 A와 BC들은 별명들인 것이다. 표 8.9를 다시 살펴보면 B와 AC도 별명 관계에 있으며 또 C와 AB 역시 별명 관계다.

일부 요인 실험을 분석하려면 이러한 **별명 구조**(alias structure)에 대한 이해가 선행되어야 한다. 별명 구조는 다음과 같은 형식의 **정의 관계**(defining relation)로부터 끌어낼 수 있다.

$$I = ABC$$

여기서 I는 단위 원소이고 ABC는 일부 요인 실험을 위해서 선정된 희생시킬 효과로서 일부 요인 실험의 **생성자**(generator)라 불리운다. 이 정의 관계에 각 효과를 곱하면 별명 구조를 나열할 수 있다. 곱할 때 지수항이 2이면 0으로 간주한다.

따라서 $+ABC$를 생성자로 선택한 일부 요인 설계에서 별명 구조는 다음과 같다.

$$A = A(ABC) = A^2BC = BC$$

$$B = B(ABC) = AB^2C = AC$$

$$C = C(ABC) = ABC^2 = AB$$

표 8.9에서 $-ABC$를 갖는 하반부 절반에 속하는 처리 조합 ab, ac, bc, (1)을 실험해도 여전히 ABC 효과에 대한 정보는 희생된다. 이 경우 정의 관계는 다음과 같이 설정한다.

$$I = -ABC$$

그리고 이 경우의 별명 구조는 다음과 같다.

$$A = A(-ABC) = -A^2BC = -BC$$

$$B = B(-ABC) = -AB^2C = -AC$$

$$C = C(-ABC) = -ABC^2 = -AB$$

즉 A와 $-BC$는 별명 관계에 있다. 이 사실은 표 8.9의 하반부에서 효과 A에 대한 부호열이 효과 BC에 대한 부호열과 정반대라는 점에서 확인할 수 있다. 따라서 효과 A를 추정할 때 우리는 실제로 효과 $A-BC$를 추정하는 것이다.

따라서 생성자가 ABC인 2^{3-1} 설계가 의미가 있으려면 모든 상호작용은 무시할 수 있다는 가정이 필수적이다. 이 경우 모든 주효과는 추정 가능하며 이런 이유로 이 설계를 **주효과 계획**(main effect plan)이라 부른다.

그리고 일부 요인 설계는 본질적으로 블록 교락 설계와 다른 것이 아니다. 생성자가 $+ABC$인 2^{3-1} 설계와 생성자가 $-ABC$인 2^{3-1} 설계는 각각 상호작용 ABC를 블록과 교락시킨 2^3 설계의 두 블록에 해당하기 때문이다.

따라서 블록 교락 설계로 나누어진 블록들 중 어느 하나의 블록을 선택하여 실험하는 것이 바로 일부 요인 설계다.

(2) 설계 해상도

앞에서 설명한 2^{3-1} 설계는 **해상도 III 설계**(resolution III design)라 불리운다. 해상도란 영상의 분해능을 의미한다. 일부 요인 실험을 하게 되면 모형에 존재하는 모든 효과들을 분해하여 추정할 수가 없다. 그렇더라도 가능한한 주효과 및 저차의 상호작용 효과들을 제대로 추정하는 것이 중요한데, 설계 자체가 제공하는 효과들의 분해 능력의 정도를 **설계 해상도**(design resolution)로 측정한다.

일부 요인 설계에서는 해상도 III, IV, V의 개념이 중요하다. 각각의 정의는 다음과 같다.

- 해상도 III의 설계: 어떤 주효과도 다른 주효과의 별명이 아니다. 그러나 주효과들은 이요인 상호작용들과 별명 관계이며, 이요인 상호작용들은 서로 별명일 수 있다.

- 해상도 IV의 설계: 어떤 주효과도 다른 주효과나 이요인 상호작용들의 별명이 아니다. 그러나 이요인 상호작용들은 서로 별명일 수 있다.

- 해상도 V의 설계: 어떤 주효과나 이요인 상호작용도 다른 주효과나 이요인 상호작용의 별명이 아니다. 그러나 이요인 상호작용들은 삼요인 상호작용들과 서로 별명이다.

결국 해상도가 높을수록 더 좋다고 하겠다.

$I=ABC$인 2^{3-1} 설계는 해상도 III의 설계로서 이를 2_{III}^{3-1}로 표기하기도 한다. 또 다른 예로 $I=ABCD$인 2^{4-1} 일부 요인 설계는 해상도 IV의 설계(2_{IV}^{4-1})다. 그리고 $I=ABCDE$인 2^{5-1} 설계는 해상도 V의 설계(2_{V}^{5-1})다.

해상도의 공식적인 정의는 다음과 같다.

> **해상도 *R*의 설계(Resolution *R* design)**
>
> 어떠한 p-요인 효과도 $(R-p)$-요인 효과와 별명이 아닌 설계를 해상도 R의 설계라 한다.

정의에서 $p=1$이면 p-요인 효과는 1-요인 효과, 즉 주효과를 의미하고, $p=$이면 2-요인 효과는 바로 이요인 상호작용 효과다.

예 8.7

어느 공정의 수율에 영향을 주는 4 개 요인들에 대하여 연구한다. 각 요인 모두 2 수준으로 잡았다. 그러나 이들 $2^4=16$ 개 처리 조합을 실험할 수 있는 기계가 8 대만 가용하므로 2^{4-1} 일부 요인 설계를 고려한다. $I=ABCD$로 하면 전체 실험점들이 다음 두 블록으로 분할된다.

블록 1:	(1)	ab	cd	$abcd$	ac	bc	ad	bd
블록 2:	a	b	acd	bcd	c	abc	d	abd

두 블록 중 하나를 랜덤으로 선택하였더니 블록 1을 실험하기로 결정되었다. 물론 블록 내 처리 조합들은 기계에 랜덤 배정된다. 데이터는 다음과 같다.

(1) :	95.29	ac :	88.70
ab :	86.58	bc :	86.79
cd :	90.35	ad :	96.45
$abcd$:	89.57	bd :	89.38

2^{4-1} 일부 요인 설계에서 별명 구조는 다음과 같다.

$$A = BCD \quad B = ACD \quad C = ABD \quad D = ABC$$
$$AB = CD \quad AC = BD \quad AD = BC$$

따라서 분산분석표에는 기본적으로 A, B, C, D, AB, AC, AD만 변인으로 삽입하면 되나 이렇게 하면 오차의 자유도가 없다. 그래서 이요인 상호작용들을 오차로 간주하여 분산분석표를 만들면 다음을 얻는다.

source	SS	df	MS	F	p-value
A	0.03	1	0.03	0.00	0.9515
B	42.64	1	42.64	5.71	0.0968
C	18.88	1	18.88	2.53	0.2101
D	8.80	1	8.80	1.18	0.3572
오차($AB+AC+AD$)	22.41	3	7.47		
총	92.76	7			

유의한 효과는 없다. 굳이 찾으라면 주효과 B를 주목해야할 것이다. ∎

(3) 2^{k-2} 일부 요인 설계

이 설계는 2^k 설계의 1/4을 실험하는 것이다. 2^{k-2} 실험을 하려면 생성자가 2 개 필요하다. 물론 두 생성자의 일반 상호작용도 생성자가 될 수 있기 때문에 실제로는 생성자가 3 개인 셈이다.

$I = ABCDE = BCE$로 놓고 2^{5-2} 일부 요인 실험을 설계해보자. 정의 대비를 만들어 전체 요인 실험을 4 개의 블록으로 분할하면 다음 쪽의 도식과 같다. 이들 중 임의의 블록 하나를 골라 실험하면 2^{5-2} 일부 요인 실험이 된다.

분석을 위하여 별명 구조를 탐색해보자. 두 생성자의 곱을 취해서 얻은 효과도 별명이다.

$$(BCE)(ABCDE) = AB^2C^2DE^2 = AD$$

(1)	a	ab	b
bc	abc	ac	c
ad	d	bd	abd
$abcd$	bcd	cd	acd
be	abe	ae	e
ce	ace	$abce$	bce
$abde$	bde	de	ade
$acde$	cde	$bcde$	$abcde$

따라서 정의 관계는 $I = ABCDE = BCE = AD$다. 결과되는 별명 구조는 다음과 같다.

$$
\begin{aligned}
&A = ABCE = BCDE = D \\
&B = CE = ACDE = ABD \\
&AB = ACE = CDE = BD \\
&C = BE = ABDE = ACD \\
&AC = ABE = BDE = CD \\
&BC = E = ADE = ABCD \\
&ABC = AE = DE = BCD
\end{aligned}
$$

별명 구조를 보면 주효과 A와 D가 교락되기 때문에 이 설계는 별로 좋지 않다고 하겠다.

(4) 최고 해상도 설계

k와 p가 주어졌을 때 가능한 최고 해상도의 일부 요인 설계들을 표 8.10에 정리하였다.

8.6 SAS 활용

앞서 언급하였지만 완전한 요인 설계는 CRD로서 수행된다. 제 3 장에서 CRD의 기본 모형은 다음과 같이 썼다.

표 8.10 2^{k-p} 일부 요인 설계

k	설계	실험 횟수	설계 생성자
3	2_{III}^{3-1}	4	ABC
4	2_{IV}^{4-1}	8	$ABCD$
5	2_{V}^{5-1}	16	$ABCDE$
5	2_{III}^{5-2}	8	$ABD,\ ACE$
6	2_{VI}^{6-1}	32	$ABCDEF$
6	2_{IV}^{6-2}	16	$ABCE,\ BCDF$
6	2_{III}^{6-3}	8	$ABD,\ ACE,\ BCF$
7	2_{VII}^{7-1}	64	$ABCDEFG$
7	2_{IV}^{7-2}	32	$ABCDF,\ ABDEG$
7	2_{IV}^{7-3}	16	$ABCE,\ BCDF,\ ACDG$
7	2_{III}^{7-4}	8	$ABD,\ ACE,\ BCF,\ ABCG$
8	2_{V}^{8-2}	64	$ABCDG,\ ABEFH$
8	2_{IV}^{8-3}	32	$ABCF,\ ABDG,\ BCDEH$
8	2_{IV}^{8-4}	16	$BCDE,\ ACDF,\ ABCG,\ ABDH$

$$Y_{ml} = \mu + \tau_m + \epsilon_{ml}$$

그런데 만일 우리가 처리 요인으로서 A, B, C를 고려한다면, CRD의 기본 모형에서 τ_m의 위치에 우리가 고려하는 요인 A, B, C에 연관된 효과들을 대치하기만 하면 바로 요인 설계의 모형이 되는 것이다. 따라서 삼요인 요인 설계의 모형은 다음과 같다.

$$Y_{ijkl} = \mu + \alpha_i + \beta_j + \gamma_k + (\alpha\beta)_{ij} + (\alpha\gamma)_{ik} + (\beta\gamma)_{jk} + (\alpha\beta\gamma)_{ijk} + \epsilon_{ijkl}$$

- **CRD**

```
PROC GLM;
  CLASS A B C;
  MODEL Y = A|B|C;
QUIT;
```

여기서 MODEL 문장의 A|B|C는 'A B A*B C A*C B*C A*B*C'를 간단히 표시한 것이다. 만일 상호작용 *AB*와 *ABC*를 오차에 편입시키려면 다음과 같이 작성한다.

```
PROC GLM;
  CLASS A B C;
  MODEL Y = A B C A*C B*C;
QUIT;
```

• **부표집을 한 CRD**

반복 측정을 REP로 표기하자.

```
PROC GLM;
  CLASS A B C REP;
  MODEL Y = A|B|C REP(A*B*C);
  TEST A B A*B C A*C B*C A*B*C E=REP(A*B*C);
QUIT;
```

• **완전 교락 요인 설계**

반복 요인을 REP, 블록을 BLK로 표기하자. *ABC*를 교락시킨다.

```
PROC GLM;
  CLASS REP BLK A B C;
  MODEL Y = REP|BLK A B A*B C A*C B*C;
QUIT;
```

• **부분 교락 요인 설계**

```
PROC GLM;
  CLASS REP BLK A B C;
  MODEL Y = REP BLK(REP) A|B|C;
QUIT;
```

• **일부 요인 설계**

MODEL 문장에 추정 가능한 효과들만을 나열하되, 오차항으로 사용될 상호작용 효과들은 제외한다. 예 8.7의 경우에는 다음과 같이 작성한다.

```
PROC GLM;
  CLASS A B C D;
  MODEL Y = A B C D;
QUIT;
```

이때 오차항 없이 각 효과들을 추정만 하려면 다음과 같이 추정 가능한 모든 효과를 나열한다.

```
PROC GLM;
  CLASS A B C D;
  MODEL Y = A B C D A*B A*C A*D;
QUIT;
```

예 8.8

예 8.6의 데이터를 분석하는 SAS 코드는 다음과 같이 작성한다.

```
DATA;
  INPUT rep blk a b c y @@;
DATALINES;
1 1 0 0 0 2208  1 1 1 1 0 2133  1 1 1 0 1 2459  1 1 0 1 1 3096
1 2 1 0 0 2196  1 2 0 1 0 2086  1 2 0 0 1 3356  1 2 1 1 1 2776
2 1 0 0 0 2004  2 1 1 1 0 2112  2 1 0 0 1 3073  2 1 1 1 1 2631
2 2 1 0 0 2179  2 2 0 1 0 2073  2 2 1 0 1 3474  2 2 0 1 1 3360
3 1 0 0 1 2839  3 1 1 0 0 2189  3 1 0 1 1 3522  3 1 1 1 0 2095
3 2 0 0 0 1916  3 2 1 0 1 2979  3 2 0 1 0 2151  3 2 1 1 1 2500
4 1 1 0 0 2056  4 1 0 0 0 2010  4 1 0 1 1 3209  4 1 1 1 1 3066
4 2 0 1 0 1878  4 2 1 1 0 2156  4 2 0 0 1 3423  4 2 1 0 1 2524
RUN;

PROC GLM;
  CLASS rep blk a b c;
  MODEL y = rep rep(blk) a|b|c;
QUIT;
```

The GLM Procedure

Class Level Information		
Class	Levels	Values
rep	4	1 2 3 4
block	2	1 2
a	2	0 1
b	2	0 1
c	2	0 1

Number of Observations Read	32
Number of Observations Used	32

Dependent Variable: y

Source	DF	Sum of Squares	Mean Square	F Value	Pr > F
Model	14	8041013.854	574358.132	10.16	<.0001
Error	17	961283.115	56546.066		
Corrected Total	31	9002296.969			

R-Square	Coeff Var	Root MSE	y Mean
0.893218	9.310543	237.7942	2554.031

Source	DF	Type I SS	Mean Square	F Value	Pr > F
rep	3	38717.594	12905.865	0.23	0.8754
rep(block)	4	401060.125	100265.031	1.77	0.1808
a	1	224282.531	224282.531	3.97	0.0627
b	1	52.531	52.531	0.00	0.9760
a*b	1	737.042	737.042	0.01	0.9104
c	1	6886688.281	6886688.281	121.79	<.0001
a*c	1	416066.667	416066.667	7.36	0.0148
b*c	1	2667.042	2667.042	0.05	0.8307
a*b*c	1	70742.042	70742.042	1.25	0.2789

< 연 습 문 제 >

1. 다음 상황에 대하여 상담을 받았다. 2^2 요인 실험인데, 한 번에 다 할 수는 없고 단지 크기 2의 블록 단위로만 실험이 가능하다. 블록은 아주 많다. 연구자는 주효과와

상호작용 효과 모두에 대하여 동등한 정보를 얻고 싶어한다.

① 이 상황에 적절한 실험설계의 이름은 무엇일까?
② 모형을 쓰고 실험설계를 도시하라.
③ 분산분석표를 쓰되 변인과 자유도만 제시하라.
④ 6 개 블록을 사용할 경우에 실제 처리들이 배치된 상황을 도시하라.
⑤ 이 계획은 결국 BIBD와 동일한 것이다. BIBD의 설계 모수들을 제시하라.

2. 2^{4-1} 설계를 하고 싶다. 최적이라 생각되는 정의 대비를 설정하여 만들어보라. 해상도는 얼마인가?

3. 탄산 음료의 톡 쏘는 맛에 대한 평가 실험을 한다. 관심 요인은 탄산화 %(A), 압력(B), 공정 속도(C)의 3 가지다. 2^3 설계를 2회 반복하여 다음 데이터를 얻었다. 분석하라.

	B_1		B_2	
	C_1	C_2	C_1	C_2
A_1	-3	-1	-1	1
	-1	0	0	1
A_2	0	2	2	6
	1	1	3	5

4. 다음은 2^4 실험의 자료다. B가 존재하는 모든 효과들을 오차로 간주하고 분석하라.

처리 조합	반응값	처리 조합	반응값
(1)	45	d	43
a	71	ad	100
b	48	bd	45
ab	65	abd	104
c	68	cd	75
ac	60	acd	86
bc	80	bcd	70
abc	65	$abcd$	96

5. 다음은 부분 교락 2^3 설계에서 비롯된 데이터다. 반복 I에서는 ABC를 교락시켰고 반복 II에서는 AB를 교락시켰다. 손계산으로 SS_{ABC}와 SS_{AB}를 구하라. 분산분석을 하라.

반복 I 블록 1	반복 I 블록 2	반복 II 블록 1	반복 II 블록 2
(1) : -3	a : 0	(1) : -1	a : 1
ab : 2	b : -1	ab : 3	b : 0
ac : 2	c : -1	c : 0	ac : 1
bc : 1	abc : 6	abc : 5	bc : 1

6. $I = ABC = BCD$일 때 2^4 실험을 네 블록으로 분할하라.

7. 2^4 설계에서 $ABCD$를 블록과 교락시켜 다음 데이터를 얻었다. 삼요인 상호작용들을 오차로 간주하고 분석하라.

블록 1	블록 2
(1) : 45	a : 71
ab : 65	b : 48
ac : 60	c : 68
bc : 80	d : 43
ad : 100	abc : 65
bd : 45	bcd : 70
cd : 75	acd : 86
$abcd$: 96	abd : 204

8. CRD 형식으로 진행된 2×2 요인 실험을 진행하였다. 데이터는 다음과 같다.

A_1		A_2	
B_1	B_2	B_1	B_2
0.613	0.317	0.514	0.216
0.668	0.069	0.586	0.104
0.581	0.069	0.310	0.214
0.624	0.259	0.888	0.104
0.460	0.627	1.210	0.104
0.501	0.380	1.199	0.104

① 고정효과를 가정하고 EMS를 산출하라.

② 분산분석표를 작성하라.

9

3^k 요인 설계 및 기타

9.1 3^k 요인 설계

2 수준계의 요인 설계 및 일부 요인 설계가 광범위하게 사용되기는 하지만 때로 3 수준계의 실험이 고려되기도 한다.

3^k 설계는 각 3 수준의 k 개 요인들에 대한 요인 설계다. 앞으로는 3 수준을 표기할 때 0, 1, 2를 사용하기로 약속하자. 0은 낮은(low) 수준, 1은 중간(medium) 수준, 2는 높은(high) 수준을 나타낸다.

따라서 3^2 요인 설계에서 가능한 처리 조합들은 (0,0), (0,1), (0,2), (1,0), (1,1), (1,2), (2,0), (2,1), (2,2)의 9 개다. 이들을 통상적인 표기로 바꾸면 각각 A_0B_0, A_0B_1, A_0B_2, A_1B_0, A_1B_1, A_1B_2, A_2B_0, A_2B_1, A_2B_2에 대응한다.

3 수준의 실험을 하면 반응 패턴에 이차 함수를 적합시킬 수 있는 이점이 있지만 반응 곡선 또는 반응 표면에 관심이 있다면 요인 설계보다는 반응표면 설계(response

surface design)가 더 효율적이다.

3^k 설계의 기본적인 아이디어는 2^k 설계와 다를 바가 없다. 다만 여기서는 각 효과를 선형 효과와 이차 효과로 분해하는 방법에 대하여 상술한다.

9.2 3^2 요인 설계

관심 요인이 2 개(A, B)이고 각각의 수준이 3 개인 경우의 요인 실험이다. 두 요인 수준이 교차되어 나타나는 처리 조합의 총수는 9 개다. 각 처리 조합마다 n 번 반복 실험을 하는 경우 3^2 요인 설계에 대한 통계 모형은 다음과 같다.

$$Y_{ijk} = \mu + \alpha_i + \beta_j + (\alpha\beta)_{ij} + \epsilon_{ijk} \qquad (i, j = 1,2,3\,; \quad k = 1,\cdots,n) \tag{9.1}$$

모형 (9.1)에 대한 분산분석표는 표 9.1과 같이 정리된다. 만일 $n=1$이면 상호작용이 오차와 교락되므로 이 경우에는 상호작용 AB를 오차로 간주하여 주효과들에 대한 F 검증을 한다.

표 9.1 모형 (9.1)에 대한 분산분석표

source	SS	df
A	SS_A	2
B	SS_B	2
AB	SS_{AB}	4
오차	SS_E	$3^2(n-1)$
총	SS_T	3^2n-1

양적(quantitative) 요인의 수준이 3인 경우에 수준들이 등간격으로 배치되어 있다면 주효과를 선형 효과와 이차 효과로 세분할 수 있다. 그리고 상호작용 효과 역시 두 요인의 선형 및 이차 효과들의 교차곱으로 세분된다. 이렇게 세분된 각 효과들의 자유도는 전부 1이다. 표 9.2는 표 9.1에 주어진 3^2 요인 설계에 대한 세부 분석표의 형태를 보인 것이다. 이러한 효과의 분할은 대비의 개념을 이용한다. 제 3.12 절과 제 3.13 절을 참조하라.

표 9.2 3^2 설계에 대한 세부 분산분석표

source	SS	df
A	SS_A	2
A_L	SS_{A_L}	1
A_Q	SS_{A_Q}	1
B	SS_B	2
B_L	SS_{B_L}	1
B_Q	SS_{B_Q}	1
AB	SS_{AB}	4
A_LB_L	$SS_{A_LB_L}$	1
A_LB_Q	$SS_{A_LB_Q}$	1
A_QB_L	$SS_{A_QB_L}$	1
A_QB_Q	$SS_{A_QB_Q}$	1
오차	SS_E	$3^2(n-1)$
총	SS_T	3^2n-1

한 요인의 이차 효과가 유의하다고 함은 그 요인에 대한 세 수준에서 반응 패턴이 이차 곡선으로 설명된다는 뜻이다. 만일 이차 효과는 유의하지 않지만 선형 효과 즉 일차 효과가 유의하다면 그 요인의 반응 패턴은 직선 관계로 나타난다. 또, 일차 효과조차 없다면 수준 간 반응값 차이가 없는 것이다. 이차 효과의 유의성 등은 반응값에 대한 최적 조건 등을 탐색할 때 유용한 정보가 될 수 있으며, 이차 효과가 유의하지 않으면 반응 패턴이 직선 관계로 간략화되므로 결과 해석이 편한 이점이 있다.

표 9.2에서 사용된 첨자 L은 선형 효과(linear effect), 또 Q는 이차 효과(quadratic effect)를 나타낸다. 4 수준이라면 삼차 효과(cubic effect)까지 분해할 수 있다.

한 가지 예를 통하여 효과의 분해를 설명한다. 절삭기의 수명은 물체에 대는 각도(A)와 절단 속도(B)에 영향을 받는다. 각 3 수준의 각도와 속도를 선택하여 3^2 실험을 2회 반복하였다. 표 9.3은 절삭기의 수명 데이터다. 각 칸(cell) 내의 괄호 속의 값은 칸 데이터의 합($Y_{ij.}$)으로 이를 칸합(cell total)이라 부르겠다. 기타 행합(row total), 열합(column total), 총합(grand total)을 표시하였다. 물론 행합은 각도 처리합이고 열합은 속도 처리합이다. 이 데이터에 대한 통상적인 분산분석표가 표 9.4에 주어져있다.

두 요인의 선형 및 이차 효과로의 분해는 공식 (3.26)과 표 3.3에 주어진 직교 다항식의 계수를 이용하여 수행한다. 표 9.3에 데이터들의 합을 계산해 놓았으므로 현 상황에 알맞는 대비 제곱합의 공식은 다음과 같이 쓸 수 있다. 공식에서 반복수 n은 행합이나 열합이 계산에 사용되면 6, 칸합이 사용되면 2가 된다.

$$SS_C = \frac{\left(\sum_{i=1}^{3} c_i Y_i.\right)^2}{n\sum_{i=1}^{3} c_i^2}$$

우선 각도에 대한 효과 분해를 하자. 표 3.3에서 선형 효과에 대한 직교 다항식 계수는 -1, 0, +1이고, 이차 효과에 대한 계수는 +1, -2, +1이다. 따라서 각각 자유도 1의 선형 효과 제곱합 SS_{A_L}과 이차 효과 제곱합 SS_{A_Q}는 다음과 같이 계산된다.

$$SS_{A_L} = \frac{[(-1)(-1)+(0)(16)+(1)(9)]^2}{6[(-1)^2+(0)^2+(1)^2]} = \frac{100}{12} = 8.33$$

$$SS_{A_Q} = \frac{[(1)(-1)+(-2)(16)+(1)(9)]^2}{6[(1)^2+(-2)^2+(1)^2]} = \frac{576}{36} = 16.00$$

비슷하게 속도에 대한 선형 효과 및 이차 효과 제곱합은 다음과 같다.

$$SS_{A_L} = \frac{[(-1)(-2)+(0)(12)+(1)(14)]^2}{6[(-1)^2+(0)^2+(1)^2]} = \frac{256}{12} = 21.33$$

표 9.3 절삭기 데이터

Y_{ijk} ($Y_{ij}.$)	속도			
각도	125	150	175	$Y_i..$
15	-2, -1 (-3)	-3, 0 (-3)	2, 3 (+5)	-1
20	0, 2 (+2)	1, 3 (+4)	4, 6 (+10)	16
25	-1, 0 (-1)	5, 6 (+11)	0, -1 (-1)	9
$Y._j.$	-2	12	14	$Y...=24$

표 9.4 절삭기 데이터에 대한 분산분석표

source	SS	df	MS	F	p-value
A	24.33	2	12.17	8.42^{**}	0.0087
B	25.33	2	12.67	8.77^{**}	0.0077
AB	61.33	4	15.33	10.62^{**}	0.0018
오차	13.00	9	1.44		
총	124.00	17			

$$SS_{A_Q} = \frac{[(1)(-2)+(-2)(12)+(1)(14)]^2}{6[(1)^2+(-2)^2+(1)^2]} = \frac{144}{36} = 4.00$$

각도와 속도 모두 양적 요인(quantitative factor)이므로 AB 상호작용을 다음과 같은 4 개의 자유도 1의 성분들로 분해할 수 있다.

$$A_LB_L, \quad A_LB_Q, \quad A_QB_L, \quad A_QB_Q$$

여기서 A_LB_L은 A의 선형 효과와 B의 선형 효과 간의 상호작용이며, A_LB_Q는 A의 선형 효과와 B의 이차 효과 간의 상호작용이다. 나머지도 비슷하게 해석한다. 이러한 상호작용의 분해를 할 때도 직교 대비의 계수가 필요한데 이 계수들은 두 요인의 선형 및 이차 계수들의 곱으로 결정된다.

대비 A_LB_L에 대한 계수는 표 9.5와 같은 형식으로 구한다.

즉 요인 A의 선형 효과를 구할 때 사용한 계수들을 행으로 또 요인 B의 선형 효과를 구할 때 사용한 계수들을 열로 배치한 다음 교차곱을 계산하여 칸에 적었다. 이렇게 계산된 칸 계수들을 c_{ij}로 표기하자. 이렇게 계산된 9 개의 c_{ij}들과 표 9.3에 주어진 칸합 $(Y_{ij}.)$을 이용하여 A_LB_L에 대한 대비 제곱합을 구한다.

현 상황에서 상호작용의 세부 분해를 위한 대비 제곱합의 공식은 다음과 같이 쓸 수 있다. 이때 $n=2$다.

$$SS_C = \frac{\left(\sum_{i=1}^{3}\sum_{j=1}^{3} c_{ij} Y_{ij}.\right)^2}{n\sum_{i=1}^{3}\sum_{j=1}^{3} c_{ij}^2}$$

표 9.5 A_LB_L에 대한 계수(c_{ij})

		B_L의 계수		
		-1	0	+1
A_L의 계수	-1	+1	0	-1
	0	0	0	0
	+1	-1	0	+1

표 9.6 A_LB_Q에 대한 계수(c_{ij})

		B_Q의 계수		
		+1	-2	+1
A_L의 계수	-1	-1	+2	-1
	0	0	0	0
	+1	+1	-2	+1

표 9.7 A_QB_L에 대한 계수(c_{ij})

		B_L의 계수		
		-1	0	+1
A_Q의 계수	+1	-1	0	+1
	-2	+2	0	-2
	+1	-1	0	+1

표 9.8 A_QB_Q에 대한 계수(c_{ij})

		B_Q의 계수		
		+1	-2	+1
A_Q의 계수	+1	+1	-2	+1
	-2	-2	+4	-2
	+1	+1	-2	+1

① A_LB_L에 대한 대비 제곱합(표 9.5)

$$\text{분자} = [(1)(-3)+(0)(-3)+(-1)(5)+(0)(2)+(0)(4)$$
$$+(0)(10)+(-1)(-1)+(0)(11)+(1)(-1)]^2 = (-8)^2 = 64$$

$$\text{분모} = 2[(1)^2+(0)^2+(-1)^2+(0)^2+(0)^2+(0)^2+(-1)^2+(0)^2+(1)^2]$$
$$= 2(4) = 8$$

$$SS_{A_LB_L} = \frac{64}{8} = 8.00$$

② A_LB_Q에 대한 대비 제곱합(표 9.6)

$$\text{분자} = [(-1)(-3)+(2)(-3)+(-1)(5)+(0)(2)+(0)(4)$$
$$+(0)(10)+(1)(-1)+(-2)(11)+(1)(-1)]^2 = (-32)^2 = 1024$$

$$\text{분모} = 2[(-1)^2+(2)^2+(-1)^2+(0)^2+(0)^2+(0)^2+(1)^2+(-2)^2+(1)^2]$$
$$= 2(12) = 24$$

$$SS_{A_LB_Q} = \frac{1024}{24} = 42.67$$

③ A_QB_L에 대한 대비 제곱합(표 9.7)

$$\text{분자} = [(-1)(-3)+(0)(-3)+(1)(5)+(2)(2)+(0)(4)$$
$$+(-2)(10)+(-1)(-1)+(0)(11)+(1)(-1)]^2 = (-8)^2 = 64$$

$$\text{분모} = 2[(-1)^2+(0)^2+(1)^2+(2)^2+(0)^2+(-2)^2+(-1)^2+(0)^2+(1)^2]$$
$$= 2(12) = 24$$

$$SS_{A_QB_L} = \frac{64}{24} = 2.67$$

④ A_QB_Q에 대한 대비 제곱합(표 9.8)

$$\text{분자} = [(1)(-3)+(-2)(-3)+(1)(5)+(-2)(2)+(4)(4)$$
$$+(-2)(10)+(1)(-1)+(-2)(11)+(1)(-1)]^2 = (-24)^2 = 576$$

$$\text{분모} = 2[(1)^2+(-2)^2+(1)^2+(-2)^2+(4)^2+(-2)^2+(1)^2+(-2)^2+(1)^2]$$
$$= 2(36) = 72$$

$$SS_{A_QB_Q} = \frac{576}{72} = 8.00$$

표 9.9 절삭기 데이터에 대한 세부 분산분석표

source	SS	df	MS	F	p-value
A(각도)	24.33	2	12.17	8.42**	0.0087
A_L	8.33	1	8.33	5.77*	0.0398
A_Q	16.00	1	16.00	11.08**	0.0088
B(속도)	25.33	2	12.67	8.77**	0.0077
B_L	21.33	1	21.33	14.77**	0.0039
B_Q	4.00	1	4.00	2.77	0.1305
AB	61.33	4	15.33	10.62**	0.0018
A_LB_L	8.00	1	8.00	5.54*	0.0431
A_LB_Q	42.67	1	42.67	29.54**	0.0004
A_QB_L	2.67	1	2.67	1.85	0.2073
A_QB_Q	8.00	1	8.00	5.54*	0.0431
오차	13.00	9	1.44		
총	124.00	17			

이상에서 계산한 상호작용의 세부 분해 결과를 표 9.9에 정리하였다. 각도의 일차 및 이차 효과는 모두 유의하다. 속도의 선형 효과는 유의하나 이차 효과는 유의하지 않다. 즉 속도 수준들에서 반응값들의 패턴은 직선형에 가깝다. 이런 사실은 표 9.3의 주변합을 살펴봐도 짐작할 수 있다. 즉 각도의 세 수준에서 반응값들의 합의 변화는 -1, 16, 9다. 가운데 값이 우뚝 솟았기 때문에 직선보다는 이차 곡선으로 설명이 잘 될 것이다. 또 속도의 세 수준에서는 열합들이 -2, 12, 14로 변하고 있다. 완벽한 직선형은 물론 아니지만 이차적인 관계보다는 선형 관계가 더 강함을 알 수 있다. 상호작용의 분해에서는 A_LB_Q의 효과가 특히 크다.

표 9.9와 같은 분해는 두 요인이 모두 양적 요인인 경우에만 의미가 있다. 그러나 만일 한 요인이 질적 요인(qualitative factor)인 경우에는 어떻게 분해를 해야할까?

예를 들어 A가 질적 요인, B가 양적 요인이라고 하자. A가 질적 요인이므로 A에 대한 더 이상의 분해를 하지 않는다. 그러나 양적 요인인 B에 대해서는 B_L과 B_Q로 분해한다. 따라서 상호작용 AB는 AB_L과 AB_Q로 분해할 수 있다. 이때, AB_L과 AB_Q의 자유도는 각각 2다.

그리고 AB_L 제곱합을 계산할 때는 질적 요인이라는 사실에 구애받지 않고 A_LB_L과 A_LB_Q를 구한 다음 더하면 된다. 즉 다음 등식이 항상 성립한다.

표 9.10 *A*가 질적 요인, *B*가 양적 요인인 경우의 분산분석표

source	SS	df	MS	F
A	24.33	2	12.17	8.42**
B	25.33	2	12.67	8.77**
B_L	21.33	1	21.33	14.77**
B_Q	4.00	1	4.00	2.77
AB	61.33	4	15.33	10.62**
AB_L	10.67	2	5.33	3.70
AB_Q	50.67	2	25.33	17.59**
오차	13.00	9	1.44	
총	124.00	17		

$$SS_{AB_L} = SS_{A_LB_L} + SS_{A_QB_L}$$

마찬가지로,

$$SS_{AB_Q} = SS_{A_LB_Q} + SS_{A_QB_Q}$$

따라서 표 9.9에서 각도 요인을 질적 요인이라 가정하면 효과의 분해는 표 9.10과 같은 형태로 정리된다. 제곱합과 자유도, 평균제곱 등이 바뀌는 형태를 확인해보라.

예 9.1

쇠고기의 수분 함량을 보전하는데 사용되는 두 가지 약품(*A*, *B*)이 있다. 두 약품의 효능을 조사하기 위하여 3^2 요인 설계를 수행하였다. 두 요인은 모두 양적 요인으로서 각각 3 수준에서 사용되었으며 각 처리 조합마다 2 번씩 반복 실험하였다. 표 9.11이 결과된 수분량(단위: *ml*) 데이터다. 표 9.12에 분산분석 결과를 정리하였다. 표 9.12의 분산분석표에서 요인 *A*와 *B*의 효과는 통계적으로 극히 유의하며 특히 각각의 이차 효과들이 대부분의 요인 변동을 설명하고 있다. 데이터를 살펴보면 두 요인의 중간 수준에서 최고 효능을 보이고 있다. 그러나 이 관찰은 아직 확정적이지 못하다. 왜냐하면 두 요인의 상호작용을 무시하고 주효과만으로 반응값들의 변화 패턴을 결론지을 수 없기 때문이다. 상호작용의 효과 역시 통계적으로 유의한데 다행히도

상호작용의 대부분을 두 요인의 선형 효과들의 상호작용이 설명하고 있다. 따라서 최고 효능 조건은 두 약품의 중간 수준들이다. 만일 A_Q*B_Q와 같은 이차 효과들의 상호작용이 통계적으로 유의했다면 방금과 같은 결론을 쉽게 내리지 못한다. ▮

표 9.11 수분 함량 데이터

	B_0	B_1	B_2
A_0	1.14	2.23	0.74
	1.05	2.30	0.50
A_1	1.87	3.13	1.43
	1.60	3.00	1.00
A_2	1.70	2.80	0.10
	1.80	1.95	0.05

표 9.12 수분 함량 데이터에 대한 분산분석표

source	SS	df	MS	F	p-value
A	1.663	2	0.832	13.86^{**}	0.0018
A_L	0.016	1	0.016	0.27	0.6166
A_Q	1.647	1	1.647	27.44^{**}	0.0005
B	11.217	2	5.609	93.48^{**}	0.0001
B_L	2.376	1	2.376	39.59^{**}	0.0001
B_Q	8.841	1	8.841	147.30	0.0001
AB	0.949	4	0.237	3.95^{*}	0.0404
A_LB_L	0.720	1	0.720	12.00^{**}	0.0071
A_LB_Q	0.002	1	0.002	0.03	0.8586
A_QB_L	0.205	1	0.205	3.42	0.0974
A_QB_Q	0.021	1	0.021	0.36	0.5655
오차	0.540	9	0.060		
총	14.369	17			

9.3 3^3 요인 설계

요인이 3 개(A, B, C)가 있고 수준이 각각 3 개씩인 경우다. 처리 조합은 모두 27 개다. 각 수준 조합마다 n 개의 측정값을 얻는다고 가정하자. 이 설계에 대한 통계 모형은 다음과 같다.

$$Y_{ijkl} = \mu + \alpha_i + \beta_j + \gamma_k + (\alpha\beta)_{ij} + (\alpha\gamma)_{ik} + (\beta\gamma)_{jk} + (\alpha\beta\gamma)_{ijk} + \epsilon_{ijkl} \quad (9.2)$$
$$(i,j,k = 1,2,3\ ; \quad l = 1,\cdots,n)$$

이 모형에 대한 분산분석표는 표 9.13과 같다.

표 9.13 모형 (9.2)에 대한 분산분석표

source	SS	df
A	SS_A	2
B	SS_B	2
C	SS_C	2
AB	SS_{AB}	4
AC	SS_{AC}	4
BC	SS_{BC}	4
ABC	SS_{ABC}	8
오차	SS_E	$3^3(n-1)$
총	SS_T	3^3n-1

$n=1$이면 상호작용 ABC를 오차로 간주하여 주효과들과 이차 상호작용들에 대한 F 검증을 한다. 3^2 요인 실험 때와 마찬가지로 모든 효과를 선형과 이차 효과로 세분할 수 있지만 요인이 세 개인 경우에 이들을 하나하나 분석하기란 매우 어렵다. 특히 삼요인 상호작용 ABC를 세분하여 검토하는 것은 실용성도 없고 무의미하다. 이와 같은 실험을 설계할 때는 언제나 주효과와 이차 상호작용의 분석에 주안점을 두어야 한다.

9.4 교락 설계

3^k 요인 설계를 3^p $(p<k)$ 개의 블록으로 나누어 수행하려할 때 교락 설계 기법을

사용한다. 실용상 전체 계획을 3 개, 또는 9 개 블록으로 나누는 방식이 주로 사용된다.

3^k 요인 실험을 세 개의 블록으로 나누어 실험하고 싶다고 하자. 이 경우 분산분석표에서 블록의 자유도는 2가 된다. 따라서 자유도가 2인 효과를 블록과 교락시켜야 애초의 목적을 달성할 수 있다.

그런데 3^k 설계에서 주효과들은 모두 자유도가 2이지만 주효과를 블록과 교락시킬 수는 없는 노릇이다. 그리고 이요인 상호작용들의 자유도는 각각 4이기 때문에 교락에 요구되는 자유도 2에 비하여 너무 크다. 삼요인 상호작용들의 자유도는 8이기 때문에 더 이상 고려할 수도 없다. 결국 3^k 설계에서는 교락 목적으로 희생이 되어야 할 자유도 2의 효과항이 존재하지 않음을 알 수 있다.

이 문제점을 해결하기 위하여 고안된 방법이 상호작용들을 직교 분해하여, 분해된 성분들이 각각 자유도 2를 갖게 하는 것이다. 그런데 3^k 실험에서 블록 교락 설계를 고려할 때 사용되는 분해법은 제 9.3 절에서 논의한 선형 및 이차 효과로의 직교 분해와는 전혀 무관한 인위적인 방법이다.

교락에 대한 설명을 위해 앞으로는 상호작용을 표기할 때 요인 부호 사이에 '×' 표시를 하겠다. 예를 들어 이요인 상호작용 AB를 앞으로는 $A \times B$로 표기한다. 마찬가지로 삼요인 상호작용 ABC는 $A \times B \times C$로 표기한다

3^3 요인 설계에서 처리 조합들을 (x_1, x_2, x_3)로 표기하자. 여기서 x_i는 i 번째 요인의 수준이다. 즉 $x_i = 0, 1, 2$ $(i = 1,2,3)$.

이때 교락 목적상 이요인 상호작용 $A \times B$를 다음 형식으로 직교 분해한다.

$$A \times B = AB + AB^2$$

여기서 AB는 다음 각 방정식을 만족하는 세 처리 간의 비교를 나타낸다.

$$x_1 + x_2 = 0 \quad vs \quad x_1 + x_2 = 1 \quad vs \quad x_1 + x_2 = 2$$

비슷하게 AB^2 역시 다음 각 방정식을 만족하는 세 처리 간의 비교를 나타낸다.

$$x_1 + 2x_2 = 0 \quad vs \quad x_1 + 2x_2 = 1 \quad vs \quad x_1 + 2x_2 = 2$$

간단히 정리해서, AB와 AB^2은 각각 다음 방정식들을 만족하는 처리 조합들 간의 비교다.

$$AB: \quad x_1 + x_2 = 0, 1, 2 \quad (\text{mod}3)$$

$$AB^2: \quad x_1 + 2x_2 = 0, 1, 2 \quad (\text{mod}3)$$

여기서 'mod 3' 부호는 3으로 나눈 나머지(modulo 3) 연산을 의미한다.

동일한 방법으로 $A \times C$와 $B \times C$도 직교 분해한다. 즉

$$A \times C = AC + AC^2$$

$$B \times C = BC + BC^2$$

삼요인 상호작용 $A \times B \times C$는 다음 형식으로 분해한다. 분해된 각 효과의 자유도는 모두 2다.

$$A \times B \times C = ABC + AB^2C + ABC^2 + AB^2C^2$$

여기서 분해된 효과들의 정의는 다음과 같다.

$$ABC: \quad x_1 + x_2 + x_3 = 0, 1, 2 \quad (\text{mod}3)$$

$$AB^2C: \quad x_1 + 2x_2 + x_3 = 0, 1, 2 \quad (\text{mod}3)$$

$$ABC^2: \quad x_1 + x_2 + 2x_3 = 0, 1, 2 \quad (\text{mod}3)$$

$$AB^2C^2: \quad x_1 + 2x_2 + 2x_3 = 0, 1, 2 \quad (\text{mod}3)$$

이상과 같은 형식의 분해는 교락 설계를 만들기 위하여 인위적으로 고안된 것일뿐, 분해된 상호작용 AB 또는 AB^2의 실제적인 의미는 전혀 없다. 따라서 분산분석표에서도 이러한 개념적 분해를 나열하지 않는다.

그리고 A^pB^q 형식으로 분해된 이요인 상호작용에서 첫 글자의 지수는 언제나 1로 놓는 것이 관례다. 연산 중에 그렇지 않은 경우가 나타나면 전체 식을 제곱하되 지수값이 3 이상이면 3을 뺀다. 간단히 말해서 X가 임의의 효과 부호일 때 3^k 설계에서는 $X^3 = 1$이고 또 $X = X^2$이라고 약속한다.

예를 들어 A^2B는 AB^2과 같다, 왜냐하면

$$A^2B = (A^2B)^2 = A^4B^2 = AB^2.$$

3^k 요인 실험을 세 개의 블록으로 나눌 때에도 2^k 설계와 같은 형태의 정의대비를 고려한다.

$$L = \alpha_1 x_1 + \alpha_2 x_2 + \cdots + \alpha_k x_k$$

여기서 α_i는 교락될 효과에서 i 번째 요인의 지수로서, 0, 1, 2의 값을 취한다. 그리고 x_i는 특정 처리 조합에 나타나는 i 번째 요인의 수준으로서 역시 0, 1, 2의 값을 취할 수 있다.

가능한 모든 처리 조합에서 L의 값을 계산하고 3으로 나눈 나머지 값이 동일한 처리들을 같은 블록에 넣는다. 그런데 L (mod 3) 연산의 결과는 0, 1, 2의 세 개이므로 결국 3^k 개의 처리 조합들은 정확히 세 블록으로 나누어진다.

참고로 $L=0$ (mod 3)인 블록을 **주블록**(principal block)이라 하며, 주블록은 반드시 최저 수준의 처리 조합 (0, 0, ⋯, 0)을 포함한다.

예 9.2

3^2 설계를 $I=AB^2$으로 놓고 3 블록으로 나누자. 대응되는 정의대비는 다음과 같다.

$$L=x_1+2x_2 \quad (\text{mod } 3)$$

A와 B의 각 수준 조합에 대하여 산출한 L의 값들은 다음과 같다.

A의 수준	B의 수준	L
0	0	0 + 2×0 = 0
0	1	0 + 2×1 = 2
0	2	0 + 2×2 = 4 = 1
1	0	1 + 2×0 = 1
1	1	1 + 2×1 = 3 = 0
1	2	1 + 2×2 = 5 = 2
2	0	2 + 2×0 = 2
2	1	2 + 2×1 = 4 = 1
2	2	2 + 2×2 = 6 = 0

AB^2이 블록과 교락된 경우 3^2 설계는 다음과 같은 세 개의 블록으로 분할된다. ▌

블록 1	블록 2	블록 3
00	02	01
11	10	12
22	21	20
$L=0$	$L=1$	$L=2$

예 9.3

평안도 지방 고유의 향토 떡인 노치에 대한 관능 검사를 한다. 관심 요인은 엿기름 첨가 % (A)와 당화 시간(B)이다. 측정되는 반응 특성값들을 기초로 노치의 제반 특성을 최적화하는 엿기름의 양과 당화 시간을 결정하는 것이 최종 실험 목표다. 엿기름 첨가 %로 5%, 10%, 15%의 세 수준을 사용하며, 당화 시간 역시 1 시간, 2 시간, 3 시간의 세 수준을 사용한다. 검사 요원 1 명당 한 번에 세 개까지의 시료를 평가할 수 있다. 검사 요원은 9 명이 있다. 검사 요원을 블록으로 잡고, 3^2 요인 실험을 3 개의 블록으로 나누는 블록 교락 설계하에 실험을 진행한다. 실험의 정밀도를 높이기 위하여 3 회 반복한다. 이렇게 하면 가용 인원 9 명을 모두 실험에 투입할 수 있다. 이 블록 교락 설계의 한 가지 실례를 도시하면 다음과 같다.

반복 I			반복 II			반복 III		
요원 1	요원 2	요원 3	요원 4	요원 5	요원 6	요원 7	요원 8	요원 9
10	11	12	20	11	02	00	20	10
02	00	20	01	22	21	11	01	02
21	22	01	12	00	10	22	12	21

실상 이 설계에서는 예 9.2에서 $I = AB^2$으로 놓고 얻은 블록 교락 설계를 3 회 반복하고 있다. 따라서 이 설계는 완전 교락 설계이며 상호작용 AB^2에 대한 정보는 완전히 손실된다. 실제 얻은 데이터는 표 9.14와 같다. 데이터에서 (15,3) 등은 처리 조합의 표기로 엿기름 첨가 %가 15%, 당화 시간이 3 시간인 경우다.

분산분석표가 표 9.15에 주어져있다. 엿기름 첨가 %와 당화 시간 간의 상호작용 효과에 대한 정보 중 절반이 블록과 교락되었기 때문에, 분산분석표에서 상호작용에 대한 자유도가 2다. 정상적인 3^2 요인 실험이었다면 상호작용에 대한 자유도는 4가 되어야 한다. 분석 결과 엿기름 첨가 %와 당화 시간은 둘다 노치의 평가에 영향을 준다. 그러나 상호작용 효과는 없다고 할 수 있다. ∎

표 9.14 노치 평가에 대한 블록 교락 실험의 데이터

	블록 1	블록 2	블록 3
반복 I	(15,3) = 6 (5,5) = 8 (10,1) = 4	(15,5) = 4 (10,3) = 9 (5,1) = 6	(10,5) = 5 (15,1) = 3 (5,3) = 6
반복 II	(10,1) = 5 (15,3) = 6 (5,5) = 8	(15,1) = 4 (5,3) = 7 (10,5) = 5	(10,3) = 8 (5,1) = 4 (15,5) = 3
반복 III	(15,5) = 5 (10,3) = 8 (5,1) = 3	(15,3) = 5 (10,1) = 6 (5,5) = 6	(5,3) = 4 (15,1) = 2 (10,5) = 7

표 9.15 노치 평가 자료에 대한 분산분석표

source	SS	df	MS	F
블록(반복)	12.00	8		
엿기름	21.56	2	10.78	7.66^{**}
당화 시간	27.56	2	13.78	9.79^{**}
상호작용	8.67	2	4.33	3.08
오차	16.89	12	1.41	
총	86.67	26		

예 9.4

$I = AB^2C^2$일 때 3^3 설계를 세 블록으로 나누어보자. 정의대비는 다음과 같다.

$$L = x_1 + 2x_2 + 2x_3 \pmod 3$$

L 값의 계산 과정의 일부를 보이면 다음과 같다.

A의 수준	B의 수준	C의 수준	L
0	0	0	0 + 2×0 + 2×0 = 0
0	0	1	0 + 2×0 + 2×1 = 2
0	0	2	0 + 2×0 + 2×2 = 4 = 1

0	1	0	$0+2\times1+2\times0=2$
⋮	⋮	⋮	⋮
2	1	2	$2+2\times1+2\times2=8=2$
2	2	0	$2+2\times2+2\times0=6=0$
2	2	1	$2+2\times2+2\times1=8=2$
2	2	2	$2+2\times2+2\times2=10=1$

결국 전체 설계는 다음과 같은 3 블록으로 분할된다.

블록 1	블록 2	블록 3
000	002	001
012	011	010
021	020	022
101	100	102
110	112	111
122	121	120
202	201	200
211	210	212
220	222	221
$L=0$	$L=1$	$L=2$

∎

이번에는 3^k 실험을 9 개의 블록으로 나누어 실험하는 상황을 논의해보자. 이 경우에 블록의 자유도는 8이다. 따라서 자유도가 2인 효과 4 개를 골라 블록과 교락시켜야 한다. 그런데 실은 두 개의 상호작용만 고르면 충분하다. 왜냐하면 나머지 2 개는 일반 상호작용의 개념으로 자동적으로 결정되기 때문이다.

3^k 실험설계에서 두 효과 P와 Q의 일반 상호작용은 PQ와 PQ^2으로 정의된다. 따라서 이들 4 개의 교락 효과들 $\{P, Q, PQ, PQ^2\}$ 중에서 2 개만이 독립이므로, 아무 것이나 2 개를 선택하여 정의대비를 만들고 블록화하면 된다.

예를 들어 3^3 실험을 9 개 블록으로 나눈다고 하자. 블록과 교락될 효과로 AB^2C^2과 BC^2을 선정하였다. 이 경우 이 두 효과의 일반 상호작용 AB와 AC도 자동적으로 교락된다. 즉

$$(AB^2C^2)(BC^2) = AB^3C^4 = AC$$

$$(AB^2C^2)(BC^2)^2 = AB^4C^6 = AB$$

설계 생성자로 AB^2C^2과 AB를 선택하자. 즉 $I = AB^2C^2 = AB$이다. 대응되는 정의대비 L_1과 L_2는 다음과 같다.

$$L_1 = x_1 + 2x_2 + 2x_3 \quad (\text{mod}3)$$

$$L_2 = x_1 + x_2 \quad (\text{mod}3)$$

이제 남은 작업은 모든 처리 조합에 대하여 (L_1, L_2)의 값을 계산하고 이 쌍의 값에 따라 처리 조합들을 9 개 블록으로 분할 배치하는 것이다. 다음은 (L_1, L_2)를 계산하는 과정의 일부다.

A	B	C	L_1	L_2
0	0	0	0 + 2×0 + 2×0 = 0	0 + 0 = 0
0	0	1	0 + 2×0 + 2×1 = 2	0 + 0 = 0
0	0	2	0 + 2×0 + 2×2 = 4 = 1	0 + 0 = 0
0	1	0	0 + 2×1 + 2×0 = 2	0 + 1 = 1
⋮	⋮	⋮	⋮	⋮
2	1	2	2 + 2×1 + 2×2 = 8 = 2	2 + 1 = 3 = 0
2	2	0	2 + 2×2 + 2×0 = 6 = 0	2 + 2 = 4 = 1
2	2	1	2 + 2×2 + 2×1 = 8 = 2	2 + 2 = 4 = 1
2	2	2	2 + 2×2 + 2×2 = 10 = 1	2 + 2 = 4 = 1

최종적으로 생성된 9 개의 블록은 다음과 같다.

블록:	1	2	3	4	5	6	7	8	9
	000 122 211	012 101 220	021 110 202	002 121 210	011 100 222	020 112 201	001 120 212	010 102 221	022 111 200
(L_1, L_2) =	(0,0)	(0,1)	(0,2)	(1,0)	(1,1)	(1,2)	(2,0)	(2,1)	(2,2)

표 9.16 9 블록에서의 3^3 설계에 대한 분산분석표

source	df
블록	8
A	2
B	2
C	4
오차	12
총	26

이와 같은 설계로부터 얻은 실험 데이터의 분석은 표 9.16에 주어진 분산분석표의 형식을 따른다. 온전히 블록과 교락되지 않은 효과는 주효과들뿐이다. 모든 상호작용들은 크든 작든 일부의 정보를 잃고 있으므로, 블록과 교락되지 아니한 나머지 상호작용 효과들을 오차로 편입시킨다.

표 9.16에서 계산되는 블록 제곱합은 사실상 각각 자유도 2의 AB, BC^2, AC, AB^2C^2에 대한 제곱합들의 합이다. 또 오차 제곱합은 역시 각각 자유도 2의 AB^2, AC^2, BC, ABC, AB^2C, ABC^2에 대한 제곱합들의 합이다.

9.5 3^{k-p} 일부 요인 설계

2 수준계의 일부 요인 설계와 흡사하게 3^k 실험에서도 일부 요인 설계를 고려할 수 있다. 3^k 실험에서는 특히 k 값이 커짐에 따라 실험점의 수가 엄청나게 많아지므로 일부 요인 설계를 고려할 가치는 있다. 하지만 3 수준계의 일부 요인 실험은 별명 구조가 썩 좋지 않게 나타나는 경우가 대부분인 문제점을 갖고 있다.

3^{k-p} 일부 요인 설계는 블록 교락 설계에서 얻게 되는 블록들 중 임의로 하나의 블록을 골라 실험하는 형태로 수행된다.

3^k 설계에서 1/3만 실험하는 3^{k-1} 일부 요인 설계를 생각해보자.

정의 관계로 $I=AB^2C^2$을 선택하자. 3^k 설계에서는 $I=I^2$이므로 3^{k-1} 일부 요인 설계에서 추정되는 모든 효과들은 2 개의 별명을 갖는다.

예를 들어 주효과 A의 별명은 ABC와 BC의 두 개다. 즉

$$A = AI = A(AB^2C^2) = A^2B^2C^2 = ABC$$

$$A = AI^2 = A(AB^2C^2)^2 = A^3B^4C^4 = BC$$

비슷하게 다른 효과들에 대해서 별명 구조를 탐색한 결과는 다음과 같다.

$$B = BI = B(AB^2C^2) = AB^3C^2 = AC^2$$

$$B = BI^2 = B(AB^2C^2)^2 = A^2B^5C^4 = ABC^2$$

$$C = CI = C(AB^2C^2) = A^1B^2C^3 = AB^2$$

$$C = CI^2 = C(AB^2C^2)^2 = A^2B^4C^5 = AB^2C$$

$$AB = ABI = AB(AB^2C^2) = A^2B^3C^2 = AC$$

$$AB = ABI^2 = AB(AB^2C^2)^2 = A^3B^5C^4 = BC^2$$

결국 우리가 자유도 2의 주효과 A를 추정한다고 하면, 이는 실상 $(A+BC+ABC)$를 추정하는 셈이다. 마찬가지로 B의 추정은 $(B+AC^2+ABC^2)$, C의 추정은 $(C+AB^2+AB^2C)$, AB의 추정은 $(AB+AC+BC^2)$을 추정하는 것이다. 현재 이 설계의 총 자유도는 8이므로 이상 괄호 속의 네 효과의 추정으로 설계의 자유도는 완전히 소진된다.

참고로 이 경우 주효과가 이요인 상호작용 효과들과 별명 관계이므로 이 설계의 해상도는 III이다. 이와 같은 3^{3-1}_{III} 설계에서는 모든 상호작용 효과를 무시할 수 있다는 가정이 없이는 분석이 곤란하다. 이 경우 AB를 오차로 간주하여 분산분석을 한다.

예 9.5

어떤 고무 제품에 예열을 가한 후 비틀림의 정도를 측정하는 실험에서, 관심 요인으로 온도(A), 원료 배합 방법(B), 실험실(C)을 요인으로 고려한다. 각 요인의 수준은 3개씩이다. $I=AB^2C$로 잡고, $L=x_1+2x_2+x_3$의 값이 1인 블록을 골라 실험하였다. 처리 조합별 데이터는 다음과 같았다.

$L=1$	100	210	111	221	012	122	020	001	202
데이터:	11.2	9.9	14.4	17.8	17.1	20.5	16.8	15.8	15.7

분산분석표는 표 9.17에 주어져있다. 특기할만한 현상은 오차의 자유도가 2밖에 되지 않음에도 모든 주효과들이 극히 유의하게 나오고 있다는 점이다. ∎

표 9.17 예 9.5에 대한 분산분석표

source	SS	df	MS	F
A	6.66	2	3.33	55.5^{**}
B	38.13	2	19.06	317.7^{**}
C	40.81	2	20.40	340.0^{**}
오차	0.12	2	0.06	
총	85.72	8		

9.6 블록 설계에서의 요인 실험

원래 요인 설계에서는 개념상 전체 실험을 한 번에 끝내야 한다. 그러나 시료의 부족, 실험 자원의 결핍 등으로 이런 설계가 비현실적인 경우가 많다. 즉 한 번에 모든 실험을 수행하기가 어려울 수 있다. 이런 경우에 대한 해결책은 완전한 단일 요인 설계를 여러 번에 걸쳐 따로따로 수행하는 것이다.

예를 들어 2^2 설계를 2 회 반복하는 경우를 생각해보자. 완선한 요인 실게라면 랜덤화된 실험 순서는 다음 형식으로 주어진다.

$$A_1B_1,\quad A_0B_1,\quad A_1B_0,\quad A_1B_1,\quad A_0B_1,\quad A_0B_0,\quad A_1B_0,\quad A_0B_0$$

그리고 적절한 모형은 다음과 같다.

$$Y_{jkl} = \mu + \alpha_j + \beta_k + (\alpha\beta)_{jk} + \epsilon_{jkl}\,, \qquad (j,k,l = 1,2) \tag{9.3}$$

그러나 만일 단일 2^2 설계를 2 회 반복한다면 랜덤화된 실험 순서는 다음과 같이 주어진다.

반복 I: $A_0B_0,\quad A_1B_1,\quad A_1B_0,\quad A_0B_1$

반복 II: $A_1B_1,\quad A_0B_1,\quad A_0B_0,\quad A_1B_0$

이런 상황에서는 반복 자체가 블록 요인이 된다.

이 대목에서 RCBD를 생각해보자. 블록이 2 수준, 처리가 4 수준인 경우 RCBD의 모형은 다음과 같이 쓸 수 있다.

$$Y_{iml} = \mu + \rho_i + \tau_m + \epsilon_{iml}\,, \qquad (i,l = 1,2\,;\quad m = 1,2,3,4) \tag{9.4}$$

여기서 ρ_i는 블록 효과, τ_m은 처리 효과다.

그런데 단일 2^2 요인 설계를 2 회 반복하는 경우에서, 2 회의 반복을 2 수준의 블록으로 간주하고, 또 처리 조합들 A_0B_0, A_0B_1, A_1B_0, A_1B_1을 4 수준의 처리로 간주하면, 2^2 요인 설계를 2 회 반복하는 경우의 모형은 (9.4)와 다를 바가 없다.

그런데 이 경우에 모형 (9.4)의 처리 효과는 모형 (9.3)의 요인 효과들을 달리 표현한 것에 지나지 않는다. 즉

$$\tau_m = \alpha_j + \beta_k + (\alpha\beta)_{jk}$$

따라서 모형 (9.4)에 이 관계를 대입하면 모형은 다음과 같이 쓸 수 있다.

$$Y_{ijk} = \mu + \rho_i + \alpha_j + \beta_k + (\alpha\beta)_{jk} + \epsilon_{ijk}, \quad (i,j,k = 1,2) \tag{9.5}$$

모형 (9.5)가 바로 단일 2^2 실험을 2 회 반복하는 설계에 대한 모형이다. 이런 경우 반복 요인은 대체로 랜덤효과 요인으로 간주한다.

일반적으로 이요인 요인 설계를 r 회 반복하는 실험에서, 관심 요인을 A, B라 하고 각각의 수준을 a, b라 하자. 이 경우, $a \times b$ 요인 설계를 r 회 반복한다고 표현한다. 반복 요인은 R로 표기하자. 그리고 각 처리 조합마다 n 번씩 반복 측정을 한다고 하자. 즉 부표집을 하는 것이다.

이 경우 통계 모형은 다음과 같다.

$$Y_{ijkl} = \mu + \rho_i + \alpha_j + \beta_k + (\alpha\beta)_{jk} + \epsilon_{ijk} + \eta_{ijkl} \tag{9.6}$$
$$(i = 1,\cdots,r\,;\quad j = 1,\cdots,a\,;\quad k = 1,\cdots,b\,;\quad l = 1,\cdots,n)$$

$n = 1$이라면 (9.6)은 다음과 같이 간략화된다.

$$Y_{ijk} = \mu + \rho_i + \alpha_j + \beta_k + (\alpha\beta)_{jk} + \epsilon_{ijk} \tag{9.7}$$
$$(i = 1,\cdots,r\,;\quad j = 1,\cdots,a\,;\quad k = 1,\cdots,b)$$

모형 (9.6), 또는 (9.7)을 분석하려면, 설계 요인들이 고정이냐 랜덤이냐 등 제반 실험 상황에 따라 제 6 장의 글자 표기 EMS 규칙, 또는 제 7 장에서 설명한 더 일반적인 EMS 규칙에 의거하여 EMS 표를 만들고 분석법을 결정해야 한다.

R이 랜덤, A와 B가 고정인 경우에 모형 (9.6)에 대한 가장 단순한 분산분석표의 형식을 표 9.18에 소개한다. 주효과 A, B와 상호작용 효과 AB에 대한 F 검증은 전부 실험오차 평균제곱 MS_{EE}를 분모로 사용한다. 만일 $n = 1$이라면 표 9.18은 표 9.19로 간략화된다. 이 경우에 효과 검증은 오차 평균제곱 MS_E를 분모로 잡는다.

표 9.18 랜덤화 완전 블록 내의 이요인 요인 설계에 대한 분산분석표 ($n>1$)

source	df
R	$r-1$
A	$a-1$
B	$b-1$
AB	$(a-1)(b-1)$
실험오차	$(r-1)(ab-1)$
관찰오차	$rab(n-1)$
총	$rabn-1$

표 9.19 랜덤화 완전 블록 내의 이요인 요인 설계에 대한 분산분석표 ($n=1$)

source	df
R	$r-1$
A	$a-1$
B	$b-1$
AB	$(a-1)(b-1)$
오차	$(r-1)(ab-1)$
총	$rab-1$

예 9.6

처리를 달리 한 깍두기의 경도를 평가한다. 관심 요인은 소금 농도 %(A)와 저장일수(B)다. 소금 농도 %와 저장일수에 대한 3×2 요인 설계를 나흘에 걸쳐 반복(R) 수행하였다. 표 9.20의 데이터를 보라. 이 경우 $r=4$, $a=3$, $b=2$, $n=1$이다.

표 9.20 깍두기의 경도 평가 자료: 요인 실험이 반복된 랜덤화 블록 설계

처리		반복			
소금 농도	저장일수	1일	2일	3일	4일
1	4	61	64	64	69
	8	22	30	56	35
2	4	47	57	58	53
	8	38	31	37	30
3	4	42	64	57	53
	8	43	46	45	34

표 9.20의 자료에 대한 분산분석표는 다음과 같다.

source	SS	df	MS	F
R	369.00	3		
A	161.58	2	80.79	1.58
B	2440.17	1	2440.17	47.82**
AB	281.08	2	140.54	2.75
오차	765.50	15	51.03	
총	4017.33	23		

분산분석 결과 깍두기의 경도는 전적으로 저장일수에 달려있다고 결론내린다. ▌

예 9.7

표 4.12에 주어진 깍두기 경도 자료를 분석한다. 예 9.6과 같이 관심 요인은 소금 농도 %(A)와 저장일수(B)다. 소금 농도 %와 저장일수에 대한 3×2 요인 설계를 나흘에 걸쳐 반복(R) 수행하였고, 처리 조합마다 9 회씩 반복 측정하였다. 이때, 평가 요원들은 동질적이라고 가정한다. 이 경우 $r=4$, $a=3$, $b=2$, $n=9$다. 분산분석표는 다음과 같다.

source	SS	df	MS	F
R	41.00	3		
A	17.95	2	8.98	1.58
B	271.13	1	271.13	47.82**
AB	31.23	2	15.62	2.75
실험오차	85.06	15	5.67	
관찰오차	291.11	192		
총	737.48	215		

앞서의 분석과 같이 깍두기의 경도는 전적으로 저장일수에 달려있다고 결론내릴 수 있다. ▌

지금까지 우리는 RCBD에서 요인 실험을 하는 상황을 고려하였다. 이런 류의 블록 설계에서 요인 실험을 진행하는 경우는 변종이 매우 많다. 이번에는 RCBD 대신 라틴 정방에서 요인 실험을 하는 경우를 살펴보자.

$p \times p$ 라틴 정방의 기본 모형은 다음과 같다.

$$Y_{ijk} = \mu + \rho_i + \gamma_j + \tau_k + \epsilon_{ijk}, \quad (i,j,k = 1,\cdots,p)$$

ρ_i는 행블록의 효과, γ_j는 열블록의 효과, τ_k는 처리 효과를 나타낸다. 여기서 처리 효과를 요인 효과들로 대치하면 그것이 바로 LSD에서 시행하는 요인 실험 모형이 된다. 즉

$$Y_{ijkl} = \mu + \rho_i + \gamma_j + \alpha_k + \beta_l + (\alpha\beta)_{kl} + \epsilon_{ijkl}$$
$$(i,j = 1,\cdots,p; \quad k = 1,\cdots,a; \quad l = 1,\cdots,b)$$

이때, $a \times b = p$가 반드시 성립해야한다.

분산분석표의 형식은 표 9.21과 같다.

표 9.21 LSD에서 요인 설계에 대한 분산분석표($p = ab$)

source	df
행블록	$p-1$
열블록	$p-1$
A	$a-1$
B	$b-1$
AB	$(a-1)(b-1)$
오차	$(p-2)(p-1)$
총	p^2-1

예 9.8

레이더의 성능을 향상시키는 연구를 하고 있다. 관심 요인은 잡음(A)과 필터(B)다. 잡음은 3 수준, 필터는 2 종류를 사용하기로 하였다. 따라서 모든 가능한 처리 조합들은 A_0B_0, A_0B_1, A_1B_0, A_1B_1, A_2B_0, A_2B_1의 6 개다. 레이더를 조작할 수 있는 사람을 6

명 동원하였다. 실험 조건을 갖추는데 시간이 걸리기 때문에 하루에 최대 6 번 실험 가능하다. 따라서 6 일 동안 실험하기로 하였다. 이 경우 레이더 조작 기사(C)와 실험이 진행되는 날(R)이 블록 요인이 된다. 데이터는 표 9.22를 보라. 전체 실험이 6×6 라틴 정방에서 수행되었다. 이 데이터에 대한 분산분석표가 표 9.23이다. ▌

표 9.22 6×6 라틴 정방에서 실험한 3×2 요인 설계의 자료

날	기사 1	기사 2	기사 3	기사 4	기사 5	기사 6
1	A_0B_0 : 90	A_1B_0 : 106	A_2B_0 : 108	A_0B_1 : 81	A_2B_1 : 90	A_1B_1 : 88
2	A_2B_0 : 114	A_0B_0 : 96	A_1B_0 : 105	A_2B_1 : 83	A_1B_1 : 86	A_0B_1 : 84
3	A_1B_0 : 102	A_1B_1 : 90	A_2B_1 : 95	A_0B_0 : 92	A_0B_1 : 85	A_2B_0 : 104
4	A_1B_1 : 87	A_0B_1 : 84	A_0B_0 : 100	A_1B_0 : 96	A_2B_0 : 110	A_2B_1 : 91
5	A_2B_1 : 93	A_2B_0 : 112	A_0B_1 : 92	A_1B_1 : 80	A_0B_0 : 90	A_1B_0 : 98
6	A_0B_1 : 86	A_2B_1 : 91	A_1B_1 : 97	A_2B_0 : 98	A_1B_0 : 100	A_0B_0 : 92

표 9.23 예 9.8에 대한 분산분석표

source	SS	df	MS	F
R	4.33	5		
C	428.00	5		
A	571.50	2	285.75	28.86^{**}
B	1469.44	1	1469.44	148.43^{**}
AB	126.73	2	63.37	6.40^{*}
오차	198.00	20	9.90	
총	2798.00	35		

9.7 SAS 활용

표 9.3의 절삭기 자료를 기초로 CONTRAST 문장을 사용하여 선형 및 이차 효과로 분해하는 SAS 코드를 소개한다. 관심 요인은 각도(angle)와 속도(speed)다. 반응값은 수명(life)이다. 뒤따르는 출력과 표 9.9를 비교해보라.

```
DATA;
  DO angle=15,20,25;
     DO speed=125,150,175;
        DO run=1,2;
           INPUT life @@; OUTPUT;
        END;
     END;
  END;
DATALINES;
-2 -1   -3  0    2  3
 0  2    1  3    4  6
-1  0    5  6    0 -1
RUN;

PROC GLM;
  CLASS angle speed;
  MODEL life = angle|speed;
  CONTRAST "A_L" angle -1  0 +1;
  CONTRAST "A_Q" angle +1 -2 +1;
  CONTRAST "B_L" speed -1  0 +1;
  CONTRAST "B_Q" speed +1 -2 +1;
  CONTRAST "A_L x B_L" angle*speed +1  0 -1  0  0  0 -1  0 +1;
  CONTRAST "A_Q x B_L" angle*speed -1  0 +1 +2  0 -2 -1  0 +1;
  CONTRAST "A_L x B_Q" angle*speed -1 +2 -1  0  0  0 +1 -2 +1;
  CONTRAST "A_Q x B_Q" angle*speed +1 -2 +1 -2 +4 -2 +1 -2 +1;
QUIT;
```

만약 두 요인 중 하나가 질적 요인일 경우에 선형 및 이차 효과로 분해하려면 다음 형식으로 프로그램을 작성한다.

```
PROC GLM;
  CLASS angle speed;
  MODEL life = angle|speed;
  CONTRAST "B_L" speed -1  0 +1;
  CONTRAST "B_Q" speed +1 -2 +1;
  CONTRAST "A x B_L" angle*speed +1  0 -1  0  0  0 -1  0 +1,
                                 -1  0 +1 +2  0 -2 -1  0 +1;
```

```
   CONTRAST "A x B_Q" angle*speed -1 +2 -1  0  0  0 +1 -2 +1,
                                  +1 -2 +1 -2 +4 -2 +1 -2 +1;
QUIT;
```

The GLM Procedure

Dependent Variable: life

Source	DF	Sum of Squares	Mean Square	F Value	Pr > F
Model	8	111.0000000	13.8750000	9.61	0.0013
Error	9	13.0000000	1.4444444		
Corrected Total	17	124.0000000			

R-Square	Coeff Var	Root MSE	life Mean
0.895161	90.13878	1.201850	1.333333

Source	DF	Type I SS	Mean Square	F Value	Pr > F
angle	2	24.33333333	12.16666667	8.42	0.0087
speed	2	25.33333333	12.66666667	8.77	0.0077
angle*speed	4	61.33333333	15.33333333	10.62	0.0018

Contrast	DF	Contrast SS	Mean Square	F Value	Pr > F
A_L	1	8.33333333	8.33333333	5.77	0.0398
A_Q	1	16.00000000	16.00000000	11.08	0.0088
B_L	1	21.33333333	21.33333333	14.77	0.0039
B_Q	1	4.00000000	4.00000000	2.77	0.1305
A_L x B_L	1	8.00000000	8.00000000	5.54	0.0431
A_Q x B_L	1	2.66666667	2.66666667	1.85	0.2073
A_L x B_Q	1	42.66666667	42.66666667	29.54	0.0004
A_Q x B_Q	1	8.00000000	8.00000000	5.54	0.0431

< 연 습 문 제 >

1. 강철제 용기에 생맥주를 주입할 때 생기는 손실을 최소로 하는 조건을 연구한다. 관심 요인은 노즐의 형태(A), 작업 기사(B), 압력(C)의 세 가지로 각각 3 수준에서 2회 반복하는 완전한 3^3 실험을 하였다. 다음 데이터를 분석하라.

	A_0			A_1			A_2		
	B_0	B_1	B_2	B_0	B_1	B_2	B_0	B_1	B_2
C_0	-35	-45	-40	17	-65	20	-39	-55	15
	-25	-60	15	24	-58	4	-35	-67	-30
C_1	100	-10	80	55	-55	110	90	-28	110
	75	30	54	120	-44	44	113	-26	135
C_2	4	-40	31	-23	-64	-20	-30	-61	54
	5	-30	36	-5	-62	-31	-55	-52	4

2. 3^4 실험을 $I=ABC=AB^2D^2$으로 놓고 9 개 블록으로 분할하고, 주블록에 속하는 처리 조합들을 나열하라.

3. $I=AB^2CD$일 때 3^{4-1} 설계의 해상도는 얼마인가?

4. $I=BCD=AB^2C$일 때 3^{4-2} 설계의 해상도는 얼마인가?

5. 3^3 실험에서 $I=ABC$를 블록과 교락시켜 처리 조합들을 3 블록으로 분할하라.

6. 예 9.8의 레이더 성능에 대한 연구에서, 관심 요인은 3 수준의 잡음(A)과 2 수준의 필터(B)인데, 블록 요인(D)이 4 명의 기사로 한정된 경우를 생각하자. 데이터는 다음과 같다. 모형을 쓰고 분석하라.

반복		1		2		3		4	
필터		B_0	B_1	B_0	B_1	B_0	B_1	B_0	B_1
잡음	A_0	90	86	96	84	100	92	92	81
	A_1	102	87	106	90	105	97	96	80
	A_2	114	93	112	91	108	95	98	83

7. 노즐을 통해 나가는 유체의 이동률을 연구한다. 관심 요인은 노즐의 형태(A)와 조작 기사(B)다. 노즐의 형태는 세 가지고 조작 기사로 5 명을 랜덤선택하였다. 이 15 가지의 처리 모두를 하루에 실험하되, 사흘 동안 반복(R)한다. 적절한 모형을 쓰고 분산분석표에서 변인과 자유도, 그리고 효과 검증 시 분모항을 표시하라.

8. 4 수준의 도료의 농도와 3 수준의 말리는 시간에 따라 변하는 표면의 광택을 20 점

척도로 평가하였다. 각 처리 조합마다 2 회씩 반복 관측하였다. 모형을 쓰고 분석하라. 분석 시 농도는 3차까지, 말리는 시간은 2차까지 직교다항식 분해를 하고 해석하라.

	도료의 농도			
말리는 시간	0.5	1	1.5	2
30	16	12	17	13
	14	11	19	11
20	15	14	15	12
	15	17	18	14
10	10	7	10	9
	9	6	14	13

9. 3×5 요인 설계를 2 회 반복하였다. 3 수준 요인 A는 양적 요인이고, 5 수준 요인 B는 질적 요인이다. 모형을 쓰고 데이터를 분석하고 직교다항식 분해를 하라.

	B_0	B_2	B_3	B_4	B_5
A_0	5.90	5.90	5.94	5.93	5.90
	5.91	5.91	5.90	5.91	5.87
A_1	5.90	5.89	5.91	5.94	5.94
	5.89	5.89	5.91	5.90	5.90
A_2	5.94	5.75	5.86	5.83	5.83
	5.80	5.83	5.83	5.89	5.86

10

지분 설계

10.1 개요

관심 요인이 둘 이상인 경우의 모든 실험설계들은 **교차 설계**(crossed design), **지분 설계**(nested design), 또는 이 두 가지가 혼합된 **지분-요인 설계**(nested-factorial design)의 형식으로 주어진다. 지분 설계를 **계층적 설계**(hierarchial design)라고 부르기도 한다. 물론 이런 류의 처리 설계에 오차조절 설계, 즉 블록 설계를 적용할 수도 있다. 대부분의 요인 설계는 교차 설계의 대표적인 형식이다. 이 장에서는 순수한 지분 설계 및 지분-요인 설계의 아이디어와 분석법을 논의한다.

교차 실험은 요인들의 모든 가능한 처리 조합마다 자료를 얻는 형태의 실험을 뜻한다. 그러나 때로는 어떤 요인의 각 수준마다 나타나는 또다른 요인의 수준들이 전부 다른 경우가 있다. 이런 형태의 실험을 지분 실험, 또는 계층적 실험이라 한다.

간단한 지분 실험의 예를 들어 두 실험 간의 차이점을 생각해보자.

표 10.1 지분 실험

강	1			2			3		
취수지	1	2	3	1	2	3	1	2	3
불소함량	1.1 1.2	1.3 1.1	1.2 1.0	1.3 1.4	1.3 1.5	1.4 1.2	1.8 2.0	2.1 2.0	2.2 1.9

전국에서 세 군데의 강을 랜덤으로 고르고, 각 강마다 다시 랜덤으로 선택한 세 지점의 상수도 취수원에서 일정량의 물을 떠온 다음, 각 물 표본에 대하여 불소의 함량을 두 번씩 측정하였다. 표 10.1은 그 데이터로서 물 1 리터당 불소의 함량을 밀리그램으로 측정한 것이다.

우리는 표 10.1의 자료를 근거로 각 강마다 취수지들 간에 불소 함량의 차이가 있는지, 그리고 강들 간에 불소 함량의 차이가 존재하는지를 알고 싶다.

그런데 표 10.1의 자료를 보면 각 강마다 랜덤으로 선택한 세 군데의 취수지에 1, 2, 3과 같이 번호를 붙였다. 이때 강 1의 취수지 1과 강 2의 취수지 1은 동일한 취수지일까? 질문을 바꿔 보자. 예를 들어 강 1을 한강, 강 2를 낙동강이라 하자. 만일 강 1의 취수지 1이 한강의 팔당 취수지라면, 강 2의 취수지 1이 낙동강의 팔당 취수지가 될 수 있을까? 이는 불가능하다. 결국 지분 실험을 하면 강 요인의 각 수준에 속한 취수지 수준들이 서로 다른 것을 알 수 있다.

이와 같은 형태의 자료 구조를 갖는 실험설계를 지분 설계라고 한다. 그리고 강 요인을 상위 계층 요인, 강에 부속된 취수지를 하위 계층 요인이라 부른다. 이런 면에서 지분 설계를 계층적 설계라고 부르는 것이다.

결국 지분 실험에서는 상위 계층 요인의 수준에 속하는 하위 계층 요인의 수준들이 전혀 같지않다. 그러나 표 10.1의 자료에서 상위 계층 요인인 강의 수준마다 부속된 취수지 요인들의 수준에 똑같은 번호 매김을 한 이유는 단지 편리성을 위함일 뿐이다.

만일 표 10.1의 자료가 교차 실험 자료였다면 이 자료를 표 10.2와 같은 형식으로 정리하여도 무방하다.

교차 설계에서는 요인 1의 수준 1에서 교차되는 요인 2의 세 수준이 요인 1의 수준 2에서 교차되는 요인 2의 세 수준과 동일하다. 예를 들어 요인 1을 공정 온도, 요인 2를 공정 압력이라고 가정해보자. 공정 온도의 수준으로 100 도, 200 도, 300 도를 선택하고, 공정 압력의 수준으로 10 기압, 20 기압, 30 기압을 선택하였다면, 100 도와 교차하는 20 기압과 200 도와 교차하는 20 기압은 서로 같은 것이다.

때때로 요인이 교차하고 있는지 지분되어 있는지 알쏭달쏭한 경우가 있다. 이를 구분하는 한 가지 간단한 방법은 요인 수준의 번호 매김을 임의로 정할 수 있는 경우라면

표 10.2 교차 실험 형식으로 정리한 자료

요인 1	요인 2		
	1	2	3
1	1.1	1.3	1.2
	1.2	1.1	1.0
2	1.3	1.3	1.4
	1.4	1.5	1.2
3	1.8	2.1	2.2
	2.0	2.0	1.9

표 10.3 지분 실험설계의 또다른 표시법

강	1			2			3		
취수지	1	2	3	4	5	6	7	8	9
불소함량	1.1	1.3	1.2	1.3	1.3	1.4	1.8	2.1	2.2
	1.2	1.1	1.0	1.4	1.5	1.2	2.0	2.0	1.9

지분 설계라고 판정하는 것이다. 예를 들어 표 10.3은 표 10.1의 하위 계층 요인의 수준에 대한 번호 매김을 다시 한 것이다.

표 10.3에서는 강 2의 취수지들에 4, 5, 6의 새로운 번호를 부여했고, 강 3의 취수지들에는 7, 8, 9의 새로운 번호를 부여했다. 이렇게 자료를 다시 표현해도 데이터를 읽는데 전혀 지장이 없다. 이런 경우를 지분 실험이라 판정하면 되겠다. 물론 교차 실험이라면 이와 같은 새로운 번호 매김이 전혀 불가능하다.

10.2 이단 지분 설계

표 10.1과 같은 형식의 설계를 특히 **이단 지분 설계**(two-stage nested design)라 부른다. 표 10.1에서 취수지가 강에 부속되고, 또 관측값들이 각 취수지에 부속되는 이중 부속을 떠올리면 이단 지분 설계의 명칭을 쉽게 이해할 수 있으리라.

설계의 차이는 곧 설정하는 모형의 차이로 이어진다. 지분 실험에 대한 모형은 어떻게 작성해야할까? 참고로, 지분 요인(nested factor)이 존재하는 경우의 모형 설정에 대해서는 이미 제 7 장에서 간략하게 언급하였다.

표 10.1의 자료에서 하나의 불소 함량 관측값을 표시하려면 모두 세 개의 첨자가 요구된다. 왜냐하면 하나의 관측값의 위치는 그 관측값이 어느 강에 속한 것인가, 또 그 강 내의 몇 번째 취수지에 속한 것인가, 또 마지막으로 취수지에서 몇 번째로 측정한 값인가를 나타낼 수 있어야 하기 때문이다.

따라서 상위 요인인 강을 A, 하위 요인인 취수지를 B로 표기할 때 표 10.1의 자료에 대한 적절한 모형은 다음과 같이 쓸 수 있다.

$$Y_{ijk} = \mu + \alpha_i + \beta_{j(i)} + \epsilon_{k(ij)}, \quad \epsilon_{k(ij)} \sim N(0,\sigma^2) \tag{10.1}$$
$$(i = 1,2,\cdots,a\,; \quad j = 1,2,\cdots,b\,; \quad k = 1,2,\cdots,n)$$

모형 (10.1)은 특히 균형 지분 설계(balanced nested design)의 모형이다. 왜냐하면 상위 요인 A에 부속된 하위 요인 B의 수준수들이 b 개로 모두 같고, 또 하위 요인 B의 수준 내에서 측정된 관측수들이 n 개로 모두 같기 때문이다.

모형 (10.1)에서 α_i는 상위 요인 A의 i 번째 수준의 효과, $\beta_{j(i)}$는 A의 i 번째 수준에 소속된 하위요인 B의 j 번째 수준의 효과다. 요인 B의 수준 효과를 표기할 때 첨자로서 $j(i)$와 같은 부호를 사용함을 주의하라. 첨자 $j(i)$는 상위 요인 A의 i 번째 수준에 부속된 하위 요인 B의 j 번째 수준을 나타낸다. 마찬가지로 이러한 지분 설계에서 하위 요인 B는 $B(A)$로 표기하여 하위 요인이 부속된 상위 요인을 반드시 표시해야 한다.

모형 (10.1)을 보면 상호작용 효과항이 존재하지 않는다. 상위 요인 수준 밑에 속하는 하위 요인 수준들이 상위 요인 수준마다 죄다 다르기 때문에 상호작용 효과를 생각못함은 당연하다. 예를 들어 낙동강과 팔당 취수지 간에 상호작용이 존재하지 않음을 생각해보라. 또 팔당 취수지는 원래부터 한강에 속해 있기 때문에 한강과 팔당 취수지 간에도 상호작용은 없다. 이 두 가지 사실을 음미하면 상위 요인과 하위 요인 간에 상호작용이 존재하지 못함을 쉽게 알 수 있을 것이다.

지분 설계에 대한 분산분석표를 위한 제곱합의 표기와 분할 공식은 다음과 같다.

$$SS_T = SS_A + SS_{B(A)} + SS_E$$

여기서,

$$SS_T = \sum_{i=1}^{a}\sum_{j=1}^{b}\sum_{k=1}^{n}(Y_{ijk} - \overline{Y}_{\cdots})^2$$

$$SS_A = \sum_{i=1}^{a}\sum_{j=1}^{b}\sum_{k=1}^{n}(\overline{Y}_{i\cdot\cdot} - \overline{Y}_{\cdots})^2$$

$$SS_{B(A)} = \sum_{i=1}^{a}\sum_{j=1}^{b}\sum_{k=1}^{n}(\overline{Y}_{ij\cdot} - \overline{Y}_{i\cdot\cdot})^2$$

표 10.4 이단 지분 설계에 대한 분산분석표

source	SS	df	MS
A	SS_A	$a-1$	MS_A
$B(A)$	$SS_{B(A)}$	$a(b-1)$	$MS_{B(A)}$
오차	SS_E	$ab(n-1)$	MS_E
총	SS_T	$abn-1$	

$$SS_E = \sum_{i=1}^{a}\sum_{j=1}^{b}\sum_{k=1}^{n}(Y_{ijk} - \overline{Y}_{ij.})^2$$

또한 각 제곱합에 대응되는 자유도는 순서대로 다음과 같다.

$$abn-1 = (a-1) + a(b-1) + ab(n-1)$$

이단 지분 설계에 대한 분신분석표의 기본 형식을 표 10.4에 정리하였다.

표 10.4에서 A와 B의 효과를 검증하는 F 통계량의 형태는 A와 B가 고정이나 랜덤이냐에 따라 달라진다. 이런 이유로 표 10.4의 분산분석표에서는 검증 통계량 F에 대한 항목을 삽입하지 않았다.

가능한 각 경우에 대하여 모형 (10.1)에 대한 가정 및 A와 B에 대한 효과를 검증하기 위한 귀무가설의 형태를 정리한다.

① 고정효과 모형(A 고정, $B(A)$ 고정)

가정: α_i, $\beta_{j(i)}$는 상수

귀무가설: $H_0: \alpha_i = 0, \quad i = 1,2,\cdots,a$

$H_0: \beta_{j(i)} = 0, \quad i = 1,2,\cdots,a\ ;\ j = 1,2,\cdots,b$

② 랜덤효과 모형(A 랜덤, $B(A)$ 랜덤)

가정: $\alpha_i \sim N(0,\sigma_\alpha^2)$, $\beta_{j(i)} \sim N(0,\sigma_\beta^2)$

귀무가설: $H_0: \sigma_\alpha^2 = 0$

$H_0: \sigma_\beta^2 = 0$

표 10.5 이단 지분 설계에 대한 EMS

EMS	A 고정 B(A) 고정	A 랜덤 B(A) 랜덤	A 고정 B(A) 랜덤
$E(MS_A)$	$\sigma^2 + \frac{bn\sum_i^a \alpha_i^2}{a-1}$	$\sigma^2 + n\sigma_\beta^2 + bn\sigma_\alpha^2$	$\sigma^2 + n\sigma_\beta^2 + \frac{bn\sum_i^a \alpha_i^2}{a-1}$
$E(MS_{B(A)})$	$\sigma^2 + \frac{n\sum_i^a\sum_j^b \beta_{j(i)}^2}{a(b-1)}$	$\sigma^2 + n\sigma_\beta^2$	$\sigma^2 + n\sigma_\beta^2$
$E(MS_E)$	σ^2	σ^2	σ^2

③ 혼합효과 모형(A 고정, $B(A)$ 랜덤)

가정: α_i는 상수, $\beta_{j(i)} \sim N(0, \sigma_\beta^2)$

귀무가설: H_0: $\alpha_i = 0$, $i = 1, 2, \cdots, a$

H_0: $\sigma_\beta^2 = 0$

표 10.5에 이단 지분 설계에 대한 기대평균제곱(EMS)들을 요약하였다.

표 10.5를 기초로 각 경우에 대한 유의수준 α에서의 가설 검증법은 다음과 같이 요약할 수 있다.

우선 하위 요인 $B(A)$의 효과는 $B(A)$가 고정이든 랜덤이든 관계없이 다음 형식으로 검증한다.

- 만일 $F = \frac{MS_{B(A)}}{MS_E} > F_{a(b-1), ab(n-1), \alpha}$ 이면 H_0를 기각한다.

두 번째로 상위 요인 A에 대한 효과 검증은 다음과 같은 두 가지 경우가 있다.

- $B(A)$가 고정이면:

만일 $F = \frac{MS_A}{MS_E} > F_{a-1, ab(n-1), \alpha}$ 이면 H_0를 기각한다.

- $B(A)$가 랜덤이면:

만일 $F = \dfrac{MS_A}{MS_{B(A)}} > F_{a-1, a(b-1), \alpha}$ 이면 H_0를 기각한다.

예 10.1

표 10.6은 콜레스테롤을 분해하는 세 종류의 약을 투여한 후 혈중 콜레스테롤의 농축도를 잰 자료인데, 세 가지 약은 시판되는 수십 종의 약 중에서 랜덤 선택하였다. 또, 각 약을 제조하는 제약회사가 많은데 그 가운데 두 군데 씩을 랜덤으로 골랐다.

표 10.6 콜레스테롤 자료

약	1		2		3	
제약회사	A	Q	D	B	L	S
농축도	102	103	108	109	104	105
	104	104	110	108	106	107

표 10.6의 자료에서 제약회사들이 약마다 같지 않음에 주의하라. 즉 제약회사는 약에 부속된 것이다. 상위요인인 약을 A라 하고, 약에 부속된 하위 요인인 제약회사를 B라 표기하면 이같은 이단 지분 설계 상황에 걸맞는 모형은 다음과 같이 쓸 수 있다.

$$Y_{ijk} = \mu + \alpha_i + \beta_{j(i)} + \epsilon_{k(ij)} \qquad (i = 1,2,3\ ;\ j = 1,2\ ;\ k = 1,2\ )$$

그리고 두 요인 모두 랜덤효과 요인이므로 우리는 각 효과에 대하여 다음과 같은 가정을 하고있는 셈이다.

$$\alpha_i \sim N(0, \sigma_\alpha^2)\ ,\ \ \beta_{j(i)} \sim N(0, \sigma_\beta^2)\ ,\ \ \epsilon_{ijk} \sim N(0, \sigma^2)$$

이 자료에서 관심있는 가설은 다음 두 가지다.

$H_0 : \sigma_\alpha^2 = 0 \quad \Leftrightarrow$ 콜레스테롤 농축도에 약 차이는 없다.

$H_0 : \sigma_\beta^2 = 0 \quad \Leftrightarrow$ 콜레스테롤 농축도에 제약회사 차이는 없다.

분산분석표는 다음과 같다.

source	SS	df	MS	F
A	61.167	2	30.583	61.167^{**}
$B(A)$	1.500	3	0.500	0.333
오차	9.000	6	1.500	
총	71.667	11		

유의수준을 0.05라 할 때 약의 효과 차이를 검증하기 위한 임계값은 $F_{2,3,0.05}=9.55$이다. 분산분석표에서 61.167>9.55이므로 약효에는 차이가 있다고 판정한다. 또 제약회사 간 차이를 검증하기 위한 임계값은 $F_{3,6,0.05}=4.76$이고, 0.333<4.76이므로 제약회사 간 차이는 없다고 하겠다. ▎

예 10.1과 같은 랜덤 모형에 대한 추론에서는 반드시 분산 요소의 추정이 수반되어야 한다.

표 10.5에 주어진 랜덤 모형에 대한 EMS 항목들로부터 분산 요소 추정의 기본 방정식을 구축하면 다음과 같다.

$$E(MS_E)=\sigma^2 \quad \Leftrightarrow \quad \widehat{\sigma^2}=MS_E$$

$$E(MS_{B(A)})=\sigma^2+n\sigma_\beta^2 \quad \Leftrightarrow \quad \widehat{\sigma^2}+n\widehat{\sigma_\beta^2}=MS_{B(A)}$$

$$E(MS_A)=\sigma^2+n\sigma_\beta^2+bn\sigma_\alpha^2 \quad \Leftrightarrow \quad \widehat{\sigma^2}+n\widehat{\sigma_\beta^2}+bn\widehat{\sigma_\alpha^2}=MS_A$$

우측의 세 방정식을 연립하여 풀면 다음과 같은 분산 요소의 추정 공식을 얻는다.

$$\widehat{\sigma^2}=MS_E$$

$$\widehat{\sigma_\beta^2}=\frac{MS_{B(A)}-MS_E}{n}$$

$$\widehat{\sigma_\alpha^2}=\frac{MS_A-MS_{B(A)}}{bn}$$

그런데 실제 자료 분석을 하노라면 때때로 분산 요소의 추정값이 음수가 되는 경우가 나타난다. 이런 현상은 사실상 말도 안 되는 것이 이론상 분산 요소는 언제나 0 이상의 값을 가져야만 하기 때문이다. 다시 말해서 분산값이 음수일 수는 없기 때문이다. 따라서 이런 경우에는 음수로 나온 분산 요소의 추정값을 버리고 0을 추정값으로 대신 사용해야한다.

만일 $\widehat{\sigma_\beta^2}=0$이라면 σ_α^2의 추정 공식은 다음과 같이 수정되어야 한다.

$$\widehat{\sigma_\alpha^2}=\frac{MS_A-MS_E}{bn}$$

예 10.2

예 10.1에서 분산 요소들을 추정해보자. 오차항 ϵ의 분산 σ^2의 추정값은 MS_E로 분산분석표에서 1.500이다. 그런데 공식으로부터 분산 요소 σ_β^2를 추정하면 -0.5를 얻는다. 즉

$$\widehat{\sigma_\beta^2}=\frac{0.500-1.500}{2}=-0.500$$

$\widehat{\sigma_\beta^2}$은 0으로 놓아야 한다. 마지막으로 σ_α^2은 다음과 같이 추정한다.

$$\widehat{\sigma_\alpha^2}=\frac{30.583-1.500}{4}=7.271$$ ▎

10.3 삼단 지분 설계

이단 지분 설계의 개념은 계속 확장할 수 있다. 이단 지분 설계에 비하여 부속되는 하위 요인이 하나 더 있는 경우를 **삼단 지분 설계**(three-stage nested design)라 부른다. 최상위 요인을 A, A에 부속된 하위 요인을 B, B에 부속된 최하위 요인을 C로 표기할 때, 삼단 지분 설계의 자료 형태는 그림 10.1과 같이 도시할 수 있다. 이 경우 요인 B는 $B(A)$로, 요인 C는 $C(BA)$로 표기하여 자신보다 상위의 요인을 명시한다.

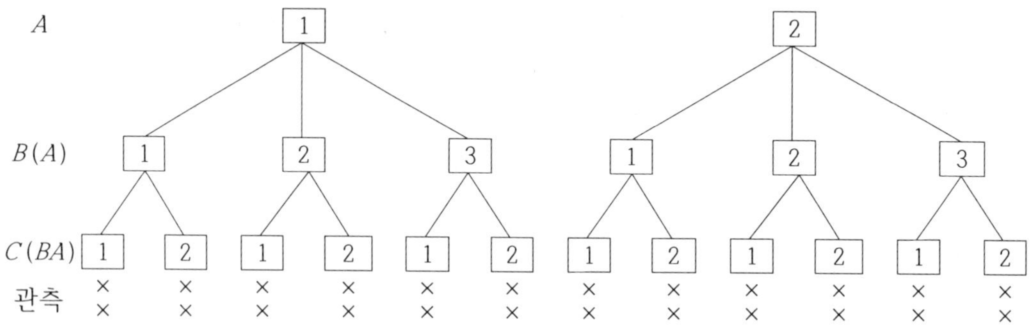

그림 10.1 삼단 지분 실험설계의 도해

그림 10.1에 주어진 삼단 지분 설계에 대한 모형은 다음과 같다.

$$Y_{ijkl} = \mu + \alpha_i + \beta_{j(i)} + \gamma_{k(ij)} + \epsilon_{l(ijk)} \qquad (10.2)$$
$$(i = 1, \cdots, a\ ;\ j = 1, \cdots, b\ ;\ k = 1, \cdots, c\ ;\ l = 1, \cdots, n)$$

(10.2) 역시 균형 지분 설계의 모형이다. 세 요인 모두 랜덤효과 요인이라 가정하자. 모형에서 α_i는 최상위 요인 A의 i 번째 수준의 효과, $\beta_{j(i)}$는 A의 i 번째 수준에 소속된 하위 요인 B의 j 번째 수준의 효과, $\gamma_{k(ij)}$는 A의 i 번째 수준과 B의 j 번째 수준에 소속된 최하위 요인 C의 k 번째 수준의 효과다.

삼단 지분 설계에 대한 제곱합의 표기와 분할 공식은 다음과 같다.

$$SS_T = SS_A + SS_{B(A)} + SS_{C(BA)} + SS_E$$

여기서,

$$SS_T = \sum_{i=1}^{a}\sum_{j=1}^{b}\sum_{k=1}^{c}\sum_{l=1}^{n}(Y_{ijkl} - \overline{Y}_{....})^2$$

$$SS_A = \sum_{i=1}^{a}\sum_{j=1}^{b}\sum_{k=1}^{c}\sum_{l=1}^{n}(\overline{Y}_{i...} - \overline{Y}_{....})^2$$

$$SS_{B(A)} = \sum_{i=1}^{a}\sum_{j=1}^{b}\sum_{k=1}^{c}\sum_{l=1}^{n}(\overline{Y}_{ij..} - \overline{Y}_{i...})^2$$

$$SS_{C(BA)} = \sum_{i=1}^{a}\sum_{j=1}^{b}\sum_{k=1}^{c}\sum_{l=1}^{n}(\overline{Y}_{ijk.} - \overline{Y}_{ij..})^2$$

$$SS_E = \sum_{i=1}^{a}\sum_{j=1}^{b}\sum_{k=1}^{c}\sum_{l=1}^{n}(Y_{ijkl} - \overline{Y}_{ijk.})^2$$

표 10.7 삼단 지분 설계에 대한 분산분석표(랜덤효과 모형)

source	SS	df	MS	F
A	SS_A	$a-1$	MS_A	$MS_A/MS_{B(A)}$
$B(A)$	$SS_{B(A)}$	$a(b-1)$	$MS_{B(A)}$	$MS_{B(A)}/MS_{C(BA)}$
$C(BA)$	$SS_{C(BA)}$	$ab(c-1)$	$MS_{C(BA)}$	$MS_{C(BA)}/MS_E$
오차	SS_E	$abc(n-1)$	MS_E	
총	SS_T	$abcn-1$		

또한 각 제곱합에 대응되는 자유도는 다음과 같다.

$$abcn-1=(a-1)+a(b-1)+ab(c-1)+abc(n-1)$$

세 요인 모두 랜덤일 때 삼단 지분 설계에 대한 분산분석표와 각 효과에 대한 검증 통계량은 표 10.7과 같다.

예 10.3

여러 공장에서 생산하는 햄버거는 각 도시로 수송되어 도시에 산재한 음식점에 공급된다. 햄버거에서 발견되는 박테리아의 이송 경로를 추적하는 연구에서 공장(A), 도시(B), 음식점(C)의 세 요인을 관심 요인으로 놓고, 이 경로들을 랜덤 추출하였다. 박테리아 수의 데이터는 다음과 같다.

공장	A_1				A_2			
도시	B_1		B_2		B_3		B_4	
음식점	C_1	C_2	C_3	C_4	C_5	C_6	C_7	C_8
관측	7.46	5.98	4.20	3.43	5.46	6.56	3.53	6.04
	8.08	7.11	5.43	6.50	6.89	6.87	4.50	6.28

source	SS	df	MS	F
A	0.2652	1	0.2652	0.04
$B(A)$	13.9687	2	6.9844	4.35^{**}
$C(BA)$	6.4161	4	1.6040	1.63
오차	7.8690	8	0.9836	
총	28.5190	15		

분산분석 결과 박테리아는 도시의 문제이지 공장이나 음식점 때문이 아니다. 각 분산 요소의 추정 결과는 다음과 같다.

$$\widehat{\sigma^2} = 0.9836$$

$$\widehat{\sigma^2_\gamma} = (1.6040 - 0.9836)/2 = 0.3102$$

$$\widehat{\sigma^2_\beta} = (6.9844 - 1.6040)/4 = 1.3451$$

$$\widehat{\sigma^2_\alpha} = (0.2652 - 6.9844)/8 = -0.8399$$

이때 분산 요소 σ^2_α의 추정값이 음수이므로 $\widehat{\sigma^2_\alpha} = 0$으로 놓는다. 분산 요소의 값들을 살펴보면 햄버거의 박테리아 수의 총분산에서 도시 변동이 50.97%를 차지하고 있다. 따라서 앞으로 비슷한 연구를 계획한다면 도시의 수를 증가시키는 방안을 고려해야할 것이다. ∎

10.4 지분-요인 설계

다요인 실험(multifactor experiment)에서는 어떤 요인은 교차되어 있고 다른 요인은 지분되어 있는 등 교차와 지분이 혼합된 형태가 나타날 수 있다. 이 절에서는 이러한 지분-요인 설계(nested-factorial design)의 몇 가지 유형에 대하여 알아본다.

다음 모형을 보자.

$$Y_{ijkl} = \mu + \alpha_i + \beta_j + (\alpha\beta)_{ij} + \gamma_{k(ij)} + \epsilon_{l(ijk)}$$

이 모형에서 두 요인 A와 B는 서로 교차하고, 요인 C는 A와 B에 지분되어있다. 그런데 일반적으로 이런 모형은 다음과 같이 쓰는 것이 상례다.

$$Y_{ijkl} = \mu + \alpha_i + \beta_j + (\alpha\beta)_{ij} + \gamma_{k(ij)} + \epsilon_{ijkl} \tag{10.3}$$
$$(i = 1, \cdots, a\,;\ j = 1, \cdots, b\,;\ k = 1, \cdots, c\,;\ l = 1, \cdots, n)$$

두 모형의 차이는 오차항의 표기법이다. 오차항은 처리 조합에서 관측된 반응값들 즉 처리 조합 또는 실험단위에 지분된 관측값들을 기초로 정의되므로 굳이 지분되었다는 첨자 표시를 하지 않아도 이해 못할 바가 없다. 따라서 앞으로는 꼭 필요한 경우가 아

	학교 1		학교 2	
방법 1	교사 1	교사 2	교사 7	교사 8
	x x x x	x x x x	x x x x	x x x x
방법 2	교사 3	교사 4	교사 9	교사 10
	x x x x	x x x x	x x x x	x x x x
방법 3	교사 5	교사 6	교사 11	교사 12
	x x x x	x x x x	x x x x	x x x x

그림 10.2 모형 (10.3)에 대한 설계 상황($a=3$; $b=2$; $c=2$; $n=4$)

니라면 오치항에 지분 첨자 표기는 가급적 피하겠다.

모형 (10.3)의 예로써 교육 방법을 비교하는 문제를 생각해보자. a 개의 교육 방법 (A)을 비교하기 위하여 b 개의 학교(B)를 선정하고, 학교마다 c 명의 교사(C)를 선택하여 각 교육 방법에 배정한다. 그리고 교사마다 n 명의 학생들을 자신에게 배정된 교육 방법으로 가르치게한 후, 일정 기간이 지나 동시에 시험을 쳐서 학생들의 성적을 반응값으로 잡는다. 이와 같은 상황이 모형 (10.3)의 전형적인 예다. 그림 10.2에 이 상황을 도시하였다.

모형 (10.3)은 이단 지분 설계에 요인 설계가 삽입된 형태로 파악할 수 있다. 다음을 보라.

$$Y_{ijkl} = \mu + \underbrace{\alpha_i + \beta_j + (\alpha\beta)_{ij}}_{\equiv\ \tau_{ij}} + \gamma_{k(ij)} + \epsilon_{ijkl}$$

여기서 처리는 A와 B의 두 요인의 수준 조합이므로 구분하기 위하여 첨자 ij를 사용하였다.

모형 (10.3)에 대한 분산분석표의 일반형을 표 10.8에 정리하였다.

표 10.8 모형 (10.3)에 대한 분산분석표

source	df	EMS
A	$a-1$	$\sigma^2+\delta_{C(AB)}n\sigma_\gamma^2+\delta_B cn\sigma_{\alpha\beta}^2+bcn\sigma_\alpha^2$
B	$b-1$	$\sigma^2+\delta_{C(AB)}n\sigma_\gamma^2+\delta_A cn\sigma_{\alpha\beta}^2+acn\sigma_\alpha^2$
AB	$(a-1)(b-1)$	$\sigma^2+\delta_{C(AB)}n\sigma_\gamma^2+cn\sigma_{\alpha\beta}^2$
$C(AB)$	$ab(c-1)$	$\sigma^2+n\sigma_\gamma^2$
오차	$abc(n-1)$	σ^2
총	$abcn-1$	

예 10.4

4 개 정유회사(A)에서 생산되는 휘발유에 포함된 납 성분을 측정하는 실험을 한다. 각 회사마다 생산되는 중급과 고급의 옥탄가(B) 휘발유를 대상으로 한다. 각 정유회사와 각 등급의 옥탄가 휘발유에 대해서 3 개의 주유기(C)를 랜덤 선택한다. 그리고 각 주유기마다 2 개의 시료를 얻어 납의 양을 조사하였다. 데이터는 다음과 같다. 이탤릭 체의 번호는 주유기의 일련 번호다.

	회사 1			회사 2			회사 3			회사 4		
중급	*1*	*2*	*3*	*7*	*8*	*9*	*13*	*14*	*15*	*19*	*20*	*21*
	7	23	29	15	16	12	3	11	9	18	11	19
	16	25	13	7	22	6	11	7	2	23	25	19
고급	*4*	*5*	*6*	*10*	*11*	*12*	*16*	*17*	*18*	*22*	*23*	*24*
	29	40	34	4	5	9	7	15	2	8	11	9
	25	41	23	9	7	9	1	6	12	7	15	15

이 상황에서 정유회사와 옥탄가는 고정 요인, 주유기는 랜덤 요인이다. 따라서 A, B, AB에 대한 검증의 분모항은 $C(AB)$이고, $C(AB)$를 검증할 때는 E를 분모항으로 삼는다. 분산분석 결과는 다음과 같다.

source	SS	df	MS	F
A	2312.17	3	770.722	20.315**
B	0.75	1	0.750	0.020
AB	829.75	3	276.583	7.290**
$C(AB)$	910.51	16	37.938	1.441
오차	632.00	24	26.333	
총	4381.67	47		

따라서 주로 회사 간 품질 차이가 크다고 하겠다. ▎

이번에는 또다른 형식으로 전개된 지분-요인 실험을 생각해보자. 다음 모형 역시 자주 응용되는 형태다.

$$Y_{ijkl} = \mu + \alpha_i + \beta_j + (\alpha\beta)_{ij} + \gamma_{k(j)} + (\alpha\gamma)_{ik(j)} + \epsilon_{ijkl} \tag{10.4}$$
$$(i = 1,\cdots,a\,;\ j = 1,\cdots,b\,;\ k = 1,\cdots,c\,;\ l = 1,\cdots,n\,)$$

모형 (10.4)에 부합되는 예를 들어보자. a 개의 교육 방법(A)을 비교하는데 b 곳의 학교(B)를 선택하였다. 각 학교에서 교사(C)를 c 명 선택하는데, 각 교사가 강의를 맡고 있는 a 개의 학급마다 교육 방법을 달리 하여 가르치게 하였다.

	학교 1		학교 2	
	교사 1	교사 2	교사 3	교사 4
방법 1	x x x x	x x x x	x x x x	x x x x
방법 2	x x x x	x x x x	x x x x	x x x x
방법 3	x x x x	x x x x	x x x x	x x x x

그림 10.3 모형 (10.4)에 대한 설계 상황($a=3$; $b=2$; $c=2$; $n=4$)

표 10.9 모형 (10.4)에 대한 분산분석표

source	df	EMS
A	$a-1$	$\sigma^2+\delta_{C(AB)}n\sigma^2_{\alpha\gamma}+\delta_B cn\sigma^2_{\alpha\beta}+bcn\sigma^2_{\alpha}$
B	$b-1$	$\sigma^2+\delta_A\delta_{C(AB)}n\sigma^2_{\alpha\gamma}+\delta_{C(B)}an\sigma^2_{\gamma}+\delta_A cn\sigma^2_{\alpha\beta}+acn\sigma^2_{\beta}$
AB	$(a-1)(b-1)$	$\sigma^2+\delta_{C(AB)}n\sigma^2_{\alpha\gamma}+cn\sigma^2_{\alpha\beta}$
$C(B)$	$b(c-1)$	$\sigma^2+\delta_A n\sigma^2_{\alpha\gamma}+an\sigma^2_{\gamma}$
$AC(B)$	$(a-1)b(c-1)$	$\sigma^2+n\sigma^2_{\alpha\gamma}$
오차	$abc(n-1)$	σ^2
총	$abcn-1$	

이 경우에는 각 교사가 모든 방법으로 다 가르치므로 교육 방법과 교사는 교차한다. 또 교육 방법과 학교도 교차한다. 그러나 교사는 학교에 지분되어있다. 그림 10.3에 이 상황을 도시하였다. 모형 (10.4)에 대한 분산분석표의 형식은 표 10.9를 보라.

10.5 SAS 활용

모형의 유형에 따라 정확한 검증을 하려면 TEST 문장을 삽입해야 한다. 이하 기본적인 분산분석표를 만드는 SAS 코드만 소개한다.

- **이단 지분 설계**

```
PROC GLM;
  CLASS A B;
  MODEL Y = A B(A);
QUIT;
```

- **삼단 지분 설계**

```
PROC GLM;
  CLASS A B C;
  MODEL Y = A B(A) C(A B);
QUIT;
```

- **지분-요인 설계**: 모형 (10.3)

```
PROC GLM;
  CLASS A B C;
  MODEL Y = A|B C(A B);
QUIT;
```

- **지분-요인 설계**: 모형 (10.4)

```
PROC GLM;
  CLASS A B C;
  MODEL Y = A|B C(B) A*C(B);
QUIT;
```

예 10.5

두 가지 공식으로 생산한 합금의 강도(hardness)를 측정한다. 합금(alloy) 공식마다 서로 다른 세 가지의 용해 방식이 있고, 각 용해(heat) 방식마다 생산된 주괴를 두 개씩 랜덤 선택하여 주괴(ingot)마다 2 회씩 강도를 측정하였다. 여기서 합금 공식과 용해 방식은 고정, 주괴는 랜덤 요인이다. 따라서 합금 공식과 용해 방식이 금속 강도에 미치는 영향에 대한 평가는 주괴 평균제곱을 기초로 해야 한다.

표 10.9 합금 강도 데이터

합금	1						2					
용해	1		2		3		1		2		3	
주괴	1	2	1	2	1	2	1	2	1	2	1	2
강도	40	27	95	69	65	78	22	23	83	75	61	35
	63	30	67	47	54	45	10	39	62	64	77	42

분석 프로그램은 다음과 같이 작성한다.

```
DATA foundry;
  DO repeat=1 TO 2;
    DO alloy=1 TO 2;
      DO heat=1 TO 3;
```

```
            DO ingot=1 TO 2;
               INPUT hardness @; OUTPUT;
            END;
         END;
      END;
   END;
CARDS;
40 27 95 69 65 78 22 23 83 75 61 35
63 30 67 47 54 45 10 39 62 64 77 42
RUN;

PROC GLM DATA=foundry;
   CLASS alloy heat ingot;
   MODEL hardness = alloy heat(alloy) ingot(heat alloy) / SS1;
   TEST H=alloy E=ingot(heat alloy);
   TEST H=heat(alloy) E=ingot(heat alloy);
QUIT;
```

The GLM Procedure

Dependent Variable: hardness

Source	DF	Sum of Squares	Mean Square	F Value	Pr > F
Model	11	8995.45833	817.76894	4.58	0.0071
Error	12	2141.50000	178.45833		
Corrected Total	23	11136.95833			

R-Square	Coeff Var	Root MSE	hardness Mean
0.807712	25.18554	13.35883	53.04167

Source	DF	Type I SS	Mean Square	F Value	Pr > F
alloy	1	315.375000	315.375000	1.77	0.2084
heat(alloy)	4	6453.833333	1613.458333	9.04	0.0013
ingot(alloy*heat)	6	2226.250000	371.041667	2.08	0.1322

Tests of Hypotheses Using the Type I MS for ingot(alloy*heat) as an Error Term					
Source	DF	Type I SS	Mean Square	F Value	Pr > F
alloy	1	315.375000	315.375000	0.85	0.3921
heat(alloy)	4	6453.833333	1613.458333	4.35	0.0545

출력에서 읽어야할 검증 통계량 값들에 굵은 네모를 둘렀다. 분산분석표를 간결히 정리하면 다음과 같다.

변인	제곱합	자유도	평균제곱	F
합금	315.38	1	315.38	0.85
용해(합금)	6453.83	4	1613.46	4.35
주괴(용해,합금)	2226.25	6	371.04	2.08
오차	2141.50	12	178.46	
총	11136.96	23		

유의수준 0.05에서 세 요인 모두 유의하지 않다. 그러나 용해 방식에 대한 유의확률이 실제로는 약 0.055로서 유의수준 0.05에 매우 근접한다. 결국 용해 방식에 따라 합금 강도에 차이가 난다고 결론지어도 무방할 것이다. ▮

< 연 습 문 제 >

1. 표 10.5에 주어진 EMS들을 EMS 규칙을 사용하여 유도하라.

2. 표 10.8에 주어진 EMS들을 EMS 규칙을 사용하여 유도하라.

3. 표 10.9에 주어진 EMS들을 EMS 규칙을 사용하여 유도하라.

4. 서울을 동, 서, 남, 북의 4 지역(A)으로 나누어 하천의 오염도를 조사한다. 각 지역마다 2 개씩의 하천(B)을 랜덤 선택하였다. 그리고 각 하천마다 3 회씩 서로 독립적으로 오염 지수를 산출하였다. 오염 지수의 산출은 랜덤 추출된 날짜에 시행하였다. 데이터를 분석하라.

지역	동		서		남		북	
하천	1	2	3	4	5	6	7	8
오염 지수	15	24	16	7	6	11	5	21
	22	19	12	13	8	12	9	19
	14	13	8	9	12	9	10	14

5. 3 가지 교육 방법을 비교한다. 24 명의 학생들을 4 명 씩 6 조로 랜덤하게 나누어 각 조마다 서로 다른 교사를 배치하였다. 수업 후 50 문항의 시험을 치루고 맞는 답안의 수를 헤아렸다. 데이터는 다음과 같다. 분석하라.

교육 방법	1		2		3	
교사	1	2	3	4	5	6
점수	33	50	35	26	16	17
	47	41	27	30	19	29
	31	29	20	43	27	21
	41	36	26	37	34	21

6. 함포에 포탄을 넣는 방식을 향상시키는 연구를 한다. 기존 방법과 새로 개발된 2 방법(A)을 비교한다. 해군 병사의 체격 조건이 영향을 미칠 것 같아, 해군 병사들을 마른 체격, 보통 체격, 건장한 체격의 병사들의 3 그룹(B)으로 나누고, 각 그룹마다 3 팀(C)씩을 랜덤 선택하였다. 그리고 각 팀마다 2 회씩 실험하여 분당 몇 발의 포탄을 탑재하는지 측정하였다. 데이터를 분석하라.

그룹:	I			II			III		
팀:	1	2	3	4	5	6	7	8	9
방법 1	20.2	26.2	23.8	22.0	22.6	22.9	23.1	22.9	21.8
	24.1	26.9	24.9	23.5	24.6	25.0	22.9	23.7	23.5
방법 2	14.2	18.0	12.5	14.1	14.0	13.7	14.1	12.2	12.7
	16.2	19.1	15.4	16.1	18.1	16.0	16.1	13.8	15.1

11

분할구 형식의 설계

11.1 개요

우리가 지금까지 공부한 모든 오차조절 설계에서는 모든 처리에 대하여 한 종류의 실험단위가 있고, 또 처리들을 실험단위들에 배정하는 랜덤화 과정 역시 하나였다. 그러나 때로 요인 실험에서 다른 종류의 실험단위가 사용되거나, 이중 삼중의 랜덤화 과정들이 사용되는 경우가 존재한다. 가장 간단한 경우로서, 한 요인에 대한 실험단위가 하나 있을 때 이 실험단위를 더 작은 실험단위로 분할하여 다른 요인의 수준들이 배치되는 경우를 생각할 수 있다.

예를 들어 3 수준의 온도(150℃, 200℃, 250℃)에서 구운, 제조 공식이 서로 다른 4 가지 빵의 맛을 평가하는 실험을 생각해보자. 이는 3×4 요인 실험이므로 오븐을 12 대 준비해서 12 개 처리를 랜덤 배치하여 실험하면 간단히 끝날 듯 하다. 그러나 실험실에 오븐을 동시에 12 대씩 준비한다는 것은 그리 간단히 해결될 문제가 아니다.

좀 더 현실적으로 생각해서 실험실에 오븐이 3 대 있다고 하자. 이 경우 12 개 처리를 어떻게 랜덤 배치할 수 있을까? 여전히 완전 랜덤화에 집착한다면 12 개 처리를 랜덤화해서 결정된대로 순차적으로 빵을 구우면 될 것이다. 즉 오븐 1에서 (200℃, 공식 2)를 굽고, 오븐 3에서 (150℃, 공식 1)로 굽고 하는 식으로 실험을 진행한다. 그러나 이 경우에도 문제점이 있다. 빵 맛을 평가하려면 평가원들에게 동시에 12 개 처리로 갓 구운 빵을 내밀어야 한다. 그러나 오븐 3 대 가지고는 어림없는 일이다.

이런 문제를 해결하려면 그림 11.1에 도시한대로 실험을 진행해야한다. 그림 11.1을 보면 오븐(□) 3 대에 각각 서로 다른 온도 수준이 랜덤 배정되었다. 그리고 오븐 내에서 동시에 제조 공식이 서로 다른 4 가지의 빵(♨)이 구워지고 있다. 이때 빵들이 오븐 내에 놓여지는 위치 역시 랜덤하게 선택하고 있다. 그리고 이러한 1 조의 실험을 여러 날에 걸쳐 반복한다. 물론 반복마다 온도 수준의 랜덤화 및 제조 공식이 다른 빵들이 놓이는 위치들의 랜덤화 모두를 새롭게 다시 하고 있다.

이와 같은 방식의 실험설계가 분할구 형식의 설계들 중 가장 간단한 것이다. 그런데 그림 11.1에 나타난 설계대로 실험을 할 경우, 각 온도 수준은 r 번 반복 실험된다. 하지만 각 제조 공식은 $3r$ 번 반복된다. 물론 이 반복수의 차이는 실험단위가 다르기 때문이다. 즉 온도 수준이 배치되는 실험단위는 오븐이고, 제조 공식이 배치되는 실험단위는 빵이기 때문이다. 이렇게 반복수가 다르면 온도 간의 효과 비교와 제조 공식 간의 효과 비교에 기반이 되는 오차 분산이 서로 다르게 되며, 따라서 분석의 정밀도도 달라진다.

그림에서 제 1 일의 랜덤화 과정을 보면 우선 각 오븐에 온도 수준을 랜덤 배치하였다. 그 다음 온도 수준이 이미 결정된 오븐 내에서 4 가지 빵들을 다시 랜덤 배치하고 있다. 그래서 세 오븐마다 독립적인 랜덤화가 수행되고 있다.

이런 식의 랜덤화는 RCBD의 랜덤화 과정과 일치한다. 그러나 RCBD에서는 처리 간 비교의 정밀도를 증진시키려는 목적으로 블록 요인을 삽입하였지만, 분할구 설계에서는 요인 실험의 완전한 랜덤화가 불가능한 상황이라 어느 한 요인을 블록처럼 취급하는 것이다. 그리고 RCBD에서는 관심 요인이 기본적으로 하나지만 분할구 설계에서는 관심 요인이 둘 이상이다. 또한 멀쩡한 관심 요인임에도 불구하고 블록 취급을 당하는 요인에 대해서는, 그렇지 않았더라면 획득할 수 있는 정보의 손실이 불가피하다.

이와 같이 분할구 설계의 특징은 두 관심 요인 중의 하나를 통상의 블록 요인처럼 간주하여 실험을 진행하는데 있다. 그렇기 때문에 분할구 설계에서는 블록 취급을 하는 요인의 랜덤화가 제한되므로 그 요인의 효과가 실험단위 자체에 교락된다는 단점이 있다. 다시 말해서, 온도를 150℃로 맞추어 놓고 실험을 하는데 오븐이 고물이라서 실제 오븐 내 온도가 180℃였다고 하자. 실험자는 이 사실을 알지 못한다. 이렇게 하여 데이터를 얻게 되면 빵 맛 차이가 온도 때문인지 실험오차 때문인지 분간이 안 된다는 말이다.

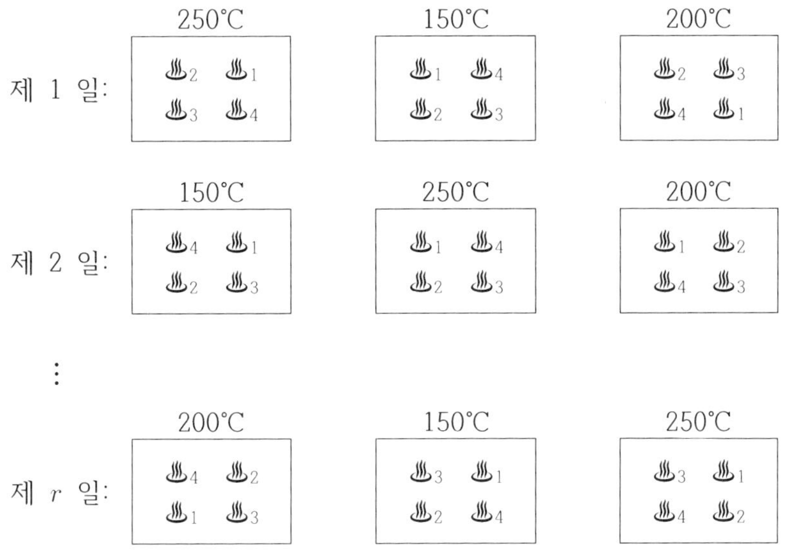

그림 11.1 간단한 분할구 설계의 예

그러나 블록 요인으로 간주되지 않는 요인은 완전히 랜덤화를 시키기 때문에 하등의 정보 손실이 없다. 이런 이유로 더 명확히 성질을 알고 싶고 더 많은 정보를 얻고 싶은 중요한 요인은 절대로 블록 요인으로 취급하면 안 된다.

그리고 이상에서 설명한 바 관심 요인이 둘 이상인 요인 실험 상황에서 완전한 랜덤화가 불가능할 경우 한 요인의 수준을 블록으로 간주하는 형식의 제한된 랜덤화 과정을 사용하는 설계 방식을 분할구 설계라 하는 것이다.

분할구 설계(SPD: split-plot design)는 원래 농업 실험에서 고안된 것으로서 plot은 실험용으로 선택한 구획 정리된 농지를 뜻한다. 그러나 분할구 실험의 개념의 아이디어는 광범위한 분야에서 활용되며 분야마다 분할구 설계에서 사용되는 지칭하는 용어들이 같지 않다.

11.2 단순 분할구 설계

그림 11.1의 상황을 체계적으로 정리해보자.

두 개의 처리 요인을 A, B로 표기하자. 각각의 수준수는 a, b다. 이때 요인 A를 **주구 요인**(whole-plot factor)이라 하며 A의 수준들이 랜덤 배정되는 실험단위들을 **주구**(whole-plot)라 부른다. 또 요인 B는 **분할구 요인**(split-plot factor)이라 하며 B의 수준들이 랜덤 배정되는 실험단위들을 **분할구**(split-plot, subplot)라 부른다. 물론 각 주구에는 b 개의 분할구가 있다. 다음 도해를 보라.

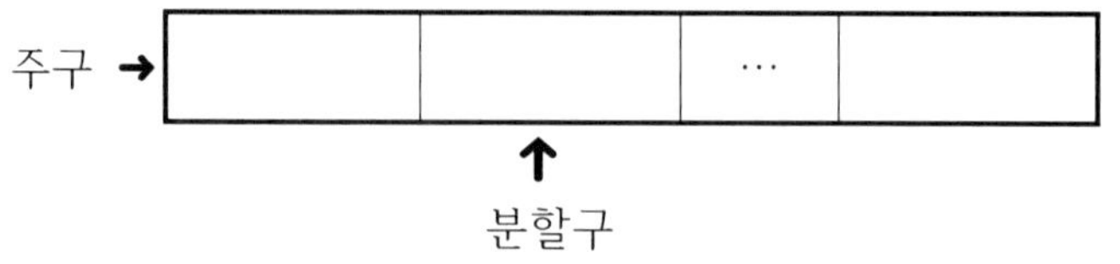

그리고 이러한 기본형 설계가 r 번 반복된다. 이때 반복(replication) 자체가 하나의 블록 요인이 되며 일반적으로 랜덤효과 요인으로 간주한다. 반복 요인을 R로 표기하자. 물론 반복 요인의 수준수는 r이다.

이와 같은 분할구 설계를 **단순 분할구 설계**(simple split-plot design)라 부르며, 제 11.3 절에서는 단순 분할구 설계를 SPD(RCBD, RCBD)로 표기하고 있다.

단순 분할구 설계를 **이중 블록화**(double blocking) 설계로서 파악하면 분할구 실험에 대한 분석 과정을 이해하기 쉽다. 즉 하나의 RCBD에 다른 RCBD가 겹쳐있는 설계로 생각하는 것이다.

제 11.1 절에서도 이미 언급했지만 주구와 주구 요인에 관련된 첫 번째 RCBD에서 처리의 수는 a, 사용된 블록의 수는 r이다. 이를 RCBD_A로 표기하자. 다음으로 분할구와 분할구 요인에 관련된 두 번째 RCBD에서 처리의 수는 b, 사용된 블록의 수는 ra다. 이를 RCBD_B로 표기하자. 이런 식의 생각은 주구 요인의 수준들과 분할구 요인의 수준들의 랜덤화 과정이 서로 완전히 독립적이기 때문에 가능하다.

RCBD를 설계 모수까지 삽입하여 $\text{RCBD}(t, k)$로 표기하자. 여기서 t는 처리의 수, k는 블록의 수다. 그러면 RCBD_A와 RCBD_B를 다음과 같이 쓸 수 있다.

$$\text{RCBD}_A = \text{RCBD}(a, r)$$
$$\text{RCBD}_B = \text{RCBD}(b, ra)$$

그런데 $\text{RCBD}(t, k)$에 대한 분석법은 이미 제 4.2 절에서 공부하여 알고 있다. 이 경우의 분산분석표는 다음 형식으로 작성된다.

source	df
블록	$k-1$
처리	$t-1$
오차	$(k-1)(t-1)$
총	$tk-1$

이 사실을 이용하면 RCBD_A와 RCBD_B에 대한 분산분석표는 쉽게 만들 수 있다.
우선 RCBD_B를 먼저 생각하자. 이 경우 다음과 같은 분산분석표를 얻는다.

source	df
블록(주구)	$\boldsymbol{ra-1}$
B	$b-1$
잔차(B)	$(ra-1)(b-1)$
총	$rab-1$

그런데 여기서 블록 간 차이는 곧 주구의 차이 즉 요인 A의 수준 간 차이라는 점을 유념하기 바란다. 또한 RCBD_B에 대한 분산분석표에서 오차 부분을 '잔차(B)'로 표기하고 있으니 유의하라.
이번에는 RCBD_A에 대한 분산분석표를 만들어보자.

source	df
블록(반복)	$r-1$
A	$a-1$
오차(A)	$(r-1)(a-1)$
총(주구)	$\boldsymbol{ra-1}$

RCBD_A에 대한 분산분석표에서 총 제곱합은 곧 주구 제곱합으로서 대응되는 자유도 $(ra-1)$은 RCBD_B에 대한 분산분석표에서 블록(주구)의 자유도와 일치한다. 따라서 RCBD_A에 대한 분산분석표를 RCBD_B에 대한 분산분석표에 끼워 넣으면 다음을 얻는다.

source	df
반복	$r-1$
A	$a-1$
오차(A)	$(r-1)(a-1)$
B	$b-1$
잔차(B)	$(ra-1)(b-1)$
총	$rab-1$

현재 실험에서 고려되는 요인들은 R, A, B다. 그런데 만일 우리가 이 요인들을 완전한 요인 실험 형태로 실험했다면 모형에는 R, A, B, RA, RB, AB, RAB 항들이 나타나

야 한다. 그리고 각 항에 대응되는 자유도는 각각 $(r-1)$, $(a-1)$, $(b-1)$, $(r-1)(a-1)$, $(r-1)(b-1)$, $(a-1)(b-1)$, $(r-1)(a-1)(b-1)$이 된다.

이 자유도들을 바로 위의 분산분석표에 주어진 자유도들과 비교해보면 잔차(B)는 다시 다음과 같이 더욱 세분할 수 있음을 확인할 수 있다. 즉

잔차(B) = RB + AB + RAB

그런데 단순 분할구 설계에서는 반복과 분할구 요인 B 간의 상호작용 RB는 없다고 가정하므로 RB와 RAB를 묶어서 '오차(B)'라 표기하자. 오차(B) = (RB+ RAB)이므로 대응되는 자유도는 $(r-1)(b-1)+(r-1)(a-1)(b-1)=(r-)a(b-1)$이 된다.

따라서 잔차(B)는 다시 다음과 같이 쓸 수 있다.

잔차(B) = AB + 오차(B)

이상과 같은 분해를 분산분석표에 반영하면 단순 분할구 설계 모형에 대한 최종적인 형태의 분산분석표는 표 11.1과 같이 정리된다.

이상의 논의를 기초로 구축된 단순 분할구 설계에 대한 통계 모형은 다음과 같다.

$$Y_{ijk}=\mu+\rho_i+\alpha_j+\epsilon_{ij}^A+\beta_k+(\alpha\beta)_{jk}+\epsilon_{ijk}^B \tag{11.1}$$
$$(i=1,\cdots,r\ ;\ j=1,\cdots,a\ ;\ k=1,\cdots,b)$$

모형 (11.1)에서 ρ_i는 i 번째 반복 수준의 효과, α_j는 주구 요인 A의 j 번째 수준의 효과다. ϵ_{ij}^A는 **주구 오차**(whole plot error)로서 실상 $(\rho\alpha)_{ij}$이다. β_k는 분할구 요인 B

표 11.1 단순 분할구 설계에 대한 분산분석표의 기본형

source	df
반복	$r-1$
A	$a-1$
오차(A)	$(r-1)(a-1)$
B	$b-1$
AB	$(a-1)(b-1)$
오차(B)	$(r-1)a(b-1)$
총	$rab-1$

의 k 번째 수준의 효과이며, $(\alpha\beta)_{jk}$는 두 처리 요인 간의 상호작용 효과다. 마지막으로 ϵ_{ijk}^{B}는 **분할구 오차**(split-plot error, subplot error)라 부른다.

ϵ_{ij}^{A}와 ϵ_{ijk}^{B}에 대해서 각각 $\epsilon_{ij}^{A} \sim N(0, \sigma_{\epsilon_A}^2)$, $\epsilon_{ijk}^{B} \sim N(0, \sigma_{\epsilon_B}^2)$ 을 가정한다.

모형 (11.1)에 대한 제곱합의 표기와 분할 공식은 다음과 같다.

$$SS_T = SS_R + SS_A + SS_{E_A} + SS_B + SS_{AB} + SS_{E_B}$$

여기서,

$$SS_T = \sum_{i=1}^{r}\sum_{j=1}^{a}\sum_{k=1}^{b}(Y_{ijk} - \overline{Y}_{...})^2$$

$$SS_R = \sum_{i=1}^{r}\sum_{j=1}^{a}\sum_{k=1}^{b}(\overline{Y}_{i..} - \overline{Y}_{...})^2$$

$$SS_A = \sum_{i=1}^{r}\sum_{j=1}^{a}\sum_{k=1}^{b}(\overline{Y}_{.j.} - \overline{Y}_{...})^2$$

$$SS_{E_A} = \sum_{i=1}^{r}\sum_{j=1}^{a}\sum_{k=1}^{b}(\overline{Y}_{ij.} - \overline{Y}_{i..} - \overline{Y}_{.j.} + \overline{Y}_{...})^2$$

$$SS_B = \sum_{i=1}^{r}\sum_{j=1}^{a}\sum_{k=1}^{b}(\overline{Y}_{..k} - \overline{Y}_{...})^2$$

$$SS_{AB} = \sum_{i=1}^{r}\sum_{j=1}^{a}\sum_{k=1}^{b}(\overline{Y}_{.jk} - \overline{Y}_{.j.} - \overline{Y}_{..k} + \overline{Y}_{...})^2$$

$$SS_{E_B} = \sum_{i=1}^{r}\sum_{j=1}^{a}\sum_{k=1}^{b}(Y_{ijk} - \overline{Y}_{ij.} - \overline{Y}_{i\cdot k} + \overline{Y}_{...})^2$$

관심 요인 A와 B는 둘다 고정효과 요인이라 가정하자. 블록 요인 R은 랜덤효과 요인이다. 이 경우 분할구 설계의 모형에서 효과 검증법은 다음과 같다.

- H_0: $\alpha_1 = \cdots = \alpha_a = 0$

  만일 $F = \dfrac{MS_A}{MS_{E_A}} > F_{a-1,(r-1)(a-1),\alpha}$이면 H_0를 기각한다.

- H_0: $\beta_1 = \cdots = \beta_b = 0$

  만일 $F = \dfrac{MS_B}{MS_{E_B}} > F_{b-1,(r-1)a(b-1),\alpha}$이면 H_0를 기각한다.

표 11.2 단순 분할구 설계에 대한 분산분석표: EMS

source	df	EMS	분모항
반복	$r-1$		
A	$a-1$	$\sigma^2_{\epsilon_B}+b\sigma^2_{\epsilon_A}+rb\sum_j \alpha_j^2/(a-1)$	오차(A)
오차(A)	$(r-1)(a-1)$	$\sigma^2_{\epsilon_B}+b\sigma^2_{\epsilon_A}$	
B	$b-1$	$\sigma^2_{\epsilon_B}+ra\sum_k \beta_k^2/(b-1)$	오차(B)
AB	$(a-1)(b-1)$	$\sigma^2_{\epsilon_B}+r\sum_j\sum_k(\alpha\beta)^2_{jk}/(a-1)(b-1)$	오차(B)
오차(B)	$(r-1)a(b-1)$	$\sigma^2_{\epsilon_B}$	
총	$rab-1$		

- H_0: $(\alpha\beta)_{11}=\cdots=(\alpha\beta)_{ab}=0$

  만일 $F=\dfrac{MS_{AB}}{MS_{E_B}}> F_{(a-1)(b-1),(r-1)a(b-1),\alpha}$이면 H_0를 기각한다.

표 11.2에 각 효과에 대한 EMS들을 정리하였다.

단순 분할구 실험에서 반복수가 1이라면, 즉 $r=1$이면 주효과 A 및 상호작용 AB의 검증이 불가능하다. 따라서 분할구 설계를 시행할 때는 언제나 반복수를 2 이상으로 하는 것이 상례다.

예 11.1

표 11.3은 단순 분할구 설계에 준하여 어떤 전자 부품을 오븐에 넣고 일정 시간 고온으로 가열한 후 부품이 정상 작동하는 수명을 측정한 자료다. 오븐 온도가 주구 요인, 가열 시간이 분할구 요인이다. 기본 설계를 3 회 반복하였다. 이 경우 $a=4$, $b=3$, $r=3$이다. 표 11.4에 분산분석표가 주어져있다. 분산분석 결과를 해석하면 유의수준 0.01에서 온도가 부품의 수명에 영향을 주는 것을 알 수 있다. 가열 시간은 통계적으로 전혀 유의하지 않으며, 온도와 시간 간에 상호작용도 없다고 할 수 있다. ∎

표 11.3 전자 부품의 수명 자료

반복	가열시간(분)	온도(°F) 580	600	620	640
I	5	217	158	229	223
	10	233	138	186	227
	15	175	152	155	156
II	5	188	126	160	201
	10	201	130	170	181
	15	195	147	161	172
III	5	162	122	167	182
	10	170	185	181	201
	15	213	180	182	199

표 11.4 전자 부품의 수명 자료에 대한 분산분석표

source	SS	df	MS	F
R	1963	2	982	
A	12494	3	4165	14.1^{**}
오차(A)	1774	6	296	
B	566	2	283	0.5
AB	2600	6	434	0.7
오차(B)	9933	16	621	
총	29331	35		

예 11.2

스테이크의 질긴 정도를 단순 분할구 설계로 평가한다. 관심 요인은 소의 품종(A)과 굽는 온도(B)다. 3 품종의 소에서 얻은 일정 부위의 스테이크에 대하여 내부 온도가 70℃와 80℃가 되도록 구운 뒤 일정 크기로 썰어 스테이크의 질긴 정도를 측정하였다. 이 실험을 3 회 반복(R)하였다. 표 11.5가 데이터다. 분산분석표를 표 11.6에 정리하였다.

표 11.5 스테이크 데이터

품종	온도	반복 1	반복 2	반복 3
I	70℃	72	75	70
	80℃	79	78	75
II	70℃	65	60	64
	80℃	66	62	69
III	70℃	69	66	65
	80℃	71	68	68

표 11.6 스테이크 데이터에 대한 분산분석표

source	SS	df	MS	F
R	16.33	2		
A	343.00	2	171.50	13.81*
오차(A)	49.67	4	12.42	
B	50.00	1	50.00	34.60**
AB	6.33	2	3.17	2.19
오차(B)	8.67	6	1.45	
총	474.00	17		

스테이크의 질긴 정도는 품종과 온도 두 요인 모두에 통계적으로 유의한 영향을 받는다. 상호작용은 없다. 검증 통계량 F의 값을 비교하면 품종보다는 온도가 더 영향을 많이 미친다고 하겠다. ▮

11.3 분할구 설계의 여러 형태

우리는 제 11.2 절에서 단순 분할구 설계를 이중 RCBD로 파악하여 모형을 수립하고 분산분석표를 만들었다. 즉 분할구 설계를 주구 처리들에 대한 RCBD 위에 분할구 처리들에 대한 RCBD가 겹친 설계로 생각한 것이다. 이런 경우의 분할구 설계를 앞으로는 SPD(RCBD, RCBD)로 표기하겠다.

SPD(RCBD, RCBD)는 분할구 설계 방식들 중 가장 간단한 것이며, 일반적으로 분할구 설계라 할 때는 항상 SPD(RCBD, RCBD)를 의미한다.

그런데 분할구 설계를 할 때에 반드시 RCBD에 다른 RCBD를 겹쳐야하는 것은 아니다. RCBD의 위치에 다른 설계 방식이 들어와도 상관없다.

다음 표에 SPD의 구성 요소로서 쓸모있는 설계 방식들의 조합을 정리하였다.

주구 처리에 대한 오차조절 설계	분할구 처리에 대한 오차조절 설계	설계의 표기
RCBD	RCBD	SPD(RCBD, RCBD)
CRD	RCBD	SPD(CRD, RCBD)
CRD	LSD	SPD(CRD, LSD)
LSD	RCBD	SPD(LSD, RCBD)
CRD	IBD	SPD(CRD, IBD)
GRBD	IBD	SPD(GRBD, IBD)
IBD	RCBD	SPD(IBD, RCBD)

여기서 IBD는 불완전 블록 설계(incomplete block design)이며 BIBD와 같은 것이 한 예다. IBD가 중첩되는 설계의 분석은 매우 복잡하므로 이에 대해서는 고급 실험설계 교재를 참고하라.

(1) SPD(CRD, RCBD)

SPD(CRD, RCBD)는 주구 처리에 대한 설계가 CRD, 분할구 처리에 대한 설계가 RCBD인 분할구 설계다.

주구 요인 A의 각 수준이 r 개의 주구에 랜덤 배정된다. 그리고 각 주구 내에서 분할구 요인 B의 수준들이 분할구에 랜덤 배정된다.

SPD(CRD, RCBD)에서 주구는 대체로 사람(subject)이다. 따라서 모두 ar 명의 사람들이 있다. A의 수준마다 r 명씩 랜덤 배치되고 각 사람들은 B의 모든 수준들을 랜덤하게 적용받는다. 이런 이유로 이 설계를 **사람간-사람내 설계**(between-and-within-subjects design)라 하며, 요인 A를 **사람간 요인**(between-subjects factor), 요인 B를 **사람내 요인**(within-subjects factor)라 부른다. 그림 11.2의 도식을 보라.

SPD(CRD, RCBD)의 모형은 (11.2)와 같다. 분산분석표는 표 11.7을 보라.

$$Y_{ijk} = \mu + \alpha_i + \epsilon_{ij}^A + \beta_k + (\alpha\beta)_{ik} + \epsilon_{ijk}^B \qquad (11.2)$$
$$(i = 1, \cdots, a\,;\ j = 1, \cdots, r\,;\ k = 1, \cdots, b)$$

	사람	B_1	B_2	$\cdots$	B_b
	S_{11}	Y_{111}	Y_{112}	$\cdots$	Y_{11b}
A_1	S_{12}	Y_{121}	Y_{122}	$\cdots$	Y_{12b}
	$\vdots$	$\vdots$	$\vdots$	$\ddots$	$\vdots$
	S_{1r}	Y_{1r1}	Y_{1r2}	$\cdots$	Y_{1rb}
$\vdots$	$\vdots$	$\vdots$	$\vdots$	$\ddots$	$\vdots$
	S_{a1}	Y_{a11}	Y_{a12}	$\cdots$	Y_{a1b}
A_a	S_{a2}	Y_{a21}	Y_{a22}	$\cdots$	Y_{a2b}
	$\vdots$	$\vdots$	$\vdots$	$\ddots$	$\vdots$
	S_{ar}	Y_{ar1}	Y_{ar2}	$\cdots$	Y_{arb}

그림 11.2 SPD(CRD, RCBD)

표 11.7 SPD(CRD, RCBD)에 대한 분산분석표

source	SS	df	EMS	분모항
A	SS_A	$a-1$	$\sigma^2_{\epsilon_B}+b\sigma^2_{\epsilon_A}+rb\sum_i \alpha_i^2/(a-1)$	오차(A)
오차(A)	SS_{E_A}	$a(r-1)$	$\sigma^2_{\epsilon_B}+b\sigma^2_{\epsilon_A}$	
B	SS_B	$b-1$	$\sigma^2_{\epsilon_B}+ra\sum_k \beta_k^2/(b-1)$	오차(B)
AB	SS_{AB}	$(a-1)(b-1)$	$\sigma^2_{\epsilon_B}+r\sum_i\sum_k(\alpha\beta)^2_{ik}/(a-1)(b-1)$	오차(B)
오차(B)	SS_{E_B}	$a(r-1)(b-1)$	$\sigma^2_{\epsilon_B}$	
총	SS_T	$rab-1$		

모형 (11.1)과 모형 (11.2)의 차이점은 주구 설계 부분이다. 모형 (11.1)은 주구 처리들의 설계로 RCBD를 채용했기 때문에 RCBD의 기본 모형 (4.1)과 같은 형태로 시작하는 것이고, 모형 (11.2)에서는 주구 설계로 CRD를 사용하기 때문에 이 부분을 CRD의 기본 모형 (3.5)의 형식으로 시작하는 것이다.

참고로 이 설계는 **반복측정 설계**(repeated measures design)와는 구별된다. 반복측정 설계에서는 B의 수준들이 시간(time)이기 때문에 랜덤화가 불가능하다. 이를테면 원숭이들을 여러 가지 오염 환경들에 랜덤 배치한 후 각 원숭이들의 건강 상태를 1 주

일에 한 번씩 측정하는 상황이 반복측정 설계의 대표적인 경우다. 이때 시간의 랜덤화는 불가능하다. 게다가 현재의 건강 상태가 일주일 후의 건강 상태에 영향을 주기 때문에 관측들은 서로 독립이 아니며, 나름의 공분산 구조를 갖는다.

표 11.7에서 각 제곱합의 공식은 다음과 같다.

$$SS_T = \sum_{i=1}^{a}\sum_{j=1}^{r}\sum_{k=1}^{b}(Y_{ijk} - \overline{Y}_{\cdots})^2$$

$$SS_A = \sum_{i=1}^{a}\sum_{j=1}^{r}\sum_{k=1}^{b}(\overline{Y}_{i\cdot\cdot} - \overline{Y}_{\cdots})^2$$

$$SS_{E_A} = \sum_{i=1}^{a}\sum_{j=1}^{r}\sum_{k=1}^{b}(\overline{Y}_{ij\cdot} - \overline{Y}_{i\cdot\cdot})^2$$

$$SS_B = \sum_{i=1}^{a}\sum_{j=1}^{r}\sum_{k=1}^{b}(\overline{Y}_{\cdot\cdot k} - \overline{Y}_{\cdots})^2$$

$$SS_{AB} = \sum_{i=1}^{a}\sum_{j=1}^{r}\sum_{k=1}^{b}(\overline{Y}_{i\cdot k} - \overline{Y}_{i\cdot\cdot} - \overline{Y}_{\cdot\cdot k} + \overline{Y}_{\cdots})^2$$

$$SS_{E_B} = \sum_{i=1}^{a}\sum_{j=1}^{r}\sum_{k=1}^{b}(Y_{ijk} - \overline{Y}_{ij\cdot} - \overline{Y}_{i\cdot k} + \overline{Y}_{i\cdot\cdot})^2$$

예 11.3

염소에게 한 기간 동안 즉 이틀 간 연속으로 카로틴을 먹여 소화된 상태를 측정한다. 4 마리의 염소(A)와 5 기간(B)의 조합을 주구로 하여, 주구 내에서 측정 방법(C) 2 가지를 랜덤으로 배정하였다. 따라서 모두 20 개의 주구가 있고, 각 주구 내 2 개의 분할구에 측정 방법들이 랜덤화된다. 데이터는 다음과 같다.

기간:		I		II		III		IV		V	
방법:		1	2	1	2	1	2	1	2	1	2
염소	1	75.1	75.2	69.0	63.5	74.3	80.7	51.2	46.7	72.6	71.0
	2	65.4	62.7	63.3	61.2	59.4	65.3	62.9	62.1	63.8	63.1
	3	61.9	60.1	57.7	59.6	74.4	75.8	62.9	55.3	54.3	58.3
	4	69.4	70.1	60.7	57.0	57.0	54.5	56.6	49.5	64.3	63.3

현 상황은 SPD(CRD, RCBD)인데, 모형 (11.2)에서는 주구 요인이 하나지만 지금은 주구 요인이 둘이다. 따라서 적절한 모형은 다음과 같다.

$$Y_{ijk} = \mu + \alpha_i + \beta_j + \epsilon_{ij}^A + \gamma_k + (\alpha\gamma)_{ik} + (\beta\gamma)_{jk} + \epsilon_{ijk}^B$$
$$(i = 1, \cdots, 4\ ;\ j = 1, \cdots, 5\ ;\ k = 1, \cdots, 2)$$

이 모형에 대한 분산분석표는 다음과 같다.

source	SS	df	MS	F
A	328.44	3	109.48	1.20
B	760.13	4	190.03	2.09
오차(A)	1090.77	12	90.90	
C	11.03	1	11.03	2.38
AC	10.23	3	3.41	0.71
BC	67.27	4	16.82	3.48*
오차(B)	57.99	12	4.83	
총	2325.86	39		

분산분석 결과 그다지 뚜렷한 효과 차이를 볼 수 없었다. BC의 유의성도 가까스로 탐지되는 정도다. ∎

(2) SPD(CRD, LSD)

심리학 실험에서 자주 사용되는 설계로서 예를 들어 2 종류의 교육 훈련 방법(A)이 4 가지 과제(B)를 완수하는데 미치는 효과를 비교한다고 하자. 각 방법마다 4 명의 사람들을 배정해서 일정 기간 후 각 사람마다 4 가지의 과제를 부여하여 완수토록 한다. 그런데 과제를 완수하는 과정에서 일종의 학습 효과가 생기기 때문에 과제를 부여하는 순서를 바꿀 필요가 있다.

이런 순서의 결정을 LSD에 준해서 하는 경우 이 설계를 SPD(CRD, LSD)라 한다. 물론 사람들을 훈련 방법에 부여하는 설계는 CRD다. 그림 11.3에 이 상황을 도시하였다.

정리하면, 수준수 b의 주구 요인 A가 있는데, A의 각 수준에 $b \times b$ LSD를 적용하는 것이다. 모형은 다음과 같다.

$$Y_{ijkl} = \mu + \alpha_i + \epsilon_{ij}^A + \gamma_k + \beta_l + (\alpha\beta)_{il} + (\alpha\gamma)_{ik} + \epsilon_{ijkl}^B \qquad (11.3)$$
$$(i = 1, \cdots, a\ ;\ j, k, l = 1, \cdots, b)$$

		과제 부여 순서			
		1	2	3	4
A_1	S_{11}	B_1	B_3	B_4	B_2
	S_{12}	B_3	B_2	B_1	B_4
	S_{13}	B_2	B_4	B_3	B_1
	S_{14}	B_4	B_1	B_2	B_3
A_2	S_{21}	B_1	B_2	B_4	B_3
	S_{22}	B_3	B_4	B_2	B_1
	S_{23}	B_4	B_1	B_3	B_2
	S_{24}	B_2	B_3	B_1	B_4

그림 11.3 SPD(CRD, LSD)

모형 (11.3)에서 γ_k는 k 번째 순서(O) 효과로서 LSD에서 열 요인에 해당한다. 그리고 이 모형에서 특기할 사항은 요인 A와 순서 요인 O 간의 상호작용 효과 $(\alpha\gamma)_{ik}$의 삽입인데 이 효과항은 각 교육 방법의 수준에 따른 학습 효과들 간의 차이를 반영한다. 만일 이 효과를 무시할 수 있다면 표 11.8의 분신분석표에서 SS_{AO}를 SS_{E_B}에 병합한다.

이 설계는 모형 (11.2)와 마찬가지로 사람간-사람내 설계라고도 부르며 또 **혼합 요인 설계**(mixed factorial design)라 하기도 한다. 이 경우 A가 사람간 요인, B는 사람내 요인이다.

표 11.8 SPD(CRD, LSD)에 대한 분산분석표

source	SS	df	EMS	분모항
A	SS_A	$a-1$	$\sigma^2_{\epsilon_B}+b\sigma^2_{\epsilon_A}+b^2\sum_i\alpha_i^2/(a-1)$	오차(A)
오차(A)	SS_{E_A}	$a(b-1)$	$\sigma^2_{\epsilon_B}+b\sigma^2_{\epsilon_A}$	
O	SS_O	$b-1$		
B	SS_B	$b-1$	$\sigma^2_{\epsilon_B}+ab\sum_l\beta_l^2/(b-1)$	오차(B)
AB	SS_{AB}	$(a-1)(b-1)$	$\sigma^2_{\epsilon_B}+b\sum_i\sum_l(\alpha\beta)^2_{il}/(a-1)(b-1)$	오차(B)
AO	SS_{AO}	$(a-1)(b-1)$	$\sigma^2_{\epsilon_B}+b\sum_i\sum_k(\alpha\beta)^2_{ik}/(a-1)(b-1)$	오차(B)
오차(B)	SS_{E_B}	$a(b-1)(b-2)$	$\sigma^2_{\epsilon_B}$	
총	SS_T	ab^2-1		

표 11.8의 분산분석표에서 각 제곱합의 공식은 다음과 같다. SS_{E_B}는 차이값으로 계산한다.

$$SS_T = \sum_{i=1}^{a}\sum_{j=1}^{b}\sum_{k=1}^{b}\sum_{l=1}^{b}(Y_{ijkl} - \overline{Y}_{....})^2$$

$$SS_A = \sum_{i=1}^{a}\sum_{j=1}^{b}\sum_{k=1}^{b}\sum_{l=1}^{b}(\overline{Y}_{i...} - \overline{Y}_{....})^2$$

$$SS_{E_A} = \sum_{i=1}^{a}\sum_{j=1}^{b}\sum_{k=1}^{b}\sum_{l=1}^{b}(\overline{Y}_{ij..} - \overline{Y}_{i...})^2$$

$$SS_O = \sum_{i=1}^{a}\sum_{j=1}^{b}\sum_{k=1}^{b}\sum_{l=1}^{b}(\overline{Y}_{..k.} - \overline{Y}_{....})^2$$

$$SS_B = \sum_{i=1}^{a}\sum_{j=1}^{b}\sum_{k=1}^{b}\sum_{l=1}^{b}(\overline{Y}_{...l} - \overline{Y}_{....})^2$$

$$SS_{AB} = \sum_{i=1}^{a}\sum_{j=1}^{b}\sum_{k=1}^{b}\sum_{l=1}^{b}(\overline{Y}_{i..l} - \overline{Y}_{i...} - \overline{Y}_{...l} + \overline{Y}_{....})^2$$

$$SS_{AO} = \sum_{i=1}^{a}\sum_{j=1}^{b}\sum_{k=1}^{b}\sum_{l=1}^{b}(\overline{Y}_{i\cdot k.} - \overline{Y}_{i...} - \overline{Y}_{..k.} + \overline{Y}_{....})^2$$

(3) SPD(LSD, RCBD)

주구들은 $a \times a$ 라틴 정방 식으로 배열되어 요인 A의 수준들이 LSD에 의하여 주구들에 랜덤 배치된다. 그리고 각 주구에 속한 분할구들에 요인 B의 수준들이 RCBD에 의거하여 랜덤 배치되면 SPD(LSD, RCBD)를 얻는다.

예를 들어 3 가지의 경작 방식(A)과 4 가지의 비료(B)의 효과를 비교하는 연구를 생각해보자. 사각형의 실험용 농지를 확보했는데, 토질에 두 방향의 이질성이 존재한다. 그림 11.4는 이런 경우에 SPD(LSD, RCBD)를 적용한 상황을 보여준다.

모형은 다음과 같다. 분산분석표는 표 11.9를 보라.

$$Y_{ijkl} = \mu + \rho_i + \gamma_j + \alpha_k + \epsilon_{ijk}^{A} + \beta_l + (\alpha\beta)_{kl} + \epsilon_{ijkl}^{B} \qquad (11.4)$$
$$(i,j,k = 1,\cdots,a\ ;\ l = 1,\cdots,b)$$

모형 (11.4)에서 ρ_i는 행(R), γ_j는 열(C) 수준의 효과다.

행 \ 열	1	2	3
1	A_3 B_2 B_1 B_4 B_3	A_1 B_1 B_4 B_2 B_3	A_2 B_1 B_3 B_2 B_4
2	A_2 B_3 B_2 B_4 B_1	A_3 B_4 B_3 B_2 B_1	A_1 B_2 B_1 B_3 B_4
3	A_1 B_1 B_2 B_4 B_3	A_2 B_3 B_1 B_2 B_4	A_3 B_1 B_2 B_4 B_3

그림 11.4 SPD(LSD, RCBD)

표 11.9에서 각 제곱합의 공식은 다음과 같다. SS_{E_B}는 차이값으로 계산한다.

$$SS_T = \sum_{i=1}^{a}\sum_{j=1}^{a}\sum_{k=1}^{a}\sum_{l=1}^{b}(Y_{ijkl} - \overline{Y}_{....})^2$$

$$SS_R = \sum_{i=1}^{a}\sum_{j=1}^{a}\sum_{k=1}^{a}\sum_{l=1}^{b}(\overline{Y}_{i...} - \overline{Y}_{....})^2$$

$$SS_C = \sum_{i=1}^{a}\sum_{j=1}^{a}\sum_{k=1}^{a}\sum_{l=1}^{b}(\overline{Y}_{.j..} - \overline{Y}_{....})^2$$

$$SS_A = \sum_{i=1}^{a}\sum_{j=1}^{a}\sum_{k=1}^{a}\sum_{l=1}^{b}(\overline{Y}_{..k.} - \overline{Y}_{....})^2$$

$$SS_{E_A} = \sum_{i=1}^{a}\sum_{j=1}^{a}\sum_{k=1}^{a}\sum_{l=1}^{b}(\overline{Y}_{ijk.} - \overline{Y}_{i...} - \overline{Y}_{.j..} - \overline{Y}_{..k.} + 2\overline{Y}_{....})^2$$

$$SS_B = \sum_{i=1}^{a}\sum_{j=1}^{a}\sum_{k=1}^{a}\sum_{l=1}^{b}(\overline{Y}_{...l} - \overline{Y}_{....})^2$$

$$SS_{AB} = \sum_{i=1}^{a}\sum_{j=1}^{a}\sum_{k=1}^{a}\sum_{l=1}^{b}(\overline{Y}_{..kl} - \overline{Y}_{..k.} - \overline{Y}_{...l} + \overline{Y}_{....})^2$$

표 11.9 SPD(LSD, RCBD)에 대한 분산분석표

source	SS	df	EMS	분모항
R	SS_R	$a-1$		
C	SS_C	$a-1$		
A	SS_A	$a-1$	$\sigma^2_{\epsilon_B}+b\sigma^2_{\epsilon_A}+ab\sum_k\alpha_k^2/(a-1)$	오차(A)
오차(A)	SS_{E_A}	$(a-1)(a-2)$	$\sigma^2_{\epsilon_B}+b\sigma^2_{\epsilon_A}$	
B	SS_B	$b-1$	$\sigma^2_{\epsilon_B}+a^2\sum_l\beta_l^2/(b-1)$	오차(B)
AB	SS_{AB}	$(a-1)(b-1)$	$\sigma^2_{\epsilon_B}+a\sum_k\sum_l(\alpha\beta)^2_{kl}/(a-1)(b-1)$	오차(B)
오차(B)	SS_{E_B}	$a(a-1)(b-1)$	$\sigma^2_{\epsilon_B}$	
총	SS_T	a^2b-1		

11.4 분할블록 설계

분할블록 설계(split-block design, split-plot design in strips)와 단순 분할구 설계의 차이는 두 개의 처리 요인들의 수준이 실험단위에 배치되는 방법이다. 분할블록 설계에서는 두 요인이 동시에 주구들에 랜덤 배치된다.

한 가지 예를 들어보자. 3 가지의 경작 방법(A)과 4 가지의 파종 방법(B)을 비교한다. 경작과 파종은 모두 기계로 하기 때문에 커다란 사각형 실험 농지를 확보하였다.

만일 3×4 요인 설계를 한다면, 농지를 12 개로 나누어 각 처리 조합을 랜덤 배치하면 될 것이다. 그러나 각 처리 조합이 배정된 농지마다 경작 기계와 파종 기계를 옮겨 정해진 수준 조합대로 기계를 새로 조작해야함은 매우 비효율적이다.

이 점은 단순 분할구 설계에서도 마찬가지다. 단순 분할구 설계를 한다면 일단 농지를 3 개의 좁고 긴 띠(strip) 모양의 직사각형 주구로 분할한 후, 각 주구에 경작 방법 하나씩을 배치하고, 또 각 주구를 넷으로 나누어 각 분할구에 4 가지 파종법을 적용해야 한다. 이 경우 경작 기계의 사용은 편하나 파종 기계는 농지마다 새로 조작을 해야 하니 여전히 불편한 문제가 있다.

분할블록 설계에서는 기계 농업의 이점을 살리기 위하여 그림 11.5와 같이 전체 농지를 가로로 3 등분하여 경작 방법을 랜덤 배정한 후 기계로 농지 끝까지 밀고 나간다. 또 농지를 세로로 4 등분하여 파종법을 랜덤 배정한 후 역시 파종 기계로 농지의 시작부터 끝까지 죽 밀고 나가는 형식으로 실험을 진행한다.

	B_3	B_1	B_4	B_2
A_2	A_2B_3	A_2B_1	A_2B_4	A_2B_2
A_1	A_1B_3	A_1B_1	A_1B_4	A_1B_2
A_3	A_3B_3	A_3B_1	A_3B_4	A_3B_2

그림 11.5 분할블록 설계

이와 같이 분할블록 설계에서는 두 요인의 수준들이 두 종류의 주구들에 랜덤 적용되고, 주구들이 교차하는 분할구에서 관측값을 얻게 된다. 그리고 이같은 분할블록 설계의 기본형을 r 회 반복(R) 시행한다. 각 반복마다 랜덤화 과정은 독립적으로 이루어진다.

분할블록 설계에서는 A 수준들이 랜덤 배정되는 주구들과 B 수준들이 랜덤 배정되는 주구들이 서로 다르다. 그림 11.5에서 가로 띠가 A에 대한 주구들이고 세로 띠가 B에 대한 주구들이다. 그리고 가로 띠와 세로 띠가 교차하는 분할구에서 A와 B의 수준 조합 간 상호작용이 나타난다. 따라서 A 수준들 간의 효과 비교, B 수준들 간의 효과 비교, 또 상호작용의 효과 비교를 하는 오차 분산들이 모두 다르다.

분할블록 설계의 모형은 다음과 같다. 분산분석표는 표 11.10을 보라.

$$Y_{ijk} = \mu + \rho_i + \alpha_j + \epsilon_{ij}^{A} + \beta_k + \epsilon_{ik}^{B} + (\alpha\beta)_{jk} + \epsilon_{ijk}^{AB} \tag{11.5}$$
$$(i = 1, \cdots, r\,;\ j = 1, \cdots, a\,;\ k = 1, \cdots, b)$$

모형에서 오차항 ϵ_{ij}^{A}, ϵ_{ik}^{B}, ϵ_{ijk}^{AB}들에 대해서는 각각 다음을 가정한다.

$$\epsilon_{ij}^{A} \sim N(0, \sigma_{\epsilon_A}^2), \quad \epsilon_{ik}^{B} \sim N(0, \sigma_{\epsilon_B}^2), \quad \epsilon_{ijk}^{AB} \sim N(0, \sigma_{\epsilon_{AB}}^2)$$

표 11.10에서 각 제곱합의 공식은 다음과 같다.

$$SS_T = \sum_{i=1}^{r}\sum_{j=1}^{a}\sum_{k=1}^{b}(Y_{ijk} - \overline{Y}_{\cdots})^2$$

$$SS_R = \sum_{i=1}^{r}\sum_{j=1}^{a}\sum_{k=1}^{b}(\overline{Y}_{i\cdot\cdot} - \overline{Y}_{\cdots})^2$$

$$SS_A = \sum_{i=1}^{r}\sum_{j=1}^{a}\sum_{k=1}^{b}(\overline{Y}_{\cdot j\cdot} - \overline{Y}_{\cdots})^2$$

표 11.10 분할블록 설계에 대한 분산분석표

source	SS	df	EMS	분모항
R	SS_R	$r-1$		
A	SS_A	$a-1$	$\sigma^2_{\epsilon_{AB}}+b\sigma^2_{\epsilon_A}+rb\sum_j\alpha_j^2/(a-1)$	오차(A)
오차(A)	SS_{E_A}	$(r-1)(a-1)$	$\sigma^2_{\epsilon_{AB}}+b\sigma^2_{\epsilon_A}$	
B	SS_B	$b-1$	$\sigma^2_{\epsilon_{AB}}+a\sigma^2_{\epsilon_B}+ra\sum_k\beta_k^2/(b-1)$	오차(B)
오차(B)	SS_{E_B}	$(r-1)(b-1)$	$\sigma^2_{\epsilon_{AB}}+a\sigma^2_{\epsilon_B}$	
AB	SS_{AB}	$(a-1)(b-1)$	$\sigma^2_{\epsilon_{AB}}+r\sum_j\sum_k(\alpha\beta)^2_{jk}/(a-1)(b-1)$	오차(AB)
오차(AB)	$SS_{E_{AB}}$	$(r-1)(a-1)(b-1)$	$\sigma^2_{\epsilon_{AB}}$	
총	SS_T	$rab-1$		

$$SS_{E_A}=\sum_{i=1}^{r}\sum_{j=1}^{a}\sum_{k=1}^{b}(\overline{Y}_{ij\cdot}-\overline{Y}_{i\cdot\cdot}-\overline{Y}_{\cdot j\cdot}+\overline{Y}_{\cdot\cdot\cdot})^2$$

$$SS_B=\sum_{i=1}^{r}\sum_{j=1}^{a}\sum_{k=1}^{b}(\overline{Y}_{\cdot\cdot k}-\overline{Y}_{\cdot\cdot\cdot})^2$$

$$SS_{E_B}=\sum_{i=1}^{r}\sum_{j=1}^{a}\sum_{k=1}^{b}(\overline{Y}_{i\cdot k}-\overline{Y}_{i\cdot\cdot}-\overline{Y}_{\cdot\cdot k}+\overline{Y}_{\cdot\cdot\cdot})^2$$

$$SS_{AB}=\sum_{i=1}^{r}\sum_{j=1}^{a}\sum_{k=1}^{b}(\overline{Y}_{\cdot jk}-\overline{Y}_{\cdot j\cdot}-\overline{Y}_{\cdot\cdot k}+\overline{Y}_{\cdot\cdot\cdot})^2$$

$$SS_{E_{AB}}=\sum_{i=1}^{r}\sum_{j=1}^{a}\sum_{k=1}^{b}(Y_{ijk}-\overline{Y}_{ij\cdot}-\overline{Y}_{i\cdot k}-\overline{Y}_{\cdot jk}+\overline{Y}_{i\cdot\cdot}+\overline{Y}_{\cdot j\cdot}+\overline{Y}_{\cdot\cdot k}-\overline{Y}_{\cdot\cdot\cdot})^2$$

11.5 분할-분할구 설계

단순 분할구 설계의 분할구들을 다시 쪼개어 세 번째 요인 C의 수준들을 랜덤 배정하는 형식의 분할구 설계를 **분할-분할구 설계**(split-split-plot design)라 한다. 그리고 이렇게 다시 분할된 분할구를 **분할-분할구**(split-split plot, sub-subplot)라 부르겠다.

반복을 R, 주구 요인을 A, 분할구 요인을 B, 분할-분할구 요인을 C라 하자. 각각의 수준은 r, a, b, c이다.

표 11.11 분할-분할구 설계에 대한 분산분석표

source	SS	df	EMS	분모항
R	SS_R	$r-1$		
A	SS_A	$a-1$	$\sigma^2_{\epsilon_C}+c\sigma^2_{\epsilon_B}+bc\sigma^2_{\epsilon_A}+rbc\sum_j\alpha_j^2/(a-1)$	오차(A)
오차(A)	SS_{E_A}	$(r-1)(a-1)$	$\sigma^2_{\epsilon_C}+c\sigma^2_{\epsilon_B}+bc\sigma^2_{\epsilon_A}$	
B	SS_B	$b-1$	$\sigma^2_{\epsilon_C}+c\sigma^2_{\epsilon_B}+rac\sum_k\beta_k^2/(b-1)$	오차(B)
AB	SS_{AB}	$(a-1)(b-1)$	$\sigma^2_{\epsilon_C}+c\sigma^2_{\epsilon_B}+rc\sum_j\sum_k(\alpha\beta)^2_{jk}/(a-1)(b-1)$	오차(B)
오차(B)	SS_{E_B}	$(r-1)a(b-1)$	$\sigma^2_{\epsilon_C}+c\sigma^2_{\epsilon_B}$	
C	SS_C	$c-1$	$\sigma^2_{\epsilon_C}+rab\sum_l\gamma_l^2/(c-1)$	오차(C)
AC	SS_{AC}	$(a-1)(c-1)$	$\sigma^2_{\epsilon_C}+rb\sum_j\sum_l(\alpha\gamma)^2_{jl}/(a-1)(c-1)$	오차(C)
BC	SS_{BC}	$(b-1)(c-1)$	$\sigma^2_{\epsilon_C}+ra\sum_k\sum_l(\beta\gamma)^2_{kl}/(b-1)(c-1)$	오차(C)
ABC	SS_{ABC}	$(a-1)(b-1)(c-1)$	$\sigma^2_{\epsilon_C}+r\sum_j\sum_k\sum_l(\alpha\beta\gamma)^2_{jkl}/(a-1)(b-1)(c-1)$	오차(C)
오차(C)	SS_{E_C}	$(r-1)ab(c-1)$	$\sigma^2_{\epsilon_C}$	
총	SS_T	$rabc-1$		

분할-분할구 설계에서는 독립적인 랜덤화가 3 번 수행된다. 즉 각 반복 내에서 주구 처리들을 랜덤 배치하며, 각 주구 내에서 분할구 처리들이 랜덤 배치되고, 마지막으로 각 분할구 내에서 분할-분할구 처리들이 랜덤 배치된다.

따라서 분할-분할구 설계는 SPD(RCBD, RCBD, RCBD)로 표기할 수 있으며 대응되는 모형은 다음과 같다.

$$
\begin{aligned}
Y_{ijkl} &= \mu+\rho_i+\alpha_j+\epsilon^A_{ij}+\beta_k+(\alpha\beta)_{jk}+\epsilon^B_{ijk} \\
&\quad +\gamma_l+(\alpha\gamma)_{jl}+(\beta\gamma)_{kl}+(\alpha\beta\gamma)_{jkl}+\epsilon^C_{ijkl} \\
&\quad (i=1,\cdots,r\ ;\ j=1,\cdots,a\ ;\ k=1,\cdots,b\ ;\ l=1,\cdots,c)
\end{aligned}
\tag{11.6}
$$

오차항 ϵ^A_{ij}, ϵ^B_{ijk}, ϵ^C_{ijkl}들에 대해서는 각각 다음을 가정한다.

$$\epsilon^A_{ij}\sim N(0,\sigma^2_{\epsilon A})\ ,\quad \epsilon^B_{ijk}\sim N(0,\sigma^2_{\epsilon B})\ ,\quad \epsilon^C_{ijkl}\sim N(0,\sigma^2_{\epsilon C})$$

분산분석표는 표 11.11을 보라. 제곱합의 공식은 단순 분할구 설계에서 간단히 유추할 수 있으므로 생략한다.

예 11.4

고무의 경화율에 대하여 연구하기 위하여, 3 군데의 실험실(A), 3 가지의 온도(B), 3 종류의 혼합물 원료(C)를 고려한다. 3 종류의 혼합물 원료가 각 실험실에 보내어지면 각 실험실에서는 랜덤 선택된 온도 수준으로 맞춘 다음 세 가지 혼합물 원료를 투입하여 경화율을 잰다. 이 것이 끝나면 다음 온도 수준으로 맞추고 다시 세 혼합물 원료를 투입하는 형식으로 실험을 진행한다. 이러한 기본 실험을 4 회 반복(R)한다. 이때 주구 요인은 실험실, 분할구 요인은 온도, 분할-분할구 요인은 혼합물이다. 그리고 $r=4$, $a=b=c=3$이다. 데이터가 표 11.12에 주어져있다. 표 11.13의 분산분석표를 보면 고무의 경화율은 온도와 혼합물 원료에 따라 통계적으로 극히 유의한 효과 차이를 보이고 있다. 유의수준 0.05에서 실험실 효과도 유의하게 나타나고 있으나 온도와 혼합물이 보여주는 영향에 비하면 상당히 미미하다. 결국 고무의 경화율에 가장 큰 영향을 끼치는 요인은 온도다. ▮

표 11.12 고무의 경화율 자료

		온도								
		145℃			155℃			165℃		
		혼합물			혼합물			혼합물		
반복	실험실	1	2	3	1	2	3	1	2	3
I	1	18.6	14.5	21.1	9.5	7.8	11.2	5.4	5.2	6.3
	2	20.0	18.4	22.5	11.4	10.8	13.3	6.8	6.0	7.7
	3	19.7	16.3	22.7	9.3	9.1	11.3	6.7	5.7	6.6
II	1	17.0	15.8	20.8	9.4	8.3	10.0	5.3	4.9	6.4
	2	20.1	18.1	22.7	11.5	11.1	14.0	6.9	6.1	8.0
	3	18.3	16.7	21.9	10.2	9.2	11.0	6.0	5.5	6.5
III	1	18.7	16.5	21.8	9.5	8.9	11.5	5.7	4.3	5.8
	2	19.4	16.5	21.5	11.4	9.5	12.0	6.0	5.0	6.6
	3	16.8	14.4	19.3	9.8	8.0	10.9	5.0	4.6	5.9
IV	1	18.7	17.6	21.0	10.0	9.1	11.1	5.3	5.2	5.6
	2	20.0	16.7	21.3	11.5	9.7	11.5	5.7	5.2	6.3
	3	17.1	15.2	19.3	9.5	9.0	11.4	4.8	5.4	5.8

표 11.13 고무의 경화율 자료에 대한 분산분석표

source	SS	df	MS	F
R	9.41	3	3.14	
A	40.66	2	20.33	7.6*
오차(A)	16.11	6	2.68	
B	3119.51	2	1559.76	2835.9**
AB	4.94	4	1.24	2.3
오차(B)	9.88	18	0.55	
C	145.71	2	72.86	291.4**
AC	0.35	4	0.09	0.36
BC	43.69	4	10.92	43.68**
ABC	1.07	8	0.14	0.56
오차(C)	13.41	54	0.25	
총	3404.74	107		

11.6 SAS 활용

- **단순 분할구 설계: SPD(RCBD, RCBD)** - 모형 (11.1)

```
PROC GLM;
  CLASS REP A B;
  MODEL Y = REP A REP*A B A*B;
  TEST H=A E=REP*A;
QUIT;
```

여기서 REP*A가 MS_{E_A}이다.

- **SPD(CRD, RCBD)** - 모형 (11.2)

```
PROC GLM;
  CLASS SUBJECT A B;
  MODEL Y = A SUBJECT(A) B A*B;
  TEST H=A E=SUBJECT(A);
QUIT;
```

- **SPD(CRD, LSD)** - 모형 (11.3)

```
PROC GLM;
  CLASS SUBJECT ORDER A B;
  MODEL Y = A SUBJECT(A) ORDER B A*B A*ORDER;
  TEST H=A E=SUBJECT(A);
QUIT;
```

- **SPD(LSD, RCBD)** - 모형 (11.4)

```
PROC GLM;
  CLASS ROW COLUMN A B;
  MODEL Y = ROW COLUMN A ROW*COLUMN*A B A*B;
  TEST H=A E=ROW*COLUMN*A;
QUIT;
```

- **분할블록 설계** - 모형 (11.5)

```
PROC GLM;
  CLASS REP A B;
  MODEL Y = REP A REP*A B REP*B A*B;
  TEST H=A E=REP*A;
  TEST H=B E=REP*B;
QUIT;
```

- **분할-분할구 설계: SPD(RCBD, RCBD, RCBD)** - 모형 (11.6)

```
PROC GLM;
  CLASS REP A B C;
  MODEL Y = REP A REP*A B A*B REP*A*B C A*C B*C A*B*C;
  TEST H=A E=REP*A;
  TEST H=B A*B E=REP*A*B;
QUIT;
```

여기서 REP*A가 MS_{E_A}, REP*A*B가 MS_{E_B}이다.

예 11.5

예 11.2의 스테이크 데이터를 분석하는 프로그램은 다음과 같이 작성한다.

```
DATA steak; INPUT variety $ temp @;
  DO i=1 TO 3; INPUT rep score @@; OUTPUT; END;
DATALINES;
  I 70 1 72 2 75 3 70
  I 80 1 79 2 78 3 75
 II 70 1 65 2 60 3 64
 II 80 1 66 2 62 3 69
III 70 1 69 2 66 3 65
III 80 1 71 2 68 3 68
RUN;

PROC GLM DATA=steak;
  CLASS rep variety temp;
  MODEL score = rep variety rep*variety temp variety*temp;
  TEST H=variety E=rep*variety;
QUIT;
```

The GLM Procedure

Dependent Variable: score

Source	DF	Sum of Squares	Mean Square	F Value	Pr > F
Model	11	465.3333333	42.3030303	29.29	0.0003
Error	6	8.6666667	1.4444444		
Corrected Total	17	474.0000000			

Source	DF	Type I SS	Mean Square	F Value	Pr > F
rep	2	16.3333333	8.1666667	5.65	0.0417
variety	2	343.0000000	171.5000000	118.73	<.0001
rep*variety	4	49.6666667	12.4166667	8.60	0.0117
temp	1	50.0000000	50.0000000	34.62	0.0011
variety*temp	2	6.3333333	3.1666667	2.19	0.1929

Tests of Hypotheses Using the Type III MS for rep*variety as an Error Term					
Source	DF	Type III SS	Mean Square	F Value	Pr > F
variety	2	343.0000000	171.5000000	13.81	0.0160

< 연 습 문 제 >

1. 표 11.2의 EMS들을 EMS 규칙을 사용하여 유도하라.

2. 제지회사에서 3 가지의 펄프 제조법(A)과 4 가지의 공정 온도(B)가 종이의 장력에 미치는 영향을 연구한다. 실험은 다음 방식으로 진행되었다. 우선 제조법 중 한 가지를 랜덤 선택하여 펄프를 생산한다. 그 다음 이 준비된 펄프를 4등분하여 4 가지 공정 온도를 하나씩 가하여 실험한다. 그 다음에는 또다른 제조법으로 펄프를 생산하고 또 4 등분하여 4가지 공정온도를 가한다. 이런 식으로 하여 모든 수준 조합의 실험이 하루에 끝난다. 그리고 이러한 전체 실험을 3회 반복(R)하였다. 데이터는 다음과 같다. 분산분석표를 만들고, 펄프 제조법과 온도가 종이의 장력에 미치는 영향을 평가하라.

		반복		
제조법	온도	1	2	3
I	200 ℃	30	34	29
	225 ℃	35	41	26
	250 ℃	37	38	33
	275 ℃	36	42	36
II	200 ℃	28	31	31
	225 ℃	32	36	30
	250 ℃	40	42	32
	275 ℃	41	40	40
III	200 ℃	31	35	32
	225 ℃	37	40	34
	250 ℃	41	39	39
	275 ℃	40	44	45

12

회귀분석

12.1 개요

둘 이상의 변수들이 서로 관련되어 있을 때, 이러한 관련성을 모형화하여 탐색하는 것은 통계학에서 매우 중요하다. 예를 들어 화학 제품의 생산량이 공정 온도와 밀접한 관계에 있다면 이 두 변수 간의 관계를 설명할 수 있는 모형을 개발해서 공정의 최적화를 비롯한 제반 공정 관리 등에 이용할 수 있을 것이다.

변수들 간의 연관 관계를 정량화하고 모형화하여 시스템의 성질을 규명하는 통계 기법 중 대표적인 것이 **회귀분석**(regression analysis)이다. 회귀분석에서는 반응변수 또는 종속변수가 하나 존재하며, 이 반응변수에 영향을 미치는 회귀변수 또는 독립변수가 k 개 있다. 반응변수를 Y, 회귀변수들을 $X_1, X_2, \cdots, X_k$ 로 표기하자.

그리고 이러한 단일 반응변수와 k 개의 회귀변수들 간의 관계를 나타내는 수리 모형을 **회귀 모형**(regression model)이라 한다. 회귀 모형으로는 주로 다항식 모형이 사용되며, 주어진 데이터에 적합이 잘 되어 반응변수와 회귀변수들 간에 존재하는 진짜 관계를 제대로 근사시킬 수 있어야 좋은 회귀 모형이라 할 수 있다.

일반적으로 회귀분석은 관찰 연구 즉 설계되지 않고 계획되지 않은 실험에서 나온 데이터를 분석할 때 주로 사용되지만 설계된 실험에서도 회귀분석의 유용성은 매우 크다.

즉 설계된 실험에서 분산분석을 하면 중요한 요인들을 식별할 수 있는데 이러한 중요한 요인들과 반응 간의 관계를 회귀 모형으로 적합시키면 반응 곡선의 추이 등을 통해 시스템에 대한 이해를 더 증진시킬 수 있다.

특히 제 13 장에서 설명하는 **공분산분석**(analysis of covariance)은 회귀분석과 실험설계가 결합된 형태의 통계분석법이다. 또 제 14 장에서 소개하는 반응표면분석은 근본적으로 회귀분석의 특수한 형태다.

12.2 상관

변수들 간의 상호 관련성을 탐색하는 분석을 **상관분석**(correlation analysis)이라 한다. 통계학에서는 주로 두 변수들 간의 선형 상관성 즉 두 변수들의 관계가 얼마나 직선적인가에 많은 관심을 기울이는데, 이러한 선형 상관의 척도로서 다음과 같은 **상관계수**(correlation coefficient)를 사용한다.

두 변수 X와 Y에 대한 n 쌍의 데이터를 (X_1, Y_1), (X_2, Y_2), $\cdots$, (X_n, Y_n)으로 표기하자. 이때 X와 Y 간의 상관계수 r의 공식은 다음과 같다.

$$r = \frac{\sum_{i=1}^{n}(X_i - \overline{X})(Y_i - \overline{Y})}{\sqrt{\sum_{i=1}^{n}(X_i - \overline{X})^2 \sum_{i=1}^{n}(Y_i - \overline{Y})^2}} = \frac{S_{XY}}{\sqrt{S_{XX}\,S_{YY}}}$$

상관계수 공식에서 분모는 언제나 양의 값을 갖지만 분자는 음이 될 수도 있고 양이 될 수도 있다. 덧붙여 분자의 절대값은 절대로 분모보다 크지 않다는 사실을 증명할 수 있다. 따라서 상관계수 r의 값은 언제나 -1에서 $+1$ 사이에 있다.

특히 상관계수의 값이 -1이면 두 변수 간의 관계가 완벽한 역선형 관계 즉 하나가 감소하면 다른 하나는 증가하고 또 반대로 하나가 증가하면 다른 하나는 감소하는 관계다. 반대로 상관계수의 값이 $+1$이면 완벽한 정선형 관계로서 두 변수는 같이 증감한다. 상관계수의 값이 0이면 두 변수 간에 선형 관계는 없다.

따라서 상관계수의 절대값이 1에 가까우면 두 변수 간에는 상호 종속성 또는 상호 관련성이 매우 크다고 할 수 있으며, 반대로 상관계수의 절대값이 0에 아주 가까우면 두 변수 간에는 관련성이 없다고 할 수 있다. 그러나 상관계수의 값이 어느 정도나 0에 가까와야 서로 무관하다고, 또는 서로 독립적이라고 할 수 있는지는 쉽게 말할 수 없다.

상관도가 높더라도 변수 간의 인과성을 쉽게 말할 수는 없다. 즉 두 변수 간의 연관성이 높더라도 어느 한 변수가 다른 변수의 원인이라는 말은 못한다.

예 12.1

표 12.1의 자료는 어떤 종의 새들로부터 날개(X)와 꼬리(Y) 길이(cm)를 잰 것이다. 상관계수를 계산해보자.

표 12.1 새들의 날개와 꼬리 길이

X	Y
10.4	7.4
10.8	7.6
11.1	7.9
10.2	7.2
10.3	7.4
10.2	7.1
10.7	7.4
10.5	7.2
10.8	7.8
11.2	7.7
10.6	7.8
11.4	8.3

$n=12$, $S_{XX}=1.72$, $S_{YY}=1.35$, $S_{XY}=1.32$이므로,

$$r = \frac{1.32}{\sqrt{1.72 \times 1.35}} = 0.866 \ .$$

따라서 날개와 꼬리 길이 간에는 강한 양의 상관 관계가 있음을 알 수 있다. ∎

예 12.2

표 12.2는 다섯 변수에 대한 33 개 측정값들이다. 표 12.3에 변수들 간의 상관계수들을 행렬 형식으로 표현하였다. 대각선 상의 원소들은 전부 1인데 이는 자기 자신과의 상관계수이기 때문이다. X_1과 Y 간의 상관계수가 -0.73으로 상관도가 가장 크다. ▌

표 12.2 다섯 변수에 대한 데이터

X_1	X_2	X_3	X_4	Y	X_1	X_2	X_3	X_4	Y
6	9.9	5.7	1.6	2.12	3	7.6	6.2	4.4	3.31
1	9.3	6.4	3.0	3.39	6	8.6	5.9	0.2	1.83
-2	9.4	5.7	3.4	3.61	10	10.9	5.6	2.4	1.69
11	9.1	6.1	3.4	1.72	4	7.6	5.8	2.4	2.42
-1	6.9	6.0	3.0	1.80	5	7.3	5.8	4.4	2.98
2	9.3	5.7	4.4	3.21	5	9.2	5.2	1.6	1.84
5	7.9	5.9	2.2	2.59	3	7.0	6.0	1.9	2.48
1	7.4	6.2	2.2	3.25	8	7.2	5.5	1.6	2.83
1	7.3	5.5	1.9	2.86	8	7.0	6.4	4.1	2.41
3	8.8	5.2	0.2	2.32	6	8.8	6.2	1.9	1.78
11	9.8	5.7	4.2	1.57	6	10.1	5.4	2.2	2.22
9	10.5	6.1	2.4	1.50	3	12.1	5.4	4.1	2.72
5	9.1	6.4	3.4	2.69	5	7.7	6.2	1.6	2.36
-3	10.1	5.5	3.0	4.06	1	7.8	6.8	2.4	2.81
1	7.2	5.5	0.2	1.98	8	11.5	6.2	1.9	1.64
8	11.7	6.0	3.9	2.29	10	10.4	6.4	2.2	1.82
-2	8.7	5.5	2.2	3.55					

표 12.3 표 12.2의 자료에 대한 상관계수 행렬

	X_1	X_2	X_3	X_4	Y
X_1	1.00	0.33	0.17	0.05	-0.73
X_2	0.33	1.00	-0.15	0.18	-0.21
X_3	0.17	-0.15	1.00	0.24	-0.06
X_4	0.05	0.18	0.24	1.00	0.31
Y	-0.73	-0.21	-0.06	0.31	1.00

12.3 단순 선형 회귀

반응변수가 하나이고 회귀변수도 하나인 경우에 두 변수 간의 관계를 일차식으로 적합시키려는 분석을 **단순 선형 회귀분석**(simple linear regression analysis)이라 한다.

회귀분석 뿐 아니라 대다수의 통계 분석에서는 언제나 **선형 모형**(linear model)을 가정한다. 우리가 지금까지 공부한 실험설계에 대한 모든 모형도 역시 선형 모형이었다. 선형 모형이 인기가 있는 이유는 수리적으로 다루기 쉽고 분석 결과의 해석이 단순해지기 때문이다.

그리고 우리가 알지 못하는 진짜 모형이 있고 또 그 모형이 사실은 상당히 복잡한 형태의 곡선이라 하더라도 작은 구간 내에서의 반응 곡선의 변화 형태는 언제나 일차식으로 근사시킬 수 있기 때문에 선형성의 가정은 상당히 실용적이다.

반응변수 Y와 회귀변수 X 간의 관계를 일차식으로 설명하려는 단순 선형 회귀 모형은 다음과 같이 설정한다.

$$Y = \beta_0 + \beta_1 X + \epsilon \tag{12.1}$$

이때 회귀변수 X는 오차없이 조절 가능하다고 가정한다. 반면에 반응변수 Y의 값을 측정하는데는 오차가 존재하며 이 랜덤 오차항을 ϵ으로 표기하였다. 일반적으로 ϵ은 $N(0,\sigma^2)$을 따르는 확률변수로 정의한다. 그리고 β_0와 β_1은 알지 못하는 상수로서 **회귀계수**(regression coefficient)라고 부른다.

모형 (12.1) 하에서 두 변수 X와 Y에 대한 n 쌍의 데이터 (X_1, Y_1), (X_2, Y_2), $\cdots$, (X_n, Y_n)을 얻었다고 가정하자. 이 경우 모형 (12.1)은 다시 (12.2)와 같이 표현될 수 있다.

$$Y_i = \beta_0 + \beta_1 X_i + \epsilon_i, \quad \epsilon_i \sim N(0, \sigma^2) \qquad (i = 1,2,\cdots,n) \tag{12.2}$$

여기서 오차항 ϵ_i들은 서로 독립이며 오차 분산(error variance) σ^2 역시 데이터로부터 추정해야 하는 알지 못하는 상수다.

오차가 정규분포를 따르므로 반응값 Y_i들의 분포 역시 다음과 같은 정규분포를 따른다.

$$Y_i \sim N(\beta_0 + \beta_1 X_i, \sigma^2)$$

회귀분석에서 우리가 시도하는 첫 번째 분석 과정은 모형 (12.2)의 두 회귀계수 β_0와 β_1을 추정하는 것이다. β_0는 **절편**(intercept), β_1은 **기울기**(slope)라 부른다.

회귀계수의 추정은 **최소제곱법**(least squares method)을 이용한다. 최소 제곱법에서는 오차들의 제곱합을 최소로 하는 회귀계수의 추정값을 구한다.

모형 (12.2)에서 오차항 ϵ_i는 다음과 같이 표현할 수 있다.

$$\epsilon_i = Y_i - (\beta_0 + \beta_1 X_i)$$

수집된 자료의 변화 패턴을 잘 설명할 수 있는 회귀선의 공식을 구한다함은 실제 관측들에 회귀선을 적합시켰을 때 발생하는 오차를 가능하면 작게 만드는 것에 다름 아니다. 그래서 최소제곱법에서는 오차들의 제곱합을 최소로 하는 회귀계수를 추정하는 바, 오차들의 제곱합은 (12.3)과 같이 쓸 수 있다.

$$\sum_{i=1}^{n} \epsilon_i^2 = \sum_{i=1}^{n} [Y_i - (\beta_0 + \beta_1 X_i)]^2 \equiv Q \tag{12.3}$$

오차 제곱합 Q를 최소화하는 β_0와 β_1의 추정값을 구하려면, Q를 β_0와 β_1에 대하여 각각 편미분한 후 결과되는 식을 0으로 놓고 β_0와 β_1에 대하여 풀면 된다.

$$\frac{\partial Q}{\partial \beta_0} = 0 \quad \Leftrightarrow \quad \sum_{i=1}^{n} [Y_i - (\beta_0 + \beta_1 X_i)] = 0 \tag{12.4}$$

$$\frac{\partial Q}{\partial \beta_1} = 0 \quad \Leftrightarrow \quad \sum_{i=1}^{n} X_i [Y_i - (\beta_0 + \beta_1 X_i)] = 0$$

β_0와 β_1에 대한 연립 방정식 (12.4)를 **정규방정식**(normal equations)이라 부른다.

정규방정식 (12.4)를 β_0와 β_1에 대하여 풀어 그 결과를 b_0와 b_1으로 표기하면 추정된 회귀계수 b_0와 b_1의 공식은 (12.5)와 같이 주어진다.

$$b_1 = \frac{S_{XY}}{S_{XX}}, \quad b_0 = \overline{Y} - b_1 \overline{X} \tag{12.5}$$

여기서,

$$\overline{X} = \sum_{i=1}^{n} X_i / n, \quad \overline{Y} = \sum_{i=1}^{n} Y_i / n$$

$$S_{XY} = \sum_{i=1}^{n}(X_i - \overline{X})(Y_i - \overline{Y})$$

$$S_{XX} = \sum_{i=1}^{n}(X_i - \overline{X})(X_i - \overline{X}) = \sum_{i=1}^{n}(X_i - \overline{X})^2$$

참고로 b_0와 b_1은 각각 β_0, β_1에 대한 비편향추정량(unbiased estimator)이다.

이와 같이 데이터에 적합된 회귀선은 다음 형식으로 표기한다.

$$\widehat{Y}_i = b_0 + b_1 X_i, \quad i = 1, 2, \cdots, n \tag{12.6}$$

(12.6)에서 $\widehat{Y}_i$은 회귀변수의 값이 X_i일 때 적합된 회귀선에 의거한 반응변수 Y_i에 대한 추측값이다. 원래의 값 Y_i와 적합된 회귀선에 의하여 추측된 $\widehat{Y}_i$의 값의 차이를 **잔차**(residual)라 부른다. 잔차를 e_i로 표기하자.

$$e_i = Y_i - \widehat{Y}_i$$

잔차는 오차의 추정값이며 회귀선이 자료에 얼마나 잘 적합되는지를 판단하는 중요한 통계량이다.

오차 분산 σ^2은 잔차를 기초로 추정한다. 즉 잔차들의 표본 분산이 오차 분산의 추정량이다. $\sum e_i = 0$이므로,

$$\widehat{\sigma^2} = \frac{\sum_{i=1}^{n}(e_i - \overline{e})^2}{n-2} = \frac{\sum_{i=1}^{n} e_i^2}{n-2} \tag{12.7}$$

그리고 이 공식에서 분모로 사용된 자유도가 $(n-2)$인 이유는 β_0와 β_1을 추정하는데 자유도 2를 소모했기 때문이다. (12.7)의 분자항은 **잔차제곱합**(residual SS) 또는 **오차제곱합**(SS_E: error SS)이다. 결국 (12.7)에서 오차 분산 σ^2의 추정량은 MS_E임을 알 수 있다.

$$\widehat{\sigma^2} = \frac{SS_E}{n-2} = MS_E$$

이는 실험설계 모형에서의 경우와 동일하다.

예 12.3

페인트의 불순도는 페인트를 얼마나 빨리 휘저어주는가에 따라 달라진다. 표 12.4는 휘젓는 속도(X)와 측정된 불순도(Y)의 데이터다.

표 12.4 페인트 자료

X:	20	22	24	26	28	30	32	34	36	38	40	142
Y:	8.4	9.5	11.8	10.4	13.3	14.8	13.2	14.7	16.4	16.5	18.9	18.5

그림 12.1의 산점도를 보면 두 변수 간에는 선형 관계가 존재하는 것을 알 수 있다. 따라서 단순 선형 회귀모형이 자료에 잘 적합될 것이다. 회귀계수를 추정해보자.

$$n = 12, \quad \overline{X} = 31, \quad \overline{Y} = 13.87, \quad S_{XX} = 572, \quad S_{XY} = 261.2$$

$$\widehat{\beta_1} = b_1 = \frac{S_{XY}}{S_{XX}} = \frac{261.2}{572} = 0.4566$$

$$\widehat{\beta_0} = b_0 = \overline{Y} - b_1 \overline{X} = 13.87 - 0.4566 \times 31 = -0.2879$$

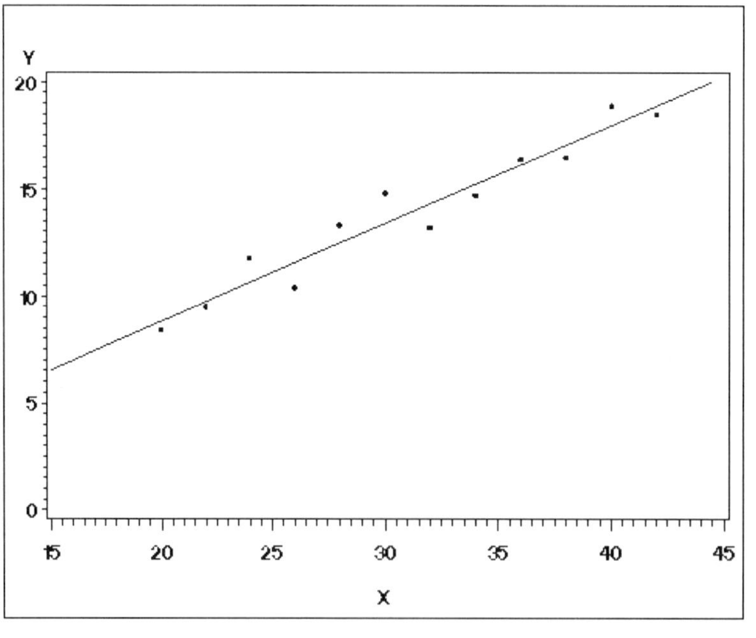

12.1 페인트 자료에 대한 회귀선이 적합된 산점도

적합된 회귀선의 식은 다음과 같다.

$$\hat{Y} = -0.2879 + 0.4566X$$

그림 12.1의 적합된 회귀선을 보라. 원래 데이터를 보면 $X=30$일 때 $Y=14.8$이었다. 그러나 적합된 회귀선에 $X=30$을 대입하면 $\hat{Y}$ = -0.2879 + 0.4566(30) = 13.41을 얻는다. 따라서 $X=30$에서 잔차는 $e = Y - \hat{Y}$ = 14.8 - 13.41 = 1.39이다. ▌

12.4 회귀의 유의성 검증

제 12.3 절에서는 최소제곱법을 이용한 회귀계수의 추정 문제를 다루었다. 회귀계수를 추정하여 데이터에 회귀선을 적합시킨 연후에 대두되는 중요한 문제는 이와 같은 회귀분석이 과연 통계적으로 의미가 있는지 또 만일 유의하다면 적합된 회귀선이 얼마나 자료를 잘 설명하는지를 측정하는 것이다.

두 변수 간의 회귀 관계가 통계적으로 유의하지 않다면 더 이상의 분석을 진행할 필요가 없다.

만일 두 변수 사이에 전혀 회귀 관계가 없다면 반응변수의 값은 회귀변수 값의 변동 여하에 전혀 영향을 받지 않을 것이다. 단순 선형 회귀모형에서 회귀변수 값의 변화를 반응변수로 보내는 부분은 회귀계수 β_1이다. 절편 β_0는 회귀변수 X의 값에 전혀 상관이 없다. 결국 두 변수 사이에 회귀 관계가 없다면 β_1의 값은 0이 될 것이다. 이 경우 축소된 모형은 다음과 같이 쓸 수 있다.

$$Y_i = \beta_0 + \epsilon_i \qquad (12.8)$$

축소 모형 (12.8) 하에서 최소제곱법으로 β_0의 추정량 b_0를 구하면 $b_0 = \overline{Y}$가 된다. 다시 말해서 회귀 관계가 전혀 없다면 적합된 회귀선의 식은 다음과 같다.

$$\hat{Y}_i = \overline{Y}$$

따라서 회귀 관계가 없을 때에는 $\hat{Y}_i - \overline{Y} = 0$ 가 되어 적합된 값과 평균 간에 차이가 없다.

i 번째 데이터에 대해서 다음과 같은 표현을 생각해보자.

$$Y_i - \overline{Y} = (Y_i - \hat{Y}_i) + (\hat{Y}_i - \overline{Y}) \tag{12.9}$$

(12.9)의 의미를 풀어보면 '(관측값과 평균과의 차이) = (관측값과 적합된 값과의 차이) + (적합된 값과 평균과의 차이)'라 할 수 있다. 관측값과 적합된 값과의 차이는 바로 잔차다. 그리고 잔차는 오차의 추정값이므로 이 값은 작으면 작을수록 좋다. 따라서 회귀선이 자료에 잘 적합되려면 「관측값과 평균과의 차이」가 대부분 「적합된 값과 평균과의 차이」로 나타나야 한다.

이러한 기본적인 아이디어는 실험설계의 분산분석에서 나타나는 제곱합의 분할 형태로 귀착되어 관계식 (12.10)을 얻을 수 있다.

$$\begin{aligned}\sum_{i=1}^{n}(Y_i - \overline{Y})^2 &= \sum_{i=1}^{n}[(Y_i - \hat{Y}_i) + (\hat{Y}_i - \overline{Y})]^2 \\ &= \sum_{i=1}^{n}(\hat{Y}_i - \overline{Y})^2 + \sum_{i=1}^{n}(Y_i - \hat{Y}_i)^2\end{aligned} \tag{12.10}$$

관계식 (12.10)에 나타난 제곱합들을 순서대로 다음과 같이 표기하자.

$$SS_T = \sum_{i=1}^{n}(Y_i - \overline{Y})^2 = S_{YY}$$

$$SS_R = \sum_{i=1}^{n}(\hat{Y}_i - \overline{Y})^2 = b_1 S_{XY}$$

$$SS_E = \sum_{i=1}^{n}(Y_i - \hat{Y}_i)^2 = S_{YY} - b_1 S_{XY}$$

여기서 SS_T는 총제곱합, SS_R은 회귀제곱합, SS_E는 오차제곱합이다. 각 제곱합에 대응되는 자유도는 다음과 같다.

$$n-1 = (n-2) + 1$$

그런데 SS_E는 SS_T와 SS_R의 차이로 계산하는 것이 편하다.

총제곱합 SS_T는 「관측값과 평균과의 차이」에 대한 제곱합으로 관측들이 평균에서 얼마나 벗어나 있는지를 재는 측도로서 총변동(total variation)이라 한다. 회귀제곱합 SS_R은 「적합된 값과 평균과의 차이」에 대한 제곱합으로 총변동 중 회귀선으로 설명할 수 있는 변동 부분이다. 오차제곱합 SS_E는 「관측값과 적합된 값과의 차이」에 대한 제곱합으로 총변동 중 회귀선으로 설명이 불가능한 오차에 기인한 변동이다.

따라서 주어진 자료에 회귀선이 잘 적합된다함은 직관적으로 SS_T에서 SS_R이 차지하는 부분이 상대적으로 크고, 반면에 SS_E가 차지하는 부분은 상대적으로 작다는 것을 뜻한다.

이상의 제곱합 분할에 대한 기본적인 아이디어를 토대로 회귀선의 유의성 검증법을 생각해보자. 회귀선의 유의성이란 회귀계수 β_1의 유의성과 동일하다. 따라서 귀무가설과 대립가설은 다음과 같이 세운다.

$$\begin{array}{lcl} H_0\text{: 회귀 관계가 없다} & \Leftrightarrow & H_0\text{: } \beta_1 = 0 \\ H_1\text{: 회귀 관계가 있다} & & H_1\text{: } \beta_1 \neq 0 \end{array}$$

이때 귀무가설을 기각해야 회귀분석을 계속 진행할 수 있다. 만일 귀무가설을 기각하지 못하면 X와 Y 간에는 회귀 관계가 없는 것이다. 즉 회귀변수 X는 반응변수 Y의 변화 패턴을 설명하는데 전혀 도움이 되지 않는다.

다음과 같이 회귀 평균제곱 MS_R과 오차 평균제곱 MS_E를 정의하자.

$$MS_R = \frac{SS_R}{1}, \quad MS_E = \frac{SS_E}{n-2}$$

(12.7)에서 보인대로 $MS_E = \widehat{\sigma^2}$이다.

회귀 및 오차에 대한 기대평균제곱은 다음과 같이 유도된다.

$$E(MS_R) = \sigma^2 + \beta_1^2 S_{XX}$$

$$E(MS_E) = \sigma^2$$

따라서 귀무가설 H_0: $\beta_1 = 0$ 하에서 $E(MS_R) = 0$이므로 유의수준 α에서 회귀의 유의성 검증 방법은 다음과 같다.

- 만일 $F = \dfrac{MS_R}{MS_E} > F_{1, n-2, \alpha}$이면 H_0를 기각하고, 회귀가 유의하다고 결론내린다.

표 12.5에 단순 선형 회귀의 유의성 검증을 위한 분산분석표의 일반형을 정리하였다.

총변동에서 회귀변동이 차지하는 비율을 **결정계수**(coefficient of determination)라 하며 R^2로 표기한다. 즉

표 12.5 단순 선형 회귀에 대한 분산분석표

source	SS	df	MS	EMS	F
회귀	$SS_R = b_1 S_{XY}$	1	MS_R	$\sigma^2 + \beta_1^2 S_{XX}$	MS_R / MS_E
오차	$SS_E = S_{YY} - b_1 S_{XY}$	$n-2$	MS_E	σ^2	
총	$SS_T = S_{YY}$	$n-1$			

$$R^2 = \frac{SS_R}{SS_T}$$

R^2의 값은 언제나 0 이상이고 1 이하다. 자료에 회귀선이 잘 적합되면 결정계수의 값은 1에 가까울 것이고, 그렇지 않으면 결정계수는 0에 가깝게 된다. 결정계수는 사실상 두 변수 사이의 상관계수의 제곱이다. 따라서 회귀선이 자료에 잘 적합되면 결정계수의 값이 큰 것이고, 결정계수의 값이 크다는 것은 상관계수의 절대값이 크다는 것과 일맥상통한다.

예 12.4

표 12.4의 자료에서 회귀의 유의성을 검증해보자. 각 제곱합의 계산은 다음과 같다.

$$SS_T = S_{YY} = 127.733$$
$$SS_R = b_1 S_{XY} = (0.4566)(261.20) = 119.26$$
$$SS_E = SS_T - SS_R = 127.73 - 119.26 = 8.47$$

분산분석표는 다음과 같다.

source	SS	df	MS	F
회귀	119.26	1	119.26	140.80
오차	8.47	10	0.85	
총	127.73	11		

유의수준을 0.01에서 임계값은 $F_{1,10,0.01} = 10.0$이므로 귀무가설을 기각하고 $\beta_1 \neq 0$이

라고 결론내린다. $\hat{\sigma}^2 = 0.85$이고 $R^2 = 119.26/127.73 = 0.9337$이다. ▌

회귀계수 β_0, β_1에 대한 $100(1-\alpha)\%$ 신뢰구간의 공식은 다음과 같다.

- β_1에 대한 $100(1-\alpha)\%$ 신뢰구간

$$b_1 \pm t_{n-2,\alpha/2}\sqrt{\frac{MS_E}{S_{XX}}}$$

- β_0에 대한 $100(1-\alpha)\%$ 신뢰구간

$$b_0 \pm t_{n-2,\alpha/2}\sqrt{MS_E\left(\frac{1}{n}+\frac{\overline{X}^2}{S_{XX}}\right)}$$

예 12.5

예 12.4의 자료에서 회귀계수 β_1에 대한 95% 신뢰구간은 다음과 같다.

$$0.4566 \pm (2.228)\sqrt{\frac{0.847}{572.0}} = 0.4566 \pm 0.0857 \quad \Rightarrow \quad (0.3709, 0.5423)$$ ▌

12.5 다중 선형 회귀

하나의 반응변수 Y와 k 개의 회귀 변수 $X_1, X_2, \cdots, X_k$에 대한 선형 회귀분석을 **다중 선형 회귀분석**(multiple linear regression analysis)이라 한다. 다중 선형 회귀분석에 대한 자료 구조는 표 12.6과 같다.

표 12.6의 데이터에 대한 다중 선형 회귀 모형은 다음과 같다.

$$Y_i = \beta_0 + \beta_1 X_{1i} + \beta_2 X_{2i} + \cdots + \beta_k X_{ki} + \epsilon_i \qquad (i = 1, \cdots, n) \tag{12.11}$$

오차에 대해서는 $\epsilon_i \sim N(0, \sigma^2)$을 가정한다.

표 12.6 다중선형회귀에 대한 자료 구조

Y	X_1	X_2	$\cdots$	X_k
Y_1	X_{11}	X_{21}	$\cdots$	X_{k1}
Y_2	X_{12}	X_{22}	$\cdots$	X_{k2}
$\vdots$	$\vdots$	$\vdots$	$\ddots$	$\vdots$
Y_n	X_{1n}	X_{2n}	$\cdots$	X_{kn}

모형 (12.11)에서 관측의 총수 n은 $(k+1)$ 이상이어야 한다. 즉 $n \geq k+1$을 만족하여야 한다. 연립 방정식에서 방정식의 수보다 미지수가 더 많으면 해를 구할 수 없듯이, 회귀분석에서도 관측의 총수 n이 추정해야할 회귀계수들의 개수인 $(k+1)$보다 작으면 정상적인 분석을 할 수 없다.

다중 선형 회귀모형은 행렬로 표기하는 것이 다루기 편하다. 행렬 표기로 모형 (12.11)을 다시 쓰면 다음과 같다.

$$\begin{bmatrix} Y_1 \\ Y_2 \\ \vdots \\ Y_n \end{bmatrix} = \begin{bmatrix} 1 & X_{11} & X_{21} & \cdots & X_{k1} \\ 1 & X_{12} & X_{22} & \cdots & X_{k2} \\ \vdots & \vdots & \vdots & \ddots & \vdots \\ 1 & X_{1n} & X_{2n} & \cdots & X_{kn} \end{bmatrix} \begin{bmatrix} \beta_0 \\ \beta_1 \\ \vdots \\ \beta_k \end{bmatrix} + \begin{bmatrix} \epsilon_1 \\ \epsilon_2 \\ \vdots \\ \epsilon_n \end{bmatrix} \quad \Leftrightarrow \quad \boldsymbol{y} = \boldsymbol{X\beta} + \boldsymbol{\epsilon} \tag{12.12}$$

모형에서 $\boldsymbol{y}$는 $n \times 1$ 열벡터로 반응변수에 대한 n 개의 관측들이며, $\boldsymbol{X}$는 $n \times (k+1)$ 행렬로서 **모형행렬**(model matrix)이라 부른다. $\boldsymbol{X}$에서 각 행은 관측에 해당되며 각 열은 각 회귀변수에 대한 자료값들이다. $\boldsymbol{X}$의 첫 번째 열은 전부 1로만 이루어져 있는데 이 열은 회귀모형의 절편 β_0를 추정하는 역할을 한다. 그리고 $\boldsymbol{\beta}$는 $(k+1) \times 1$ 행렬로서 추정해야 할 회귀계수들이며, $\boldsymbol{\epsilon}$은 오차에 대한 $n \times 1$ 행렬이다.

모형행렬 $\boldsymbol{X}$의 i 번째 행을 $\boldsymbol{x}_i$로 표기하면 모형 (12.12)는 다음과 같이 쓸 수 있다.

$$Y_i = \boldsymbol{x}_i \boldsymbol{\beta} + \epsilon_i \quad (i = 1, 2, \cdots, n) \tag{12.13}$$

여기서 $\boldsymbol{x}_i$는 $1 \times (k+1)$ 행벡터로서 $\boldsymbol{x}_i = [1 \quad X_{1i} \quad X_{2i} \quad \cdots \quad X_{ki}]$ 이다.

다중 선형 회귀모형에서 최소제곱법으로 회귀계수 벡터 $\boldsymbol{\beta}$를 추정하는 문제를 생각해보자. 추정된 회귀계수 벡터를 $\boldsymbol{b}$로 표기하자. 즉

$$\boldsymbol{b} = \begin{bmatrix} b_0 \\ b_1 \\ \vdots \\ b_k \end{bmatrix}$$

다중 선형 회귀분석이더라도 최소제곱법을 이용하여 회귀계수를 추정하는 근본적인 아이디어는 단순 선형 회귀분석 때와 완전히 동일하며, 여기서는 단지 추정해야할 모수가 $(k+1)$ 개인 점이 다를 뿐이다. 즉 우리는

$$\sum_{i=1}^{n} \epsilon_i^2 = \sum_{i=1}^{n} [Y_i - (\beta_0 + \beta_1 X_1 + \cdots + \beta_k X_k)]^2 \equiv Q \tag{12.14}$$

를 최소로 하는 회귀계수 $\beta_0, \beta_1, \beta_2, \cdots, \beta_k$ 들을 추정하려는 것이다.

(12.14)를 행렬 표기로 바꿔보자. $\sum \epsilon_i^2 = \boldsymbol{\epsilon}'\boldsymbol{\epsilon}$이고 $\boldsymbol{\epsilon} = \boldsymbol{y} - \boldsymbol{X\beta}$ 이므로 이를 (12.14)에 대입하면 나음을 얻는다.

$$Q = (\boldsymbol{y} - \boldsymbol{X\beta})'(\boldsymbol{y} - \boldsymbol{X\beta})$$

Q를 최소로 하는 회귀계수를 구하기 위하여 Q를 $\boldsymbol{\beta}$로 미분하면 (12.15)를 얻는다.

$$\frac{\partial Q}{\partial \boldsymbol{\beta}} = 2\boldsymbol{X}'(\boldsymbol{y} - \boldsymbol{X\beta}) \tag{12.15}$$

$\boldsymbol{\beta}$를 추정량 $\boldsymbol{b}$로 대치하고 (12.15)를 $\mathbf{0}$으로 놓으면 다음과 같은 정규방정식을 얻는다.

$$2\boldsymbol{X}'(\boldsymbol{y} - \boldsymbol{Xb}) = \mathbf{0} \quad \Leftrightarrow \quad (\boldsymbol{X}'\boldsymbol{X})\boldsymbol{b} = \boldsymbol{X}'\boldsymbol{y} \tag{12.16}$$

정규방정식에서 $\boldsymbol{X}'\boldsymbol{X}$는 $(k+1)\times(k+1)$ 정방 행렬로서, 이 정방 행렬의 역행렬이 존재할 때에 한하여 유일한 값을 갖는 회귀계수 행렬 $\boldsymbol{b}$를 추정할 수 있다. $\boldsymbol{X}'\boldsymbol{X}$의 역행렬이 존재한다면 $\boldsymbol{b}$는 다음 공식으로 얻을 수 있다.

$$\boldsymbol{b} = (\boldsymbol{X}'\boldsymbol{X})^{-1}\boldsymbol{X}'\boldsymbol{y}$$

따라서 적합된 회귀선은 다음과 같이 쓸 수 있다.

$$\hat{\boldsymbol{y}} = \boldsymbol{X}\boldsymbol{b}$$

관측별로 풀어쓰면

$$\hat{Y}_i = b_0 + b_1 X_{1i} + b_2 X_{2i} + \cdots + b_k X_{ki}, \quad i = 1, \cdots, n$$

가 되며 이를 행렬로 표시하면 다음과 같다.

$$\hat{Y}_i = \boldsymbol{x}_i \boldsymbol{b}$$

그리고 관측값 Y_i와 적합된 값 $\hat{Y}_i$과의 차이인 잔차를 행렬로 표기하면 다음과 같다.

$$\boldsymbol{e} = \boldsymbol{y} - \hat{\boldsymbol{y}} = \begin{bmatrix} e_1 \\ e_2 \\ \vdots \\ e_n \end{bmatrix}$$

다중 선형 회귀에서 회귀의 유의성을 판정하려면 단순 선형 회귀분석 때와 마찬가지로 데이터의 총변동을 회귀 모형으로 설명되는 부분과 오차에 기인한다고 판단되는 두 부분으로 나누어 추론을 전개해야 한다. 다중 선형 회귀분석에서도 관계식 (12.10)은 아무런 수정없이 그대로 적용할 수 있으며 오로지 회귀제곱합과 오차제곱합에 대응되는 자유도가 다를 뿐이다.

다중 선형 회귀모형에서 각 제곱합의 공식과 대응되는 자유도는 다음과 같다.

$$SS_T = \sum_{i=1}^{n} (Y_i - \overline{Y})^2 = \boldsymbol{y}'\boldsymbol{y} - n\overline{Y}^2 \qquad (n-1)$$

$$SS_R = \sum_{i=1}^{n} (\hat{Y}_i - \overline{Y})^2 = \boldsymbol{b}'\boldsymbol{X}'\boldsymbol{y} - n\overline{Y}^2 \qquad (k)$$

$$SS_E = \sum_{i=1}^{n} (Y_i - \hat{Y}_i)^2 = \boldsymbol{y}'\boldsymbol{y} - \boldsymbol{b}'\boldsymbol{X}'\boldsymbol{y} \qquad (n-k-1)$$

이 경우 오차 분산 σ^2의 추정량 MS_E는 다음 공식으로 주어진다.

표 12.7 다중 선형 회귀모형에 대한 분산분석표

source	SS	df	MS	F
회귀	SS_R	k	MS_R	MS_R/MS_E
오차	SS_E	$n-k-1$	MS_E	
총	SS_T	$n-1$		

$$\widehat{\sigma^2} = MS_E = \frac{SS_E}{n-k-1}$$

표 12.7에 다중 선형 회귀분석을 위한 분산분석표의 일반 형식을 정리하였다.
다중 선형 회귀분석에서 회귀의 유의성 검증을 위한 가설은 다음과 같이 설정한다.

$$H_0: \boldsymbol{\beta} = \mathbf{0} \quad \Leftrightarrow \quad H_0: \beta_1 = \beta_2 = \cdots = \beta_k = 0$$
$$H_1: \boldsymbol{\beta} \neq \mathbf{0} \quad \Leftrightarrow \quad H_1: \text{적어도 하나의 } \beta_i \neq 0$$

유의수준 α에서 회귀의 유의성 검증법은 다음과 같다.

- 만일 $F = \dfrac{SS_R/k}{SS_E/(n-k-1)} = \dfrac{MS_R}{MS_E} > F_{k,n-k-1,\alpha}$ 이면 H_0를 기각한다.

다중 선형 회귀분석은 손계산이 어렵기 때문에 천상 컴퓨터에 계산을 의존해야 한다.

예 12.6

표 12.2의 자료를 기초로 지금까지 논의한 회귀분석의 방법과 해석법을 활용해보자.
회귀모형은 다음과 같다.

$$Y_i = \beta_0 + \beta_1 X_{1i} + \beta_2 X_{2i} + \beta_3 X_{3i} + \beta_4 X_{4i} + \epsilon_i, \quad (i = 1, \cdots, 33)$$

적합된 회귀선의 식은 다음과 같다.

$$\widehat{Y} = 2.958 - 0.129 X_1 - 0.019 X_2 - 0.0462 X_3 + 0.209 X_4$$

분산분석 결과는 다음과 같이 정리된다.

source	SS	df	MS	F
회귀	9.717	4	2.429	13.524**
오차	5.030	28	0.180	
총	14.747	32		

F 통계량의 값이 유의수준 0.01에서 임계값보다 크므로, 통계적으로 극히 유의한 회귀관계가 있다. 또한 결정계수의 값이 0.6589(= 9.171/14.747)이므로 회귀모형이 자료 변동의 약 66%를 설명하고 있다. ▮

이상의 유의성 검증법에서는 동시에 모든 회귀계수들이 0인지 아닌지를 검증한다. 이하에서는 개별적인 회귀계수의 유의성 또는 회귀계수들의 부분 집합의 유의성 검증법을 다룬다.

회귀계수 벡터의 추정량 $\boldsymbol{b}$는 확률변수로서 다음 분포를 갖는다.

$$\boldsymbol{b} \sim N(\boldsymbol{\beta}, \sigma^2(\boldsymbol{X}'\boldsymbol{X})^{-1})$$

$(\boldsymbol{X}'\boldsymbol{X})^{-1}$의 $(i+1)$ 번째 대각원소를 c_{ii}로 표기하자. 그러면 다음이 성립한다.

$$\hat{\beta}_i \sim N(\beta_i, \sigma^2 c_{ii})$$

개별 회귀계수 β_i의 유의성을 검증하는 가설은 다음과 같이 세운다.

$$H_0: \beta_i = 0$$
$$H_1: \beta_i \neq 0$$

검증법은 다음과 같다.

- 검증 통계량 $t = \dfrac{b_i}{\sqrt{c_{ii} MS_E}} \sim t_{n-k-1}$

  $\Rightarrow$ 만일 $|t| > t_{n-k-1, \alpha/2}$이면 H_0를 기각한다.

그런데 본래 b_i들은 서로 독립이 아니라서 때로 이러한 개별 회귀계수의 검증이 본질을 오도할 수 있다. 즉 사실은 β_j가 유의한데 b_i가 b_j와 서로 독립이 아닌 관계로 β_i가 유의하게 나올 수도 있다.

따라서 β_i를 제외한 다른 모든 모수들이 모형에 있을 때 β_i를 모형에 추가함으로써 나타나는 설명력의 기여분을 기초로 회귀계수의 유의성을 검증하는 일반적인 유의성 검증법이 필요하다.

행렬 모형 (12.12)를 다음과 같이 분할하자.

$$\boldsymbol{y} = \boldsymbol{X\beta} + \boldsymbol{\epsilon} = [\,\boldsymbol{X}_1 \mid \boldsymbol{X}_2\,]\begin{bmatrix} \boldsymbol{\beta}_1 \\ -- \\ \boldsymbol{\beta}_2 \end{bmatrix} + \boldsymbol{\epsilon} = \boldsymbol{X}_1\boldsymbol{\beta}_1 + \boldsymbol{X}_2\boldsymbol{\beta}_2 + \boldsymbol{\epsilon} \tag{12.17}$$

여기서 $\boldsymbol{\beta}_1$은 $r \times 1$, $\boldsymbol{\beta}_2$는 $(k-r+1)\times 1$ 벡터다. 다음 가설을 검증하려 한다.

$$H_0:\ \boldsymbol{\beta}_1 = \boldsymbol{0}$$
$$H_1:\ \boldsymbol{\beta}_1 \neq \boldsymbol{0}$$

완전 모형(full model) (12.17)은 귀무가설 하에서 다음과 같은 **축소 모형**(reduced model)이 된다.

$$\boldsymbol{y} = \boldsymbol{X}_2\boldsymbol{\beta}_2 + \boldsymbol{\epsilon} \tag{12.18}$$

완전 모형 하에서 $\hat{\boldsymbol{\beta}} = (\boldsymbol{X}'\boldsymbol{X})^{-1}\boldsymbol{X}'\boldsymbol{y}$이며 회귀 제곱합을 다음과 같이 표기하자.

$$SS_R(\boldsymbol{\beta}) = \hat{\boldsymbol{\beta}}'\boldsymbol{X}'\boldsymbol{y} \qquad (\text{자유도} = k+1)$$

또 축소 모형 하에서 $\hat{\boldsymbol{\beta}}_2 = (\boldsymbol{X}_2{}'\boldsymbol{X}_2)^{-1}\boldsymbol{X}_2{}'\boldsymbol{y}$ 이며 대응되는 회귀 제곱합은 다음과 같이 표기한다.

$$SS_R(\boldsymbol{\beta}_2) = \hat{\boldsymbol{\beta}}_2{}'\boldsymbol{X}_2{}'\boldsymbol{y} \qquad (\text{자유도} = k-r+1)$$

모형에 회귀변수의 수가 많을수록 반응변수에 대한 더 많은 설명을 할 수 있기에 완전 모형의 회귀제곱합이 축소 모형의 회귀 제곱합보다 항상 더 크다. 이 두 제곱합의 차이는 $\boldsymbol{\beta}_2$가 모형에 이미 존재할 때 $\boldsymbol{\beta}_1$의 기여분으로서 **여분 제곱합**(extra SS)이라 부른다.

$$SS_R(\boldsymbol{\beta}_1 \mid \boldsymbol{\beta}_2) = SS_R(\boldsymbol{\beta}) - SS_R(\boldsymbol{\beta}_2) \qquad (\text{자유도} = r)$$

귀무가설 H_0: $\boldsymbol{\beta}_1 = \mathbf{0}$ 에 대한 검증법은 다음과 같다.

- 만일 $F = \dfrac{SS_R(\boldsymbol{\beta}_1 \mid \boldsymbol{\beta}_2)/r}{MS_E} > F_{r, n-k-1, \alpha}$이면 H_0를 기각한다.

여기서 MS_E는 완전 모형 하에서의 오차평균제곱이다. 귀무가설이 기각되면 $\boldsymbol{\beta}_1$에 속한 모수들 중 적어도 하나는 0이 아니다.

예 12.7

표 12.2의 자료에서 H_0: $\beta_2 = \beta_3 = 0$를 검증해보자. 이 경우 $\boldsymbol{\beta}_1 = (\beta_2, \beta_3)'$이며 $r=2$다. 예 12.6에서 $SS_R(\boldsymbol{\beta}) = 9.717$, $MS_E = 0.18$이다. 귀무가설 하에서 축소 모형은 다음과 같다.

$$Y = \beta_0 + \beta_1 X_1 + \beta_4 X_4 + \epsilon$$

적합된 회귀선의 식은 다음과 같다.

$$\hat{Y} = 2.552 - 0.132 X_1 + 0.201 X_4$$

그리고 $SS_R(\boldsymbol{\beta}_2) = 9.694$다. 따라서 검증은 다음과 같이 한다.

$$F = \frac{(9.717 - 9.694)/2}{0.18} = 0.06 < F_{2, 28, 0.05} = 3.34$$

따라서 귀무가설을 기각할 수 없다. 즉 회귀변수 X_2와 X_3는 반응변수를 설명하는데 도움이 되지 않는다. ∎

12.6 다항 회귀

선형 회귀모형에서 선형이란 용어는 회귀계수들에 대한 선형성을 뜻한다. 따라서 다음과 같은 단일 회귀변수에 대한 k차 **다항 회귀**(polynomial regression)도 다중 선형 회귀의 일종이다.

$$Y = \beta_0 + \beta_1 X + \beta_2 X^2 + \cdots + \beta_k X^k + \epsilon \tag{12.19}$$

또한 두 변수에 대한 2차 모형은 다음과 같이 설정할 수 있다.

$$Y = \beta_0 + \beta_1 X_1 + \beta_2 X_2 + \beta_{11} X_1^2 + \beta_{22} X_2^2 + \beta_{12} X_1 X_2 + \epsilon \tag{12.20}$$

모형 (12.20)은 대표적인 반응표면 모형이며 이에 대해서는 제 14 장에서 다룬다. 다항 회귀 모형 중 가장 보편적인 모형이 2차 모형이다.

$$Y = \beta_0 + \beta_1 X + \beta_2 X^2 + \epsilon$$

다항 회귀모형은 다중 선형 회귀모형의 특수한 경우에 불과하므로 제 12.6 절의 분석법을 그대로 이용한다. 한 가지 예를 들어보자.

예 12.8

표 12.8은 기온(℃)에 따라 발견되는 어떤 곤충 알의 cm^2 당 개수를 센 자료다. 이 자료에 2차 모형을 적합시키면 다음 식을 얻는다.

$$\hat{Y} = 0.99 + 0.85X - 0.026X^2$$

분산분석 결과는 다음과 같다.

source	SS	df	MS	F
회귀	16.26	2	8.13	40.29**
오차	0.81	4	0.20	
총	17.07	6		

이 경우에는 이차 계수도 극히 유의하기 때문에 이차 모형이 의미가 있다. 그림 12.2에 산점도와 적합된 이차식을 도시하였다. 이차 모형에서 최대 또는 최소 반응값을

표 12.8 곤충 알 자료

X	Y
3	2.8
5	4.9
8	6.7
14	7.6
21	7.2
25	6.1
28	4.7

주는 회귀변수의 값은 $X_0 = -b_1/2b_2$로 구하며 자료에서 $X_0 = 16.35$이다. 따라서 16.35℃에서 곤충 알의 개수가 최대로 되는 바 이 최대값을 계산하면 21.83을 얻는다. ▌

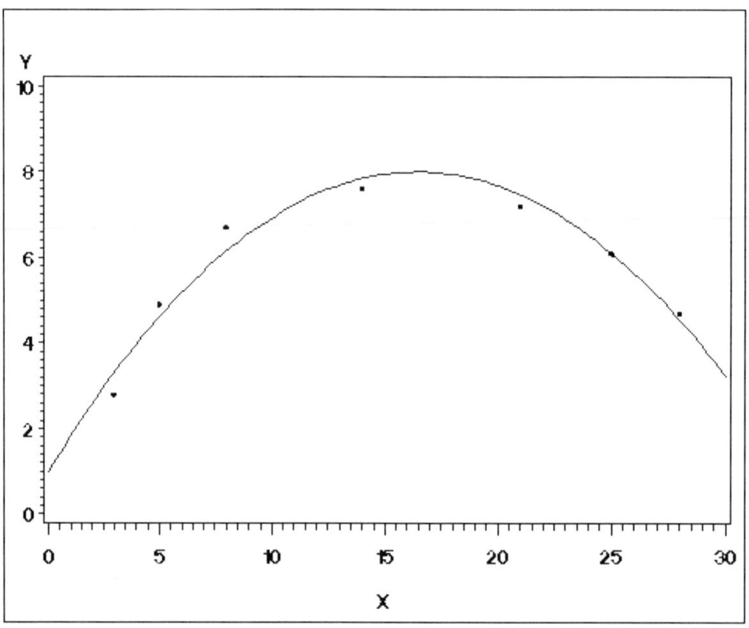

그림 12.2 이차 모형의 적합

12.7 적합 결여 검증

적합 결여 검증(lack-of-fit test)은 자료에 적합시킨 모형이 과연 적절한 것인지를 확인하려는 통계 방법으로서 회귀변수의 각 수준에서 반복 측정을 한 경우에 사용할 수 있다. 이런 자료는 우리가 지금까지 논의한 설계된 실험에서 흔히 볼 수 있었다.

회귀변수가 둘 이상일 때 이들의 수준 조합을 편의상 처리 조합으로 부르자. 처리 조합의 수를 m, 각 처리 조합에서 반복 관측된 회수를 n_i, 반응값들을 Y_{ij}로 표기하자. 여기서 $i=1,\cdots,m$; $j=1,\cdots,n_i$. 이 경우 구체적인 데이터 구조는 다음과 같이 쓸 수 있다.

처리 조합	반응값
1	$Y_{11}, Y_{12}, \cdots, Y_{1n_1}$
2	$Y_{21}, Y_{22}, \cdots, Y_{2n_2}$
⋮	⋮
m	$Y_{m1}, Y_{m2}, \cdots, Y_{mn_m}$

제곱합의 분할을 통상적인 절차대로 진행하면 다음을 얻는다.

$$SS_T = \sum_{i=1}^{m}\sum_{j=1}^{n_i}(Y_{ij} - \overline{Y})^2$$

$$SS_R = \sum_{i=1}^{m}\sum_{j=1}^{n_i}(\hat{Y}_{ij} - \overline{Y})^2$$

$$SS_E = \sum_{i=1}^{m}\sum_{j=1}^{n_i}(Y_{ij} - \hat{Y}_{ij})^2$$

또 $\sum_{i}^{m} n_i \equiv n$으로 놓으면 분산분석표 12.7을 그대로 사용할 수 있다.

다음과 같이 각 처리 조합 내 관측값들의 평균을 정의하자.

$$\overline{Y}_{i\cdot} = \sum_{j=1}^{n_i} Y_{ij}/n_i$$

반복 측정을 한 경우, 오차제곱합 SS_E는 다음 형식으로 더 세분될 수 있다.

$$
\begin{aligned}
SS_E &= \sum_{i=1}^{m}\sum_{j=1}^{n_i}(Y_{ij}-\hat{Y}_{ij})^2 \\
&= \sum_{i=1}^{m}\sum_{j=1}^{n_i}(Y_{ij}-\overline{Y}_{i\cdot}+\overline{Y}_{i\cdot}-\hat{Y}_{ij})^2 \\
&= \sum_{i=1}^{m}\sum_{j=1}^{n_i}(Y_{ij}-\overline{Y}_{i\cdot})^2+\sum_{i=1}^{m}\sum_{j=1}^{n_i}(\overline{Y}_{i\cdot}-\hat{Y}_{ij})^2 \\
&\equiv SS_{PE}+SS_{LOF}
\end{aligned}
$$

자유도의 분할은 다음과 같다.

$$n-k-1=(n-m)+(m-k-1)$$

여기서 SS_{PE}의 자유도는 $\sum_{i=1}^{m}(n_i-1)=n-m$으로 결정된다.

이 분할식에서, SS_{PE}는 **순수 오차 제곱합**(pure error SS), SS_{LOF}는 **적합 결여 제곱합**(lack-of-fit SS)이다.

반복 측정을 한 경우 오차 분산은 각 처리 조합마다 독립적으로 추정할 수 있다. i번째 처리 조합에서 오차 분산은 처리 조합 내 관측들의 표본 분산으로 추정한다.

$$\widehat{\sigma^2}=s_i^2=\frac{\sum_{j=1}^{n_i}(Y_{ij}-\overline{Y}_{i\cdot})^2}{n_i-1} \qquad (\text{자유도}=n_i-1)$$

그리고 이러한 m 개의 s_i^2들에 대한 합동분산(pooled variance)이 바로 순수 오차 평균제곱 $MS_{PE}=SS_{PE}/(n-m)$가 된다.

적합 결여 검증시 분산분석표의 형태는 표 12.9와 같다.

적합 결여 검증에 대한 가설은 다음 형식으로 세운다.

H_0: 모형이 자료에 적절히 적합된다.
H_1: 모형이 자료에 적합되지 않는다.

검증법은 다음과 같다.

표 12.9 적합 결여 검증에 대한 분산분석표

source	SS	df	MS	F
회귀	SS_R	k	MS_R	
오차	SS_E	$n-k-1$	MS_E	
적합결여	SS_{LOF}	$m-k-1$	MS_{LOF}	MS_{LOF}/MS_{PE}
순수오차	SS_{PE}	$n-m$	MS_{PE}	
총	SS_T	$n-1$		

- 만일 $F=\dfrac{SS_{LOF}/(m-k-1)}{SS_{PE}/(n-m)}=\dfrac{MS_{LOF}}{MS_{PE}}>F_{m-k-1,n-m,\alpha}$ 이면 H_0를 기각한다.

만일 H_0가 기각되어 적합 결여가 탐지되면 즉 현재 가정된 모형이 부적절하다고 판단되면 모형을 변경해야할 것이다. 그러나 적합 결여가 존재하지 않는 경우에는 적합 결여 제곱합과 순수 오차 제곱합을 합한 통상적인 오차 제곱합으로 회귀의 유의성을 마저 검증한다.

그리고 적합 결정 검증을 하기 위해서 모든 처리 조합에서 반복 관측이 있어야하는 것은 아니다. 단 한 수준에서라도 반복 관측이 있으면 적합 결여 검증은 가능하다.

예 12.9

다음은 면화의 함량(X)에 따라 달라지는 면제품의 장력(Y)을 잰 자료다. 이 데이터는 실상 CRD로 얻은 것이다. 단순 선형 회귀 모형을 가정할 때, 적합 결여 검증을 해보자. 이 경우에 $m=5,\ n_i=5,\ n=25, k=1$ 이다.

X	Y				
15	7	7	15	11	9
20	12	17	12	18	18
25	14	18	18	19	19
30	19	25	22	19	23
35	7	10	11	15	11

분산분석표는 다음과 같다.

source	SS	df	MS	F
회귀	33.62	1	33.62	
오차	603.34	23	26.23	
적합결여	442.14	3	147.38	18.29^{**}
순수오차	161.20	20	8.06	
총	636.96	24		

따라서 현재 가정된 선형 모형은 자료의 패턴을 적절히 적합시키지 못한다. ▮

12.8 SAS 활용

X_1, X_2, X_3의 3 개의 회귀변수가 존재하는 경우를 가정하자. 반응변수는 Y다. 회귀분석은 REG 또는 GLM으로 처리할 수 있다.

- **회귀분석**

```
PROC REG;
   MODEL Y = X1 X2 X3;
QUIT;
```

또는

```
PROC GLM;
   MODEL Y = X1 X2 X3;
QUIT;
```

예 12.10

SAS에서 적합결여 검증 결과는 한 번에 얻지 못한다. REG와 GLM을 동시에 사용해야 하는데 다음은 예 12.9에 주어진 적합결여 검증 결과를 얻는 프로그램이다. 우측의 REG 절차 출력에서 오차 제곱합은 603.34다. GLM 절차 출력에 나온 오차 제곱합은 161.20으로 기실 순수오차 제곱합에 해당한다. 어째서 그런지 생각해보라. 따라서 적합결여 제곱합은 이 두 값의 차이인 442.14가 된다.

```
DATA;
  INPUT cotton @;
  DO i=1 TO 5;
     INPUT y @@; OUTPUT;
  END;
DATALINES;
15  7  7 15 11  9
20 12 17 12 18 18
25 14 18 18 19 19
30 19 25 22 19 23
35  7 10 11 15 11
RUN;

PROC REG;
  MODEL y = cotton;
QUIT;

PROC GLM;
  CLASS cotton;
  MODEL y = cotton;
QUIT;
```

The REG Procedure

Dependent Variable: y

Analysis of Variance					
Source	DF	Sum of Squares	Mean Square	F Value	Pr > F
Model	1	33.62000	33.62000	1.28	0.2693
Error	23	603.34000	26.23217		
Corrected Total	24	636.96000			

Root MSE	5.12174	R-Square	0.0528
Dependent Mean	15.04000	Adj R-Sq	0.0116
Coeff Var	34.05409		

Parameter Estimates					
Variable	DF	Parameter Estimate	Standard Error	t Value	Pr > |t|
Intercept	1	10.94000	3.76369	2.91	0.0079
cotton	1	0.16400	0.14486	1.13	0.2693

The GLM Procedure

Dependent Variable: y

Source	DF	Sum of Squares	Mean Square	F Value	Pr > F
Model	4	475.7600000	118.9400000	14.76	<.0001
Error	20	161.2000000	8.0600000		
Corrected Total	24	636.9600000			

R-Square	Coeff Var	Root MSE	y Mean
0.746923	18.87642	2.839014	15.04000

Source	DF	Type I SS	Mean Square	F Value	Pr > F
cotton	4	475.7600000	118.9400000	14.76	<.0001

다음은 이 데이터에 대한 산점도에 회귀선을 겹쳐 그리는 프로그램이다. 출력을 보면 수준 35의 관측값들 때문에 직선 회귀의 적합도가 낮아짐을 알 수 있다. ∎

```
GOPTIONS BORDER HSIZE=5 VSIZE=4 HORIGIN=1 VORIGIN=1
        FTEXT=SWISSB HTEXT=1.5;
SYMBOL1 I=RL H=0.5 V=DOT;
PROC GPLOT;
  PLOT y*cotton=1 / VAXIS=0 TO 30 by 5 HAXIS=10 to 40 by 5;
RUN;
```

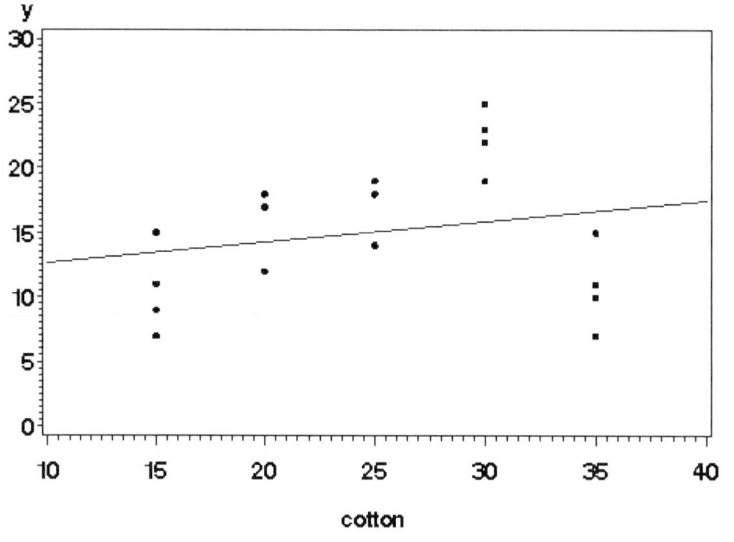

< 연 습 문 제 >

1. 다음은 나이(X)가 다른 13 마리 참새들의 날개 길이(Y)를 잰 자료다. 단순 선형 회귀모형을 적합시키고, 회귀의 유의성을 검증하라.

나이	날개 길이
3	1.4
4	1.5
5	2.2
6	2.4
8	3.1
9	3.2
10	3.2
11	3.9
12	4.1
14	4.7
15	4.5
16	5.2
17	5.0

2. 어느 화학 공정의 생산량은 촉매의 농축도와 공정 온도에 연관이 있다. 다음 자료에 다중 선형 회귀분석을 적용하여 회귀식을 구하고 회귀의 유의성을 검증하라.

생산량	농축도	온도
81	1.00	150
89	1.00	180
83	2.00	150
91	2.00	180
79	1.00	150
87	1.00	180
84	2.00	150
90	2.00	180

3. 다음은 12 마리의 동물에 대해서 조직 내 칼슘의 양과 혈중 콜레스테롤을 계측한 자료다. 상관계수를 구하라. 분산분석표를 만들고 상관계수와 결정계수의 값을 비교하

라.

칼슘(X)	콜레스테롤(Y)
59	298
52	303
42	233
59	287
24	236
24	245
40	265
32	233
63	286
57	290
36	264
24	239

4. 다음 자료에 대하여 단순 선형 회귀분석을 수행하고 적합 결여 검증을 하라.

X	Y		
1.0	2.3	1.8	
2.0	2.8		
3.3	1.8	3.7	
4.0	2.6	2.6	2.2
4.7	3.2		
5.0	2.0		
5.6	3.5	2.8	2.1
6.0	3.4	3.2	
6.5	3.4		
6.9	5.0		

13

보조 정보의 이용: 공분산분석

13.1 개요

CRD에서 실험단위들이 동질적이 아니라면 실험 오차가 매우 커질 수 있다. 실험단위들의 이질성은 **계통적 변동**(systematic variation)으로 나타나기도 하고, 또는 **랜덤 변동**(random variation)으로 나타나기도 한다. 이 점에 대해서는 제 4.1 절을 참조하라. 그리고 랜덤 변동을 **비계통적 변동**(non-systematic variation)이라 부르기도 한다.

실험단위들 간의 계통적 변동은 블록 설계로 해결할 수 있다. 그러나 비계통적 변동이 존재한다면 소위 **공변수**(covariate 또는 concomitant variable)라 부르는 **보조변수**(auxiliary variable)를 모형에 삽입하여 반응변수의 변동을 미리 설명케한 다음 처리간 차이를 검증할 수 있다. 이와 같은 형식으로 진행하는 분석을 **공분산분석**(analysis of covariance)이라 한다.

블록 설계들은 블록 요인을 실험에 추가하여 관심 요인의 효과에 대한 유의성 검증을 더욱 정밀하게 수행할 수 있게끔 고안된 것들이다. 이때 관심 요인의 효과 차이를 더 잘 알기 위하여 고려하는 블록 요인은 실험자가 그 수준값을 조절할 수 있는 이산형의 요인이다.

공분산분석 역시 실험의 정밀성을 높이기 위하여 채용되는 기법으로, 분산분석과 회귀분석이 결합된 형태를 취하는데 **공분산 모형**(covariance model)에서는 분산분석 모형에 수준값 조절이 되지 않는 연속변수인 공변수를 추가하여 실험 오차를 줄이면서 분석의 정밀도를 높인다. 이때 공변수는 반응변수의 값에 영향을 준다고 의심되는 변수들 중에서 골라야 하며, 필요에 따라 몇 개라도 고려할 수 있다.

예를 들어 세 기계에서 생산되는 섬유 제품의 강도를 비교하고 싶다고 하자. 그런데 이 섬유 제품의 강도는 원사의 두께에 영향을 받음을 경험적으로 알고 있다. 이 경우 섬유 제품의 강도를 반응변수로 놓고 기계를 관심 요인으로 놓아 CRD를 시행한다면 분석 결과 설사 기계 차이가 난다 하더라도 이 차이가 과연 기계 때문인지 아니면 각 기계에 투입된 원사의 두께가 서로 달라서 그리된 것인지 알 수 없다. 따라서 이런 상황에서는 원사의 두께를 공변수로 잡아 공분산분석을 시행하여 강도에 미치는 원사의 두께의 영향을 배제한 상태에서 기계 간 차이를 사정해야 제대로 된 결과를 얻을 수 있다. 그런데 기계에 투입되는 원사의 두께는 실험자가 임의로 조절 가능한 요인이 아니며 원사마다 그 값이 다른 연속변수다.

이 경우에 공분산분석을 하면 원사의 두께가 제품 강도에 미치는 영향을 회귀모형으로 먼저 설명하고, 설명되지 않는 나머지 변동을 기계 간 차이로 설명하게 된다. 이렇게 하면 원사의 두께 때문에 생기는 실험단위의 변동을 보정할 수 있다.

13.2 공변수가 하나인 CRD

공변수가 하나인 CRD에서는 실험단위마다 다음과 같은 2 개의 측정값을 얻게 된다.

Y: 처리에 대한 반응값

X: 보조 정보 즉 공변수의 값

예를 들어보자.

- 4 가지의 비료(처리)가 식물의 생장에 미치는 영향을 연구한다. 식물에 처리를 가한 후 한 달 뒤에 자란 키(Y)를 측정한다. 실험을 시작할 때 식물의 초기 키(X)를 측정하였다.

- 3 가지 교육 방법(처리)을 비교하려 한다. 각 방법으로 가르친 후 시험을 쳐서 성적(Y)을 기록한다. 그런데 실험에 들어가기 전에 시험을 쳐서 학생들의 성적(X)을 기록해두었다.

- 다이어트 방법(처리)을 비교한다. 실험하기 전에 미리 사람들의 체중(X)을 재고, 다이어트 처리를 한 후 다시 체중(Y)을 잰다.

만일 두 번째 경우에서 선시험 성적(X_1)뿐 아니라 학생들의 지능지수(X_2)까지 조사했다면 이는 공변수가 2 개인 경우가 된다.

이상의 예에서 알 수 있듯이 처리 효과에 영향을 줄 수 있는 공변수를 모형에 삽입하여 공변수가 처리에 미치는 영향을 없애면 반응값에 대한 처리 간 차이를 더 정밀하게 검증할 수 있다.

CRD 모형에 공변수가 하나 추가된 형태의 공분산 모형이 제반 공분산 모형 중에서 가장 간단한 것이다. 모형은 다음과 같다.

$$Y_{ij} = \mu + \tau_i + \beta(X_{ij} - \overline{X}_{..}) + \epsilon_{ij} \qquad (i = 1, \cdots, t\ ;\ j = 1, \cdots, r) \tag{13.1}$$

여기서 Y_{ij}는 i 번째 처리 수준에서 j 번째로 관측된 반응값, τ_i는 i 번째 처리 수준의 효과, X_{ij}는 Y_{ij}에 대응되는 공변수의 값, $\overline{X}_{..}$는 공변수들의 총평균, β는 공변수로 반응변수를 설명하는 회귀계수다.

모형 (13.1)에서 $\beta(X_{ij} - \overline{X}_{..})$ 항이 빠지면 공분산 모형은 CRD 모형이 된다. 즉

$$Y_{ij} = \mu + \tau_i + \epsilon_{ij}$$

또 모형 (13.1)에서 τ_i 항이 빠지면 공분산 모형은 다음과 같이 단순 선형 회귀 모형으로 귀착된다. 즉

$$Y_{ij} = \mu + \beta(X_{ij} - \overline{X}_{..}) + \epsilon_{ij}$$

결국 공분산분석이란 분산분석에 회귀분석이 결합된 것임을 알 수 있다.

이러한 공분산 모형에서도 관심 가설은 역시 τ_i에 대한 것이다. 공변수가 삽입된 주된 이유는 τ_i에 대한 효과 검증을 더 정밀하게 하기 위한 것임을 명심하라. 따라서 공분산분석에서 관심 가설의 형태는 다음과 같다.

H_0: $\tau_1 = \tau_2 = \cdots = \tau_t = 0$

H_1: 적어도 하나의 $\tau_i \neq 0$

가설 검증을 하려면 우선 모형 (13.1)에서 모수 μ, τ_i, β 들을 추정해야 한다. 이들에 대한 추정은 역시 최소제곱법을 이용한다. 오차제곱합 $\sum\sum\epsilon_{ij}^2$을 최소로 하는 모수들의 추정량은 다음과 같이 주어진다.

$$\hat{\mu} = \overline{Y}_{..} \tag{13.2}$$

$$\hat{\tau}_i = \overline{Y}_{i.} - \overline{Y}_{..} - \hat{\beta}(\overline{X}_{i.} - \overline{X}_{..})$$

$$\hat{\beta} = \frac{\sum_{i=1}^{t}\sum_{j=1}^{r}(X_{ij} - \overline{X}_{i.})(Y_{ij} - \overline{Y}_{i.})}{\sum_{i=1}^{t}\sum_{j=1}^{r}(X_{ij} - \overline{X}_{i.})^2}$$

편의상 다음과 같은 표기법을 약속하자.

$$S_{YY} = \sum_{i=1}^{t}\sum_{j=1}^{r}(Y_{ij} - \overline{Y}_{..})^2 \quad T_{YY} = \sum_{i=1}^{t}\sum_{j=1}^{r}(\overline{Y}_{i.} - \overline{Y}_{..})^2 \quad E_{YY} = \sum_{i=1}^{t}\sum_{j=1}^{r}(Y_{ij} - \overline{Y}_{i.})^2$$

$$S_{XX} = \sum_{i=1}^{t}\sum_{j=1}^{r}(X_{ij} - \overline{X}_{..})^2 \quad T_{XX} = \sum_{i=1}^{t}\sum_{j=1}^{r}(\overline{X}_{i.} - \overline{X}_{..})^2 \quad E_{XX} = \sum_{i=1}^{t}\sum_{j=1}^{r}(X_{ij} - \overline{X}_{i.})^2$$

$$S_{XY} = \sum_{i=1}^{t}\sum_{j=1}^{r}(X_{ij} - \overline{X}_{..})(Y_{ij} - \overline{Y}_{..})$$

$$T_{XY} = \sum_{i=1}^{t}\sum_{j=1}^{r}(\overline{X}_{i.} - \overline{X}_{..})(\overline{Y}_{i.} - \overline{Y}_{..}) \quad E_{XY} = \sum_{i=1}^{t}\sum_{j=1}^{r}(X_{ij} - \overline{X}_{i.})(Y_{ij} - \overline{Y}_{i.})$$

일반적으로 $S = T + E$가 성립한다. 표 13.1에 이 사실을 요약하였다.

표 13.1 CRD에 대한 보조 분산분석표

source	SS_Y	SS_X	SS_{XY}
처리	T_{YY}	T_{XX}	T_{XY}
오차	E_{YY}	E_{XX}	E_{XY}
총	S_{YY}	S_{XX}	S_{XY}

표 13.1의 표기법을 따르면 β의 추정 공식은 다음과 같이 쓸 수 있다.

$$\hat{\beta} = \frac{E_{XY}}{E_{XX}} \tag{13.3}$$

참고로 제 12 장에서 단순 선형 회귀에서 기울기의 추정 공식 (12.5)와 공분산 모형에서 기울기의 추정 공식 (13.3)은 본질적으로 동일한 형태임을 유념하라. 또한 표 12.5에 주어진 단순 선형 회귀에 대한 분산분석표에서, 오차제곱합의 공식이 다음과 같이 주어졌음을 상기하자.

$$SS_E = S_{YY} - b_1 S_{XY} = S_{YY} - \frac{S_{XY}}{S_{XX}} S_{XY} = S_{YY} - \frac{S_{XY}^2}{S_{XX}} \tag{13.4}$$

이번에는 공분산 모형 (13.1)을 단순 선형 회귀모형으로 생각하자. 즉 $\mu + \tau_i$를 절편으로 생각하는 것이다. 이 경우 처리 수준마다 절편이 서로 같지 않다. 이런 상황에서 오차제곱합의 공식은 다음과 같이 결정된다.

$$SS_E = E_{YY} - \frac{E_{XY}^2}{E_{XX}} \tag{13.5}$$

(13.5)의 오차제곱합의 자유도는 $(t(r-1)-1)$이다. 왜냐하면 CRD에서 오차의 자유도는 원래 $t(r-1)$인데 회귀계수 β를 추정하느라 자유도를 하나 잃기 때문이다.

따라서 오차 분산 σ^2는 다음과 같이 추정한다.

$$\widehat{\sigma^2} = MS_E = \frac{SS_E}{t(r-1)-1}$$

잠시 귀무가설이 옳다고 가정해보자. 즉 $\tau_i = 0$이다. 그러면 모형 (13.1)은 다음과 같은 형태로 축소된다.

$$Y_{ij} = \mu + \beta(X_{ij} - \overline{X}..) + \epsilon_{ij} \tag{13.6}$$

축소 모형 (13.6)은 처리 수준에 관계없이 절편이 동일한 전형적인 단순 선형 회귀모형이다. 따라서 모수들의 최소제곱 추정량들은 다음과 같이 유도된다.

$$\hat{\mu} = \overline{Y}_{..}$$

$$\hat{\beta} = \frac{S_{XY}}{S_{XX}}$$

또 축소모형에서 오차제곱합과 자유도는 다음과 같다.

$$SS_{E'} = S_{YY} - \frac{S_{XY}^2}{S_{XX}}, \qquad (\text{자유도} = tr-2) \tag{13.7}$$

완전 모형의 오차제곱합 (13.5)와 축소 모형에서 오차 제곱합 (13.7)을 비교해보면 항상 SS_E가 $SS_{E'}$보다 작은데, 바로 이 차이가 순수한 τ_i의 설명력에 해당한다.

따라서 공분산분석에서 처리 효과 차이에 대한 검증법은 다음과 같다. 유의수준은 α이다.

- 만일 $F = \dfrac{(SS_E - SS_{E'})/(t-1)}{MS_E} > F_{t-1, t(r-1)-1, \alpha}$ 이면 H_0를 기각한다.

모형 (13.1)에서 모수들에 대한 최소제곱 추정 공식 (13.2)를 기초로 i 번째 처리에 속한 반응값들의 모평균의 추정량 $\hat{\mu}_i$은 다음과 같이 쓸 수 있다.

$$\hat{\mu}_i = \hat{\mu} + \hat{\tau}_i = \overline{Y}_{i.} - \hat{\beta}(\overline{X}_{i.} - \overline{X}_{..}) \tag{13.8}$$

만약 공분산 모형이 아니고 보통 CRD였다면 $\hat{\mu}_i = \overline{Y}_{i.}$이 되었을 것이다. 그러나 공분산 모형에서는 CRD에 회귀 모형이 결합되었기 때문에 i 번째 처리 평균의 공식이 전과 다르다.

공식 (13.8)과 같은 i 번째 처리 평균을 특히 **보정된 처리 평균**(adjusted treatment mean)이라 부르며 이는 또 i 번째 처리에 대한 **최소제곱 평균**(least-squares mean)이라 부르기도 한다.

따라서 공분산 모형에서 처리 간 효과 차이를 검증할 때는 보정된 처리 평균들을 비교하는 것이지 보통 처리 평균을 비교하는 것이 아니다.

공분산 모형에 대한 분산분석표를 만들어보자.

처리제곱합은 완전 모형 (13.1)에서의 오차제곱합 SS_E와 $\tau_i = 0$을 가정한 축소 모형 (13.6)에서의 오차제곱합 $SS_{E'}$ 간의 차이로 계산하면 되므로 다음과 같이 표현된다.

$$\begin{aligned} SS_{Trt} &= SS_{E'} - SS_E \\ &= \left(S_{YY} - \frac{S_{XY}^2}{S_{XX}}\right) - \left(E_{YY} - \frac{E_{XY}^2}{E_{XX}}\right) \\ &= T_{YY} - \frac{S_{XY}^2}{S_{XX}} + \frac{E_{XY}^2}{E_{XX}} \end{aligned}$$

또 회귀제곱합은 완전 모형에서의 오차제곱합 SS_E와 $\beta=0$을 가정한 축소 모형에서 계산한 오차제곱합 간의 차이로 계산하면 되는데, $\beta=0$인 축소 모형은 단순한 CRD 모형이므로 이때의 오차제곱합은 E_{YY}다. 따라서 회귀제곱합은 다음과 같이 주어진다.

$$SS_R = E_{YY} - \left(E_{YY} - \frac{E_{XY}^2}{E_{XX}}\right) = \frac{E_{XY}^2}{E_{XX}}$$

그리고 총제곱합은 당연히 S_{YY}다.

이상의 논의를 종합하면 표 13.2와 같은 분산분석표를 만들 수 있다.

공분산 모형에 대한 분산분석은 **비직교 분산분석**(non-orthogonal ANOVA)이다. 따라서 각 제곱합들을 더해도 총제곱합이 되지 않는다. 즉

$$SS_T \neq SS_R + SS_{Trt} + SS_E$$

SAS에서 비직교 분산분석을 처리하려면 GLM 절차의 출력 중 「Type III SS」로 주어지는 **편제곱합**(partial SS)를 읽어야한다.

표 13.2 CRD에서 공분산 모형에 대한 분산분석표

source	SS	df	EMS	F
회귀	$SS_R = \dfrac{E_{XY}^2}{E_{XX}}$	1	$\sigma^2 + \beta^2 E_{XX}$	MS_R/MS_E
처리	$SS_{Trt} = T_{YY} - \dfrac{S_{XY}^2}{S_{XX}} + \dfrac{E_{XY}^2}{E_{XX}}$	$t-1$	$\sigma^2 + r\sum_{i=1}^{t}\tau_i^2/(t-1)$	MS_{Trt}/MS_E
오차	$SS_E = E_{YY} - \dfrac{E_{XY}^2}{E_{XX}}$	$t(r-1)-1$	σ^2	
총	$SS_T = S_{YY}$	$tr-1$		

공분산분석에서 처리 효과 차이에 대한 검증과 회귀의 유의성 검증은 다음과 같이 수행한다. 유의수준은 α다.

- 만일 $F=\dfrac{MS_{Trt}}{MS_E} > F_{t-1, t(r-1)-1, \alpha}$ 이면 H_0: $\tau_1 = \cdots = \tau_t = 0$를 기각한다.

- 만일 $F=\dfrac{MS_R}{MS_E} > F_{1, t(r-1)-1, \alpha}$ 이면 H_0: $\beta = 0$를 기각한다.

예 13.1

표 13.3은 CRD로 얻은 데이터다. 여기서 Y는 처리를 가한 후의 반응이고 X는 공변수다.

표 13.3 공변수가 하나인 CRD 데이터

처리 1		처리 2		처리 3		처리 4		처리 5		처리 6	
Y	X	Y	X	Y	X	Y	X	Y	X	Y	X
7.5	3.5	10.0	3.0	15.2	5.1	5.1	4.2	12.1	2.3	10.0	3.2
6.2	2.6	12.1	3.7	10.7	2.6	4.6	3.7	14.2	2.9	9.8	3.0
6.8	3.1	11.3	4.1	12.9	3.1	7.1	4.9	15.0	3.5	9.6	2.5

분석에 필요한 제곱합들을 계산하면 다음과 같다.

$$S_{YY} = 181.80, \quad S_{XX} = 10.56, \quad S_{XY} = -0.78$$

$$T_{YY} = 160.51, \quad T_{XX} = 4.32, \quad T_{XY} = -11.30$$

$$E_{YY} = 21.29, \quad E_{XX} = 6.23, \quad E_{XY} = 10.52$$

따라서 $\hat{\beta} = 1.688$ 이며 각 처리별 보정된 처리 평균값들과 분산분석표를 보라. 회귀가 유의하므로 공변수를 삽입이 분석에 매우 도움이 되고있음을 알 수 있고 처리 수준간 차이도 극히 유의하다. 만일 회귀가 유의하지 않다면 모형에 굳이 공변수를 삽입할 필요가 없다. ∎

처리	보정된 처리 평균
1	7.377
2	10.777
3	12.577
4	4.118
5	14.592
6	10.625

source	*SS*	*df*	*MS*	*F*
회귀	17.77	1	17.77	55.50**
처리	178.24	5	35.65	111.36**
오차	3.52	11	0.32	
총	181.80	17		

13.3 회귀계수들의 동질성

모형 (13.1)을 보면 회귀계수 β에 첨자가 붙어있지 않다. 이 말은 모든 처리에 대해서 회귀선의 기울기가 동일함을 뜻한다. 그러나 회귀선의 절편 즉 $\mu+\tau_i$는 처리마다 같지 않다.

이와 같이 공분산 모형에 첨자 없는 β를 사용한다는 사실은 묵시적으로 t 개 처리들에서 평행 회귀선을 가성하는 것에 다름 아니다. 그런데 직선들이 평행하다는 것은 공변수와 처리 간에는 상호작용이 없음을 의미한다. 이처럼 공분산 모형에서 공변수와 처리가 상호 독립이라는 가정은 매우 중요하다. 따라서 공분산분석을 제대로 하려면 처리의 회귀선들이 모두 평행이라는 점을 먼저 검증해야한다.

모형 (13.1)보다 더 일반적인 모형은 다음과 같이 쓸 수 있다.

$$Y_{ij} = \mu + \tau_i + \beta_i(X_{ij} - \overline{X}..) + \epsilon_{ij}$$

이 모형에서는 처리마다 서로 다른 회귀계수 β_i를 가정하고 있다. 이 모형을 (13.1)과 같은 기본적인 공분산 모형으로 바꾸려면 $\beta_1 = \cdots = \beta_t = \beta$ 라고 할 수 있는지 통계적으로 검증을 해야 할 것이다. 이와 같은 검증을 회귀계수들의 **동질성 검증**(test of homogeneity)이라 하며 귀무가설은 다음과 같이 쓴다.

$$H_0\colon\ \beta_1 = \cdots = \beta_t = \beta$$

물론 우리는 이 가설을 기각할 수 없어야 본격적인 공분산분석으로 진입할 수 있다.

그 다음에는 제 13.2 절에서 이미 그 검증법을 설명했지만, 회귀계수들의 동질성 검증으로 확립된 **공통 기울기**(common slope) β가 0이 아닌지 검증해야 한다. 이러한 회귀의 유의성 검증에 대한 귀무가설은 다음과 같다.

$$H_0:\ \beta = 0$$

이 경우 우리는 이 귀무가설을 기각할 수 있어야 한다. 그래야 공변수의 삽입으로 처리 효과 차이에 대한 더 정밀한 분석을 할 수 있다.

이상의 두 사전 검증에서 만족할만한 결과를 얻으면 비로소 처리 효과의 차이 즉 보정된 평균들 간에 차이가 존재하는지 검증할 수 있다.

공분산분석을 제대로 하려면 반드시 이상의 3 단계 검증을 순서대로 시행해야 한다.

회귀계수들의 동질성 검증을 하는 방법은 다음과 같다.

- 검증 통계량 $F = \dfrac{\left(\sum_{i=1}^{t} \dfrac{S_{XYi}^2}{S_{XXi}} - \dfrac{\left(\sum_{i=1}^{t} S_{XYi} \right)^2}{\sum_{i=1}^{t} S_{XXi}} \right) / (t-1)}{\left(\sum_{i=1}^{t} S_{YYi} - \sum_{i=1}^{t} \dfrac{S_{XYi}^2}{S_{XXi}} \right) / t(r-2)} \sim F_{t-1,\,t(r-2)}$

$\Rightarrow$ 만일 $F > F_{t-1,\,t(r-2),\,\alpha}$ 이면 $H_0:\ \beta_1 = \cdots = \beta_t = \beta$ 를 기각한다.

이 공식에서 사용된 S_{XXi}, S_{XYi}, S_{YYi} 등은 i 번째 처리 내의 관측들로만 계산된다. 예를 들어 i 번째 처리 내의 관측들로만 계산된 회귀계수 β_i의 추정 공식은 다음과 같이 표현한다.

$$\hat{\beta}_i = \frac{\sum_{j=1}^{r} (X_{ij} - \overline{X}_{i\cdot})(Y_{ij} - \overline{Y}_{i\cdot})}{\sum_{j=1}^{r} (X_{ij} - \overline{X}_{i\cdot})^2} \equiv \frac{S_{XYi}}{S_{XXi}}$$

예 13.2

예 13.1의 자료에 대해서 회귀계수들의 동질성 여부를 검증하는 검증 통계량의 최종 형태는 다음과 같이 주어진다. 계산은 스스로 확인해보라.

$$F = \frac{(3.52 - 2.55)/5}{2.55/6} = 0.46 < \quad F_{5,6,0.05} = 4.39$$

따라서 6 개의 기울기는 동일하다고 결론내린다. ∎

13.4 RCBD에서의 공분산분석

CRD에서의 공분산분석의 기초 개념은 여타의 모든 모형에도 제한없이 적용할 수 있다. 다음은 RCBD에서의 공분산 모형이다.

$$Y_{ij} = \mu + \beta_i + \tau_j + \gamma(X_{ij} - \overline{X}_{..}) + \epsilon_{ij} \qquad (13.9)$$
$$(i = 1,\cdots,b\,; \quad j = 1,\cdots,t)$$

여기서는 γ가 회귀계수이고, β_i는 i 번째 블록의 효과다.

모형 (13.9)를 분석하려면 표 13.4와 같은 보조 분산분석표가 필요하다. 표기법은 직관적이므로 구체적인 설명은 피하고 한 가지 예를 든다.

$$E_{XY} = \sum_i \sum_j (Y_{ij} - \overline{Y}_{i.} - \overline{Y}_{.j} + \overline{Y}_{..})(X_{ij} - \overline{X}_{i.} - \overline{X}_{.j} + \overline{X}_{..})$$

RCBD에서 공분산 모형을 위한 분산분석표의 일반형을 표 13.5에 정리하였다. 각 제곱합의 공식은 다음과 같다.

$$SS_T = S_{YY}$$
$$SS_R = \frac{E_{XY}^2}{E_{XX}}$$
$$SS_{Trt} = T_{YY} - \frac{(T_{XY} + E_{XY})^2}{T_{XX} + E_{XX}} + \frac{E_{XY}^2}{E_{XX}}$$
$$SS_E = E_{YY} - \frac{E_{XY}^2}{E_{XX}}$$

블록에 대해서는 검증하지 않으므로 블록 제곱합 등의 공식은 불필요하다.

표 13.4 RCBD에 대한 보조 분산분석표

source	SS_Y	SS_X	SS_{XY}
블록	B_{YY}	B_{XX}	B_{XY}
처리	T_{YY}	T_{XX}	T_{XY}
오차	E_{YY}	E_{XX}	E_{XY}
총	S_{YY}	S_{XX}	S_{XY}

표 13.5 RCBD에서 공분산 모형에 대한 분산분석표

source	SS	df	EMS	F
블록	SS_B	$b-1$		
회귀	SS_R	1	$\sigma^2+\gamma^2 E_{XX}$	MS_R/MS_E
처리	SS_{Trt}	$t-1$	$\sigma^2+b\sum_{j=1}^{t}\tau_j^2/(t-1)$	MS_{Trt}/MS_E
오차	SS_E	$(b-1)(t-1)-1$	σ^2	
총	SS_T	$bt-1$		

13.5 기타 공분산 모형

필요하다면 실험설계 모형에 공변수는 몇 개라도 추가할 수 있으며 게다가 반드시 선형 회귀 관계를 가정할 필요도 없다.

다음은 CRD에 2 개의 공변수 X와 Z를 삽입한 경우의 모형이다.

$$Y_{ij}=\mu+\tau_i+\beta_1(X_{ij}-\overline{X}..)+\beta_2(Z_{ij}-\overline{Z}..)+\epsilon_{ij}$$

또 다음의 예는 비선형(non-linear)의 회귀 관계를 삽입한 것이다.

$$Y_{ij}=\mu+\tau_i+\beta_1 X_{ij}+\beta_2 X_{ij}^2+\epsilon_{ij}$$

13.6 SAS 활용

SAS에서는 모형 (13.1) 대신 동등한 다음 모형을 가정한다.

$$Y_{ij} = \mu' + \tau_i + \beta X_{ij} + \epsilon_{ij}$$

반응변수를 Y, 처리를 TRT, 공변수를 X로 표기한다.

- **CRD에서 공분산분석**

```
PROC GLM;
   CLASS TRT;
   MODEL Y = TRT X;
   LSMEANS TRT;
QUIT;
```

회귀의 유의성 검증은 X에 대한 제3종 제곱합을 읽는다. 또 처리 효과 자이에 내한 검증은 TRT에 대한 제3종 제곱합을 읽는다. 어느 경우나 편제곱합을 읽어야한다. 마지막으로 LSMEANS 문장은 보정된 처리 평균을 출력시킨다.

- **공통 기울기 검증**

```
PROC GLM;
   CLASS TRT;
   MODEL Y = TRT X TRT*X;
QUIT;
```

공통 기울기 검증 즉 회귀계수들의 동질성 검증은 TRT*X에 대한 제곱합을 읽는다. TRT*X는 처리와 공변수 간 상호작용이다.

예 13.3

예 13.1의 자료를 공분산분석하는 프로그램은 다음 형식으로 작성한다.

```
DATA;
  INPUT trt y x;
DATALINES;
1  7.5 3.5
1  6.2 2.6
1  6.8 3.1
2 10.0 3.0
2 12.1 3.7
2 11.3 4.1
3 15.2 5.1
3 10.7 2.6
3 12.9 3.1
4  5.1 4.2
4  4.6 3.7
4  7.1 4.9
5 12.1 2.3
5 14.2 2.9
5 15.0 3.5
6 10.0 3.2
6  9.8 3.0
6  9.6 2.5
RUN;

PROC GLM;
  CLASS trt;
  MODEL y = trt x trt*x;
QUIT;

PROC GLM;
  CLASS trt;
  MODEL y = trt x;
  LSMEANS trt;
QUIT;
```

The GLM Procedure

Dependent Variable: y

Source	DF	Sum of Squares	Mean Square	F Value	Pr > F
Model	11	179.2480545	16.2952777	38.35	0.0001
Error	6	2.5497232	0.4249539		
Corrected Total	17	181.7977778			

R-Square	Coeff Var	Root MSE	y Mean
0.985975	6.511614	0.651885	10.01111

Source	DF	Type I SS	Mean Square	F Value	Pr > F
trt	5	160.5111111	32.1022222	75.54	<.0001
x	1	17.7658627	17.7658627	41.81	0.0006
x*trt	5	0.9710807	0.1942161	0.46	0.7961

Source	DF	Type III SS	Mean Square	F Value	Pr > F
trt	5	4.58708829	0.91741766	2.16	0.1881
x	1	8.26942829	8.26942829	19.46	0.0045
x*trt	5	0.97108068	0.19421614	0.46	0.7961

Dependent Variable: y

Source	DF	Sum of Squares	Mean Square	F Value	Pr > F
Model	6	178.2769739	29.7128290	92.83	<.0001
Error	11	3.5208039	0.3200731		
Corrected Total	17	181.7977778			

R-Square	Coeff Var	Root MSE	y Mean
0.980633	5.651221	0.565750	10.01111

Source	DF	Type I SS	Mean Square	F Value	Pr > F
trt	5	160.5111111	32.1022222	100.30	<.0001
x	1	17.7658627	17.7658627	55.51	<.0001

Source	DF	Type III SS	Mean Square	F Value	Pr > F
trt	5	178.2359925	35.6471985	111.37	<.0001
x	1	17.7658627	17.7658627	55.51	<.0001

첫 번째 GLM 절차의 출력에서는 x*trt에 대한 검증을 확인한다. x*trt란 공변수와 처리 간 상호작용으로서 이 상호작용이 존재하지 않아야 처리별 기울기들이 전부 같다고 놓을 수 있다. 현재 검증 통계량의 값은 0.46으로 유의하지 않다. 따라서 공통 기울기 가정은 유효하다.

두 번째 GLM 출력에서는 하단의 제3종 제곱합 부분을 봐야 한다. 우선 처리가 존재하는 상황에서 회귀의 유의성을 검증할 때는 공변수 x에 대한 검증 통계량을 읽는다. 이 값이 55.51로 극히 유의하다. 따라서 공변수와 반응변수 간 뚜렷한 회귀관계가 존재한다.

마지막으로 모형에 공변수가 존재하는 상황에서 처리 간 효과 차이가 존재하는지 보려면 제3종 제곱합 출력 부분에서 trt에 대한 검증 통계량을 읽는다. 현재 111.37로 극히 유의하다. 따라서 처리 간 효과 차이가 존재한다.

두 번째 GLM 절차에서 출력된 보정된 처리 평균값들은 다음과 같다. ∎

Least Squares Means

trt	y LSMEAN
1	7.3773203
2	10.7769281
3	12.5769281
4	4.1181046
5	14.5920261
6	10.6253595

< 연 습 문 제 >

1. 아홉 명의 학생을 랜덤으로 세 그룹으로 나누었다. 각 그룹마다 동일한 시험을 치루게 하고 성적(X)을 기록하였다. 그 다음, 세 가지 서로 다른 교육 방법으로 동일한 내용을 가르친 후, 다시 시험을 치루고 그 시험 성적(Y)을 기록하였다. 데이터는 다음과 같다. 교육 방법에 차이가 있는가? SAS를 이용하여 답하라.

방법 1		방법 2		방법 3	
X	Y	X	Y	X	Y
29	39	17	35	1	38
4	34	35	38	15	43
18	36	3	32	32	44

2. 다음 자료는 제 13.1 절에서 언급한 섬유 제품의 강도를 측정하는 실험에서 나온 자료다. 기계가 처리, 강도가 반응변수(Y), 원사의 두께가 공변수(X)이며, $t=3$, $r=5$이다. 기계 간 차이가 존재하는가? 공식 (13.5)와 공식 (13.7)로 정의된 두 오차제곱합의 차이를 손계산하여 검증하라.

기계 1		기계 2		기계 3	
Y	X	Y	X	Y	X
36	20	40	22	35	21
41	25	48	28	37	23
39	24	39	22	42	26
42	25	45	30	34	21
49	32	44	28	32	15

14

반응표면 설계

14.1 개요

지금까지 공부한 제반 실험설계 기법들은 전부 비교 실험과 관련되어 있다. 비교 실험의 목적은 처리들의 비교다. 이를 위하여 CRD를 고안했고, 여기에 블록 설계나 공분산 설계와 같은 여타의 오차조절 설계 방식들이 접합되었다.

처리가 질적 처리든 양적 처리든 처리 효과의 차이를 밝히는 것이 비교 실험의 공통적인 목표이지만, 특히 양적 처리의 경우에는 회귀분석을 통하여 반응에 대한 처리 효과의 관계를 밝힐 수 있다.

이러한 양적 처리들에서 반응에 대한 처리 효과의 종속성은 단일 처리 요인의 경우에는 **반응곡선**(response curve)으로 표현되며, 처리가 둘 이상의 처리 요인들의 수준 조합인 경우에는 **반응표면**(response surface)의 형태로 표현된다. 반응곡선이나 반응표면의 형태를 탐색하면 처리와 반응 간 또는 **입력변수**(input variable)와 **출력변수**(output variable) 간의 구조적 관계를 통찰할 수 있으며, 더 나아가 최소든 최대든 **최적 반응**

(optimal response)을 주는 처리 조합을 찾을 수 있다.

물론 우리가 정확한 구조를 안다는 것은 불가능하지만 실험설계와 회귀분석을 반복하면 처리와 반응 간의 관계를 근사시키는 것은 항상 가능하며, 이러한 목적으로 개발된 통계 방법을 **반응표면방법론**(RSM: response surface methodology)이라 한다. 앞으로는 반응표면방법론을 RSM으로 약칭하겠다.

RSM의 주된 분석법은 물론 회귀분석이지만 RSM은 기본적으로 '설계된 회귀분석'이라는 점에서 일반적인 회귀분석과 다르다. 그리고 RSM을 염두에 두고 개발된 실험설계들을 **반응표면 설계**(response surface design)라 부른다.

제 1 장에 주어진 그림 1.5와 그림 1.6이 RSM 기법으로 자주 사용되는 **삼차원 표면도**(3-dimensional surface plot)와 **등고선도**(contour plot)다.

RSM을 이용하더라도 한 번 실험으로 최적 반응을 결정하기란 매우 어렵다. 최적 반응이 실제 실험이 진행된 **실험 영역**(experimental region) 또는 **관심 영역**(region of interest)에서 벗어나 있을 수도 있고, 그러하기에 우리가 일껏 탐지한 최적 반응이 사실은 **전역 최적**(global optimum)이 아닌 **국소 최적**(local optimum)일 수도 있기 때문이다.

그런데 RSM에는 한 가지 심각한 문제점이 있는데 그것은 입력변수의 단위에 따라 반응표면의 형태가 달라진다는 점이다. 예를 들어 반응변수(Y) 대 입력변수들 (X_1, X_2)의 관계가 $Y = X_1^2 + X_2^2$라 하자. 이때 입력변수들의 단위를 $X_1 = 10X_1^*$, $X_2 = 2X_2^*$와 같이 바꾸면 원래의 관계식은 $Y = (1/100)X_1^{*2} + (1/4)X_2^{*2}$가 된다. 이때 Y가 상수라면 전자는 원이고 후자는 타원의 방정식이다. 원과 타원은 서로 완전히 다른 반응표면임은 자명하다.

그리고 RSM은 전체 시스템의 메커니즘을 이해하려는 목적으로는 사용되지 않는다. 물론 분석 과정에서 부차적으로 그러한 정보를 얻을 수는 있겠지만 RSM의 궁극적인 목적은 최적 반응점을 찾는데 있다.

여하간, RSM은 원래 공업 실험에서 최적 공정을 찾으려는 노력의 하나로 시작되었고, 현재는 통계적 품질관리(SQC: statistical quality control) 분야에서 광범위하게 사용되고 있다.

14.2 모형

k 개의 입력변수 $X_1, X_2, \cdots, X_k$에 대한 반응을 η라 하자. 입력변수들의 수준 조절에는 전혀 오차가 없다고 가정할 때 반응 η는 다음과 같은 입력변수들의 함수 Φ로서

표현된다.

$$\eta = \Phi(X_1, X_2, \cdots, X_k\,;\,\theta_1,\cdots,\theta_p) \tag{14.1}$$

여기서 $\theta_1,\cdots,\theta_p$ 들은 모수들이다. 그런데 (14.1)에서 함수 Φ의 모양은 물론 알지 못하고 또 우리가 반응 η를 관측할 때는 항상 오차가 수반된다.

참 반응 η에 대한 관측 반응을 Y로 표기하자. 그리고 알지 못하는 함수 Φ를 다항식 f로 근사한다고 하자. 이 경우 (14.1)은 다음과 같이 바뀐다.

$$Y = f\,(X_1, X_2, \cdots, X_k\,;\,\beta_1,\cdots,\beta_q) + \epsilon \tag{14.2}$$

여기서 $\beta_1,\cdots,\beta_q$ 들은 새로 가정된 함수 f에 대한 모수들이다. 그리고 ϵ은 관측 오차다.

일반적으로 근사 함수 f로 저차의 다항식을 사용하며, 특히 일차와 이차식이 주로 사용된다. 물론 설명하기도 매우 복잡한 진짜 반응의 형태를 저차의 다항식으로 근사하는 데는 한계가 있고 무리가 따르지만 실험 영역이 좁은 경우에는 그렇게 비현실적인 것만은 아니다.

근사 함수로서 입력변수들의 선형 함수를 선택하면 다음과 같은 **일차 모형**(first- order model)을 얻는다.

$$Y = \beta_0 + \sum_{i=1}^{k} \beta_i X_i + \epsilon \tag{14.3}$$

곡선적인 반응을 근사하려면 다음과 같은 **이차 모형**(second-order model)을 고려할 수 있다.

$$Y = \beta_0 + \sum_{i=1}^{k} \beta_i X_i + \sum_{i=1}^{k} \beta_{ii} X_i^2 + \sum_{\substack{i \\ i<j}}^{k-1} \sum_{j}^{k} \beta_{ij} X_i X_j + \epsilon \tag{14.4}$$

삼차 이상의 모형은 고려하는 경우가 드물다. 왜냐하면 차수가 높아질수록 추정해야 할 모수들 즉 회귀계수들의 숫자가 급속히 증가하기 때문이다. 회귀계수의 추정에는 자유도의 손실이 따른다. 따라서 회귀계수들의 총수보다 더 많은 데이터가 있어야 추정이 가능한데 많은 실험횟수는 반응표면 설계에서 의도하는 바가 아니다.

14.3 일차 모형과 설계

(14.3)의 일차 모형에서 회귀계수 β_i는 입력변수 X_i의 변화에 따른 반응 Y의 변화량을 측정한다. 이는 2^k 요인 실험에서 주효과가 주는 정보와 흡사한 것이다. 따라서 이런 경우에 우선적으로 생각할 수 있는 적절한 반응표면 설계는 2^k 요인 설계나 그의 일부 요인 설계일 것이다.

CRD 하에서 2^k 요인 실험을 r 번 수행하였다면 데이터의 총수는 $N=r2^k$이다. 입력변수 X_i의 낮은 수준과 높은 수준을 각각 X_{i0}와 X_{i1}으로 표기하자. RSM에서는 계산을 간편케하기 위하여 원래의 변수대신 **부호 변수**(coded variable)를 주로 사용하는데 원래 변수 X_i에 대응되는 부호변수 x_i는 다음 공식으로 결정된다.

$$x_i = \frac{X_i - \overline{X}}{(X_{i1} - X_{i0})/2}$$

이때 부호변수 x_i의 낮은 수준은 항상 -1, 높은 수준은 +1이 된다.

부호변수에 대하여 모형을 다시 쓰면 다음과 같다.

$$Y = \beta_0^* + \sum_{i=1}^{k} \beta_i^* x_i + \epsilon \tag{14.5}$$

이러한 일차 모형을 데이터에 적합하고 나면 현재 가정된 일차 모형이 과연 적절한지 또 통계적으로 유의하다고 판단된 중요한 입력변수들이 무엇이지 등을 결정해야 한다. 그리고 이 결과를 토대로 최적 반응을 주는 방향으로 실험 영역을 새로 설정하고 이상의 단계들을 반복하는 형식으로 RSM이 진행되어야 한다.

데이터에 대한 모형 적합은 회귀분석으로 수행되기 때문에 더 이상의 설명은 불필요하다. 이 모형에 대한 분산분석표를 표 14.1에 정리하였다.

표 14.1에서 각 제곱합의 공식은 다음과 같다.

$$SS(\beta_i^*) = N(\widehat{\beta_i^*})^2, \quad (i = 1, \cdots, k)$$

$$SS_R = \sum_{i=1}^{k} SS(\beta_i^*)$$

$$SS_E = SS_T - SS_R$$

$$SS_{LOF} = SS_E - SS_{PE}$$

표 14.1 r 회 반복된 2^k에 일차 모형을 적합하는 경우의 분산분석표

source	SS	df
회귀	SS_R	k
β_1^*	$SS(\beta_1^*)$	1
⋮	⋮	⋮
β_k^*	$SS(\beta_k^*)$	1
오차	SS_E	$N-k-1$
적합결여	SS_{LOF}	2^k-k-1
순수오차	SS_{PE}	$N-2^k$
총	SS_T	$N-1$

이때 순수오차 제곱합 SS_{PE}는 주어진 데이터를 요인 실험의 데이터로 간주하고 구한 오차제곱합으로 계산하면 된다.

- **적합 결여 검증**

만일 $F=\dfrac{MS_{LOF}}{MS_{PE}}>F_{2^k-k-1,N-2^k,\alpha}$ 이면 모형이 적절하지 않다고 판단한다.

- **회귀의 유의성 검증**

만일 $F=\dfrac{MS_R}{MS_E}>F_{k,N-k-1,\alpha}$ 이면 적어도 하나의 $\beta_i\neq 0$이라고 판단한다.

- **개별 회귀계수 β_i의 유의성 검증**

만일 $F=\dfrac{SS(\beta_i^*)}{MS_E}>F_{1,N-k-1,\alpha}$ 이면 $\beta_i\neq 0$이라고 판단한다.

그런데 2^k 요인 실험의 r 번 반복은 실험회수가 지나치게 많다. 이를 줄일 수는 없을까?

한 가지 대안은 1 회의 반복만 하는 것이다. 이 경우에는 $r=1$이므로 $SS_{PE}=0$이 되며 따라서 $SS_E=SS_{LOF}$이다. 물론 이 경우에 적합결여 검증은 하지 못한다.

또다른 대안으로는 일부 요인 설계를 하는 것이다. 반복을 할 수도 있다. 이런 점에 대해서는 제 8.5 절을 보라.

그리고 2^k 요인 실험이 쓸모있는 이유 중의 하나는 전체 실험을 블록으로 나누어 수행하는 것이 가능하다는 것이다. 여기에 관해서는 제 8.4 절에서 이미 설명하였다.

이상의 요인 설계와는 별도로 k 차원 심플렉스(k-dimensional simplex)의 꼭지점에서만 실험을 하는 **심플렉스 설계**(simplex design)가 있다. k 차원 심플렉스는 k 차원 좌표계에서 $(k+1)$차원 좌표계를 표시하려고 고안된 정다면체인데 2차원 심플렉스는 정삼각형, 3차원 심플렉스는 정사면체다. 심플렉스 좌표계에 대해서는 제 14.6 절의 혼합물 실험설계를 참조하라. 예를 들어 $k=2$일 때의 심플렉스 설계는 그림 14.1의 정삼각형의 세 꼭지점에서 실험하는 것이다.

심플렉스 설계의 실험점은 $(k+1)$ 개이고, 추정해야할 회귀계수 역시 $(k+1)$ 개라 1 회의 반복만 하면 적합 결여 제곱합의 자유도가 0이 된다. 따라서 심플렉스 설계에 의한 실험은 2 회 이상 반복이 필요하다.

그림 14.1에서 세 꼭지점의 좌표는 예컨대 다음과 같이 주어질 수 있다.

$$(0, \sqrt{2}),\ (-\sqrt{3/2}, -1/\sqrt{2}),\ (\sqrt{3/2}, -1/\sqrt{2})$$

그리고 그림 14.1의 삼각형을 회전시켜 결정해도 무방하다. 예를 들어 다음 세 점의 좌표도 적법한 심플렉스 설계의 실험점들이다.

$$(-1/\sqrt{2}, \sqrt{3/2}),\ (-1/\sqrt{2}, -\sqrt{3/2}), (\sqrt{2}, 0)$$

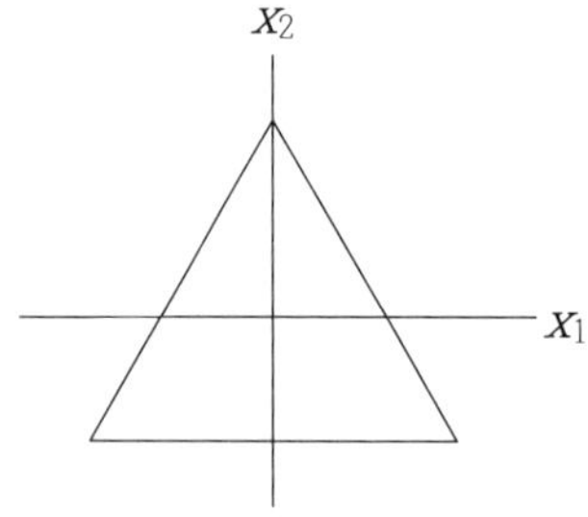

그림 14.1 2차원 심플렉스 설계

예 14.1

화학 공장에서 공정 수율을 최대화하는 작업 조건을 결정하려 한다. 공정 능력에 영

표 14.2 수율 데이터

원래 변수		부호 변수		반응값
X_1	X_2	x_1	x_2	Y
30	150	-1	-1	39.3
30	160	-1	1	40.0
40	150	1	-1	40.9
40	160	1	1	41.5
35	155	0	0	40.3
35	155	0	0	40.5
35	155	0	0	40.7
35	155	0	0	40.2
35	155	0	0	40.6

향을 주는 조절 가능한 변수는 반응 시간과 반응 온도다. 현재 반응 시간은 35분, 반응 온도는 155℃를 사용 중이고 수율은 40%에 머물러있다. 이를 개선하기 위하여 실험 영역을 (30분, 40분)과 (150℃, 160℃)로 잡아 실험을 하였다. 데이터는 표 14.2와 같다. 이 실험에서는 2^2 요인 설계에 5 개의 중심점(center point)를 추가하고 있다. 이와 같은 중심점의 추가는 실험오차를 산출키 위함이다. 분산분석표는 표 14.3을 보라. 적합 결여는 없다. 따라서 현재 가정한 일차 모형은 적절하다고 판단된다. 그리고 회귀는 유의하다. 이때 적합된 일차 모형은 다음과 같다.

$$\hat{Y} = 40.44 + 0.775x_1 + 0.325x_2$$ ▮

표 14.3 수율 데이터에 대한 분산분석표

source	SS	df	MS	F
회귀	2.8250	2	1.4125	47.83**
오차	0.1772	6	0.0295	
적합결여	0.0052	2	0.0026	0.06
순수오차	0.1720	4	0.0430	
총	3.0022	8		

예 14.1에서와 같이 반응이 일차 모형으로 잘 적합됨은 입력변수들의 수준 변화에 반응값들이 직선적으로 증가 또는 감소하고 있음을 나타낸다. 따라서 시스템의 최적점은

현재 설정된 실험 영역의 밖에 위치하고 있음을 알 수 있다.

따라서 최적점을 찾기 위한 새로운 실험을 준비해야 하는데 이 새로운 실험점의 위치는 어떻게 결정해야할까?

이와 같은 상황에서 자주 채용되는 실험 영역의 결정 기법으로 **최급상승법**(method of steepest ascent)이 있다. 이는 반응값이 최대 증가를 보이는 방향 즉 최급상승 경로를 따라 실험점을 이동하는 방법이다. 만일 최소 반응이 최적인 경우라면 **최급하강법**(method of steepest descent)을 고려한다. 그러나 두 방법의 본질은 같다.

최급상승법에서는 통상적으로 현재 실험한 영역의 중심을 시작점으로 잡은 다음 최급상승 경로를 따라 일정 간격씩 이동하면서 더 이상의 반응값의 증가가 없을 때까지 계속 실험한다.

예 14.1의 회귀식을 보면 중심점 ($x_1 = 0$, $x_2 = 0$)에서 x_2 방향에서 0.325 단위의 반응값의 증가마다 x_1 방향으로 0.775 단위의 반응값이 증가되는 방향이 최급상승 경로다. 따라서 최급상승 경로의 기울기는 0.325/0.775=0.422가 된다.

만일 반응 시간의 기본 이동 간격으로 5 분을 잡았다면 반응온도의 이동 간격은 얼마로 잡아야할까? 반응 시간 5 분에 대응되는 부호변수의 변화량은 $\Delta x_1 = 1$이다. 따라서 반응온도의 이동 간격은 $\Delta x_2 = 0.422\Delta x_1 = 0.422$이다. 이와 같은 양방향의 이동 거리를 $\Delta = (\Delta x_1, \Delta x_2)$로 표기하자. 결국 다음 실험점은 (x_1, x_2)=(1.00, 0.42)가 된다. 또 그 다음 실험점은 (x_1, x_2)=((2.00, 0.84)다. 표 14.4에 최급상승법에 의거하여 진행된 실험점들의 좌표와 관측된 반응값들이 주어져있다. 반응값들의 변화를 보면 계속 증가하다가 (85분, 175℃)에서 최대가 된 다음 다시 감소하고 있다. 따라서 더 이상의 최급상승법의 적용은 불필요하다. 표에서 나타난 최대반응은 (85분, 175℃)에서 80.3%이다.

그러나 아직 실험은 끝나지 않았다. 즉 (85분, 175℃)를 중심으로 실험 영역을 새로 만들고 이차 모형 설계 등을 수립하여 정확한 최적점을 찾는 실험이 남아있는 것이다.

최급상승법에서 최급상승 경로를 따라 실험점을 결정하는 방법은 다음과 같이 공식화할 수 있다. 모형 (14.5)에서 회귀계수의 추정량을 $\widehat{\beta_i^*}$로 표기하자. 그리고 중심점을 원점으로 가정하자. 즉 $(x_1, x_2, \cdots, x_k) = (0, 0, \cdots, 0)$.

① $|\widehat{\beta_i^*}|$이 가장 큰 변수의 이동 간격 Δx_i를 정한다.

② 나머지 변수들의 이동 간격은

$$\Delta x_j = \frac{\widehat{\beta}_j}{\widehat{\beta}_i / \Delta x_i}, \quad (j = 1, \cdots, k\,;\ j \neq i)$$

표 14.4 최급상승 실험 결과

간격	x_1	x_2	X_1	X_2	Y
중심점 + Δ	1.00	0.42	40	157	41.0
중심점 + 2Δ	2.00	0.84	45	159	42.9
중심점 + 3Δ	3.00	1.26	50	161	47.1
중심점 + 4Δ	4.00	1.68	55	163	49.7
중심점 + 5Δ	5.00	2.10	60	165	53.8
중심점 + 6Δ	6.00	2.52	65	167	59.9
중심점 + 7Δ	7.00	2.94	70	169	65.0
중심점 + 8Δ	8.00	3.36	75	171	70.4
중심점 + 9Δ	9.00	3.78	80	173	77.6
중심점 + 10Δ	10.00	4.20	85	175	80.3
중심점 + 11Δ	11.00	4.62	90	179	76.2

③ 이동 간격 Δx_i 들을 부호 변수값에서 원래 변수값으로 바꾼다.

이상과 같은 최급상승법이 응용 분야에서 자주 사용되기는 하나 입력 변수의 척도를 어떻게 선택하느냐에 따라 최급상승 경로가 바뀔 수 있기 때문에 이 방법의 효용성과 가치에 대하여 심각한 우려를 표명하는 학자들이 있다. 이런 점을 해결한 방법으로는 평행접선법(method of parallel tangents) 등이 있다.

14.4 이차 모형과 설계

2^k 요인 설계를 r 번 반복하거나 심플렉스 설계를 r 번 반복하여 적합 결여 검증을 한 결과 입력변수들 간의 상호작용이 탐지되거나 또는 최급상승법에 의한 여러 번의 실험 결과 최적점에 상당히 가까워졌다고 판단되면 이차 모형으로 반응을 근사해야 한다.

이차 모형 (14.4)에서 β_i 들은 선형 효과(linear effect), β_{ii} 들은 순수 이차 효과(pure quadratic effect), β_{ij}들은 상호작용 효과다.

이차 모형을 적합시키려면 각 입력변수마다 적어도 3 수준에서 실험을 해야 한다. 따라서 이 경우에 우리가 가장 먼저 생각할 수 있는 설계는 3^k 요인 설계일 것이다.

표 14.5에 3^k 요인 설계를 r 회 반복한 경우에 이차 모형을 분석하는 분산분석표를 정리하였다. 물론 이 표에서는 각 요인 수준들이 등간격일 경우에 직교다항식 분해를

표 14.5 r 회 반복된 3^k에 이차 모형을 적합하는 경우의 분산분석표

source	df
회귀	$2k+k(k-1)/2$
선형 효과	k
이차 효과	k
선형×선형 효과	$k(k-1)/2$
오차	$r3^k-2k-k(k-1)/2-1$
적합결여	$3^k-2k-k(k-1)/2-1$
순수오차	$3^k(r-1)$
총	$r3^k-1$

생각하고 있다. 그리고 표에서 SS_{LOF}는 선형×선형 효과를 제외한 나머지 모든 상호작용 효과들을 합한 부분의 제곱합이며, 순수오차 제곱합 SS_{PE}는 평소와 같이 각 처리 조합에서 얻는 r 회의 반복 실험 데이터로부터 계산된다.

그러나 RSM의 이차 모형에서는 일반적으로 3^k 요인 설계가 최상의 설계 방식이 못된다. 무엇보다 3^k 요인 설계의 r 회 반복은 터무니없이 많은 실험점을 요구한다. 이를 해결하려면 1 회만 반복하던가 일부 요인 설계를 고려할 수 있다.

그러나 상당히 적은 수의 실험점을 요구하면서 동시에 이차 모형을 염두에 두고 개발된 특수한 형태의 실험설계들이 있다. 여기서는 중심합성 설계와 박스-벤켄 설계의 두 가지를 소개한다.

중심합성 설계(CCD: central composite design)는 요인점(factorial points), 축점(axial points), 중심점(center points)의 세 부분으로 구성된다. 그림 14.2를 보라.

요인점들은 2^k 요인 설계, 또는 2^{k-p} 일부 요인 설계로 주어지는 점들을 의미하는데, 이때 각 요인 수준은 -1과 $+1$로 부호화한다. 여기서는 요인점들로 완전한 2^k 요인 설계의 실험점들만 고려한다. 또한 각 요인점들에 대한 반복도 생각할 수 있지만 편의상 1 회 반복한다고 가정한다. 이 경우 총 요인점들의 수는 $n_f=2^k$이다. $k=2$일 때 요인점들은 $(\pm1,\pm1)$들이다.

축점들은 설계의 중심점으로부터 각 요인을 나타내는 축을 따라 α 만큼 떨어진 $2k$ 개의 점을 의미하는데 $k=2$일 때는 $(0,\pm\alpha)$, $(\pm\alpha,0)$들이다. 축점들에 대한 1회 반복 실험을 고려할 때 축점의 총수는 $n_a=2k$ 다.

중심점은 물론 $(0,0,\cdots,0)$이며 중심점의 반복수를 n_0로 표기하자.

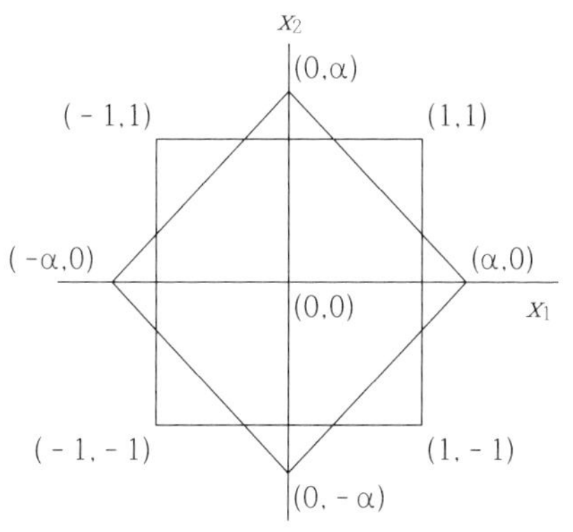

그림 14.2 CCD ($k=2$)

CCD에서 실험점들의 총수는 $N=n_f+n_a+n_0$다.

만일 $k=2$라면 $N=8+n_0$이며, $k=3$이라면 $N=14+n_0$가 된다.

이같은 CCD는 3^k 요인 설계에 비하여 실험점의 총수가 훨씬 적은 이점이 있다. 그리고 CCD가 고려된 또다른 중요한 이유는 CCD가 회선가능 실게라는 점에 있다.

좋은 설계를 고안하려면 어떤 판단 기준이 있어야 한다. 이러한 판단 기준들 중 많이 채택되는 것으로 직교성(orthogonality)과 회전가능성(rotatability) 그리고 균등정밀성(uniform-precision) 등을 들 수 있다.

직교 설계(orthogonal design)란 추정된 회귀계수들의 분산 $Var(\hat{\beta}_i)$을 최소화하도록 고안된 설계를 말한다. 일차 모형에서 고려된 설계들은 모두 직교 설계들이다.

회전가능 설계(rotatable design)란 추정된 반응값들의 분산 $Var(\hat{y})$이 설계 중심으로부터 방향에 관계없이 등거리에 있는 모든 점들에서 동일한 설계를 의미한다. 이런 성질을 보유한 설계는 설계 중심을 원점으로 하여 회전시켜도 $\hat{y}$의 분산이 변하지 않기 때문에 회전가능 설계란 이름이 붙었다.

RSM의 근본 목적이 최적화에 있기 때문에 반응표면 설계에서 모든 방향으로 동등한 정밀도의 추정을 가능케하는 회전가능 설계의 개념은 매우 중요하다.

CCD에서는 설계 모수인 α를 어떻게 선택하느냐에 따라 설계의 성질이 달라진다. 즉 $\alpha=(n_f)^{1/4}$로 놓으면 CCD는 회전가능 설계다. 예를 들어 $k=2$일 때 CCD를 회전가능 설계로 만들려면 $\alpha=\sqrt{2}$로 잡아야한다. 또 $\alpha=1$이면 CCD는 직교 설계가 된다.

균등정밀 설계(uniform-precision design)는 설계 중심에서 $\hat{y}$의 분산과 중심으로부터 단위 거리에서의 $\hat{y}$의 분산이 같도록 만든 설계다.

표 14.6 직교 회전가능 중심합성 설계

k	2	3	4	5
n_f	4	8	16	32
n_a	4	6	8	10
n_0	8	9	12	17
N	16	23	36	59
α	1.414	1.682	2.000	2.378

표 14.7 균등정밀 회전가능 중심합성 설계

k	2	3	4	5
n_f	4	8	16	32
n_a	4	6	8	10
n_0	5	6	7	10
N	13	20	31	52
α	1.414	1.682	2.000	2.378

이렇게 하면 회귀계수들의 추정시 편향(bias)을 더욱 방지할 수 있다. CCD에서는 중심점의 수 n_0의 값에 따라 직교 설계가 되기도 하고 균등정밀 설계가 되기도 한다.

표 14.6에 **직교 회전가능 중심합성 설계**(orthogonal rotatable CCD)의 몇 가지 경우를 정리하였다. 또 표 14.7은 **균등정밀 회전가능 중심합성 설계**(uniform-precision rotatable CCD)의 몇 가지 형태를 요약하고 있다.

CCD도 한 번에 모든 실험이 불가능할 경우 블록화가 가능하다. CCD의 블록화는 요인 설계에서 블록 교락 설계와 근본 아이디어는 비슷하지만 요인 설계 때와 달리 CCD의 서로 다른 세 구성요소들을 고려해야 하는 것이 차이점이다.

CCD는 3^k에 비하여 실험점의 수가 매우 적지만 각 요인마다 5 수준에서 실험을 해야하는 단점이 있다. 이를 해결하면서 동시에 실험점의 수도 상당히 작은 설계가 **박스-벤켄 설계**(Box-Behnken design)다. 이 설계는 요인 설계에 불완전 블록 설계를 결합시키는 아이디어에서 비롯되었는데 $k=3$일 경우에 박스-벤켄 설계의 실험점은 다음과 같이 주어진다. 중심점 (0, 0, 0)에서는 3 회의 반복 실험을 하기 때문에 실험점들의 총수는 15다.

x_1	x_2	x_3
±1	±1	0
±1	0	±1
0	±1	±1
0	0	0
0	0	0
0	0	0

기타 다른 방식으로 제안된 회전가능 설계들이 있는데 그 중 하나가 소위 **등반경 설계**(equiradial design)다. 이 설계에서는 실험점을 중심점에서 동일한 거리 상에 등간격으로 배열한다. $k=2$일 때는 원주 위에 배치된 등간격의 점들이 실험점이 되며, 이 실험점들은 실상 원에 내접하는 정다각형의 꼭지점들이다. 또 $k=3$일 때는 구에 내접하는 정다면체의 꼭지점들이 실험점이 된다. 이때 어느 경우나 중심점에서 반복 실험을 해야 한다.

특히 $k=2$일 때 쓸모있는 등반경 설계는 **정오각형 설계**(pentagonal design)와 **정육각형 설계**(hexagonal design)다. 이 둘은 모두 회전가능 등반경 설계가 된다. 정사각형 이하는 회전가능하지 않다.

참고로 SAS의 ADX 메뉴 시스템을 이용하면 제반 RSM 설계의 실험점 좌표들을 쉽게 얻을 수 있다.

14.5 이차 모형의 정준 분석

이차 모형을 고려하는 이유는 근본적으로 최적점(optimum point)을 결정하기 위해서다. **최적점**은 최대 반응 또는 최소 반응에 대한 입력변수들의 좌표다.

부호 변수로 표현된 모형 (14.4)의 추정식을 다음과 같이 표기하자.

$$\hat{Y}=\beta_0+\sum_{i=1}^{k}\hat{\beta}_i x_i+\sum_{i=1}^{k}\hat{\beta}_{ii}x_i^2+\sum_{i}^{k-1}\sum_{j \atop i<j}^{k}\hat{\beta}_{ij}x_i x_j \tag{14.6}$$

(14.6)으로 표현된 반응표면에서 최적점을 찾으려면 이 반응표면 함수를 각 변수에 대하여 편미분한 후 편도함수들을 0으로 놓고 결과되는 연립방정식을 풀어야 한다. 즉

$$\frac{\partial \hat{y}}{\partial x_1} = \frac{\partial \hat{y}}{\partial x_2} = \cdots = \frac{\partial \hat{y}}{\partial x_k} = 0$$

이 k 개의 연립방정식의 해를 $\boldsymbol{x}^* = (x_1^*, x_2^*, \cdots, x_k^*)$ 로 표기하자. 그리고 이와 같은 점을 **정상점**(stationary point)이라 부른다. 그러나 정상점이 반드시 최적점은 아니다. 즉 정상점에서 항상 최대나 최소 반응이 나타나지는 않는다.

이는 최대 반응점이나 최소 반응점이 아니면서도 도함수가 0이 되는 경우가 있기 때문이다. 예를 들어 $y = x^3$의 그래프에서 $x = 0$인 경우를 생각해보라. 이때 $x = 0$는 정상점이지만 그렇다고 최대점도 최소점도 아니다. RSM의 이차 모형에서도 마찬가지 현상이 나타날 수 있다. 따라서 정상점은 최대 반응점일 수도 있고, 최소 반응점일 수도 있으며, **안장점**(saddle point)일 수도 있다. 안장점은 반응표면에서 방향에 따라 최대 반응과 최소 반응이 동시에 나타나는 점이다. 글자 그대로 말 등에 얹은 휘어진 안장을 생각해보라. 말 허리를 잘라 안장의 몸통쪽 단면을 보면 '⌢' 형태가 되며, 이 경우 안장점은 최대 반응점이라 할 수 있다. 그러나 말의 머리에서 꼬리쪽으로의 단면의 형태는 '⌣'처럼 나타나며 이 경우 안장점은 최소 반응점이 된다. 그림 14.3에 이 세 가지 경우의 정상점의 형태를 등고선도로 도시하였다.

모형 (14.6)을 다음과 같은 행렬 모형으로 표현하자.

$$\hat{Y} = b_0 + \boldsymbol{x}'\boldsymbol{b} + \boldsymbol{x}'\boldsymbol{B}\boldsymbol{x} \tag{14.7}$$

여기서 $b_0 = \widehat{\beta_0}$이고, 각 행렬들은 다음을 나타낸다.

$$\boldsymbol{x} = \begin{bmatrix} x_1 \\ x_2 \\ \vdots \\ x_k \end{bmatrix} \qquad \boldsymbol{b} = \begin{bmatrix} b_1 \\ b_2 \\ \vdots \\ b_k \end{bmatrix} = \begin{bmatrix} \widehat{\beta_1} \\ \widehat{\beta_2} \\ \vdots \\ \widehat{\beta_k} \end{bmatrix} \qquad \boldsymbol{B} = \begin{bmatrix} b_{11} & b_{12}/2 & \cdots & b_{1k}/2 \\ & b_{22} & \cdots & b_{2k}/2 \\ & & \ddots & \vdots \\ (\text{대칭}) & & & b_{kk} \end{bmatrix}$$

적합된 모형 (14.7)에서 정상점 $\boldsymbol{x}^*$는 다음과 같이 구한다.

$$\frac{\partial \hat{y}}{\partial \boldsymbol{x}} = \boldsymbol{b} + 2\boldsymbol{B}\boldsymbol{x} = \boldsymbol{0} \quad \Rightarrow \quad \boldsymbol{x}^* = -\frac{1}{2}\boldsymbol{B}^{-1}\boldsymbol{b}$$

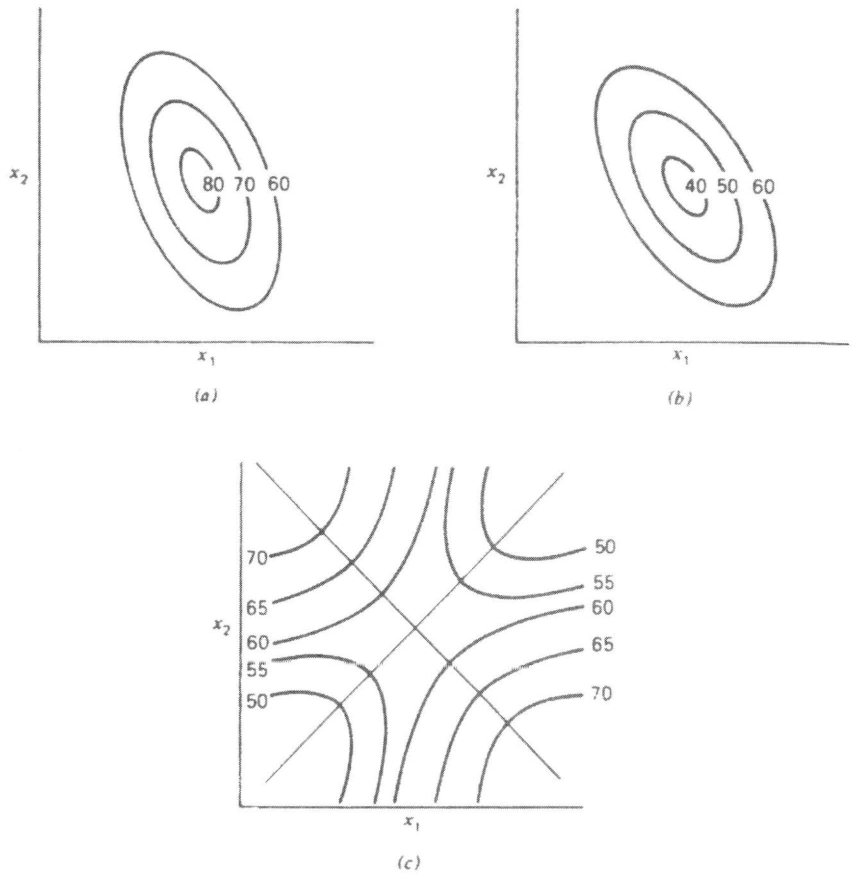

그림 14.3 정상점의 세 가지 형태: (*a*) 최대 반응점 (*b*) 최소 반응점 (*c*) 안장점

이렇게 구한 정상점이 최대 반응점인지, 또는 최소 반응점인지, 또는 안장점인지는 이차항의 계수 행렬 $\boldsymbol{B}$의 고유값(eigenvalue)의 부호로 판정한다.

$\boldsymbol{B}$의 고유값이	정상점은
전부 음수이면	최대점
전부 양수이면	최소점
음수와 양수가 섞여있으면	안장점

그런데 사실상 $\boldsymbol{B}$의 고유값의 부호뿐 아니라 고유값의 절대 크기 또한 시스템을 이해하는데 필수적이다. 이런 점을 감안하면 모형 (14.6)을 직접 사용하는 대신 다음과 같이

새로운 좌표 체계로 표시한 모형의 도입이 분석에 매우 도움이 된다.

$$\widehat{Y} = \widehat{Y}^* + \lambda_1 w_1^2 + \lambda_2 w_2^2 + \cdots + \lambda_k w_k^2 \tag{14.8}$$

모형 (14.8)을 모형 (14.6)의 **정준 형식**(canonical form)이라 부른다. 모형 (14.6)은 원래 $(x_1, x_2, \cdots, x_k)$ 직교 좌표 체계에서 표현된 타원체인데, 모형 (14.8)은 타원체의 중심 즉 정상점을 새로운 원점으로 하여 타원체의 축들이 새로운 좌표축이 되게끔 좌표 체계를 회전시켜 얻은 것이다. 여기서 새로운 직교 좌표 체계를 $(w_1, w_2, \cdots, w_k)$로 표기하였고 또 모형에서 사용된 회귀계수 λ_i들은 $\boldsymbol{B}$의 고유값들이다.

그림 14.4에 $k=2$일 때 좌표축의 회전을 도시하였다.

정준 형식은 원래의 이차 모형에 비하여 해석상 매우 다루기 편하다. 즉 원래 모형에는 일차항뿐 아니라 $x_i x_j$와 같은 상호작용을 나타내는 이차항들도 들어있어 적합된 회귀계수들의 의미를 해석하기가 어려운 면이 있지만, 정준 형식에서는 순수 이차항들의 계수가 곧 해당 변수의 고유값이므로 정상점의 본질에 대한 판정이 쉽다. 또한 각 입력 변수의 반응에 대한 영향의 크기는 각 고유값의 절대값에 비례하는데, 원래 이차 모형에는 이런 영향의 척도가 없는 반면 정준 형식에서는 고유값의 크기만으로 어느 변수가 반응에 가장 영향력이 큰지 등을 쉽게 알 수 있다.

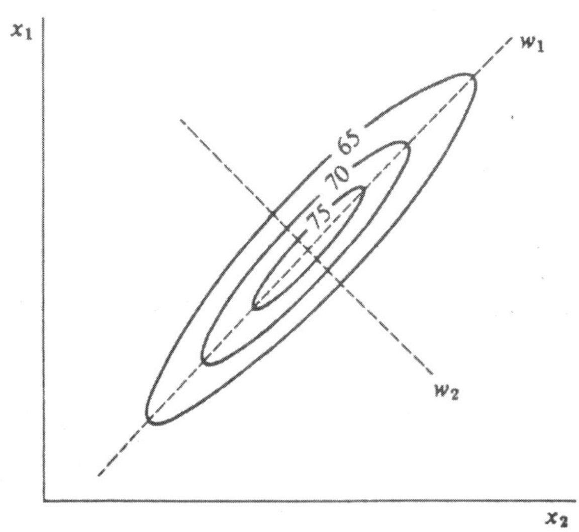

그림 14.4 이차 모형의 정준 형식

이렇게 새로 도입한 좌표 체계인 정준 형식을 통하여 반응표면을 분석하는 통계 기법을 **정준 분석**(canonical analysis)이라 한다.

정준 형식에서 고유값들의 부호를 기준으로 정상점의 성격을 구분하는 방법은 앞서 요약하였다. 이것과 더불어 고유값의 크기까지 고려하여 시스템을 해석하는 방법을 $k=2$인 경우의 몇 가지 상황을 기초로 생각해보자. 부호 변수 x_1과 x_2에 대한 고유값을 각각 λ_1과 λ_2라 하자.

만일 $\lambda_1 < \lambda_2 < 0$이면 정상점은 최대 반응점이고, 정상점을 중심으로 변수 w_2에 비하여 변수 w_1에 대한 반응의 변화가 급하다.

만일 $\lambda_1 > \lambda_2 > 0$이면 정상점은 최소 반응점이고, 변수 w_2에 비하여 변수 w_1에 대한 반응의 변화가 급하다.

만일 $\lambda_1 > 0$, $\lambda_2 < 0$, $|\lambda_1| > |\lambda_2|$이면 정상점은 안장점이고, 변수 w_2에 대하여 반응은 감소할 것이고 변수 w_1에 대한 반응은 증가할 것이다. 그리고 변수 w_1에 대한 반응의 변화가 급하다.

참고로 가끔 모형 (14.8)에서 하나 이상의 λ_i들이 0에 매우 가깝게 나오는 경우가 있다. $\lambda_i \approx 0$인 경우의 반응표면 체계를 **능선 체계**(ridge system)라 한다. 능선 체계에는 최적점이 무수히 많은 **정상 능선 체계**(stationary ridge system)와 능선이 한 방향으로 계속 증가하는 형태의 **올라가는 능선 체계**(rising ridge system)가 있다. 올라가는 능선 체계에서는 현재의 실험 영역에서 최적점이 없기 때문에 실험 영역을 변경하여 다시 실험을 진행해야 한다.

예 14.2

표 9.14의 노치 자료를 3 회 반복된 3^2 요인 실험 자료로 간주하고 이차 모형을 적합시켜 RSM을 수행하자. 이때 요인은 엿기름 첨가 %(A)와 당화 시간(B)이며 표 9.14의 자료에 나와있는 반응값들은 전체적인 만족도를 평가한 것이다. 분산분석 결과는 표 14.8과 같다. 이 분산분석표는 표 14.5에 주어진 분산분석 형식을 따라 만든 것이다. 따라서 변인의 선형 효과는 (A_L+B_L), 이차 효과는 (A_Q+B_Q), 선형×선형 효과는 A_LB_L, 적합결여는 $(A_LB_Q+A_QB_L+A_QB_Q)$에 해당한다. 이와 같은 직교 분해에 대해서는 제 9.2 절을 참조하라. 분산분석 결과 적합 결여는 유의하지 않으므로 이차 모형이 잘 적합되고 있다. 그리고 회귀는 모두 유의하다. 엿기름 첨가 %의 부호 변수를 x_1, 당화 시간의 부호 변수를 x_2라 하자. 두 부호 변수는 다음과 같이 결정된다.

표 14.8 노치 자료에 대한 분산분석표

source	SS	df	MS	F
회귀	60.000	5	12.000	9.45**
선형 효과	21.778	2	10.889	8.57**
이차 효과	27.333	2	13.667	10.76**
선형×선형 효과	10.889	1	10.889	8.57**
오차	26.667	21	1.270	
적합결여	4.667	3	1.556	1.27
순수오차	22.000	18	1.222	
총	86.67	26		

$$x_1 = \frac{\% - 10}{5}, \quad x_2 = \frac{\text{시간} - 3}{2}$$

적합된 이차 모형의 식은 다음과 같다.

$$\hat{Y} = 7.44 - 0.78x_1 + 0.78x_2 - 1.33x_1^2 - 1.67x_2^2 - 0.50x_1x_2$$

정상점의 좌표는 (-0.345, 0.285)이며, 원래 변수로 바꾸면 (8.274, 3.570)이다. 정준 모형은 다음과 같이 주어진다.

$$\hat{Y} = 7.69 - 1.20w_1^2 - 1.80w_2^2$$

두 고유값이 모두 음수이므로 정상점은 최대 반응점이자 동시에 우리가 구하려는 최적점이다. 이때의 최적 반응값은 7.69다. 따라서 실용상 엿기름을 8% 첨가하고 당화 시간을 3 시간 30 분으로 하면 만족도가 가장 높을 것이다. 입력변수가 두 개일 때는 RSM을 기초로 **반응표면도**(response surface plot)와 **등고선도**(contour plot)를 그려 시각적 분석을 꾀할 수 있다. 노치 자료에 대한 반응표면도와 등고선도는 각각 그림 1.5와 그림 1.6에 주어져있다. ∎

예 14.3

화학 공정의 수율(Y)은 반응 온도(X_1)와 반응 시간(X_2)에 영향을 받는다. 관심 영역은 각각 (15℃, 75℃), (1시간, 3 시간)이다. 등반경 설계의 하나인 정육각형 설계를 적용키로 하였다. 부호 변수로 주어진 정육각형 설계의 좌표점들과 관측된 반응값 데이터는 다음과 같다. 중심점에서 4 회의 반복 실험을 하였다.

x_1	x_2	X_1	X_2	Y
1.0	0	75	2	96.0
0.5	0.8667	60	2.866	78.7
-0.5	0.8667	30	2.866	76.7
-1.0	0	15	2	54.6
-0.5	-0.8667	30	1.134	64.8
0.5	-0.8667	60	1.134	78.9
0	0	45	2	97.4
0	0	45	2	90.5
0	0	45	2	93.0
0	0	45	2	86.3

분산분석표는 표 14.9와 같다. 적합 결여는 없으며, 회귀는 극히 유의하다. 단, 두 변수 간의 상호작용은 없다. 정상점의 좌표는 (0.500, -0.003)인 바 이는 (60℃, 2 시간)이다. 정상점의 반응값은 95.92다. 정준 형식은 다음과 같다. 두 고유값이 모두 음수이므로 정상점은 최대 반응점이다.

$$\hat{Y} = 95.92 - 13.33w_1^2 - 20.34w_2^2$$

▮

표 14.9 정육각형 실험에 대한 분산분석표

source	SS	df	MS	F
회귀	1567.707	5	313.541	7.32*
선형	849.323	2	424.661	9.91*
순수이차	681.782	2	340.891	7.95*
상호작용	36.603	1	36.603	0.85
오차	171.422	4	42.855	
적합결여	106.682	1	106.683	4.94
순수오차	64.740	3	21.580	
총	1739.129	9		

예 14.4

다음 자료는 CCD를 이용하여 얻은 것이다. $\alpha=1.215$로 놓았고 중심점에서는 1회만 실험하였다.

x_1	x_2	x_3	Y	x_1	x_2	x_3	Y
-1	-1	-1	6.8	0	0	0	7.1
1	-1	-1	6.0	-1.215	0	0	4.3
-1	1	-1	4.0	1.215	0	0	3.1
1	1	-1	6.0	0	-1.215	0	3.0
-1	-1	1	7.0	0	1.215	0	4.0
1	-1	1	6.0	0	0	-1.215	6.9
-1	1	1	3.8	0	0	1.215	6.1
1	1	1	5.9				

분산분석표는 표 14.10과 같다. 반복 실험점이 없었으므로 적합 결여 검증은 불가능하다. 분산분석 결과 회귀는 유의성이 없다. 정상점의 좌표는 (0.775, 0.856, 0.056)으로 주어지며 이때의 반응값은 4.50으로 추정된다. 정준 형식은 다음과 같다. 고유값들의 부호가 다르므로 정상점은 안장점이며 반응표면은 안장 형태가 된다.

$$\hat{Y}=4.50-0.1497w_1^2+0.8987w_2^2+1.4401w_3^2$$ ∎

표 14.10 CCD에 대한 분산분석표

source	SS	df	MS
회귀	18.21	9	2.02
선형	2.35	3	0.78
순수이차	11.48	3	3.83
상호작용	4.38	3	1.46
오차	11.94	5	2.39
총	30.15	14	

14.6 혼합물 실험

혼합물(mixture)은 여러 가지 **성분**(component)이 모여 하나가 된 물질이다. 예를 들어 칵테일을 만들 때 보드카와 진저엘과 레몬 즙을 몇 %씩 섞어야 가장 맛좋은 배합이 되는가를 실험할 때 칵테일이 혼합물이고, 보드카와 진저엘과 레몬 즙은 혼합물을 구성하는 성분들이다. 이런 예는 많다. 강도를 최대로 하는 특수강의 제조를 연구한다거나 연비가 최대로 나오는 여러 종류의 휘발유의 배합을 실험하는 등이 전부 혼합물 실험이다. 이러한 혼합물 실험에서도 RSM을 적용할 수 있는데, 성분 비율들의 합이 반드시 1이 되어야하는 혼합물의 특성상 다소 특별한 형태의 설계와 분석이 요구된다.

$X_1, X_2, \cdots, X_k$ 를 입력변수 즉 성분들이라 하자. 이 변수들에는 다음 제한 조건이 가해진다.

$$\sum_{i=1}^{k} X_i = 1 \tag{14.9}$$

제한 조건 (14.9) 때문에 입력변수들 간에는 종속성이 유발되어 입력변수들은 k 차원 직교 좌표계의 모든 점에서 정의되지 못하며 대신 k 차원 **심플렉스**(simplex) 상에서만 정의될 수 있다. 따라서 혼합물 실험의 공간을 표시할 때는 **심플렉스 좌표계**(simplex coordinate system)를 사용하는 것이 편하다. $k=3$일 때 심플렉스 좌표계는 그림 14.5와 같이 정삼각형의 각 변에 평행한 선들로 표시된다.

혼합물 실험을 위하여 자주 사용되는 설계에는 심플렉스 격자 설계, 심플렉스 중심 설계, 축 설계 등이 있다.

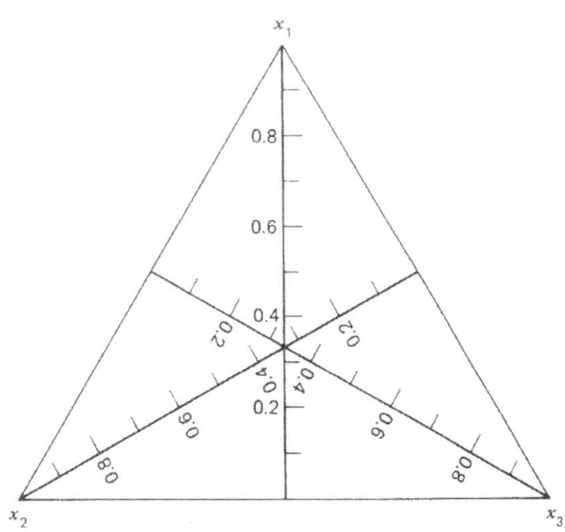

그림 14.5 심플렉스 좌표계

심플렉스 격자 설계(simplex-lattice design)는 심플렉스 상에서 균등히 분포된 점들을 실험하는 설계다. 이 설계에서는 각 성분 X_i의 비율로서 다음과 같이 $(m+1)$ 개의 등간격인 점들을 선택한다.

$$X_i = 0, \frac{1}{m}, \frac{2}{m}, \cdots, \frac{m-1}{m}, 1 \qquad (i = 1, \cdots, k)$$

제한 조건 (14.9)를 만족하는 이와 같은 **격자**(lattice)들을 (k, m) 격자라 부른다. 예를 들어 (3, 2) 격자의 실험점들은 다음과 같은 여섯 개다.

$$(X_1, X_2, X_3) = \{(1,0,0), (0,1,0), (0,0,1), (\frac{1}{2}, \frac{1}{2}, 0), (\frac{1}{2}, 0, \frac{1}{2}), (0, \frac{1}{2}, \frac{1}{2})\}$$

(k, m) 격자의 실험점 수는 다음 공식으로 주어진다.

$$N = \frac{(k+m-1)!}{m!(k-1)!}$$

심플렉스 중심 설계(simplex-centroid design)는 다음과 같은 $(2^k - 1)$ 개의 점들에서 실험을 한다.

$(1,0,0,\cdots,0)$의 순열 k 개

$(\frac{1}{2}, \frac{1}{2}, 0, \cdots, 0)$의 순열 $\binom{k}{2}$ 개

$(\frac{1}{3}, \frac{1}{3}, \frac{1}{3}, 0, \cdots, 0)$의 순열 $\binom{k}{3}$ 개

$\vdots$

$\left(\frac{1}{k}, \frac{1}{k}, \cdots, \frac{1}{k}\right)$

심플렉스 격자 설계와 심플렉스 중심 설계는 심플렉스의 경계에서만 실험을 하는 단점이 있다. 이를 보완하려면 심플렉스 내부에서도 실험점을 구해야하는데 **축 설계**(axial design)는 이런 목적으로 고안되었다. 심플렉스 좌표계의 축은 그림 14.5를 기준으로 각 꼭지점에서 마주 보이는 변과 수직인 선을 의미한다. 축 설계에서는 심플렉스의 중심 $(1/k, 1/k, \cdots, 1/k)$로부터 각 꼭지점까지 등간격으로 배치된 점들을 실험점으로 삼는다.

혼합물 실험에서 어떤 설계를 채용하든 실험점의 숫자 결정은 자신이 설정할 모형에서 몇 개의 모수를 추정하느냐에 달려있다. 물론 추정할 회귀계수들의 숫자보다 실험점은 더 많아야 하며, 중심에서 반복 실험을 하면 적합 결여 검증도 가능하다.

그런데 혼합물 실험에서는 설정하는 모형의 형태로서 RSM의 일차 모형이나 이차 모형을 그대로 사용할 수 없다. 이는 물론 (14.9)의 제약 조건 때문이다.

예를 들어 일차 모형을 생각해보자.

$$Y = \beta_0 + \sum_{i=1}^{k} \beta_i X_i + \epsilon \tag{14.10}$$

그런데 혼합물 실험에서는 $\sum X_i = 1$이므로 모형 (14.10)을 다음과 같이 써도 상관없다.

$$Y = \beta_0 \left(\sum_{i=1}^{k} X_i \right) + \sum_{i=1}^{k} \beta_i X_i + \epsilon = \sum_{i=1}^{k} \beta_i^* X_i + \epsilon \tag{14.11}$$

여기서, $\beta_i^* = \beta_0 + \beta_i \quad (i = 1, \cdots, k)$다.

(14.11)과 같이 입력변수들 간의 종속성을 제거한 형태로 표현된 모형을 **정준 다항식** (canonical polynomial)이라 부른다. 정준 일차 모형 (14.11)에 대한 분산분석표의 기본 형식을 표 14.11에 정리하였다. 표에서 N은 데이터의 총수다. 회귀 제곱합의 자유도가 $(k-1)$인 이유는 물론 (14.9)의 제약 조건 때문이다.

정준 이차 모형을 구할 때는 다음과 같은 등식을 더 이용한다.

$$X_i^2 = X_i \left(1 - \sum_{\substack{j=1 \\ j \neq i}}^{k} X_j \right)$$

표 14.11 정준 일차 모형 (14.11)에 대한 분산분석표

source	df
회귀	$k-1$
오차	$N-k$
총	$N-1$

표 14.12 정준 다항식 (14.12)에 대한 분산분석표

source	df
회귀	$k(k+1)/2-1$
오차	$N-k(k+1)/2$
총	$N-1$

결국 정준 이차 모형은 다음과 같이 표현된다.

$$Y=\sum_{i=1}^{k}\beta_i^* X_i+\sum_{\substack{i \\ i<j}}^{k-1}\sum_{j}^{k}\beta_{ij}^* X_i X_j+\epsilon \tag{14.12}$$

여기서, $\beta_i^*=\beta_0+\beta_i+\beta_{ii}$, $\beta_{ij}^*=\beta_{ij}-\beta_{ii}-\beta_{jj}$ $(i,j=1,\cdots,k;\ i<j)$이다.

모형 (14.12)에서 추정해야할 회귀계수의 수는 $k(k+1)/2$이다. 대응되는 분산분석표의 기본 형식은 표 14.12를 보라.

적절한 설계를 선택하여 데이터를 얻어 모형 (14.11)이나 (14.12)를 적합시켜 검증하는 방식은 전과 다름이 없다.

예 14.5

멜론 쥬스(M), 파인애플 쥬스(P), 오렌지 쥬스(O)를 혼합하여 가장 맛좋은 과일 펀치를 만들고 싶다. 그런데 멜론 쥬스는 반드시 30% 이상 들어가야 하는 조건이 있다. 실제로 실험이 진행된 실험점들의 좌표와 3 회 반복된 평가 자료가 표 14.13에 주어져있다. 실험점들은 격자 설계와 축 설계를 혼합하여 결정하였다. 멜론 쥬스가 30% 이상 들어가야 하는 관계로 제한없는 심플렉스 상에서 결정된 실험점 (x_1, x_2, x_3)들을 다음 관계식을 이용하여 적절히 변환하였다.

$$x_1=\frac{\%W-30}{70},\qquad x_2=\frac{\%P}{70},\qquad x_3=\frac{\%O}{70}$$

이차 모형의 적합 결과 다음과 같은 추정식을 얻었다.

$$\widehat{Y}=4.77x_1+6.27x_2+7.11x_3+2.15x_1x_2+1.10x_1x_3-3.54x_2x_3$$

표 14.13 실험 격자점과 데이터

혼합물	%M	%P	%O	x_1	x_2	x_3	평가
1	100	0	0	1	0	0	4.3, 4.7, 4.8
2	65	35	0	0.5	0.5	0	6.3, 5.8, 6.1
3	30	70	0	0	1	0	6.5, 6.2, 6.3
4	30	35	35	0	0.5	0.5	6.2, 6.2, 6.1
5	30	0	70	0	0	1	6.9, 7.0, 7.4
6	65	0	35	0.5	0	0.5	6.1, 6.5, 5.9
7	54	23	23	0.33	0.33	0.33	6.0, 5.8, 6.4
8	80	10	10	0.72	0.14	0.14	5.4, 5.8, 6.6
9	40	40	20	0.14	0.57	0.29	5.7, 5.0, 5.6
10	40	20	40	0.14	0.29	0.57	5.2, 6.4, 6.4

분산분석 결과는 다음과 같다.

source	SS	df	MS	F
회귀	9.293	5	1.859	9.82^{**}
오차	4.542	24	0.189	
총	13.835	29		

그림 14.6과 그림 14.7에 이 자료에서 적합된 반응표면을 각각 등고선도와 반응표면도로 도시하였다. ∎

14.7 SAS 활용

반응을 Y, 입력변수 3 개를 X1, X2, X3로 표기한다.

- **일차 모형**

```
PROC REG;
   MODEL Y = X1 X2 X3;
QUIT;
```

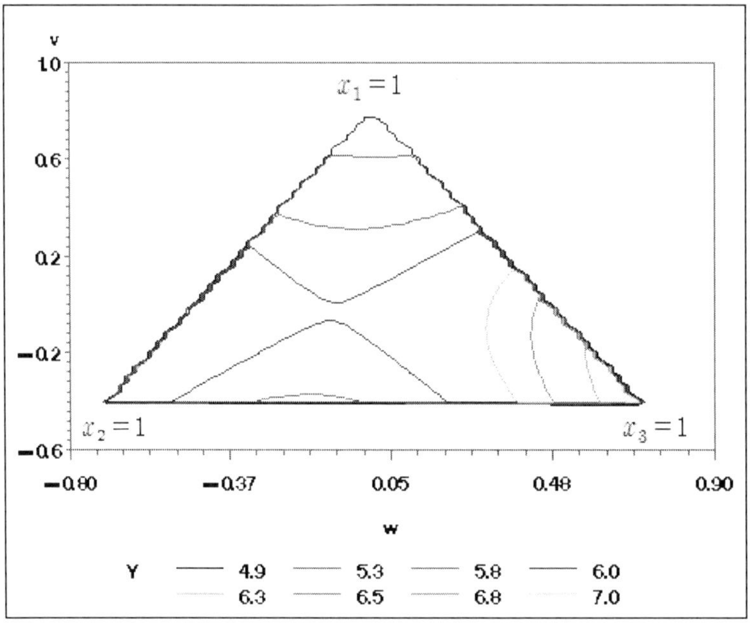

그림 14.6 편치 데이터에 대한 등고선도

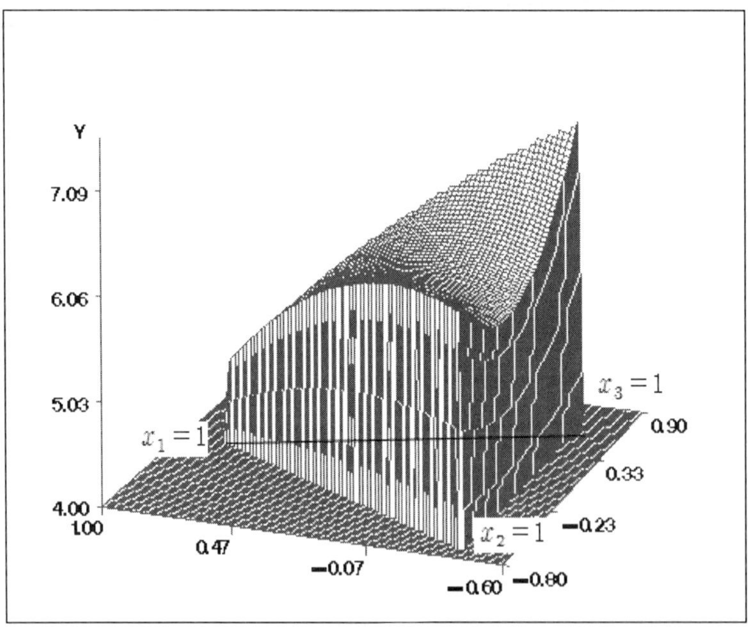

그림 14.7 편치 데이터에 대한 반응표면도

적합 결여 검증을 하려면 다음을 추가한다.

```
PROC GLM;
   CLASS X1 X2 X3;
   MODEL Y = X1 X2 X3 X1*X2*X3;
QUIT;
```

출력에서 SS(X1*X2*X3)가 SS_{LOF}, 오차제곱합이 SS_{PE}다.

- **이차 모형**

```
PROC RSREG;
   MODEL Y = X1 X2 X3;
QUIT;
```

적합 결여 검증이 필요하면 MODEL 문장에 LACKFIT을 추가한다.

```
   MODEL Y = X1 X2 X3 / LACKFIT;
```

CCD와 같은 경우 부호화가 불필요할 수 있다. 이런 경우에는 NOCODE를 지정한다.

```
   MODEL Y = X1 X2 X3 / NOCODE;
```

예 14.6

예 14.5의 펀치 데이터를 RSREG 절차로 분석하는 프로그램이다.

```
DATA punch;
  INPUT x1 x2 x3 y1 y2 y3;
  Y=y1; output;
  Y=y2; output;
  Y=y3; output;
DATALINES;
1     0     0     4.3  4.7  4.8
```

```
0.5   0.5   0     6.3  5.8  6.1
0     1     0     6.5  6.2  6.3
0     0.5   0.5   6.2  6.2  6.1
0     0     1     6.9  7.0  7.4
0.5   0     0.5   6.1  6.5  5.9
0.34  0.33  0.33  6.0  5.8  6.4
0.72  0.14  0.14  5.4  5.8  6.6
0.14  0.57  0.29  5.7  5.0  5.6
0.14  0.29  0.57  5.2  6.4  6.4
RUN;

PROC RSREG DATA=punch;
  MODEL Y = x1 x2 x3 / NOCODE LACKFIT;
RUN;
```

출력을 보면 모형을 선형, 이차, 교차곱의 세 부분으로 나누어 유의성을 검증하고 있다. 모형 전체의 제곱합은 9.293으로 극히 유의하다. 오차 부분 역시 적합 결여와 순수 오차로 세분하여 출력한다.

The RSREG Procedure

Response Surface for Variable Y	
Response Mean	5.986667
Root MSE	0.435017
R-Square	0.6717
Coefficient of Variation	7.2664

Regression	DF	Type I Sum of Squares	R-Square	F Value	Pr > F
Linear	2	6.193772	0.4477	16.36	<.0001
Quadratic	2	1.979630	0.1431	5.23	0.0130
Crossproduct	1	1.119510	0.0809	5.92	0.0228
Total Model	5	9.292912	0.6717	9.82	<.0001

Residual	DF	Sum of Squares	Mean Square	F Value	Pr > F
Lack of Fit	4	1.715088	0.428772	3.03	0.0416
Pure Error	20	2.826667	0.141333		
Total Error	24	4.541754	0.189240		

다음은 회귀계수의 추정과 정준분석 부분이다.

Canonical Analysis of Response Surface

Parameter	DF	Estimate	Standard Error	t Value	Pr > |t|
Intercept	1	7.108060	0.247194	28.76	<.0001
x1	1	-1.236372	1.176707	-1.05	0.3039
x2	1	-4.378302	1.077079	-4.06	0.0004
x3	0	0	.	.	.
x1*x1	1	-1.098087	1.133476	-0.97	0.3423
x2*x1	1	4.586581	1.885738	2.43	0.0228
x2*x2	1	3.536610	1.019192	3.47	0.0020
x3*x1	0	0	.	.	.
x3*x2	0	0	.	.	.
x3*x3	0	0	.	.	.

Factor	Critical Value
x1	0.309983
x2	0.417991
x3	0
Predicted value at stationary point: 6.001388	

	Eigenvectors		
Eigenvalues	x1	x2	x3
4.479520	0.380272	0.924875	0
0	0	0	1.000000
-2.040997	0.924875	-0.380272	0
Stationary point is in a flatness.			
Stationary point is a saddle point.			

위 출력을 정리하면 다음을 얻는다.

$$\hat{Y} = 7.11 - 1.24x_1 - 4.38x_2 - 1.10x_1^2 + 4.59x_1x_2 + 3.54x_2^2$$

그런데 이 함수식은 예 14.5에서 다음처럼 제시한 것에 비하여 사뭇 형태가 다르다.

$$\hat{Y} = 4.77x_1 + 6.27x_2 + 7.11x_3 + 2.15x_1x_2 + 1.10x_1x_3 - 3.54x_2x_3$$

까닭인즉 SAS에서는 모수 추정 시 항상 가장 마지막 회귀변수를 모형에서 소거하기 때문이다. 즉 현재의 경우 모형 (14.12)에 $x_3 = 1 - x_1 - x_2$를 대입하여 모형을 오직 x_1과 x_2의 함수만으로 표시하는 것이다. 따라서 예 14.5에 주어진 추정식이나 위에 주어진 추정식이나 비록 형태는 다르지만 본질적으로 같은 추정식이다. 정준분석을 보면 정상점은 안장점이다. 그림 14.7의 반응표면도를 보면 쉽게 확인할 수 있다. 다음은 그림 14.6의 등고선도와 그림 14.7의 반응표면도를 출력하는 프로그램이다.

```
DATA fit;
  DO v=-0.6 TO 1 BY 0.02;
```

```
      DO w=-0.8 TO 0.9 BY 0.02;
         x1=(sqrt(6)*v + 1)/3;
         x2=(1 - x1 - sqrt(2)*w)/2;
         x3=1-x1-x2;
         Y=4;
         IF (0<=x1<=1) & (0<=x2<=1) & (0<=x3<=1) THEN
            Y=4.77*x1+6.27*x2+7.11*x3+2.15*x1*x2+1.10*x1*x3-3.54*x2*x3;
         OUTPUT;
      END;
   END;

GOPTIONS BORDER HSIZE=5 VSIZE=4 HORIGIN=1 VORIGIN=1
         FTEXT=SWISSB HTEXT=1 FTITLE=CENTXI HTITLE=1.0;

PROC GCONTOUR DATA=fit;
  PLOT v*w=y / LEVELS=4.9 5.3 5.8 6.0 6.3 6.5 6.8 7.0;
RUN;

PROC G3D DATA=fit;
  PLOT v*w=y;
RUN;
```

SAS에서 등고선도는 GCONTOUR, 삼차원도는 G3D 절차를 이용한다. 위 프로그램의 데이터 단계에서는 적합된 다음 함수식을 기초로

$$\hat{Y} = 4.77x_1 + 6.27x_2 + 7.11x_3 + 2.15x_1x_2 + 1.10x_1x_3 - 3.54x_2x_3$$

심플렉스 상에서 반응값들을 계산하고 있다. 이 값들을 기초로 등고선도와 삼차원도가 만들어진다. ▮

< 연 습 문 제 >

1. 다음 자료에 일차 모형을 적합하고 적합 결여 검증을 하라.

원래 변수		부호 변수		반응값
X_1	X_2	x_1	x_2	Y
80	170	-1	-1	76.5
80	180	-1	1	77.0
90	170	1	-1	78.0
90	180	1	1	79.5
85	175	0	0	79.9
85	175	0	0	80.3
85	175	0	0	80.0
85	175	0	0	79.7
85	175	0	0	79.8

2. 다음은 CCD를 수행하여 얻은 자료다. 정준 분석을 하라.

x_1	x_2	Y
-1	-1	76.5
-1	1	77.0
1	-1	78.0
1	1	79.5
0	0	79.9
0	0	80.3
0	0	80.0
0	0	79.7
0	0	79.8
1.414	0	78.4
-1.414	0	75.6
0	1.414	78.5
0	-1.414	77.0

3. (3, 3) 격자의 좌표를 구하고 도시하라.

4. 중심점에서 4 회 실험하는 팔각설계(octagonal design)를 사용하여 데이터를 얻은 후 다음과 같은 이차 모형이 적합되었다.

$$\hat{Y} = 30 - x_1 - 8x_2 + 2x_1^2 + 9x_2^2 - 8x_1x_2$$

정상점의 좌표를 구하고 정준 분석을 하라.

5. 예 14.5의 제한된 심플렉스 상에서의 실험점들을 도시하라.

부 록

A.1 표준정규분포표

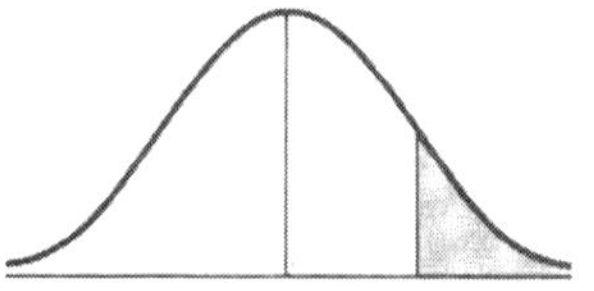

z	.00	.01	.02	.03	.04	.05	.06	.07	.08	.09
0.0	.5000	.4960	.4920	.4880	.4840	.4801	.4761	.4721	.4681	.4641
0.1	.4602	.4562	.4522	.4483	.4443	.4404	.4364	.4325	.4286	.4247
0.2	.4207	.4168	.4129	.4090	.4052	.4013	.3974	.3936	.3897	.3859
0.3	.3821	.3783	.3745	.3707	.3669	.3632	.3594	.3557	.3520	.3483
0.4	.3446	.3409	.3372	.3336	.3300	.3264	.3228	.3192	.3156	.3121
0.5	.3085	.3050	.3015	.2981	.2946	.2912	.2877	.2843	.2810	.2776
0.6	.2743	.2709	.2676	.2643	.2611	.2578	.2546	.2514	.2483	.2451
0.7	.2420	.2389	.2358	.2327	.2296	.2266	.2236	.2206	.2177	.2148
0.8	.2119	.2090	.2061	.2033	.2005	.1977	.1949	.1922	.1894	.1867
0.9	.1841	.1814	.1788	.1762	.1736	.1711	.1685	.1660	.1635	.1611
1.0	.1587	.1562	.1539	.1515	.1492	.1469	.1446	.1423	.1401	.1379
1.1	.1357	.1335	.1314	.1292	.1271	.1251	.1230	.1210	.1190	.1170
1.2	.1151	.1131	.1112	.1093	.1075	.1056	.1038	.1020	.1003	.0985
1.3	.0968	.0951	.0934	.0918	.0901	.0885	.0869	.0853	.0838	.0823
1.4	.0808	.0793	.0778	.0764	.0749	.0735	.0721	.0708	.0694	.0681
1.5	.0668	.0655	.0643	.0630	.0618	.0606	.0594	.0582	.0571	.0559
1.6	.0548	.0537	.0526	.0516	.0505	.0495	.0485	.0475	.0465	.0455
1.7	.0446	.0436	.0427	.0418	.0409	.0401	.0392	.0384	.0375	.0367
1.8	.0359	.0351	.0344	.0336	.0329	.0322	.0314	.0307	.0301	.0294
1.9	.0287	.0281	.0274	.0268	.0262	.0256	.0250	.0244	.0239	.0233
2.0	.0228	.0222	.0217	.0212	.0207	.0202	.0197	.0192	.0188	.0183
2.1	.0179	.0174	.0170	.0166	.0162	.0158	.0154	.0150	.0146	.0143
2.2	.0139	.0136	.0132	.0129	.0125	.0122	.0119	.0116	.0113	.0110
2.3	.0107	.0104	.0102	.0099	.0096	.0094	.0091	.0089	.0087	.0084
2.4	.0082	.0080	.0078	.0075	.0073	.0071	.0069	.0068	.0066	.0064
2.5	.0062	.0060	.0059	.0057	.0055	.0054	.0052	.0051	.0049	.0048
2.6	.0047	.0045	.0044	.0043	.0041	.0040	.0039	.0038	.0037	.0036
2.7	.0035	.0034	.0033	.0032	.0031	.0030	.0029	.0028	.0027	.0026
2.8	.0026	.0025	.0024	.0023	.0023	.0022	.0021	.0021	.0020	.0019
2.9	.0019	.0018	.0018	.0017	.0016	.0016	.0015	.0015	.0014	.0014
3.0	.0013	.0013	.0013	.0012	.0012	.0011	.0011	.0011	.0010	.0010
3.1	.0010	.0009	.0009	.0009	.0008	.0008	.0008	.0008	.0007	.0007
3.2	.0007	.0007	.0006	.0006	.0006	.0006	.0006	.0005	.0005	.0005
3.3	.0005	.0005	.0005	.0004	.0004	.0004	.0004	.0004	.0004	.0003
3.4	.0003	.0003	.0003	.0003	.0003	.0003	.0003	.0003	.0003	.0002

A.2 t 분포표

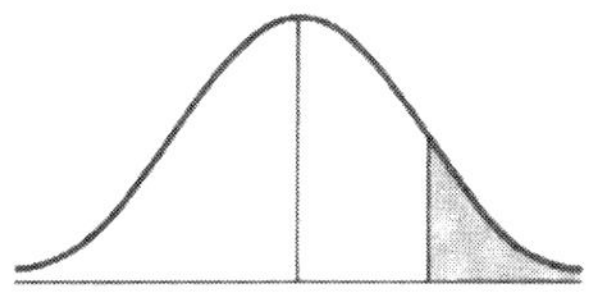

df	.25	.20	.15	.10	.05	.025	.02	.01	.005	.0025	.001	.0005
1	1.000	1.376	1.963	3.078	6.314	12.71	15.89	31.82	63.66	127.3	318.3	636.6
2	0.816	1.061	1.386	1.886	2.920	4.303	4.849	6.965	9.925	14.09	22.33	31.60
3	0.765	0.978	1.250	1.638	2.353	3.182	3.482	4.541	5.841	7.453	10.21	12.92
4	0.741	0.941	1.190	1.533	2.132	2.776	2.999	3.747	4.604	5.598	7.173	8.610
5	0.727	0.920	1.156	1.476	2.015	2.571	2.757	3.365	4.032	4.773	5.893	6.869
6	0.718	0.906	1.134	1.440	1.943	2.447	2.612	3.143	3.707	4.317	5.208	5.959
7	0.711	0.896	1.119	1.415	1.895	2.365	2.517	2.998	3.499	4.029	4.785	5.408
8	0.706	0.889	1.108	1.397	1.860	2.306	2.449	2.896	3.355	3.833	4.501	5.041
9	0.703	0.883	1.100	1.383	1.833	2.262	2.398	2.821	3.250	3.690	4.297	4.781
10	0.700	0.879	1.093	1.372	1.812	2.228	2.359	2.764	3.169	3.581	4.144	4.587
11	0.697	0.876	1.088	1.363	1.796	2.201	2.328	2.718	3.106	3.497	4.025	4.437
12	0.695	0.873	1.083	1.356	1.782	2.179	2.303	2.681	3.055	3.428	3.930	4.318
13	0.694	0.870	1.079	1.350	1.771	2.160	2.282	2.650	3.012	3.372	3.852	4.221
14	0.692	0.868	1.076	1.345	1.761	2.145	2.264	2.624	2.977	3.326	3.787	4.140
15	0.691	0.866	1.074	1.341	1.753	2.131	2.249	2.602	2.947	3.286	3.733	4.073
16	0.690	0.865	1.071	1.337	1.746	2.120	2.235	2.583	2.921	3.252	3.686	4.015
17	0.689	0.863	1.069	1.333	1.740	2.110	2.224	2.567	2.898	3.222	3.646	3.965
18	0.688	0.862	1.067	1.330	1.734	2.101	2.214	2.552	2.878	3.197	3.611	3.922
19	0.688	0.861	1.066	1.328	1.729	2.093	2.205	2.539	2.861	3.174	3.579	3.883
20	0.687	0.860	1.064	1.325	1.725	2.086	2.197	2.528	2.845	3.153	3.552	3.850
21	0.686	0.859	1.063	1.323	1.721	2.080	2.189	2.518	2.831	3.135	3.527	3.819
22	0.686	0.858	1.061	1.321	1.717	2.074	2.183	2.508	2.819	3.119	3.505	3.792
23	0.685	0.858	1.060	1.319	1.714	2.069	2.177	2.500	2.807	3.104	3.485	3.768
24	0.685	0.857	1.059	1.318	1.711	2.064	2.172	2.492	2.797	3.091	3.467	3.745
25	0.684	0.856	1.058	1.316	1.708	2.060	2.167	2.485	2.787	3.078	3.450	3.725
26	0.684	0.856	1.058	1.315	1.706	2.056	2.162	2.479	2.779	3.067	3.435	3.707
27	0.684	0.855	1.057	1.314	1.703	2.052	2.158	2.473	2.771	3.057	3.421	3.690
28	0.683	0.855	1.056	1.313	1.701	2.048	2.154	2.467	2.763	3.047	3.408	3.674
29	0.683	0.854	1.055	1.311	1.699	2.045	2.150	2.462	2.756	3.038	3.396	3.659
30	0.683	0.854	1.055	1.310	1.697	2.042	2.147	2.457	2.750	3.030	3.385	3.646
40	0.681	0.851	1.050	1.303	1.684	2.021	2.123	2.423	2.704	2.971	3.307	3.551
50	0.679	0.849	1.047	1.299	1.676	2.009	2.109	2.403	2.678	2.937	3.261	3.496
60	0.679	0.848	1.045	1.296	1.671	2.000	2.099	2.390	2.660	2.915	3.232	3.460
80	0.678	0.846	1.043	1.292	1.664	1.990	2.088	2.374	2.639	2.887	3.195	3.416
100	0.677	0.845	1.042	1.290	1.660	1.984	2.081	2.364	2.626	2.871	3.174	3.390
1,000	0.675	0.842	1.037	1.282	1.646	1.962	2.056	2.330	2.581	2.813	3.098	3.300
∞	0.674	0.841	1.036	1.282	1.645	1.960	2.054	2.326	2.576	2.807	3.091	3.291

A.3 χ^2 분포표

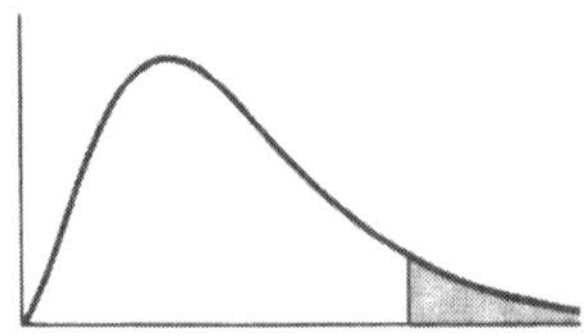

df	.9995	.999	.9975	.995	.990	.975	.950	.900	.750	.500
1	0.00	0.00	0.00	0.00	0.00	0.00	0.00	0.02	0.10	0.45
2	0.00	0.00	0.01	0.01	0.02	0.05	0.10	0.21	0.58	1.39
3	0.02	0.02	0.04	0.07	0.11	0.22	0.35	0.58	1.21	2.37
4	0.06	0.09	0.14	0.21	0.30	0.48	0.71	1.06	1.92	3.36
5	0.16	0.21	0.31	0.41	0.55	0.83	1.15	1.61	2.67	4.35
6	0.30	0.38	0.53	0.68	0.87	1.24	1.64	2.20	3.45	5.35
7	0.48	0.60	0.79	0.99	1.24	1.69	2.17	2.83	4.25	6.35
8	0.71	0.86	1.10	1.34	1.65	2.18	2.73	3.49	5.07	7.34
9	0.97	1.15	1.45	1.73	2.09	2.70	3.33	4.17	5.90	8.34
10	1.26	1.48	1.83	2.16	2.56	3.25	3.94	4.87	6.74	9.34
11	1.59	1.83	2.23	2.60	3.05	3.82	4.57	5.58	7.58	10.34
12	1.93	2.21	2.66	3.07	3.57	4.40	5.23	6.30	8.44	11.34
13	2.31	2.62	3.11	3.57	4.11	5.01	5.89	7.04	9.30	12.34
14	2.70	3.04	3.58	4.07	4.66	5.63	6.57	7.79	10.17	13.34
15	3.11	3.48	4.07	4.60	5.23	6.26	7.26	8.55	11.04	14.34
16	3.54	3.94	4.57	5.14	5.81	6.91	7.96	9.31	11.91	15.34
17	3.98	4.42	5.09	5.70	6.41	7.56	8.67	10.09	12.79	16.34
18	4.44	4.90	5.62	6.26	7.01	8.23	9.39	10.86	13.68	17.34
19	4.91	5.41	6.17	6.84	7.63	8.91	10.12	11.65	14.56	18.34
20	5.40	5.92	6.72	7.43	8.26	9.59	10.85	12.44	15.45	19.34
21	5.90	6.45	7.29	8.03	8.90	10.28	11.59	13.24	16.34	20.34
22	6.40	6.98	7.86	8.64	9.54	10.98	12.34	14.04	17.24	21.34
23	6.92	7.53	8.45	9.26	10.20	11.69	13.09	14.85	18.14	22.34
24	7.45	8.08	9.04	9.89	10.86	12.40	13.85	15.66	19.04	23.34
25	7.99	8.65	9.65	10.52	11.52	13.12	14.61	16.47	19.94	24.34
26	8.54	9.22	10.26	11.16	12.20	13.84	15.38	17.29	20.84	25.34
27	9.09	9.80	10.87	11.81	12.88	14.57	16.15	18.11	21.75	26.34
28	9.66	10.39	11.50	12.46	13.56	15.31	16.93	18.94	22.66	27.34
29	10.23	10.99	12.13	13.12	14.26	16.05	17.71	19.77	23.57	28.34
30	10.80	11.59	12.76	13.79	14.95	16.79	18.49	20.60	24.48	29.34
40	16.91	17.92	19.42	20.71	22.16	24.43	26.51	29.05	33.66	39.34
50	23.46	24.67	26.46	27.99	29.71	32.36	34.76	37.69	42.94	49.33
60	30.34	31.74	33.79	35.53	37.48	40.48	43.19	46.46	52.29	59.33
80	44.79	46.52	49.04	51.17	53.54	57.15	60.39	64.28	71.14	79.33
100	59.90	61.92	64.86	67.33	70.06	74.22	77.93	82.36	90.13	99.33

A.3 χ^2 분포표 (계속)

df	.250	.200	.150	.100	.050	.025	.020	.010	.005	.0025	.001	.0005
1	1.32	1.64	2.07	2.71	3.84	5.02	5.41	6.63	7.88	9.14	10.83	12.12
2	2.77	3.22	3.79	4.61	5.99	7.38	7.82	9.21	10.60	11.98	13.82	15.20
3	4.11	4.64	5.32	6.25	7.81	9.35	9.84	11.34	12.84	14.32	16.27	17.73
4	5.39	5.99	6.74	7.78	9.49	11.14	11.67	13.28	14.86	16.42	18.47	20.00
5	6.63	7.29	8.12	9.24	11.07	12.83	13.39	15.09	16.75	18.39	20.51	22.11
6	7.84	8.56	9.45	10.64	12.59	14.45	15.03	16.81	18.55	20.25	22.46	24.10
7	9.04	9.80	10.75	12.02	14.07	16.01	16.62	18.48	20.28	22.04	24.32	26.02
8	10.22	11.03	12.03	13.36	15.51	17.53	18.17	20.09	21.95	23.77	26.12	27.87
9	11.39	12.24	13.29	14.68	16.92	19.02	19.68	21.67	23.59	25.46	27.88	29.67
10	12.55	13.44	14.53	15.99	18.31	20.48	21.16	23.21	25.19	27.11	29.59	31.42
11	13.70	14.63	15.77	17.28	19.68	21.92	22.62	24.72	26.76	28.73	31.26	33.14
12	14.85	15.81	16.99	18.55	21.03	23.34	24.05	26.22	28.30	30.32	32.91	34.82
13	15.98	16.98	18.20	19.81	22.36	24.74	25.47	27.69	29.82	31.88	34.53	36.48
14	17.12	18.15	19.41	21.06	23.68	26.12	26.87	29.14	31.32	33.43	36.12	38.11
15	18.25	19.31	20.60	22.31	25.00	27.49	28.26	30.58	32.80	34.95	37.70	39.72
16	19.37	20.47	21.79	23.54	26.30	28.85	29.63	32.00	34.27	36.46	39.25	41.31
17	20.49	21.61	22.98	24.77	27.59	30.19	31.00	33.41	35.72	37.95	40.79	42.88
18	21.60	22.76	24.16	25.99	28.87	31.53	32.35	34.81	37.16	39.42	42.31	44.43
19	22.72	23.90	25.33	27.20	30.14	32.85	33.69	36.19	38.58	40.88	43.82	45.97
20	23.83	25.04	26.50	28.41	31.41	34.17	35.02	37.57	40.00	42.34	45.31	47.50
21	24.93	26.17	27.66	29.62	32.67	35.48	36.34	38.93	41.40	43.78	46.80	49.01
22	26.04	27.30	28.82	30.81	33.92	36.78	37.66	40.29	42.80	45.20	48.27	50.51
23	27.14	28.43	29.98	32.01	35.17	38.08	38.97	41.64	44.18	46.62	49.73	52.00
24	28.24	29.55	31.13	33.20	36.42	39.36	40.27	42.98	45.56	48.03	51.18	53.48
25	29.34	30.68	32.28	34.38	37.65	40.65	41.57	44.31	46.93	49.44	52.62	54.95
26	30.43	31.79	33.43	35.56	38.89	41.92	42.86	45.64	48.29	50.83	54.05	56.41
27	31.53	32.91	34.57	36.74	40.11	43.19	44.14	46.96	49.64	52.22	55.48	57.86
28	32.62	34.03	35.71	37.92	41.34	44.46	45.42	48.28	50.99	53.59	56.89	59.30
29	33.71	35.14	36.85	39.09	42.56	45.72	46.69	49.59	52.34	54.97	58.30	60.73
30	34.80	36.25	37.99	40.26	43.77	46.98	47.96	50.89	53.67	56.33	59.70	62.16
40	45.62	47.27	49.24	51.81	55.76	59.34	60.44	63.69	66.77	69.70	73.40	76.09
50	56.33	58.16	60.35	63.17	67.50	71.42	72.61	76.15	79.49	82.66	86.66	89.56
60	66.98	68.97	71.34	74.40	79.08	83.30	84.58	88.38	91.95	95.34	99.61	102.7
80	88.13	90.41	93.11	96.58	101.9	106.6	108.1	112.3	116.3	120.1	124.8	128.3
100	109.1	111.7	114.7	118.5	124.3	129.6	131.1	135.8	140.2	144.3	149.4	153.2

A.4 F 분포표

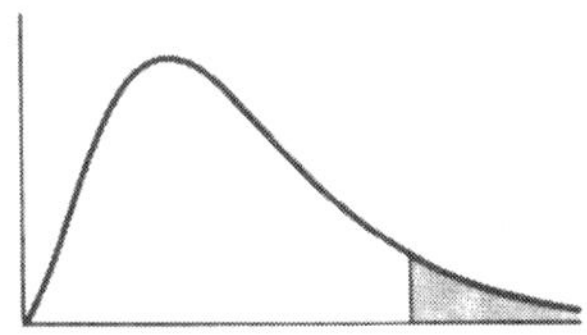

Denominator df	α	Numerator df 1	2	3	4	5	6	7	8	9	10
	.100	39.86	49.50	53.59	55.83	57.24	58.20	58.91	59.44	59.86	60.19
	.050	161.45	199.50	215.71	224.58	230.10	233.99	236.77	238.88	240.54	241.88
1	.025	647.79	799.50	864.16	899.58	921.85	937.11	948.22	956.66	963.28	968.63
	.010	4052.2	4999.5	5403.4	5624.6	5763.6	5859.0	5928.4	5981.1	6022.5	6055.8
	.001	405284	500000	540379	562500	576405	585937	592873	598144	602284	605621
	.100	8.53	9.00	9.16	9.24	9.29	9.33	9.35	9.37	9.38	9.39
	.050	18.51	19.00	19.16	19.25	19.30	19.33	19.35	19.37	19.38	19.40
2	.025	38.51	39.00	39.17	39.25	39.30	39.33	39.36	39.37	39.39	39.40
	.010	98.50	99.00	99.17	99.25	99.30	99.33	99.36	99.37	99.39	99.40
	.001	998.50	999.00	999.17	999.25	999.30	999.33	999.36	999.37	999.39	999.40
	.100	5.54	5.46	5.39	5.34	5.31	5.28	5.27	5.25	5.24	5.23
	.050	10.13	9.55	9.28	9.12	9.01	8.94	8.89	8.85	8.81	8.79
3	.025	17.44	16.04	15.44	15.10	14.88	14.73	14.62	14.54	14.47	14.42
	.010	34.12	30.82	29.46	28.71	28.24	27.91	27.67	27.49	27.35	27.23
	.001	167.03	148.50	141.11	137.10	134.58	132.85	131.58	130.62	129.86	129.25
	.100	4.54	4.32	4.19	4.11	4.05	4.01	3.98	3.95	3.94	3.92
	.050	7.71	6.94	6.59	6.39	6.26	6.16	6.09	6.04	6.00	5.96
4	.025	12.22	10.65	9.98	9.60	9.36	9.20	9.07	8.98	8.90	8.84
	.010	21.20	18.00	16.69	15.98	15.52	15.21	14.98	14.80	14.66	14.55
	.001	74.14	61.25	56.18	53.44	51.71	50.53	49.66	49.00	48.47	48.05
	.100	4.06	3.78	3.62	3.52	3.45	3.40	3.37	3.34	3.32	3.30
	.050	6.61	5.79	5.41	5.19	5.05	4.95	4.88	4.82	4.77	4.74
5	.025	10.01	8.43	7.76	7.39	7.15	6.98	6.85	6.76	6.68	6.62
	.010	16.26	13.27	12.06	11.39	10.97	10.67	10.46	10.29	10.16	10.05
	.001	47.18	37.12	33.20	31.09	29.75	28.83	28.16	27.65	27.24	26.92
	.100	3.78	3.46	3.29	3.18	3.11	3.05	3.01	2.98	2.96	2.94
	.050	5.99	5.14	4.76	4.53	4.39	4.28	4.21	4.15	4.10	4.06
6	.025	8.81	7.26	6.60	6.23	5.99	5.82	5.70	5.60	5.52	5.46
	.010	13.75	10.92	9.78	9.15	8.75	8.47	8.26	8.10	7.98	7.87
	.001	35.51	27.00	23.70	21.92	20.80	20.03	19.46	19.03	18.69	18.41

A.4 F 분포표 (계속)

Denominator df	α	Numerator df 12	15	20	25	30	40	50	60	120	1,000
	.100	60.71	61.22	61.74	62.05	62.26	62.53	62.69	62.79	63.06	63.30
	.050	243.91	245.95	248.01	249.26	250.10	251.14	251.77	252.20	253.25	254.11
1	.025	976.71	984.87	993.10	998.08	1001.4	1005.6	1008.1	1009.8	1014.0	1017.7
	.010	6106.3	6157.3	6208.7	6239.8	6260.6	6286.8	6302.5	6313.0	6339.4	6362.7
	.001	610668	615764	620908	624017	626099	628712	630285	631337	633972	636301
	.100	9.41	9.42	9.44	9.45	9.46	9.47	9.47	9.47	9.48	9.49
	.050	19.41	19.43	19.45	19.46	19.46	19.47	19.48	19.48	19.49	19.49
2	.025	39.41	39.43	39.45	39.46	39.46	39.47	39.48	39.48	39.49	39.50
	.010	99.42	99.43	99.45	99.46	99.47	99.47	99.48	99.48	99.49	99.50
	.001	999.42	999.43	999.45	999.46	999.47	999.47	999.48	999.48	999.49	999.50
	.100	5.22	5.20	5.18	5.17	5.17	5.16	5.15	5.15	5.14	5.13
	.050	8.74	8.70	8.66	8.63	8.62	8.59	8.58	8.57	8.55	8.53
3	.025	14.34	14.25	14.17	14.12	14.08	14.04	14.01	13.99	13.95	13.91
	.010	27.05	26.87	26.69	26.58	26.50	26.41	26.35	26.32	26.22	26.14
	.001	128.32	127.37	126.42	125.84	125.45	124.96	124.66	124.47	123.97	123.53
	.100	3.90	3.87	3.84	3.83	3.82	3.80	3.80	3.79	3.78	3.76
	.050	5.91	5.86	5.80	5.77	5.75	5.72	5.70	5.69	5.66	5.63
4	.025	8.75	8.66	8.56	8.50	8.46	8.41	8.38	8.36	8.31	8.26
	.010	14.37	14.20	14.02	13.91	13.84	13.75	13.69	13.65	13.56	13.47
	.001	47.41	46.76	46.10	45.70	45.43	45.09	44.88	44.75	44.40	44.09
	.100	3.27	3.24	3.21	3.19	3.17	3.16	3.15	3.14	3.12	3.11
	.050	4.68	4.62	4.56	4.52	4.50	4.46	4.44	4.43	4.40	4.37
5	.025	6.52	6.43	6.33	6.27	6.23	6.18	6.14	6.12	6.07	6.02
	.010	9.89	9.72	9.55	9.45	9.38	9.29	9.24	9.20	9.11	9.03
	.001	26.42	25.91	25.39	25.08	24.87	24.60	24.44	24.33	24.06	23.82
	.100	2.90	2.87	2.84	2.81	2.80	2.78	2.77	2.76	2.74	2.72
	.050	4.00	3.94	3.87	3.83	3.81	3.77	3.75	3.74	3.70	3.67
6	.025	5.37	5.27	5.17	5.11	5.07	5.01	4.98	4.96	4.90	4.86
	.010	7.72	7.56	7.40	7.30	7.23	7.14	7.09	7.06	6.97	6.89
	.001	17.99	17.56	17.12	16.85	16.67	16.44	16.31	16.21	15.98	15.77

A.4 F 분포표 (계속)

Denominator df	α	1	2	3	4	5	6	7	8	9	10
		Numerator df									
	.100	3.59	3.26	3.07	2.96	2.88	2.83	2.78	2.75	2.72	2.70
	.050	5.59	4.74	4.35	4.12	3.97	3.87	3.79	3.73	3.68	3.64
7	.025	8.07	6.54	5.89	5.52	5.29	5.12	4.99	4.90	4.82	4.76
	.010	12.25	9.55	8.45	7.85	7.46	7.19	6.99	6.84	6.72	6.62
	.001	29.25	21.69	18.77	17.20	16.21	15.52	15.02	14.63	14.33	14.08
	.100	3.46	3.11	2.92	2.81	2.73	2.67	2.62	2.59	2.56	2.54
	.050	5.32	4.46	4.07	3.84	3.69	3.58	3.50	3.44	3.39	3.35
8	.025	7.57	6.06	5.42	5.05	4.82	4.65	4.53	4.43	4.36	4.30
	.010	11.26	8.65	7.59	7.01	6.63	6.37	6.18	6.03	5.91	5.81
	.001	25.41	18.49	15.83	14.39	13.48	12.86	12.40	12.05	11.77	11.54
	.100	3.36	3.01	2.81	2.69	2.61	2.55	2.51	2.47	2.44	2.42
	.050	5.12	4.26	3.86	3.63	3.48	3.37	3.29	3.23	3.18	3.14
9	.025	7.21	5.71	5.08	4.72	4.48	4.32	4.20	4.10	4.03	3.96
	.010	10.56	8.02	6.99	6.42	6.06	5.80	5.61	5.47	5.35	5.26
	.001	22.86	16.39	13.90	12.56	11.71	11.13	10.70	10.37	10.11	9.89
	.100	3.29	2.92	2.73	2.61	2.52	2.46	2.41	2.38	2.35	2.32
	.050	4.96	4.10	3.71	3.48	3.33	3.22	3.14	3.07	3.02	2.98
10	.025	6.94	5.46	4.83	4.47	4.24	4.07	3.95	3.85	3.78	3.72
	.010	10.04	7.56	6.55	5.99	5.64	5.39	5.20	5.06	4.94	4.85
	.001	21.04	14.91	12.55	11.28	10.48	9.93	9.52	9.20	8.96	8.75
	.100	3.23	2.86	2.66	2.54	2.45	2.39	2.34	2.30	2.27	2.25
	.050	4.84	3.98	3.59	3.36	3.20	3.09	3.01	2.95	2.90	2.85
11	.025	6.72	5.26	4.63	4.28	4.04	3.88	3.76	3.66	3.59	3.53
	.010	9.65	7.21	6.22	5.67	5.32	5.07	4.89	4.74	4.63	4.54
	.001	19.69	13.81	11.56	10.35	9.58	9.05	8.66	8.35	8.12	7.92
	.100	3.18	2.81	2.61	2.48	2.39	2.33	2.28	2.24	2.21	2.19
	.050	4.75	3.89	3.49	3.26	3.11	3.00	2.91	2.85	2.80	2.75
12	.025	6.55	5.10	4.47	4.12	3.89	3.73	3.61	3.51	3.44	3.37
	.010	9.33	6.93	5.95	5.41	5.06	4.82	4.64	4.50	4.39	4.30
	.001	18.64	12.97	10.80	9.63	8.89	8.38	8.00	7.71	7.48	7.29
	.100	3.14	2.76	2.56	2.43	2.35	2.28	2.23	2.20	2.16	2.14
	.050	4.67	3.81	3.41	3.18	3.03	2.92	2.83	2.77	2.71	2.67
13	.025	6.41	4.97	4.35	4.00	3.77	3.60	3.48	3.39	3.31	3.25
	.010	9.07	6.70	5.74	5.21	4.86	4.62	4.44	4.30	4.19	4.10
	.001	17.82	12.31	10.21	9.07	8.35	7.86	7.49	7.21	6.98	6.80

A.4 F 분포표 (계속)

Denominator df	α	Numerator df 12	15	20	25	30	40	50	60	120	1,000
	.100	2.67	2.63	2.59	2.57	2.56	2.54	2.52	2.51	2.49	2.47
	.050	3.57	3.51	3.44	3.40	3.38	3.34	3.32	3.30	3.27	3.23
7	.025	4.67	4.57	4.47	4.40	4.36	4.31	4.28	4.25	4.20	4.15
	.010	6.47	6.31	6.16	6.06	5.99	5.91	5.86	5.82	5.74	5.66
	.001	13.71	13.32	12.93	12.69	12.53	12.33	12.20	12.12	11.91	11.72
	.100	2.50	2.46	2.42	2.40	2.38	2.36	2.35	2.34	2.32	2.30
	.050	3.28	3.22	3.15	3.11	3.08	3.04	3.02	3.01	2.97	2.93
8	.025	4.20	4.10	4.00	3.94	3.89	3.84	3.81	3.78	3.73	3.68
	.010	5.67	5.52	5.36	5.26	5.20	5.12	5.07	5.03	4.95	4.87
	.001	11.19	10.84	10.48	10.26	10.11	9.92	9.80	9.73	9.53	9.36
	.100	2.38	2.34	2.30	2.27	2.25	2.23	2.22	2.21	2.18	2.16
	.050	3.07	3.01	2.94	2.89	2.86	2.83	2.80	2.79	2.75	2.71
9	.025	3.87	3.77	3.67	3.60	3.56	3.51	3.47	3.45	3.39	3.34
	.010	5.11	4.96	4.81	4.71	4.65	4.57	4.52	4.48	4.40	4.32
	.001	9.57	9.24	8.90	8.69	8.55	8.37	8.26	8.19	8.00	7.84
	.100	2.28	2.24	2.20	2.17	2.16	2.13	2.12	2.11	2.08	2.06
	.050	2.91	2.85	2.77	2.73	2.70	2.66	2.64	2.62	2.58	2.54
10	.025	3.62	3.52	3.42	3.35	3.31	3.26	3.22	3.20	3.14	3.09
	.010	4.71	4.56	4.41	4.31	4.25	4.17	4.12	4.08	4.00	3.92
	.001	8.45	8.13	7.80	7.60	7.47	7.30	7.19	7.12	6.94	6.78
	.100	2.21	2.17	2.12	2.10	2.08	2.05	2.04	2.03	2.00	1.98
	.050	2.79	2.72	2.65	2.60	2.57	2.53	2.51	2.49	2.45	2.41
11	.025	3.43	3.33	3.23	3.16	3.12	3.06	3.03	3.00	2.94	2.89
	.010	4.40	4.25	4.10	4.01	3.94	3.86	3.81	3.78	3.69	3.61
	.001	7.63	7.32	7.01	6.81	6.68	6.52	6.42	6.35	6.18	6.02
	.100	2.15	2.10	2.06	2.03	2.01	1.99	1.97	1.96	1.93	1.91
	.050	2.69	2.62	2.54	2.50	2.47	2.43	2.40	2.38	2.34	2.30
12	.025	3.28	3.18	3.07	3.01	2.96	2.91	2.87	2.85	2.79	2.73
	.010	4.16	4.01	3.86	3.76	3.70	3.62	3.57	3.54	3.45	3.37
	.001	7.00	6.71	6.40	6.22	6.09	5.93	5.83	5.76	5.59	5.44
	.100	2.10	2.05	2.01	1.98	1.96	1.93	1.92	1.90	1.88	1.85
	.050	2.60	2.53	2.46	2.41	2.38	2.34	2.31	2.30	2.25	2.21
13	.025	3.15	3.05	2.95	2.88	2.84	2.78	2.74	2.72	2.66	2.60
	.010	3.96	3.82	3.66	3.57	3.51	3.43	3.38	3.34	3.25	3.18
	.001	6.52	6.23	5.93	5.75	5.63	5.47	5.37	5.30	5.14	4.99

A.4 F 분포표 (계속)

Denominator df	α	Numerator df 1	2	3	4	5	6	7	8	9	10
	.100	3.10	2.73	2.52	2.39	2.31	2.24	2.19	2.15	2.12	2.10
	.050	4.60	3.74	3.34	3.11	2.96	2.85	2.76	2.70	2.65	2.60
14	.025	6.30	4.86	4.24	3.89	3.66	3.50	3.38	3.29	3.21	3.15
	.010	8.86	6.51	5.56	5.04	4.69	4.46	4.28	4.14	4.03	3.94
	.001	17.14	11.78	9.73	8.62	7.92	7.44	7.08	6.80	6.58	6.40
	.100	3.07	2.70	2.49	2.36	2.27	2.21	2.16	2.12	2.09	2.06
	.050	4.54	3.68	3.29	3.06	2.90	2.79	2.71	2.64	2.59	2.54
15	.025	6.20	4.77	4.15	3.80	3.58	3.41	3.29	3.20	3.12	3.06
	.010	8.68	6.36	5.42	4.89	4.56	4.32	4.14	4.00	3.89	3.80
	.001	16.59	11.34	9.34	8.25	7.57	7.09	6.74	6.47	6.26	6.08
	.100	3.05	2.67	2.46	2.33	2.24	2.18	2.13	2.09	2.06	2.03
	.050	4.49	3.63	3.24	3.01	2.85	2.74	2.66	2.59	2.54	2.49
16	.025	6.12	4.69	4.08	3.73	3.50	3.34	3.22	3.12	3.05	2.99
	.010	8.53	6.23	5.29	4.77	4.44	4.20	4.03	3.89	3.78	3.69
	.001	16.12	10.97	9.01	7.94	7.27	6.80	6.46	6.19	5.98	5.81
	.100	3.03	2.64	2.44	2.31	2.22	2.15	2.10	2.06	2.03	2.00
	.050	4.45	3.59	3.20	2.96	2.81	2.70	2.61	2.55	2.49	2.45
17	.025	6.04	4.62	4.01	3.66	3.44	3.28	3.16	3.06	2.98	2.92
	.010	8.40	6.11	5.19	4.67	4.34	4.10	3.93	3.79	3.68	3.59
	.001	15.72	10.66	8.73	7.68	7.02	6.56	6.22	5.96	5.75	5.58
	.100	3.01	2.62	2.42	2.29	2.20	2.13	2.08	2.04	2.00	1.98
	.050	4.41	3.55	3.16	2.93	2.77	2.66	2.58	2.51	2.46	2.41
18	.025	5.98	4.56	3.95	3.61	3.38	3.22	3.10	3.01	2.93	2.87
	.010	8.29	6.01	5.09	4.58	4.25	4.01	3.84	3.71	3.60	3.51
	.001	15.38	10.39	8.49	7.46	6.81	6.35	6.02	5.76	5.56	5.39
	.100	2.99	2.61	2.40	2.27	2.18	2.11	2.06	2.02	1.98	1.96
	.050	4.38	3.52	3.13	2.90	2.74	2.63	2.54	2.48	2.42	2.38
19	.025	5.92	4.51	3.90	3.56	3.33	3.17	3.05	2.96	2.88	2.82
	.010	8.18	5.93	5.01	4.50	4.17	3.94	3.77	3.63	3.52	3.43
	.001	15.08	10.16	8.28	7.27	6.62	6.18	5.85	5.59	5.39	5.22
	.100	2.97	2.59	2.38	2.25	2.16	2.09	2.04	2.00	1.96	1.94
	.050	4.35	3.49	3.10	2.87	2.71	2.60	2.51	2.45	2.39	2.35
20	.025	5.87	4.46	3.86	3.51	3.29	3.13	3.01	2.91	2.84	2.77
	.010	8.10	5.85	4.94	4.43	4.10	3.87	3.70	3.56	3.46	3.37
	.001	14.82	9.95	8.10	7.10	6.46	6.02	5.69	5.44	5.24	5.08

A.4 F 분포표 (계속)

Denominator df	α	12	15	20	25	30	40	50	60	120	1,000
	.100	2.05	2.01	1.96	1.93	1.91	1.89	1.87	1.86	1.83	1.80
	.050	2.53	2.46	2.39	2.34	2.31	2.27	2.24	2.22	2.18	2.14
14	.025	3.05	2.95	2.84	2.78	2.73	2.67	2.64	2.61	2.55	2.50
	.010	3.80	3.66	3.51	3.41	3.35	3.27	3.22	3.18	3.09	3.02
	.001	6.13	5.85	5.56	5.38	5.25	5.10	5.00	4.94	4.77	4.62
	.100	2.02	1.97	1.92	1.89	1.87	1.85	1.83	1.82	1.79	1.76
	.050	2.48	2.40	2.33	2.28	2.25	2.20	2.18	2.16	2.11	2.07
15	.025	2.96	2.86	2.76	2.69	2.64	2.59	2.55	2.52	2.46	2.40
	.010	3.67	3.52	3.37	3.28	3.21	3.13	3.08	3.05	2.96	2.88
	.001	5.81	5.54	5.25	5.07	4.95	4.80	4.70	4.64	4.47	4.33
	.100	1.99	1.94	1.89	1.86	1.84	1.81	1.79	1.78	1.75	1.72
	.050	2.42	2.35	2.28	2.23	2.19	2.15	2.12	2.11	2.06	2.02
16	.025	2.89	2.79	2.68	2.61	2.57	2.51	2.47	2.45	2.38	2.32
	.010	3.55	3.41	3.26	3.16	3.10	3.02	2.97	2.93	2.84	2.76
	.001	5.55	5.27	4.99	4.82	4.70	4.54	4.45	4.39	4.23	4.08
	.100	1.96	1.91	1.86	1.83	1.81	1.78	1.76	1.75	1.72	1.69
	.050	2.38	2.31	2.23	2.18	2.15	2.10	2.08	2.06	2.01	1.97
17	.025	2.82	2.72	2.62	2.55	2.50	2.44	2.41	2.38	2.32	2.26
	.010	3.46	3.31	3.16	3.07	3.00	2.92	2.87	2.83	2.75	2.66
	.001	5.32	5.05	4.78	4.60	4.48	4.33	4.24	4.18	4.02	3.87
	.100	1.93	1.89	1.84	1.80	1.78	1.75	1.74	1.72	1.69	1.66
	.050	2.34	2.27	2.19	2.14	2.11	2.06	2.04	2.02	1.97	1.92
18	.025	2.77	2.67	2.56	2.49	2.44	2.38	2.35	2.32	2.26	2.20
	.010	3.37	3.23	3.08	2.98	2.92	2.84	2.78	2.75	2.66	2.58
	.001	5.13	4.87	4.59	4.42	4.30	4.15	4.06	4.00	3.84	3.69
	.100	1.91	1.86	1.81	1.78	1.76	1.73	1.71	1.70	1.67	1.64
	.050	2.31	2.23	2.16	2.11	2.07	2.03	2.00	1.98	1.93	1.88
19	.025	2.72	2.62	2.51	2.44	2.39	2.33	2.30	2.27	2.20	2.14
	.010	3.30	3.15	3.00	2.91	2.84	2.76	2.71	2.67	2.58	2.50
	.001	4.97	4.70	4.43	4.26	4.14	3.99	3.90	3.84	3.68	3.53
	.100	1.89	1.84	1.79	1.76	1.74	1.71	1.69	1.68	1.64	1.61
	.050	2.28	2.20	2.12	2.07	2.04	1.99	1.97	1.95	1.90	1.85
20	.025	2.68	2.57	2.46	2.40	2.35	2.29	2.25	2.22	2.16	2.09
	.010	3.23	3.09	2.94	2.84	2.78	2.69	2.64	2.61	2.52	2.43
	.001	4.82	4.56	4.29	4.12	4.00	3.86	3.77	3.70	3.54	3.40

A.4 F 분포표 (계속)

Denominator df	α	1	2	3	4	5	6	7	8	9	10
		Numerator df									
21	.100	2.96	2.57	2.36	2.23	2.14	2.08	2.02	1.98	1.95	1.92
	.050	4.32	3.47	3.07	2.84	2.68	2.57	2.49	2.42	2.37	2.32
	.025	5.83	4.42	3.82	3.48	3.25	3.09	2.97	2.87	2.80	2.73
	.010	8.02	5.78	4.87	4.37	4.04	3.81	3.64	3.51	3.40	3.31
	.001	14.59	9.77	7.94	6.95	6.32	5.88	5.56	5.31	5.11	4.95
22	.100	2.95	2.56	2.35	2.22	2.13	2.06	2.01	1.97	1.93	1.90
	.050	4.30	3.44	3.05	2.82	2.66	2.55	2.46	2.40	2.34	2.30
	.025	5.79	4.38	3.78	3.44	3.22	3.05	2.93	2.84	2.76	2.70
	.010	7.95	5.72	4.82	4.31	3.99	3.76	3.59	3.45	3.35	3.26
	.001	14.38	9.61	7.80	6.81	6.19	5.76	5.44	5.19	4.99	4.83
23	.100	2.94	2.55	2.34	2.21	2.11	2.05	1.99	1.95	1.92	1.89
	.050	4.28	3.42	3.03	2.80	2.64	2.53	2.44	2.37	2.32	2.27
	.025	5.75	4.35	3.75	3.41	3.18	3.02	2.90	2.81	2.73	2.67
	.010	7.88	5.66	4.76	4.26	3.94	3.71	3.54	3.41	3.30	3.21
	.001	14.20	9.47	7.67	6.70	6.08	5.65	5.33	5.09	4.89	4.73
24	.100	2.93	2.54	2.33	2.19	2.10	2.04	1.98	1.94	1.91	1.88
	.050	4.26	3.40	3.01	2.78	2.62	2.51	2.42	2.36	2.30	2.25
	.025	5.72	4.32	3.72	3.38	3.15	2.99	2.87	2.78	2.70	2.64
	.010	7.82	5.61	4.72	4.22	3.90	3.67	3.50	3.36	3.26	3.17
	.001	14.03	9.34	7.55	6.59	5.98	5.55	5.23	4.99	4.80	4.64
25	.100	2.92	2.53	2.32	2.18	2.09	2.02	1.97	1.93	1.89	1.87
	.050	4.24	3.39	2.99	2.76	2.60	2.49	2.40	2.34	2.28	2.24
	.025	5.69	4.29	3.69	3.35	3.13	2.97	2.85	2.75	2.68	2.61
	.010	7.77	5.57	4.68	4.18	3.85	3.63	3.46	3.32	3.22	3.13
	.001	13.88	9.22	7.45	6.49	5.89	5.46	5.15	4.91	4.71	4.56
26	.100	2.91	2.52	2.31	2.17	2.08	2.01	1.96	1.92	1.88	1.86
	.050	4.23	3.37	2.98	2.74	2.59	2.47	2.39	2.32	2.27	2.22
	.025	5.66	4.27	3.67	3.33	3.10	2.94	2.82	2.73	2.65	2.59
	.010	7.72	5.53	4.64	4.14	3.82	3.59	3.42	3.29	3.18	3.09
	.001	13.74	9.12	7.36	6.41	5.80	5.38	5.07	4.83	4.64	4.48
27	.100	2.90	2.51	2.30	2.17	2.07	2.00	1.95	1.91	1.87	1.85
	.050	4.21	3.35	2.96	2.73	2.57	2.46	2.37	2.31	2.25	2.20
	.025	5.63	4.24	3.65	3.31	3.08	2.92	2.80	2.71	2.63	2.57
	.010	7.68	5.49	4.60	4.11	3.78	3.56	3.39	3.26	3.15	3.06
	.001	13.61	9.02	7.27	6.33	5.73	5.31	5.00	4.76	4.57	4.41

A.4 F 분포표 (계속)

Denominator df	α	Numerator df									
		12	15	20	25	30	40	50	60	120	1,000
	.100	1.87	1.83	1.78	1.74	1.72	1.69	1.67	1.66	1.62	1.59
	.050	2.25	2.18	2.10	2.05	2.01	1.96	1.94	1.92	1.87	1.82
21	.025	2.64	2.53	2.42	2.36	2.31	2.25	2.21	2.18	2.11	2.05
	.010	3.17	3.03	2.88	2.79	2.72	2.64	2.58	2.55	2.46	2.37
	.001	4.70	4.44	4.17	4.00	3.88	3.74	3.64	3.58	3.42	3.28
	.100	1.86	1.81	1.76	1.73	1.70	1.67	1.65	1.64	1.60	1.57
	.050	2.23	2.15	2.07	2.02	1.98	1.94	1.91	1.89	1.84	1.79
22	.025	2.60	2.50	2.39	2.32	2.27	2.21	2.17	2.14	2.08	2.01
	.010	3.12	2.98	2.83	2.73	2.67	2.58	2.53	2.50	2.40	2.32
	.001	4.58	4.33	4.06	3.89	3.78	3.63	3.54	3.48	3.32	3.17
	.100	1.84	1.80	1.74	1.71	1.69	1.66	1.64	1.62	1.59	1.55
	.050	2.20	2.13	2.05	2.00	1.96	1.91	1.88	1.86	1.81	1.76
23	.025	2.57	2.47	2.36	2.29	2.24	2.18	2.14	2.11	2.04	1.98
	.010	3.07	2.93	2.78	2.69	2.62	2.54	2.48	2.45	2.35	2.27
	.001	4.48	4.23	3.96	3.79	3.68	3.53	3.44	3.38	3.22	3.08
	.100	1.83	1.78	1.73	1.70	1.67	1.64	1.62	1.61	1.57	1.54
	.050	2.18	2.11	2.03	1.97	1.94	1.89	1.86	1.84	1.79	1.74
24	.025	2.54	2.44	2.33	2.26	2.21	2.15	2.11	2.08	2.01	1.94
	.010	3.03	2.89	2.74	2.64	2.58	2.49	2.44	2.40	2.31	2.22
	.001	4.39	4.14	3.87	3.71	3.59	3.45	3.36	3.29	3.14	2.99
	.100	1.82	1.77	1.72	1.68	1.66	1.63	1.61	1.59	1.56	1.52
	.050	2.16	2.09	2.01	1.96	1.92	1.87	1.84	1.82	1.77	1.72
25	.025	2.51	2.41	2.30	2.23	2.18	2.12	2.08	2.05	1.98	1.91
	.010	2.99	2.85	2.70	2.60	2.54	2.45	2.40	2.36	2.27	2.18
	.001	4.31	4.06	3.79	3.63	3.52	3.37	3.28	3.22	3.06	2.91
	.100	1.81	1.76	1.71	1.67	1.65	1.61	1.59	1.58	1.54	1.51
	.050	2.15	2.07	1.99	1.94	1.90	1.85	1.82	1.80	1.75	1.70
26	.025	2.49	2.39	2.28	2.21	2.16	2.09	2.05	2.03	1.95	1.89
	.010	2.96	2.81	2.66	2.57	2.50	2.42	2.36	2.33	2.23	2.14
	.001	4.24	3.99	3.72	3.56	3.44	3.30	3.21	3.15	2.99	2.84
	.100	1.80	1.75	1.70	1.66	1.64	1.60	1.58	1.57	1.53	1.50
	.050	2.13	2.06	1.97	1.92	1.88	1.84	1.81	1.79	1.73	1.68
27	.025	2.47	2.36	2.25	2.18	2.13	2.07	2.03	2.00	1.93	1.86
	.010	2.93	2.78	2.63	2.54	2.47	2.38	2.33	2.29	2.20	2.11
	.001	4.17	3.92	3.66	3.49	3.38	3.23	3.14	3.08	2.92	2.78

A.4 F 분포표 (계속)

Denominator df	α	Numerator df 1	2	3	4	5	6	7	8	9	10
	.100	2.89	2.50	2.29	2.16	2.06	2.00	1.94	1.90	1.87	1.84
	.050	4.20	3.34	2.95	2.71	2.56	2.45	2.36	2.29	2.24	2.19
28	.025	5.61	4.22	3.63	3.29	3.06	2.90	2.78	2.69	2.61	2.55
	.010	7.64	5.45	4.57	4.07	3.75	3.53	3.36	3.23	3.12	3.03
	.001	13.50	8.93	7.19	6.25	5.66	5.24	4.93	4.69	4.50	4.35
	.100	2.89	2.50	2.28	2.15	2.06	1.99	1.93	1.89	1.86	1.83
	.050	4.18	3.33	2.93	2.70	2.55	2.43	2.35	2.28	2.22	2.18
29	.025	5.59	4.20	3.61	3.27	3.04	2.88	2.76	2.67	2.59	2.53
	.010	7.60	5.42	4.54	4.04	3.73	3.50	3.33	3.20	3.09	3.00
	.001	13.39	8.85	7.12	6.19	5.59	5.18	4.87	4.64	4.45	4.29
	.100	2.88	2.49	2.28	2.14	2.05	1.98	1.93	1.88	1.85	1.82
	.050	4.17	3.32	2.92	2.69	2.53	2.42	2.33	2.27	2.21	2.16
30	.025	5.57	4.18	3.59	3.25	3.03	2.87	2.75	2.65	2.57	2.51
	.010	7.56	5.39	4.51	4.02	3.70	3.47	3.30	3.17	3.07	2.98
	.001	13.29	8.77	7.05	6.12	5.53	5.12	4.82	4.58	4.39	4.24
	.100	2.84	2.44	2.23	2.09	2.00	1.93	1.87	1.83	1.79	1.76
	.050	4.08	3.23	2.84	2.61	2.45	2.34	2.25	2.18	2.12	2.08
40	.025	5.42	4.05	3.46	3.13	2.90	2.74	2.62	2.53	2.45	2.39
	.010	7.31	5.18	4.31	3.83	3.51	3.29	3.12	2.99	2.89	2.80
	.001	12.61	8.25	6.59	5.70	5.13	4.73	4.44	4.21	4.02	3.87
	.100	2.81	2.41	2.20	2.06	1.97	1.90	1.84	1.80	1.76	1.73
	.050	4.03	3.18	2.79	2.56	2.40	2.29	2.20	2.13	2.07	2.03
50	.025	5.34	3.97	3.39	3.05	2.83	2.67	2.55	2.46	2.38	2.32
	.010	7.17	5.06	4.20	3.72	3.41	3.19	3.02	2.89	2.78	2.70
	.001	12.22	7.96	6.34	5.46	4.90	4.51	4.22	4.00	3.82	3.67
	.100	2.79	2.39	2.18	2.04	1.95	1.87	1.82	1.77	1.74	1.71
	.050	4.00	3.15	2.76	2.53	2.37	2.25	2.17	2.10	2.04	1.99
60	.025	5.29	3.93	3.34	3.01	2.79	2.63	2.51	2.41	2.33	2.27
	.010	7.08	4.98	4.13	3.65	3.34	3.12	2.95	2.82	2.72	2.63
	.001	11.97	7.77	6.17	5.31	4.76	4.37	4.09	3.86	3.69	3.54
	.100	2.76	2.36	2.14	2.00	1.91	1.83	1.78	1.73	1.69	1.66
	.050	3.94	3.09	2.70	2.46	2.31	2.19	2.10	2.03	1.97	1.93
100	.025	5.18	3.83	3.25	2.92	2.70	2.54	2.42	2.32	2.24	2.18
	.010	6.90	4.82	3.98	3.51	3.21	2.99	2.82	2.69	2.59	2.50
	.001	11.50	7.41	5.86	5.02	4.48	4.11	3.83	3.61	3.44	3.30

A.4 F 분포표 (계속)

Denominator		Numerator df									
df	α	12	15	20	25	30	40	50	60	120	1,000
	.100	1.79	1.74	1.69	1.65	1.63	1.59	1.57	1.56	1.52	1.48
	.050	2.12	2.04	1.96	1.91	1.87	1.82	1.79	1.77	1.71	1.66
28	.025	2.45	2.34	2.23	2.16	2.11	2.05	2.01	1.98	1.91	1.84
	.010	2.90	2.75	2.60	2.51	2.44	2.35	2.30	2.26	2.17	2.08
	.001	4.11	3.86	3.60	3.43	3.32	3.18	3.09	3.02	2.86	2.72
	.100	1.78	1.73	1.68	1.64	1.62	1.58	1.56	1.55	1.51	1.47
	.050	2.10	2.03	1.94	1.89	1.85	1.81	1.77	1.75	1.70	1.65
29	.025	2.43	2.32	2.21	2.14	2.09	2.03	1.99	1.96	1.89	1.82
	.010	2.87	2.73	2.57	2.48	2.41	2.33	2.27	2.23	2.14	2.05
	.001	4.05	3.80	3.54	3.38	3.27	3.12	3.03	2.97	2.81	2.66
	.100	1.77	1.72	1.67	1.63	1.61	1.57	1.55	1.54	1.50	1.46
	.050	2.09	2.01	1.93	1.88	1.84	1.79	1.76	1.74	1.68	1.63
30	.025	2.41	2.31	2.20	2.12	2.07	2.01	1.97	1.94	1.87	1.80
	.010	2.84	2.70	2.55	2.45	2.39	2.30	2.25	2.21	2.11	2.02
	.001	4.00	3.75	3.49	3.33	3.22	3.07	2.98	2.92	2.76	2.61
	.100	1.71	1.66	1.61	1.57	1.54	1.51	1.48	1.47	1.42	1.38
	.050	2.00	1.92	1.84	1.78	1.74	1.69	1.66	1.64	1.58	1.52
40	.025	2.29	2.18	2.07	1.99	1.94	1.88	1.83	1.80	1.72	1.65
	.010	2.66	2.52	2.37	2.27	2.20	2.11	2.06	2.02	1.92	1.82
	.001	3.64	3.40	3.14	2.98	2.87	2.73	2.64	2.57	2.41	2.25
	.100	1.68	1.63	1.57	1.53	1.50	1.46	1.44	1.42	1.38	1.33
	.050	1.95	1.87	1.78	1.73	1.69	1.63	1.60	1.58	1.51	1.45
50	.025	2.22	2.11	1.99	1.92	1.87	1.80	1.75	1.72	1.64	1.56
	.010	2.56	2.42	2.27	2.17	2.10	2.01	1.95	1.91	1.80	1.70
	.001	3.44	3.20	2.95	2.79	2.68	2.53	2.44	2.38	2.21	2.05
	.100	1.66	1.60	1.54	1.50	1.48	1.44	1.41	1.40	1.35	1.30
	.050	1.92	1.84	1.75	1.69	1.65	1.59	1.56	1.53	1.47	1.40
60	.025	2.17	2.06	1.94	1.87	1.82	1.74	1.70	1.67	1.58	1.49
	.010	2.50	2.35	2.20	2.10	2.03	1.94	1.88	1.84	1.73	1.62
	.001	3.32	3.08	2.83	2.67	2.55	2.41	2.32	2.25	2.08	1.92
	.100	1.61	1.56	1.49	1.45	1.42	1.38	1.35	1.34	1.28	1.22
	.050	1.85	1.77	1.68	1.62	1.57	1.52	1.48	1.45	1.38	1.30
100	.025	2.08	1.97	1.85	1.77	1.71	1.64	1.59	1.56	1.46	1.36
	.010	2.37	2.22	2.07	1.97	1.89	1.80	1.74	1.69	1.57	1.45
	.001	3.07	2.84	2.59	2.43	2.32	2.17	2.08	2.01	1.83	1.64

A.4 F 분포표 (계속)

Denominator df	α	1	2	3	4	5	6	7	8	9	10
		Numerator df									
	.100	2.73	2.33	2.11	1.97	1.88	1.80	1.75	1.70	1.66	1.63
	.050	3.89	3.04	2.65	2.42	2.26	2.14	2.06	1.98	1.93	1.88
200	.025	5.10	3.76	3.18	2.85	2.63	2.47	2.35	2.26	2.18	2.11
	.010	6.76	4.71	3.88	3.41	3.11	2.89	2.73	2.60	2.50	2.41
	.001	11.15	7.15	5.63	4.81	4.29	3.92	3.65	3.43	3.26	3.12
	.100	2.71	2.31	2.09	1.95	1.85	1.78	1.72	1.68	1.64	1.61
	.050	3.85	3.00	2.61	2.38	2.22	2.11	2.02	1.95	1.89	1.84
1,000	.025	5.04	3.70	3.13	2.80	2.58	2.42	2.30	2.20	2.13	2.06
	.010	6.66	4.63	3.80	3.34	3.04	2.82	2.66	2.53	2.43	2.34
	.001	10.89	6.96	5.46	4.65	4.14	3.78	3.51	3.30	3.13	2.99

A.4 F 분포표 (계속)

Denominator df	α	12	15	20	25	30	40	50	60	120	1,000
	.100	1.58	1.52	1.46	1.41	1.38	1.34	1.31	1.29	1.23	1.16
	.050	1.80	1.72	1.62	1.56	1.52	1.46	1.41	1.39	1.30	1.21
200	.025	2.01	1.90	1.78	1.70	1.64	1.56	1.51	1.47	1.37	1.25
	.010	2.27	2.13	1.97	1.87	1.79	1.69	1.63	1.58	1.45	1.30
	.001	2.90	2.67	2.42	2.26	2.15	2.00	1.90	1.83	1.64	1.43
	.100	1.55	1.49	1.43	1.38	1.35	1.30	1.27	1.25	1.18	1.08
	.050	1.76	1.68	1.58	1.52	1.47	1.41	1.36	1.33	1.24	1.11
1,000	.025	1.96	1.85	1.72	1.64	1.58	1.50	1.45	1.41	1.29	1.13
	.010	2.20	2.06	1.90	1.79	1.72	1.61	1.54	1.50	1.35	1.16
	.001	2.77	2.54	2.30	2.14	2.02	1.87	1.77	1.69	1.49	1.22

A.5 q 분포의 임계값

$\alpha = 0.10$

ν	k (or p): 2	3	4	5	6	7	8	9	10
1	8.929	13.44	16.36	18.49	20.15	21.51	22.64	23.62	24.48
2	4.130	5.733	6.773	7.538	8.139	8.633	9.049	9.409	9.725
3	3.328	4.467	5.199	5.738	6.162	6.511	6.806	7.062	7.287
4	3.015	3.976	4.586	5.035	5.388	5.679	5.926	6.139	6.327
5	2.850	3.717	4.264	4.664	4.979	5.238	5.458	5.648	5.816
6	2.748	3.559	4.065	4.435	4.726	4.966	5.168	5.344	5.499
7	2.680	3.451	3.931	4.280	4.555	4.780	4.972	5.137	5.283
8	2.630	3.374	3.834	4.169	4.431	4.646	4.829	4.987	5.126
9	2.592	3.316	3.761	4.084	4.337	4.545	4.721	4.873	5.007
10	2.563	3.270	3.704	4.018	4.264	4.465	4.636	4.783	4.913
11	2.540	3.234	3.658	3.965	4.205	4.401	4.568	4.711	4.838
12	2.521	3.204	3.621	3.922	4.156	4.349	4.511	4.652	4.776
13	2.505	3.179	3.589	3.885	4.116	4.305	4.464	4.602	4.724
14	2.491	3.158	3.563	3.854	4.081	4.267	4.424	4.560	4.680
15	2.479	3.140	3.540	3.828	4.052	4.235	4.390	4.524	4.641
16	2.469	3.124	3.520	3.804	4.026	4.207	4.360	4.492	4.608
17	2.460	3.110	3.503	3.784	4.004	4.183	4.334	4.464	4.579
18	2.452	3.098	3.488	3.767	3.984	4.161	4.311	4.440	4.554
19	2.445	3.087	3.474	3.751	3.966	4.142	4.290	4.418	4.531
20	2.439	3.078	3.462	3.736	3.950	4.124	4.271	4.398	4.510
24	2.420	3.047	3.423	3.692	3.900	4.070	4.213	4.336	4.445
30	2.400	3.017	3.386	3.648	3.851	4.016	4.155	4.275	4.381
40	2.381	2.988	3.349	3.605	3.803	3.963	4.099	4.215	4.317
60	2.363	2.959	3.312	3.562	3.755	3.911	4.042	4.155	4.254
120	2.344	2.930	3.276	3.520	3.707	3.859	3.987	4.096	4.191
∞	2.326	2.902	3.240	3.478	3.661	3.808	3.931	4.037	4.129

ν	k (or p): 11	12	13	14	15	16	17	18	19
1	25.24	25.92	26.54	27.10	27.62	28.10	28.54	28.96	29.35
2	10.01	10.26	10.49	10.70	10.89	11.07	11.24	11.39	11.54
3	7.487	7.667	7.832	7.982	8.120	8.249	8.368	8.479	8.584
4	6.495	6.645	6.783	6.909	7.025	7.133	7.233	7.327	7.414
5	5.966	6.101	6.223	6.336	6.440	6.536	6.626	6.710	6.789
6	5.637	5.762	5.875	5.979	6.075	6.164	6.247	6.325	6.398
7	5.413	5.530	5.637	5.735	5.826	5.910	5.988	6.061	6.130
8	5.250	5.362	5.464	5.558	5.644	5.724	5.799	5.869	5.935
9	5.127	5.234	5.333	5.423	5.506	5.583	5.655	5.723	5.786
10	5.029	5.134	5.229	5.317	5.397	5.472	5.542	5.607	5.668
11	4.951	5.053	5.146	5.231	5.309	5.382	5.450	5.514	5.573
12	4.886	4.986	5.077	5.160	5.236	5.308	5.374	5.436	5.495
13	4.832	4.930	5.019	5.100	5.176	5.245	5.311	5.372	5.429
14	4.786	4.882	4.970	5.050	5.124	5.192	5.256	5.316	5.373
15	4.746	4.841	4.927	5.006	5.079	5.147	5.209	5.269	5.324
16	4.712	4.805	4.890	4.968	5.040	5.107	5.169	5.227	5.282
17	4.682	4.774	4.858	4.935	5.005	5.071	5.133	5.190	5.244
18	4.655	4.746	4.829	4.905	4.975	5.040	5.101	5.158	5.211
19	4.631	4.721	4.803	4.879	4.948	5.012	5.073	5.129	5.182
20	4.609	4.699	4.780	4.855	4.924	4.987	5.047	5.103	5.155
24	4.541	4.628	4.708	4.780	4.847	4.909	4.966	5.021	5.071
30	4.474	4.559	4.635	4.706	4.770	4.830	4.886	4.939	4.988
40	4.408	4.490	4.564	4.632	4.695	4.752	4.807	4.857	4.905
60	4.342	4.421	4.493	4.558	4.619	4.675	4.727	4.775	4.821
120	4.276	4.353	4.422	4.485	4.543	4.597	4.647	4.694	4.738
∞	4.211	4.285	4.351	4.412	4.468	4.519	4.568	4.612	4.654

A.5 q 분포의 임계값 (계속)

$\alpha = 0.10$

ν	k (or p): 20	22	24	26	28	30	32	34	36
1	29.71	30.39	30.99	31.54	32.04	32.50	32.93	33.33	33.71
2	11.68	11.93	12.16	12.36	12.55	12.73	12.89	13.04	13.18
3	8.683	8.864	9.029	9.177	9.314	9.440	9.557	9.666	9.768
4	7.497	7.650	7.789	7.914	8.029	8.135	8.234	8.326	8.412
5	6.863	7.000	7.123	7.236	7.340	7.435	7.523	7.606	7.683
6	6.467	6.593	6.708	6.812	6.908	6.996	7.078	7.155	7.227
7	6.195	6.315	6.422	6.521	6.611	6.695	6.773	6.845	6.913
8	5.997	6.111	6.214	6.308	6.395	6.475	6.549	6.618	6.683
9	5.846	5.956	6.055	6.146	6.229	6.306	6.378	6.444	6.507
10	5.726	5.833	5.930	6.017	6.098	6.173	6.242	6.307	6.368
11	5.630	5.734	5.828	5.914	5.992	6.065	6.132	6.196	6.255
12	5.550	5.652	5.744	5.827	5.904	5.976	6.042	6.103	6.161
13	5.483	5.583	5.673	5.755	5.830	5.900	5.965	6.025	6.082
14	5.426	5.524	5.612	5.693	5.767	5.836	5.899	5.959	6.014
15	5.376	5.473	5.560	5.639	5.713	5.780	5.843	5.901	5.956
16	5.333	5.428	5.515	5.593	5.665	5.732	5.793	5.851	5.905
17	5.295	5.389	5.474	5.552	5.623	5.689	5.750	5.806	5.860
18	5.262	5.355	5.439	5.515	5.585	5.650	5.711	5.767	5.820
19	5.232	5.324	5.407	5.483	5.552	5.616	5.676	5.732	5.784
20	5.205	5.296	5.378	5.453	5.522	5.586	5.645	5.700	5.752
24	5.119	5.208	5.287	5.360	5.427	5.489	5.546	5.600	5.650
30	5.034	5.120	5.197	5.267	5.332	5.392	5.447	5.499	5.547
40	4.949	5.032	5.107	5.174	5.236	5.294	5.347	5.397	5.444
60	4.864	4.944	5.015	5.081	5.141	5.196	5.247	5.295	5.340
120	4.779	4.856	4.924	4.987	5.044	5.097	5.146	5.192	5.235
∞	4.694	4.767	4.832	4.892	4.947	4.997	5.044	5.087	5.128

ν	k (or p): 38	40	50	60	70	80	90	100
1	34.06	34.38	35.79	36.91	37.83	38.62	39.30	39.91
2	13.31	13.44	13.97	14.40	14.75	15.05	15.31	15.54
3	9.864	9.954	10.34	10.65	10.91	11.12	11.31	11.48
4	8.493	8.569	8.896	9.156	9.373	9.557	9.718	9.860
5	7.756	7.825	8.118	8.353	8.548	8.715	8.859	8.988
6	7.294	7.358	7.630	7.848	8.029	8.184	8.319	8.438
7	6.976	7.036	7.294	7.500	7.672	7.818	7.946	8.059
8	6.744	6.801	7.048	7.245	7.409	7.550	7.672	7.780
9	6.566	6.621	6.859	7.050	7.208	7.343	7.461	7.566
10	6.425	6.479	6.709	6.895	7.048	7.180	7.295	7.396
11	6.310	6.363	6.588	6.768	6.918	7.047	7.158	7.258
12	6.215	6.267	6.487	6.663	6.810	6.936	7.045	7.142
13	6.135	6.186	6.402	6.575	6.719	6.842	6.949	7.045
14	6.067	6.116	6.329	6.499	6.641	6.762	6.868	6.961
15	6.008	6.057	6.266	6.433	6.573	6.692	6.796	6.888
16	5.956	6.004	6.210	6.376	6.513	6.631	6.734	6.825
17	5.910	5.958	6.162	6.325	6.461	6.577	6.679	6.769
18	5.870	5.917	6.118	6.280	6.414	6.529	6.630	6.719
19	5.833	5.880	6.079	6.239	6.372	6.486	6.585	6.674
20	5.801	5.847	6.044	6.203	6.335	6.447	6.546	6.633
24	5.697	5.741	5.933	6.086	6.214	6.324	6.419	6.503
30	5.593	5.636	5.821	5.969	6.093	6.198	6.291	6.372
40	5.488	5.529	5.708	5.850	5.969	6.071	6.160	6.238
60	5.382	5.422	5.593	5.730	5.844	5.941	6.026	6.102
120	5.275	5.313	5.476	5.606	6.715	5.808	5.888	5.960
∞	5.166	5.202	5.357	5.480	5.582	5.669	5.745	5.812

A.5 q 분포의 임계값 (계속)

$\alpha = 0.05$

ν	k (or p): 2	3	4	5	6	7	8	9	10
1	17.97	26.98	32.82	37.08	40.41	43.12	45.40	47.36	49.07
2	6.085	8.331	9.798	10.88	11.74	12.44	13.03	13.54	13.99
3	4.501	5.910	6.825	7.502	8.037	8.478	8.853	9.177	9.462
4	3.927	5.040	5.757	6.287	6.707	7.053	7.347	7.602	7.826
5	3.635	4.602	5.218	5.673	6.033	6.330	6.582	6.802	6.995
6	3.461	4.339	4.896	5.305	5.628	5.895	6.122	6.319	6.493
7	3.344	4.165	4.681	5.060	5.359	5.606	5.815	5.998	6.158
8	3.261	4.041	4.529	4.886	5.167	5.399	5.597	5.767	5.918
9	3.199	3.949	4.415	4.756	5.024	5.244	5.432	5.595	5.739
10	3.151	3.877	4.327	4.654	4.912	5.124	5.305	5.461	5.599
11	3.113	3.820	4.256	4.574	4.823	5.028	5.202	5.353	5.487
12	3.082	3.773	4.199	4.508	4.751	4.950	5.119	5.265	5.395
13	3.055	3.735	4.151	4.453	4.690	4.885	5.049	5.192	5.318
14	3.033	3.702	4.111	4.407	4.639	4.829	4.990	5.131	5.254
15	3.014	3.674	4.076	4.367	4.595	4.782	4.940	5.077	5.198
16	2.998	3.649	4.046	4.333	4.557	4.741	4.897	5.031	5.150
17	2.984	3.628	4.020	4.303	4.524	4.705	4.858	4.991	5.108
18	2.971	3.609	3.997	4.277	4.495	4.673	4.824	4.956	5.071
19	2.960	3.593	3.977	4.253	4.469	4.645	4.794	4.924	5.038
20	2.950	3.578	3.958	4.232	4.445	4.620	4.768	4.896	5.008
24	2.919	3.532	3.901	4.166	4.373	4.541	4.684	4.807	4.915
30	2.888	3.486	3.845	4.102	4.302	4.464	4.602	4.720	4.824
40	2.858	3.442	3.791	4.039	4.232	4.389	4.521	4.635	4.735
60	2.829	3.399	3.737	3.977	4.163	4.314	4.441	4.550	4.646
120	2.800	3.356	3.685	3.917	4.096	4.241	4.363	4.468	4.560
∞	2.772	3.314	3.633	3.858	4.030	4.170	4.286	4.387	4.474

ν	k (or p): 11	12	13	14	15	16	17	18	19
1	50.59	51.96	53.20	54.33	55.36	56.32	57.22	58.04	58.83
2	14.39	14.75	15.08	15.38	15.65	15.91	16.14	16.37	16.57
3	9.717	9.946	10.15	10.35	10.53	10.69	10.84	10.98	11.11
4	8.027	8.208	8.373	8.525	8.664	8.794	8.914	9.028	9.134
5	7.168	7.324	7.466	7.596	7.717	7.828	7.932	8.030	8.122
6	6.649	6.789	6.917	7.034	7.143	7.244	7.338	7.426	7.508
7	6.302	6.431	6.550	6.658	6.759	6.852	6.939	7.020	7.097
8	6.054	6.175	6.287	6.389	6.483	6.571	6.653	6.729	6.802
9	5.867	5.983	6.089	6.186	6.276	6.359	6.437	6.510	6.579
10	5.722	5.833	5.935	6.028	6.114	6.194	6.269	6.339	6.405
11	5.605	5.713	5.811	5.901	5.984	6.062	6.134	6.202	6.265
12	5.511	5.615	5.710	5.798	5.878	5.953	6.023	6.089	6.151
13	5.431	5.533	5.625	5.711	5.789	5.862	5.931	5.995	6.055
14	5.364	5.463	5.554	5.637	5.714	5.786	5.852	5.915	5.974
15	5.306	5.404	5.493	5.574	5.649	5.720	5.785	5.846	5.904
16	5.256	5.352	5.439	5.520	5.593	5.662	5.727	5.786	5.843
17	5.212	5.307	5.392	5.471	5.544	5.612	5.675	5.734	5.790
18	5.174	5.267	5.352	5.429	5.501	5.568	5.630	5.688	5.743
19	5.140	5.231	5.315	5.391	5.462	5.528	5.589	5.647	5.701
20	5.108	5.199	5.282	5.357	5.427	5.493	5.553	5.610	5.663
24	5.012	5.099	5.179	5.251	5.319	5.381	5.439	5.494	5.545
30	4.917	5.001	5.077	5.147	5.211	5.271	5.327	5.379	5.429
40	4.824	4.904	4.977	5.044	5.106	5.163	5.216	5.266	5.313
60	4.732	4.808	4.878	4.942	5.001	5.056	5.107	5.154	5.199
120	4.641	4.714	4.781	4.842	4.898	4.950	4.998	5.044	5.086
∞	4.552	4.622	4.685	4.743	4.796	4.845	4.891	4.934	4.974

A.5 q 분포의 임계값 (계속)

$\alpha = 0.05$

ν	k (or p): 20	22	24	26	28	30	32	34	36
1	59.56	60.91	62.12	63.22	64.23	65.15	66.01	66.81	67.56
2	16.77	17.13	17.45	17.75	18.02	18.27	18.50	18.72	18.92
3	11.24	11.47	11.68	11.87	12.05	12.21	12.36	12.50	12.63
4	9.233	9.418	9.584	9.736	9.875	10.00	10.12	10.23	10.34
5	8.208	8.368	8.512	8.643	8.764	8.875	8.979	9.075	9.165
6	7.587	7.730	7.861	7.979	8.088	8.189	8.283	8.370	8.452
7	7.170	7.303	7.423	7.533	7.634	7.728	7.814	7.895	7.972
8	6.870	6.995	7.109	7.212	7.307	7.395	7.477	7.554	7.625
9	6.644	6.763	6.871	6.970	7.061	7.145	7.222	7.295	7.363
10	6.467	6.582	6.686	6.781	6.868	6.948	7.023	7.093	7.159
11	6.326	6.436	6.536	6.628	6.712	6.790	6.863	6.930	6.994
12	6.209	6.317	6.414	6.503	6.585	6.660	6.731	6.796	6.858
13	6.112	6.217	6.312	6.398	6.478	6.551	6.620	6.684	6.744
14	6.029	6.132	6.224	6.309	6.387	6.459	6.526	6.588	6.647
15	5.958	6.059	6.149	6.233	6.309	6.379	6.445	6.506	6.564
16	5.897	5.995	6.084	6.166	6.241	6.310	6.374	6.434	6.491
17	5.842	5.940	6.027	6.107	6.181	6.249	6.313	6.372	6.427
18	5.794	5.890	5.977	6.055	6.128	6.195	6.258	6.316	6.371
19	5.752	5.846	5.932	6.009	6.081	6.147	6.209	6.267	6.321
20	5.714	5.807	5.891	5.968	6.039	6.104	6.165	6.222	6.275
24	5.594	5.683	5.764	5.838	5.906	5.968	6.027	6.081	6.132
30	5.475	5.561	5.638	5.709	5.774	5.833	5.889	5.941	5.990
40	5.358	5.439	5.513	5.581	5.642	5.700	5.753	5.803	5.849
60	5.241	5.319	5.389	5.453	5.512	5.566	5.617	5.664	5.708
120	5.126	5.200	5.266	5.327	5.382	5.434	5.481	5.526	5.568
∞	5.012	5.081	5.144	5.201	5.253	5.301	5.346	5.388	5.427

ν	k (or p): 38	40	50	60	70	80	90	100
1	68.26	68.92	71.73	73.97	75.82	77.40	78.77	79.98
2	19.11	19.28	20.05	20.66	21.16	21.59	21.96	22.29
3	12.75	12.87	13.36	13.76	14.08	14.36	14.61	14.82
4	10.44	10.53	10.93	11.24	11.51	11.73	11.92	12.09
5	9.250	9.330	9.674	9.949	10.18	10.38	10.54	10.69
6	8.529	8.601	8.913	9.163	9.370	9.548	9.702	9.839
7	8.043	8.110	8.400	8.632	8.824	8.989	9.133	9.261
8	7.693	7.756	8.029	8.248	8.430	8.586	8.722	8.843
9	7.428	7.488	7.749	7.958	8.132	8.281	8.410	8.526
10	7.220	7.279	7.529	7.730	7.897	8.041	8.166	8.276
11	7.053	7.110	7.352	7.546	7.708	7.847	7.968	8.075
12	6.916	6.970	7.205	7.394	7.552	7.687	7.804	7.909
13	6.800	6.854	7.083	7.267	7.421	7.552	7.667	7.769
14	6.702	6.754	6.979	7.159	7.309	7.438	7.550	7.650
15	6.618	6.669	6.888	7.065	7.212	7.339	7.449	7.546
16	6.544	6.594	6.810	6.984	7.128	7.252	7.360	7.457
17	6.479	6.529	6.741	6.912	7.054	7.176	7.283	7.377
18	6.422	6.471	6.680	6.848	6.989	7.109	7.213	7.307
19	6.371	6.419	6.626	6.792	6.930	7.048	7.152	7.244
20	6.325	6.373	6.576	6.740	6.877	6.994	7.097	7.187
24	6.181	6.226	6.421	6.579	6.710	6.822	6.920	7.008
30	6.037	6.080	6.267	6.417	6.543	6.650	6.744	6.827
40	5.893	5.934	6.112	6.255	6.375	6.477	6.566	6.645
60	5.750	5.789	5.958	6.093	6.206	6.303	6.387	6.462
120	5.607	5.644	5.802	5.929	6.035	6.126	6.205	6.275
∞	5.463	5.498	5.646	5.764	5.863	5.947	6.020	6.085

A.5 q 분포의 임계값 (계속)

$\alpha = 0.01$

ν	k (or p): 2	3	4	5	6	7	8	9	10
1	90.03	135.0	164.3	185.6	202.2	215.8	227.2	237.0	245.6
2	14.04	19.02	22.29	24.72	26.63	28.20	29.53	30.68	31.69
3	8.261	10.62	12.17	13.33	14.24	15.00	15.64	16.20	16.69
4	6.512	8.120	9.173	9.958	10.58	11.10	11.55	11.93	12.27
5	5.702	6.976	7.804	8.421	8.913	9.321	9.669	9.972	10.24
6	5.243	6.331	7.033	7.556	7.973	8.318	8.613	8.869	9.097
7	4.949	5.919	6.543	7.005	7.373	7.679	7.939	8.166	8.368
8	4.746	5.635	6.204	6.625	6.960	7.237	7.474	7.681	7.863
9	4.596	5.428	5.957	6.348	6.658	6.915	7.134	7.325	7.495
10	4.482	5.270	5.769	6.136	6.428	6.669	6.875	7.055	7.213
11	4.392	5.146	5.621	5.970	6.247	6.476	6.672	6.842	6.992
12	4.320	5.046	5.502	5.836	6.101	6.321	6.507	6.670	6.814
13	4.260	4.964	5.404	5.727	5.981	6.192	6.372	6.528	6.667
14	4.210	4.895	5.322	5.634	5.881	6.085	6.258	6.409	6.543
15	4.168	4.836	5.252	5.556	5.796	5.994	6.162	6.309	6.439
16	4.131	4.786	5.192	5.489	5.722	5.915	6.079	6.222	6.349
17	4.099	4.742	5.140	5.430	5.659	5.847	6.007	6.147	6.270
18	4.071	4.703	5.094	5.379	5.603	5.788	5.944	6.081	6.201
19	4.046	4.670	5.054	5.334	5.554	5.735	5.889	6.022	6.141
20	4.024	4.639	5.018	5.294	5.510	5.688	5.839	5.970	6.087
24	3.956	4.546	4.907	5.168	5.374	5.542	5.685	5.809	5.919
30	3.889	4.455	4.799	5.048	5.242	5.401	5.536	5.653	5.756
40	3.825	4.367	4.696	4.931	5.114	5.265	5.392	5.502	5.559
60	3.762	4.282	4.595	4.818	4.991	5.133	5.253	5.356	5.447
120	3.702	4.200	4.497	4.709	4.872	5.005	5.118	5.214	5.299
∞	3.643	4.120	4.403	4.603	4.757	4.882	4.987	5.078	5.157

ν	k (or p): 11	12	13	14	15	16	17	18	19
1	253.2	260.0	266.2	271.8	277.0	281.8	286.3	290.4	294.3
2	32.59	33.40	34.13	34.81	35.43	36.00	36.53	37.03	37.50
3	17.13	17.53	17.89	18.22	18.52	18.81	19.07	19.32	19.55
4	12.57	12.84	13.09	13.32	13.53	13.73	13.91	14.08	14.24
5	10.48	10.70	10.89	11.08	11.24	11.40	11.55	11.68	11.81
6	9.301	9.485	9.653	9.808	9.951	10.08	10.21	10.32	10.43
7	8.548	8.711	8.860	8.997	9.124	9.242	9.353	9.456	9.554
8	8.027	8.176	8.312	8.436	8.552	8.659	8.760	8.854	8.943
9	7.647	7.784	7.910	8.025	8.132	8.232	8.325	8.412	8.495
10	7.356	7.485	7.603	7.712	7.812	7.906	7.993	8.076	8.153
11	7.128	7.250	7.362	7.465	7.560	7.649	7.732	7.809	7.883
12	6.943	7.060	7.167	7.265	7.356	7.441	7.520	7.594	7.665
13	6.791	6.903	7.006	7.101	7.188	7.269	7.345	7.417	7.485
14	6.664	6.772	6.871	6.962	7.047	7.126	7.199	7.268	7.333
15	6.555	6.660	6.757	6.845	6.927	7.003	7.074	7.142	7.204
16	6.462	6.564	6.658	6.744	6.823	6.898	6.967	7.032	7.093
17	6.381	6.480	6.572	6.656	6.734	6.806	6.873	6.937	6.997
18	6.310	6.407	6.497	6.579	6.655	6.725	6.792	6.854	6.912
19	6.247	6.342	6.430	6.510	6.585	6.654	6.719	6.780	6.837
20	6.191	6.285	6.371	6.450	6.523	6.591	6.654	6.714	6.771
24	6.017	6.106	6.186	6.261	6.330	6.394	6.453	6.510	6.563
30	5.849	5.932	6.008	6.078	6.143	6.203	6.259	6.311	6.361
40	5.686	5.764	5.835	5.900	5.961	6.017	6.069	6.119	6.165
60	5.528	5.601	5.667	5.728	5.785	5.837	5.886	5.931	5.974
120	5.375	5.443	5.505	5.562	5.614	5.662	5.708	5.750	5.790
∞	5.227	5.290	5.348	5.400	5.448	5.493	5.535	5.574	5.611

A.5 q 분포의 임계값 (계속)

$\alpha = 0.01$

v	k (or p): 20	22	24	26	28	30	32	34	36
1	298.0	304.7	310.8	316.3	321.3	326.0	330.3	334.3	338.0
2	37.95	38.76	39.49	40.15	40.76	41.32	41.84	42.33	42.78
3	19.77	20.17	20.53	20.86	21.16	21.44	21.70	21.95	22.17
4	14.40	14.68	14.93	15.16	15.37	15.57	15.75	15.92	16.08
5	11.93	12.16	12.36	12.54	12.71	12.87	13.02	13.15	13.28
6	10.54	10.73	10.91	11.06	11.21	11.34	11.47	11.58	11.69
7	9.646	9.815	9.970	10.11	10.24	10.36	10.47	10.58	10.67
8	9.027	9.182	9.322	9.450	9.569	9.678	9.779	9.874	9.964
9	8.573	8.717	8.847	8.966	9.075	9.177	9.271	9.360	9.443
10	8.226	8.361	8.483	8.595	8.698	8.794	8.883	8.966	9.044
11	7.952	8.080	8.196	8.303	8.400	8.491	8.575	8.654	8.728
12	7.731	7.853	7.964	8.066	8.159	8.246	8.327	8.402	8.473
13	7.548	7.665	7.772	7.870	7.960	8.043	8.121	8.193	8.262
14	7.395	7.508	7.611	7.705	7.792	7.873	7.948	8.018	8.084
15	7.264	7.374	7.474	7.566	7.650	7.728	7.800	7.869	7.932
16	7.152	7.258	7.356	7.445	7.527	7.602	7.673	7.739	7.802
17	7.053	7.158	7.253	7.340	7.420	7.493	7.563	7.627	7.687
18	6.968	7.070	7.163	7.247	7.325	7.398	7.465	7.528	7.587
19	6.891	6.992	7.082	7.166	7.242	7.313	7.379	7.440	7.498
20	6.823	6.922	7.011	7.092	7.168	7.237	7.302	7.362	7.419
24	6.612	6.705	6.789	6.865	6.936	7.001	7.062	7.119	7.173
30	6.407	6.494	6.572	6.644	6.710	6.772	6.828	6.881	6.932
40	6.209	6.289	6.362	6.429	6.490	6.547	6.600	6.650	6.697
60	6.015	6.090	6.158	6.220	6.277	6.330	6.378	6.424	6.467
120	5.827	5.897	5.959	6.016	6.069	6.117	6.162	6.204	6.244
∞	5.645	5.709	5.766	5.818	5.866	5.911	5.952	5.990	6.026

v	k (or p): 38	40	50	60	70	80	90	100
1	341.5	344.8	358.9	370.1	379.4	387.3	394.1	400.1
2	43.21	43.61	45.33	46.70	47.83	48.80	49.64	50.38
3	22.39	22.59	23.45	24.13	24.71	25.19	25.62	25.99
4	16.23	16.37	16.98	17.46	17.86	18.02	18.50	18.77
5	13.40	13.52	14.00	14.39	14.72	14.99	15.23	15.45
6	11.80	11.90	12.31	12.65	12.92	13.16	13.37	13.55
7	10.77	10.85	11.23	11.52	11.77	11.99	12.17	12.34
8	10.05	10.13	10.47	10.75	10.97	11.17	11.34	11.49
9	9.521	9.594	9.912	10.17	10.38	10.57	10.73	10.87
10	9.117	9.187	9.486	9.726	9.927	10.10	10.25	10.39
11	8.798	8.864	9.148	9.377	9.568	9.732	9.875	10.00
12	8.539	8.603	8.875	9.094	9.277	9.434	9.571	9.693
13	8.326	8.387	8.648	8.859	9.035	9.187	9.318	9.436
14	8.146	8.204	8.457	8.661	8.832	8.978	9.106	9.219
15	7.992	8.049	8.295	8.492	8.658	8.800	8.924	9.035
16	7.860	7.916	8.154	8.347	8.507	8.646	8.767	8.874
17	7.745	7.799	8.031	8.219	8.377	8.511	8.630	8.735
18	7.643	7.696	7.924	8.107	8.261	8.393	8.508	8.611
19	7.553	7.605	7.828	8.008	8.159	8.288	8.401	8.502
20	7.473	7.523	7.742	7.919	8.067	8.194	8.305	8.404
24	7.223	7.270	7.476	7.642	7.780	7.900	8.004	8.097
30	6.978	7.023	7.215	7.370	7.500	7.611	7.709	7.796
40	6.740	6.782	6.960	7.104	7.225	7.328	7.419	7.500
60	6.507	6.546	6.710	6.843	6.954	7.050	7.133	7.207
120	6.281	6.316	6.467	6.588	6.689	6.776	6.852	6.919
∞	6.060	6.092	6.228	6.338	6.429	6.507	6.575	6.636

A.6 q' 분포의 임계값 (일면검증)

ν	$\alpha = 0.05$								
	k: 2	3	4	5	6	7	8	9	10
5	2.02	2.44	2.68	2.85	2.98	3.08	3.16	3.24	3.30
6	1.94	2.34	2.56	2.71	2.83	2.92	3.00	3.07	3.12
7	1.89	2.27	2.48	2.62	2.73	2.82	2.89	2.95	3.01
8	1.86	2.22	2.42	2.55	2.66	2.74	2.81	2.87	2.92
9	1.83	2.18	2.37	2.50	2.60	2.68	2.75	2.81	2.86
10	1.81	2.15	2.34	2.47	2.56	2.64	2.70	2.76	2.81
11	1.80	2.13	2.31	2.44	2.53	2.60	2.67	2.72	2.77
12	1.78	2.11	2.29	2.41	2.50	2.58	2.64	2.69	2.74
13	1.77	2.09	2.27	2.39	2.48	2.55	2.61	2.66	2.71
14	1.76	2.08	2.25	2.37	2.46	2.53	2.59	2.64	2.69
15	1.75	2.07	2.24	2.36	2.44	2.51	2.57	2.62	2.67
16	1.75	2.06	2.23	2.34	2.43	2.50	2.56	2.61	2.65
17	1.74	2.05	2.22	2.33	2.42	2.49	2.54	2.59	2.64
18	1.73	2.04	2.21	2.32	2.41	2.48	2.53	2.58	2.62
19	1.73	2.03	2.20	2.31	2.40	2.47	2.52	2.57	2.61
20	1.72	2.03	2.19	2.30	2.39	2.46	2.51	2.56	2.60
24	1.71	2.01	2.17	2.28	2.36	2.43	2.48	2.53	2.57
30	1.70	1.99	2.15	2.25	2.33	2.40	2.45	2.50	2.54
40	1.68	1.97	2.13	2.23	2.31	2.37	2.42	2.47	2.51
60	1.67	1.95	2.10	2.21	2.28	2.35	2.39	2.44	2.48
120	1.66	1.93	2.08	2.18	2.26	2.32	2.37	2.41	2.45
∞	1.64	1.92	2.06	2.16	2.23	2.29	2.34	2.38	2.42

ν	$\alpha = 0.01$								
	k: 2	3	4	5	6	7	8	9	10
5	3.37	3.90	4.21	4.43	4.60	4.73	4.85	4.94	5.03
6	3.14	3.61	3.88	4.07	4.21	4.33	4.43	4.51	4.59
7	3.00	3.42	3.66	3.83	3.96	4.07	4.15	4.23	4.30
8	2.90	3.29	3.51	3.67	3.79	3.88	3.96	4.03	4.09
9	2.82	3.19	3.40	3.55	3.66	3.75	3.82	3.89	3.94
10	2.76	3.11	3.31	3.45	3.56	3.64	3.71	3.78	3.83
11	2.72	3.06	3.25	3.38	3.48	3.56	3.63	3.69	3.74
12	2.68	3.01	3.19	3.32	3.42	3.50	3.56	3.62	3.67
13	2.65	2.97	3.15	3.27	3.37	3.44	3.51	3.56	3.61
14	2.62	2.94	3.11	3.23	3.32	3.40	3.46	3.51	3.56
15	2.60	2.91	3.08	3.20	3.29	3.36	3.42	3.47	3.52
16	2.58	2.88	3.05	3.17	3.26	3.33	3.39	3.44	3.48
17	2.57	2.86	3.03	3.14	3.23	3.30	3.36	3.41	3.45
18	2.55	2.84	3.01	3.12	3.21	3.27	3.33	3.38	3.42
19	2.54	2.83	2.99	3.10	3.18	3.25	3.31	3.36	3.40
20	2.53	2.81	2.97	3.08	3.17	3.23	3.29	3.34	3.38
24	2.49	2.77	2.92	3.03	3.11	3.17	3.22	3.27	3.31
30	2.46	2.72	2.87	2.97	3.05	3.11	3.16	3.21	3.24
40	2.42	2.68	2.82	2.92	2.99	3.05	3.10	3.14	3.18
60	2.39	2.64	2.78	2.87	2.94	3.00	3.04	3.08	3.12
120	2.36	2.60	2.73	2.82	2.89	2.94	2.99	3.03	3.06
∞	2.33	2.56	2.68	2.77	2.84	2.89	2.93	2.97	3.00

A.6 q' 분포의 임계값 (양면검증)

ν	$\alpha = 0.05$													
	k: 2	3	4	5	6	7	8	9	10	11	12	13	16	21
5	2.57	3.03	3.29	3.48	3.62	3.73	3.82	3.90	3.97	4.03	4.09	4.14	4.26	4.42
6	2.45	2.86	3.10	3.26	3.39	3.49	3.57	3.64	3.71	3.76	3.81	3.86	3.97	4.11
7	2.36	2.75	2.97	3.12	3.24	3.33	3.41	3.47	3.53	3.58	3.63	3.67	3.78	3.91
8	2.31	2.67	2.88	3.02	3.13	3.22	3.29	3.35	3.41	3.46	3.50	3.54	3.64	3.76
9	2.26	2.61	2.81	2.95	3.05	3.14	3.20	3.26	3.32	3.36	3.40	3.44	3.53	3.65
10	2.23	2.57	2.76	2.89	2.99	3.07	3.14	3.19	3.24	3.29	3.33	3.36	3.45	3.57
11	2.20	2.53	2.72	2.84	2.94	3.02	3.08	3.14	3.19	3.23	3.27	3.30	3.39	3.50
12	2.18	2.50	2.68	2.81	2.90	2.98	3.04	3.09	3.14	3.18	3.22	3.25	3.34	3.45
13	2.16	2.48	2.65	2.78	2.87	2.94	3.00	3.06	3.10	3.14	3.18	3.21	3.29	3.40
14	2.14	2.46	2.63	2.75	2.84	2.91	2.97	3.02	3.07	3.11	3.14	3.18	3.26	3.36
15	2.13	2.44	2.61	2.73	2.82	2.89	2.95	3.00	3.04	3.08	3.12	3.15	3.23	3.33
16	2.12	2.42	2.59	2.71	2.80	2.87	2.92	2.97	3.02	3.06	3.09	3.12	3.20	3.30
17	2.11	2.41	2.58	2.69	2.78	2.85	2.90	2.95	3.00	3.03	3.07	3.10	3.18	3.27
18	2.10	2.40	2.56	2.68	2.76	2.83	2.89	2.94	2.98	3.01	3.05	3.08	3.16	3.25
19	2.09	2.39	2.55	2.66	2.75	2.81	2.87	2.92	2.96	3.00	3.03	3.06	3.14	3.23
20	2.09	2.38	2.54	2.65	2.73	2.80	2.86	2.90	2.95	2.98	3.02	3.05	3.12	3.22
24	2.06	2.35	2.51	2.61	2.70	2.76	2.81	2.86	2.90	2.94	2.97	3.00	3.07	3.16
30	2.04	2.32	2.47	2.58	2.66	2.72	2.77	2.82	2.86	2.89	2.92	2.95	3.02	3.11
40	2.02	2.29	2.44	2.54	2.62	2.68	2.73	2.77	2.81	2.85	2.87	2.90	2.97	3.06
60	2.00	2.27	2.41	2.51	2.58	2.64	2.69	2.73	2.77	2.80	2.83	2.86	2.92	3.00
120	1.98	2.24	2.38	2.47	2.55	2.60	2.65	2.69	2.73	2.76	2.79	2.81	2.87	2.95
∞	1.96	2.21	2.35	2.44	2.51	2.57	2.61	2.65	2.69	2.72	2.74	2.77	2.83	2.91

ν	$\alpha = 0.01$													
	k: 2	3	4	5	6	7	8	9	10	11	12	13	16	21
5	4.03	4.63	4.98	5.22	5.41	5.56	5.69	5.80	5.89	5.98	6.05	6.12	6.30	6.52
6	3.71	4.21	4.51	4.71	4.87	5.00	5.10	5.20	5.28	5.35	5.41	5.47	5.62	5.81
7	3.50	3.95	4.21	4.39	4.53	4.64	4.74	4.82	4.89	4.95	5.01	5.06	5.19	5.36
8	3.36	3.77	4.00	4.17	4.29	4.40	4.48	4.56	4.62	4.68	4.73	4.78	4.90	5.05
9	3.25	3.63	3.85	4.01	4.12	4.22	4.30	4.37	4.43	4.48	4.53	4.57	4.68	4.82
10	3.17	3.53	3.74	3.88	3.99	4.08	4.16	4.22	4.28	4.33	4.37	4.42	4.52	4.65
11	3.11	3.45	3.65	3.79	3.89	3.98	4.05	4.11	4.16	4.21	4.25	4.29	4.30	4.52
12	3.05	3.39	3.58	3.71	3.81	3.89	3.96	4.02	4.07	4.12	4.16	4.19	4.29	4.41
13	3.01	3.33	3.52	3.65	3.74	3.82	3.89	3.94	3.99	4.04	4.08	4.11	4.20	4.32
14	2.98	3.29	3.47	3.59	3.69	3.76	3.83	3.88	3.93	3.97	4.01	4.05	4.13	4.24
15	2.95	3.25	3.43	3.55	3.64	3.71	3.78	3.83	3.88	3.92	3.95	3.99	4.07	4.18
16	2.92	3.22	3.39	3.51	3.60	3.67	3.73	3.78	3.83	3.87	3.91	3.94	4.02	4.13
17	2.90	3.19	3.36	3.47	3.56	3.63	3.69	3.74	3.79	3.83	3.86	3.90	3.98	4.08
18	2.88	3.17	3.33	3.44	3.53	3.60	3.66	3.71	3.75	3.79	3.83	3.86	3.94	4.04
19	2.86	3.15	3.31	3.42	3.50	3.57	3.63	3.68	3.72	3.76	3.79	3.83	3.90	4.00
20	2.85	3.13	3.29	3.40	3.48	3.55	3.60	3.65	3.69	3.73	3.77	3.80	3.87	3.97
24	2.80	3.07	3.22	3.32	3.40	3.47	3.52	3.57	3.61	3.64	3.68	3.70	3.78	3.87
30	2.75	3.01	3.15	3.25	3.33	3.39	3.44	3.49	3.52	3.56	3.59	3.62	3.69	3.78
40	2.70	2.95	3.09	3.19	3.26	3.32	3.37	3.41	3.44	3.48	3.51	3.53	3.60	3.68
60	2.66	2.90	3.03	3.12	3.19	3.25	3.29	3.33	3.37	3.40	3.42	3.45	3.51	3.59
120	2.62	2.85	2.97	3.06	3.12	3.18	3.22	3.26	3.29	3.32	3.35	3.37	3.43	3.51
∞	2.58	2.79	2.92	3.00	3.06	3.11	3.15	3.19	3.22	3.25	3.27	3.29	3.35	2.42

A.7 난수표

	00–04	05–09	10–14	15–19	20–24	25–29	30–34	35–39	40–44	45–49
00	22808	04391	45529	53968	57136	98228	85485	13801	68194	56382
01	49305	36965	44849	64987	59501	35141	50159	57369	76913	75739
02	81934	19920	73316	69243	69605	17022	53264	83417	55193	92929
03	10840	13508	48120	22467	54505	70536	91206	81038	22418	34800
04	99555	73289	59605	37105	24621	44100	72832	12268	97089	68112
05	32677	45709	62337	35132	45128	96761	08745	53388	98353	46724
06	09401	75407	27704	11569	52842	83543	44750	03177	50511	15301
07	73424	31711	65519	74869	56744	40864	75315	89866	96563	75142
08	37075	81378	59472	71858	86903	66860	03757	32723	54273	45477
09	02060	37158	55244	44812	45369	78939	08048	28036	40946	03898
10	94719	43565	40028	79866	43137	28063	52513	66405	71511	66135
11	70234	48272	59621	88778	16536	36505	41724	24776	63971	01685
12	07972	71752	92745	86465	01845	27416	50519	48458	68460	63113
13	58521	64882	26993	48104	61307	73933	17214	44827	88306	78177
14	32580	45202	21148	09684	39411	04892	02055	75276	51831	85686
15	88796	30829	35009	22695	23694	11220	71006	26720	39476	60538
16	31525	82746	78935	82980	61236	28940	96341	13790	66247	33839
17	02747	35989	70387	89571	34570	17002	79223	96817	31681	15207
18	46651	28987	20625	61347	63981	41085	67412	29053	00724	14841
19	43598	14436	33521	55637	39789	26560	66404	71802	18763	80560
20	30596	92319	11474	64546	60030	73795	60809	24016	29166	36059
21	56198	64370	85771	62633	78240	05766	32419	35769	14057	80674
22	68266	67544	06464	84956	18431	04015	89049	15098	12018	89338
23	31107	28597	65102	75599	17496	87590	68848	33021	69855	54015
24	37555	05069	38680	87274	55152	21792	77219	48732	03377	01160
25	90463	27249	43845	94391	12145	36882	48906	52336	00780	74407
26	99189	88731	93531	52638	54989	04237	32978	59902	05463	09245
27	37631	74016	89072	59598	55356	27346	80856	80875	52850	36548
28	73829	21651	50141	76142	72303	06694	61697	76662	23745	96282
29	15634	89428	47090	12094	42134	62381	87236	90118	53463	46969
30	00571	45172	78532	63863	98597	15742	41967	11821	91389	07476
31	83374	10184	56384	27050	77700	13875	96607	76479	80535	17454
32	78666	85645	13181	08700	08289	62956	64439	39150	95690	18555
33	47890	88197	21368	65254	35917	54035	83028	84636	38186	50581
34	56238	13559	79344	83198	94642	35165	40188	21456	67024	62771
35	36369	32234	38129	59963	99237	72648	66504	99065	61161	16186
36	42934	34578	28968	74028	42164	56647	76806	61023	33099	48293
37	09010	15226	43474	30174	26727	39317	48508	55438	85336	40762
38	83897	90073	72941	85613	85569	24183	08247	15946	02957	68504
39	82206	01230	93252	89045	25141	91943	75531	87420	99012	80751
40	14175	32992	49046	41272	94040	44929	98531	27712	05106	35242
41	58968	88367	70927	74765	18635	85122	27722	95388	61523	91745
42	62601	04595	76926	11007	67631	64641	07994	04639	39314	83126
43	97030	71165	47032	85021	65554	66774	21560	04121	57297	85415
44	89074	31587	21360	41673	71192	85795	82757	52928	62586	02179
45	07806	81312	81215	99858	26762	28993	74951	64680	50934	32011
46	91540	86466	13229	76624	44092	96604	08590	89705	03424	48033
47	99279	27334	33804	77988	93592	90708	56780	70097	39907	51006
48	63224	05074	83941	25034	43516	22840	35230	66048	80754	46302
49	98361	97513	27529	66419	35328	19738	82366	38573	50967	72754

A.7 난수표 (계속)

	00–04	05–09	10–14	15–19	20–24	25–29	30–34	35–39	40–44	45–49
50	27791	82504	33523	27623	16597	32089	81596	78429	14111	68245
51	33147	46058	92388	10150	63224	26003	56427	29945	44546	50233
52	67243	10454	40269	44324	46013	00061	21622	68213	47749	76398
53	78176	70368	95523	09134	31178	33857	26171	07063	41984	99310
54	70199	70547	94431	45423	48695	01370	68065	61982	20200	27066
55	19840	01143	18606	07622	77282	68422	70767	33026	15135	91212
56	32970	28267	17695	20571	50227	69447	45535	16845	68283	15919
57	43233	53872	68520	70013	31395	60361	39034	59444	17066	07418
58	08514	23921	16685	89184	71512	82239	72947	69523	75618	79826
59	28595	51196	96108	84384	80359	02346	60581	01488	63177	47496
60	83334	81552	88223	29934	68663	23726	18429	84855	26897	94782
61	66112	95787	84997	91207	67576	27496	01603	22395	41546	68178
62	25245	14749	30653	42355	88625	37412	87384	09392	11273	28116
63	21861	22185	41576	15238	92294	50643	69848	48020	19785	41518
64	74506	40569	90770	40812	57730	84150	91500	53850	52104	37988
65	23271	39549	33042	10661	37312	50914	73027	21010	76788	64037
66	08548	16021	64715	08275	50987	67327	11431	31492	86970	47335
67	14236	80869	90798	85659	10079	28535	35938	10710	67046	74021
68	55270	49583	86467	40633	27952	27187	35058	66628	94372	75665
69	02301	05524	91801	23647	51330	35677	05972	90729	26650	81684
70	72843	03767	62590	92077	91552	76853	45812	15503	93138	87788
71	49248	43346	29503	22494	08051	09035	75802	63967	74257	00046
72	62598	99092	87806	42727	30659	10118	83000	96198	47155	00361
73	27510	69457	98616	62172	07056	61015	22159	65590	51082	34912
74	84167	66640	69100	22944	19833	23961	80834	37418	42284	12951
75	14722	88488	54999	55244	03301	37344	01053	79305	94771	95215
76	46696	05477	32442	18738	43021	72933	14995	30408	64043	67834
77	13938	09867	28949	94761	38419	38695	90165	82841	75399	09932
78	48778	56434	42495	07050	35250	09660	56192	34793	36146	96806
79	00571	71281	01563	66448	94560	55920	31580	26640	91262	30863
80	96050	57641	21798	14917	21836	15053	33566	51177	91786	12610
81	30870	81575	14019	07831	81840	25506	29358	88668	42742	62048
82	59153	29135	00712	73025	14263	17253	95662	75535	26170	95240
83	78283	70379	54969	05821	26485	28990	40207	00434	38863	61892
84	12175	95800	41106	93962	06245	00883	65337	75506	66294	62241
85	14192	39242	17961	29448	84078	14545	39417	83649	26495	41672
86	69060	38669	00849	24991	84252	41611	62773	63024	57079	59283
87	46154	11705	29355	71523	21377	36745	00766	21549	51796	81340
88	93419	54353	41269	07014	28352	77594	57293	59219	26098	63041
89	13201	04017	68889	81388	60829	46231	46161	01360	25839	52380
90	62264	99963	98226	29972	95169	07546	01574	94986	06123	52804
91	58030	30054	27479	70354	12351	33761	94357	81081	74418	74297
92	81242	26739	92304	81425	29052	37708	49370	46749	59613	50749
93	16372	70531	92036	54496	50521	83872	30064	67555	40354	23671
94	54191	04574	58634	91370	40041	77649	42030	42547	47593	07435
95	15933	92602	19496	18703	63380	58017	14665	88867	84807	44672
96	21518	77770	53826	97114	82062	34592	87400	64938	75540	54751
97	34524	64627	92997	21198	14976	07071	91566	44335	83237	24335
98	46557	67780	59432	23250	63352	43890	07109	07911	85956	62699
99	31929	13996	05126	83561	03244	33635	26952	01638	22788	26393

A.7 난수표 (계속)

	50–54	55–59	60–64	65–69	70–74	75–79	80–84	85–89	90–94	95–99
00	53330	26487	85005	06384	13822	83736	95876	71355	31226	56063
01	96990	62825	97110	73006	32661	63408	03893	10333	41902	69175
02	30385	16588	63609	09132	53081	14478	50813	22887	03746	10289
03	75252	66905	60536	13408	25158	35825	10447	47375	89249	91238
04	52615	66504	78496	90443	84414	31981	88768	49629	15174	99795
05	39992	51082	74547	31022	71980	40900	84729	34286	96944	49502
06	51788	87155	13272	92461	06466	25392	22330	17336	42528	78628
07	88569	35645	50602	94043	35316	66344	78064	89651	89025	12722
08	14513	34794	44976	71244	60548	03041	03300	46389	25340	23804
09	50257	53477	24546	01377	20292	85097	00660	39561	62367	61424
10	35170	69025	46214	27085	83416	48597	19494	49380	28469	77549
11	22225	83437	43912	30337	75784	77689	60425	85588	93438	61343
12	90103	12542	97828	85859	85859	64101	00924	89012	17889	01154
13	68240	89649	85705	18937	30114	89827	89460	01998	81745	31281
14	01589	18335	24024	39498	82052	07868	49486	25155	61730	08946
15	36375	61694	90654	16475	92703	59561	45517	90922	93357	00207
16	11237	60921	51162	74153	94774	84150	39274	10089	45020	09624
17	48667	68353	40567	79819	48551	26789	07281	14669	00576	17435
18	99286	42806	02956	73762	04419	21676	67533	50553	21115	26742
19	44651	48349	13003	39656	99757	74964	00141	21387	66777	68533
20	83251	70164	05732	66842	77717	25305	36218	85600	23736	06629
21	41551	54630	88759	10085	48806	08724	50685	95638	20829	37264
22	68990	51280	51368	73661	21764	71552	69654	17776	51935	53169
23	63393	76820	33106	23322	16783	35630	50938	90047	97577	27699
24	93317	87564	32371	04190	27608	40658	11517	19646	82335	60088
25	48546	41090	69890	58014	04093	39286	12253	55859	83853	15023
26	31435	57566	99741	77250	43165	31150	20735	57406	85891	04806
27	56405	29392	76998	66849	29175	11641	85284	89978	73169	62140
28	70102	50882	85960	85955	03828	69417	55854	63173	60485	00327
29	92746	32004	52242	94763	32955	39848	09724	30029	45196	67606
30	67737	34389	57920	47081	60714	04935	48278	90687	99290	18554
31	35606	76646	14813	51114	52492	46778	08156	22372	59999	43938
32	64836	28649	45759	45788	43183	25275	25300	21548	33941	66314
33	86319	92367	37873	48993	71443	22768	69124	65611	79267	49709
34	90632	32314	24446	60301	31376	13575	99663	81929	39343	17648
35	83752	51966	43895	03129	37539	72989	52393	45542	70344	96712
36	56755	21142	86355	33569	63096	66780	97539	75150	25718	33724
37	14100	28857	60648	86304	97397	97210	74842	87483	51558	52883
38	69227	24872	48057	29318	74385	02097	63266	26950	73173	53025
39	77718	56967	36560	87155	26021	70903	32086	11722	32053	63723
40	09550	38799	88929	80877	87779	99905	17122	25985	16866	76005
41	12404	42453	88609	89148	85892	96045	10310	45021	62023	70061
42	07985	27418	92734	80000	58969	99011	73815	49705	68076	69605
43	58124	53830	08705	20916	46048	30342	86530	72608	93074	80937
44	46173	77223	75661	57691	24055	27568	41227	58542	73196	44886
45	13476	72301	85793	80516	59479	66985	24801	84009	71317	87321
46	82472	98647	17053	94591	36790	42275	51154	77765	01115	09331
47	55370	63433	80653	30739	68821	46854	41939	38962	20703	69424
48	89274	74795	82231	69384	53605	67860	01309	27273	76316	54253
49	55242	74511	62992	17981	17323	79325	35238	21393	13114	70084

A.7 난수표 (계속)

	50–54	55–59	60–64	65–69	70–74	75–79	80–84	85–89	90–94	95–99
50	03674	36059	46810	58367	82676	15051	57977	49410	02971	05797
51	26136	80623	96505	91089	02309	54743	15831	45538	96456	87272
52	61716	80405	84735	12997	86386	61606	75091	84996	76070	54923
53	67051	63246	99547	81223	52485	90333	24697	06266	07388	70389
54	17284	60347	87314	30218	87983	45426	84153	10569	64042	95618
55	12543	23999	95777	28105	66073	35174	67706	05181	35176	85558
56	45494	93037	29209	70724	86438	65354	71209	27969	85321	10216
57	39262	15415	93940	41615	43605	95675	53916	29580	07048	95838
58	29094	58703	92144	14287	50165	85661	95749	61118	36668	96852
59	77988	03222	57805	00725	91543	80021	16442	63360	33620	39324
60	02758	86823	52423	32355	96707	47448	06453	59430	43952	16775
61	46702	37467	66803	49344	59519	92717	97110	82087	36785	00880
62	61759	95153	80090	60626	55917	92812	63544	82295	50729	20116
63	82316	11402	28078	75325	43963	63105	99294	30285	61473	53613
64	92754	74241	14315	49697	61979	66711	61707	81589	53936	82115
65	37907	24080	31741	86653	81460	32304	99590	56644	41521	91172
66	16619	75264	12279	18996	16716	81959	65722	10058	91522	65410
67	66640	06195	84416	32836	53178	93810	36766	59778	26612	69017
68	45208	58525	07714	77126	67986	73140	12026	75550	84912	64691
69	00910	40237	91035	29125	03534	47246	64698	00608	39537	71755
70	19965	46945	59357	15551	20335	03145	21519	37882	99146	70161
71	37538	05747	54982	00494	51866	86172	82679	04152	56369	20356
72	38571	69663	03287	28101	46753	55715	93527	30508	19722	02072
73	76711	02864	00880	85518	25834	52317	48070	51582	03374	19540
74	07128	44400	48015	41449	21109	38948	21816	52089	64529	21510
75	00882	89357	80906	76476	58420	95793	34043	00991	38937	39859
76	96160	18580	40549	46562	45106	53768	76097	60504	85273	63076
77	13443	22235	46210	47755	05802	00311	15171	23818	89870	47578
78	99494	35395	71411	48281	92151	84465	63651	15969	61345	13324
79	90647	11809	96365	52409	17977	05971	35835	03889	43733	66100
80	33050	48785	92200	59319	36977	41111	28002	51580	10573	21763
81	21257	15066	72630	23206	03106	53140	50292	64012	83184	81304
82	45362	94324	81800	83980	97244	09691	08435	66723	06150	54972
83	93322	58684	95695	19096	98108	47678	98061	87193	99992	82870
84	20374	61803	62508	83696	54449	53649	86447	66115	90857	69114
85	00715	13209	17080	06890	38022	76469	27696	30778	31836	96676
86	85519	93677	90186	09579	98760	50320	98077	46048	79700	81431
87	71948	15871	84502	41330	46675	51342	93431	55566	90819	68923
88	43427	95500	02004	51802	59668	17806	87605	33010	20991	76269
89	64854	28815	74959	03531	77051	51807	89005	18898	23716	45862
90	62195	29095	23982	75883	41561	25897	43595	92703	86676	32038
91	61186	54041	60984	61602	18482	57941	59657	35924	21738	30646
92	88585	40218	69965	74354	62274	38948	44813	31558	40625	22477
93	15598	21389	79016	92151	21926	49901	16835	88055	30545	60306
94	27097	89653	21558	72731	66694	36703	92172	46129	32660	91356
95	40537	85697	78182	39711	59270	21934	78647	94801	78832	37287
96	74828	06544	13078	59528	31100	11132	91256	85899	72492	18200
97	43297	83195	66218	65838	63255	72093	38976	44892	96861	97848
98	32663	58127	73258	09220	49701	92357	43700	37214	56844	02048
99	45551	31330	08152	23712	23963	58274	94583	03761	73429	47328

참 고 문 헌

- Hinkelmann and Kempthorne (2007). *Design and analysis of experiments.* Vol. 1: Introduction to experimental design. 2nd edition. Wiley.
- Montgomery (2008). *Design and analysis of experiments.* 7th edition. Wiley.
- Hicks and Turner (1999). *Fundamental concepts in the design of experiments.* 5th edition. Oxford University Press.
- Zar (2009). *Biostatistical analysis.* 5th edition. Prentice Hall.
- 성내경 (2004). SAS/STAT - 회귀분석. 3판. 자유아카데미.
- 성내경 (2000). SAS/STAT - 분산분석. 2판. 자유아카데미.
- 성내경 (2000). SAS/GRAPH - 통계 그래픽스. 2판. 자유아카데미.
- 성내경 (1995). 정보시대, 그리고 통계. 이화여자대학교 출판부.

연습문제 해답

2장

1. H_0: $\mu = 24.3$ *vs* H_1: $\mu \neq 24.3$; $t = 2.704$; $t_{24,0.025} = 2.064$; H_0를 기각한다. 95% 신뢰구간 = 25.03±0.56 = (24.47, 25.59)
2. (1.10℃^{2}, 3.48℃^{2}); H_0: $\sigma^2 = 1$ *vs* H_1: $\sigma^2 \neq 1$; $\chi^2 = 43.20$; $\chi^2_{24,0.025} = 39.364$; H_0를 기각한다.
3. 173±3.012(45/ $\sqrt{14}$) = 173±36.22 = (136.78, 209.22)
4. H_0: $\mu_1 \geq \mu_2$ *vs* H_1: $\mu_1 < \mu_2$; $s_p^2 =$(102.23 + 69.20)/(9 + 7) = 10.71; $t = -2.99$; $t_{16,0.05} = 1.746$; -2.99< -1.746이므로 H_0를 기각한다.
5. H_0: $\sigma_1^2 = \sigma_2^2$ *vs* H_1: $\sigma_1^2 \neq \sigma_2^2$; F=21.87/15.36 = 1.42; $F_{10,7,0.025} = 4.76$; H_0를 기각하지 못한다; $s_p^2 =$(218.73 + 107.50)/(10 + 7) = 19.19; σ_1^2/σ_2^2에 대한 95% 신뢰구간 = (0.298, 5.61)
6. H_0: $\delta \leq 250$ *vs* H_1: $\delta > 250$; $t = 1.695$; $t_{8,0.05} = 1.860$; H_0를 기각하지 못한다.
7. H_0: $\mu \leq 520$ *vs* H_1: $\mu > 520$; $Z = 2.56 > z_{0.05} = 1.645$; H_0를 기각한다. 즉 유의수준 0.05에서 새로운 완두콩 종자의 평균 산출량이 520 *kg*보다 더 크다.
8. $s^2 = 4.612$; 95% 신뢰구간 = (2.472, 11.471);
   H_0: $\sigma^2 \leq 2.5$ *vs* H_1: $\sigma^2 > 2.5$; $\chi^2 = 25.827 > \chi^2_{14,0.05} = 23.6848$; H_0를 기각한다.

3 장

1. ①

source	SS	df	MS	F
처리	120	3	40	8^{**}
오차	80	16	5	
총	200	19		

② $SS_C = 28$, $F = 28/5 = 5.6 < F_{1,16,0.01} = 8.53$; 따라서 체인점과 독립점의 복사 시간은 같지 않다.

2. ①-②

source	SS	df	MS	F
처리	30	3	10.00	13.33^{**}
선형	29.4	1	29.4	39.20^{**}
기타	0.6	2	0.3	
오차	6	8	0.75	
총	36	11		

③ $F = 29.4/0.66 = 44.54 > F_{1,10,0.05} = 4.96$; 따라서 회귀는 유의하다.

④ $\mu_i = \beta_0 + \beta_1 x_i$이므로 수리적으로 동등하다 ⑤ 모수의 차이 때문.

3.

source	SS	df	MS	F
처리	19.69	3	6.56	9.22^{**}
오차	25.63	36	0.71	
총	45.32	39		

수분 손실 방지제 간에는 통계적으로 극히 유의한 차이가 있다. 튜키의 다중 비교법을 적용하면 다음 결과를 얻는다.

처리:	III	IV	II	I
평균:	22.105	22.731	23.215	24.025

즉 방지제 III과 IV 간에는 차이가 없다. 또 방지제 IV와 II 간에도 차이가 없다. 그리고 방지제 II와 I 간에도 차이가 없다. 그러나 방지제 I과 III 간에는 확실한 차이가 있다고 할 수 있다.

4. ① $N(\mu, \sigma^2/\sum r_i)$ ② $F_{1,1}$ ③ $N\left(\frac{\tau_1}{\sigma}, 1\right)$

5. ① $\frac{\sigma^2}{r_i} + \mu_i^2$ ② 0

6.

source	SS	df	MS	F
배양법	847.05	5	169.41	14.37**
오차	282.93	24	11.79	
총	1129.98	29		

7.

source	SS	df	MS	F
처리	900	3	300	15
오차	400	20	20	
총	1300	23		

8.

source	df	SS	MS	F value	Pr > F
Therapy	2	452.13	226.07	7.7	0.0137
Error	8	234.42	29.30		
Corrected Total	10	686.55			

10.

source	SS	df	MS	F
원료	147.74	4	36.94	20.5**
오차	17.99	10	1.80	
총	165.73	14		

$\widehat{\sigma^2} = 1.80$, $\widehat{\sigma_\tau^2} = 11.71$. 총분산의 86.7%가 원료 차이에 기인한다.

4 장

1. ① 1498 ② 30 ③ 24

2.

source	SS	df	MS	F
날	1106.92	3	368.97	
세척제	703.50	2	351.75	40.72**
오차	51.83	6	8.64	
총	1862.25	11		

3.

source	SS	df	MS	F
자동차	31.20	4	-	
첨가제(보정됨)	35.73	4	8.93	9.81**
오차	10.02	11	0.91	
총	76.95	19		

4.

source	SS	df	MS	F
블록	0.0971	2	0.0486	
처리	0.7324	4	0.1831	4.19*
선형	0.5387	1	0.5387	12.33**
이차	0.0440	1	0.0440	1.01
나머지	0.1497	2	0.0748	1.71
오차	0.3495	8	0.0437	
총	1.1790	14		

5.

source	SS	df	MS	F
블록	135	9	15	
처리	100	4	25	12.5**
오차	72	36	2	
총	307	49		

6. ①

source	SS	df	MS	F
블록			10	
처리				
오차		20		
총		150		

② 1.25

5 장

1. 수확량에 있어 파인애플 품종 간에 극히 유의한 차이가 있다. SNK 다중비교 결과 품종 E가 가장 우월하며 그 다음으로 B와 C가 나머지들보다는 더 낫다.

source	SS	df	MS	F	p-value
행	10381	5	2076.2		
열	3697	5	739.4		
처리	141564	5	28312.8	19.79^{**}	<0.0001
오차	28614	20	1430.7		
총	184256	35			

2.

source	SS	df	MS	F	p-value
원료	10.0	4	2.50		
산 농도	24.4	4	6.10		
촉매	12.0	4	3.00		
반응 시간	342.8	4	85.70	14.65^{**}	0.0009
오차	46.8	8	5.85		
총	436.0	24			

6 장

1. 상호작용은 없다. 품종 간 차이는 극히 유의하다. 비료 간 차이는 유의하다.

source	SS	df	MS	F
품종	261.33	2	130.67	8.00**
비료	197.33	3	65.78	4.03*
상호작용	106.67	6	17.78	1.09
오차	196.00	12	16.33	
총	761.33	23		

2. ① 상호작용은 없다. 현금 흐름에 영향을 주는 재고 관리 방법과 주문 방법이 존재한다; $\widehat{\sigma^2}= 19.5$, $\widehat{\sigma^2_{\alpha\beta}}= 3.167$, $\widehat{\sigma^2_{\alpha}}= 20.833$, $\widehat{\sigma^2_{\beta}}= 37.694$.

source	SS	df	MS	F
재고	558.00	2	279.00	9.62*
주문	1104.75	3	368.25	12.70**
상호작용	174.00	6	29.00	1.49
오차	468.00	24	19.50	
총	2304.75	35		

② 상호작용은 없다. 세 가지 재고 관리 방법 간에는 현금 흐름에 차이가 난다. 현금 흐름에 영향을 주는 주문 방법이 존재한다.

source	SS	df	MS	F
재고	558.00	2	279.00	9.62*
주문	1104.75	3	368.25	18.89**
상호작용	174.00	6	29.00	1.49
오차	468.00	24	19.50	
총	2304.75	35		

3.

source	EMS	F 통계량의 분모항
A	$E+AB+A$	AB
B	$E+AB+B$	AB
C	$E+ABC+AC+BC+C$	$AC+BC-ABC$
AB	$E+AB$	E
AC	$E+ABC+AC$	ABC
BC	$E+ABC+BC$	ABC
ABC	$E+ABC$	E
E	E	

5.

source	EMS	분모항	F	결론
A	$E+AC+A$	AC	12.678	H_0를 기각
B	$E+BC+B$	BC	0.639	
C	$E+C$	E	42.196	H_0를 기각
AB	$E+ABC+AB$	ABC	9.400	H_0를 기각
AC	$E+AC$	E	0.312	
BC	$E+BC$	E	4.487	H_0를 기각
ABC	$E+ABC$	E	1.045	
오차	E			

주효과 B가 상호작용 AB, 또는 BC에 가려졌을 가능성이 있다.

튜키의 다중비교:

A_2	A_1	A_3	A_4
13.083	13.500	16.917	19.000

6. 분자: $MS_1^* = MS_A + MS_{ABC} = 327.65 \quad (v_1 = 2.26 \approx 2)$

분모: $MS_2^* = MS_{AB} + MS_{AC} = 179.68 \quad (v_2 = 6.34 \approx 6)$

$F = 1.82 < F_{2,6,0.05} = 5.14$; 유의수준 0.05에서 주효과는 없다.

7 장

1. ①

source	$E(\text{MS})$
A	$\sigma^2 + bn\sum\alpha_i^2/(a-1)$
$B(A)$	$\sigma^2 + n\sum\sum\beta_{j(i)}^2/a(b-1)$
오차	σ^2

②

source	$E(\text{MS})$
A	$\sigma^2 + n\sigma_\beta^2 + bn\sigma_\alpha^2$
$B(A)$	$\sigma^2 + n\sigma_\beta^2$
오차	σ^2

③

source	$E(\text{MS})$
A	$\sigma^2 + n\sigma_\beta^2 + bn\sum\alpha_i^2/(a-1)$
$B(A)$	$\sigma^2 + n\sigma_\beta^2$
오차	σ^2

2.

source	df	$E(\text{MS})$
A	$a-1$	$\sigma^2 + n\delta_{C(BA)}\sigma_\gamma^2 + cn\delta_{B(A)}\sigma_\beta^2 + bcn\sigma_\alpha^2$
$B(A)$	$a(b-1)$	$\sigma^2 + n\delta_{C(BA)}\sigma_\gamma^2 + cn\sigma_\beta^2$
$C(BA)$	$ab(c-1)$	$\sigma^2 + n\sigma_\gamma^2$
오차	$abc(n-1)$	σ^2
총	$abcn-1$	

3.

source	df	$E(\text{MS})$
A	$a-1$	$\sigma^2+n\delta_{C(AB)}\sigma_\gamma^2+cn\delta_B\sigma_{\alpha\beta}^2+bcn\sigma_\alpha^2$
B	$b-1$	$\sigma^2+n\delta_{C(AB)}\sigma_\gamma^2+cn\delta_A\sigma_{\alpha\beta}^2+acn\sigma_\beta^2$
AB	$(a-1)(b-1)$	$\sigma^2+n\delta_{C(AB)}\sigma_\gamma^2+cn\sigma_{\alpha\beta}^2$
$C(BA)$	$ab(c-1)$	$\sigma^2+n\sigma_\gamma^2$
오차	$abc(n-1)$	σ^2
총	$abcn-1$	

8 장

1. ① 부분 교락 2^2 요인 설계

② 다음 기본형을 r 회 반복한다. 블록 아래는 교락된 효과다.

반복 I		반복 II		반복 III	
블록 1	블록 2	블록 1	블록 2	블록 1	블록 2
a	(1)	(1)	b	(1)	a
ab	b	a	ab	ab	b
A		B		AB	

③ 가장 간단한 ANOVA는 다음과 같다.

source	df
블록	$6r-1$
A	1
B	1
AB	1
오차	$6r-3$
총	$12r-1$

④

블록	처리			
	(1)	a	b	ab
1	x	x		
2	x		x	
3	x			x
4		x	x	
5		x		x
6			x	x

⑤ BIBD(4, 6, 2, 3; 1)

2. 2_{IV}^{4-1}, $I=ABCD$

3.

source	SS	df	MS	F
A	36.00	1	36.00	57.60**
B	20.25	1	20.25	32.40**
C	12.25	1	12.25	19.60**
AB	2.25	1	2.25	3.60
AC	0.25	1	0.25	0.40
BC	1.00	1	1.00	1.60
ABC	1.00	1	1.00	1.60
오차	5.00	8	0.625	
총	78.00	15		

4.

source	SS	df	MS	F
A	1870.56	1	1870.56	83.36**
C	390.06	1	390.06	17.38**
D	855.56	1	855.56	38.13**
AC	1314.06	1	1314.06	58.56**
AD	1105.56	1	1105.56	49.27**
CD	5.06	1	5.06	0.23
ACD	10.56	1	10.56	0.47
오차	179.52	8	22.44	
총	5730.94	15		

5.

source	SS	df	MS	F
반복	1.00	1		
블록(반복)	2.50	2		
A	36.00	1	36.00	48.00**
B	20.25	1	20.25	27.00**
C	12.25	1	12.25	16.33**
AB	0.50	1	0.50	0.67
AC	0.25	1	0.25	0.33
BC	1.00	1	1.00	1.33
ABC	0.50	1	0.50	0.67
오차	3.75	5	0.75	
총	78.00	15		

6.

블록 1	블록 2	블록 3	블록 4
(1)	a	b	ab
bc	abc	c	ac
acd	cd	$abcd$	bcd
abd	bd	ad	d
$L_1 = 0$	$L_1 = 1$	$L_1 = 1$	$L_1 = 0$
$L_2 = 0$	$L_2 = 0$	$L_2 = 1$	$L_2 = 1$

7.

source	SS	df	MS	F
블록	7.56	1	-	-
A	1870.56	1	1870.56	62.22**
B	39.06	1	39.06	1.30**
C	390.06	1	390.06	12.98*
D	855.56	1	855.56	28.46**
AB	0.06	1	0.06	0.00
AC	1314.06	1	1314.06	43.71**
AD	1105.56	1	1105.56	36.78**
BC	22.56	1	22.56	0.75
BD	0.56	1	0.56	0.02
CD	5.06	1	5.06	0.17
오차	120.25	4	30.06	
총	5730.91	15		

8.

source	SS	df	MS	F	EMS
A	0.0062	1	0.0062	0,13	$\sigma^2 + 6(\alpha_1^2 + \alpha_2^2)$
B	1.3006	1	1.3006	26.82**	$\sigma^2 + 6(\beta_1^2 + \beta_2^2)$
AB	0.1899	1	0.1899	3.92	$\sigma^2 + 6((\alpha\beta)_{11}^2 + (\alpha\beta)_{12}^2 + (\alpha\beta)_{21}^2 + (\alpha\beta)_{22}^2)$
오차	0.9699	20	0.0485		σ^2
총	2.4666	23			

9 장

1.

source	SS	df	MS	F
A	993.77	2	496.89	1.17
B	61190.33	2	30595.17	71.74**
C	69105.33	2	34552.67	81.01**
AB	6300.90	4	1575.22	3.69*
AC	7513.90	4	1878.47	4.40**
BC	12854.34	4	3213.58	7.53**
ABC	4628.76	8	578.60	1.36
오차	11515.50	27	426.50	
총	174102.83	53		

2. 0000, 0122, 0211, 1021, 1110, 1201, 2012, 2101, 2220

3. 3^{4-1}_{IV}

4. 3^{4-2}_{III}

5.

블록 1	블록 2	블록 3
000	100	200
111	211	011
222	022	122
120	220	020
210	010	110
102	202	002
201	001	101
012	112	212
021	121	221
$L=0$	$L=1$	$L=2$

6. $Y_{ijk} = \mu + \delta_i + \beta_j + \gamma_k + (\beta\gamma)_{jk} + \epsilon_{ijk}$, $(i = 1,2,3,4\ ;\ j = 1,2,3\ ;\ k = 1,2)$

source	SS	df	MS	F
D	402.17	3		
A	335.58	2	167.79	15.13^{**}
B	1066.67	1	1066.67	96.19^{**}
AB	77.08	2	38.54	3.48
오차	166.33	15	11.09	
총	2047.83	23		

7. $Y_{ijk} = \rho_i + \alpha_j + \beta_k + (\alpha\beta)_{jk} + \epsilon_{ijk}\,,\quad (i,j = 1,2,3\ ;\ k = 1,\cdots,5)$

		i	j	k		
		1	0	1		
		3	3	5	EMS	분모
ρ_i	σ^2_ρ	1	3	5	$\sigma^2 + 15\sigma^2_\rho$	
α_j	σ^2_α	3	0	5	$\sigma^2 + 3\sigma^2_{\alpha\beta} + 15\sum\alpha_j^2/2$	BC
β_k	σ^2_β	3	3	1	$\sigma^2 + 9\sigma^2_\beta$	E
$(\alpha\beta)_{jk}$	$\sigma^2_{\alpha\beta}$	3	0	1	$\sigma^2 + 3\sigma^2_{\alpha\beta}$	E
ϵ_{ijk}	σ^2	1	1	1	σ^2	

9. $Y_{ijk} = \mu + \alpha_i + \beta_j + (\alpha\beta)_{ij} + \epsilon_{k(ij)}\,,\quad (i = 1,2,3\ ; j = 1,\cdots,5\ ;\ k = 1,2)$

source	SS	df	MS	F
A	281.67	2	140.83	11.18^{**}
A_L	211.25	1	211.25	16.77^{**}
A_Q	70.42	1	70.42	5.59^{*}
B	50.47	4	12.62	1.00
AB	58.33	8	7.29	0.58
A_LB	41.50	4	10.38	0.82
A_QB	16.83	4	4.21	0.33
오차	189.00	14	12.60	
총	579.47	29		

8. $Y_{ijk} = \mu + \alpha_i + \beta_j + (\alpha\beta)_{ij} + \epsilon_{k(ij)}\,,\quad (i = 1,2,3,4\ ; j = 1,2,3\ ;\ k = 1,2)$

source	SS	df	MS	F	p-value
A(농도)	63.79	3	21.26	7.38**	0.005
A_L	0.21	1	0.21	0.07	0.791
A_Q	3.37	1	3.37	1.17	0.301
A_C	60.21	1	60.21	20.91**	0.001
B(시간)	126.58	2	63.29	21.98**	0.000
B_L	76.56	1	76.56	26.58**	0.000
B_Q	50.02	1	50.02	17.37**	0.001
AB	38.07	6	6.35	2.20	0.115
A_LB_L	7.81	1	7.81	2.71	0.125
A_LB_Q	5.10	1	5.10	1.77	0.208
A_QB_L	5.06	1	5.06	1.77	0.208
A_QB_Q	4.69	1	4.69	1.59	0.231
A_CB_L	2.81	1	2.81	0.98	0.343
A_CB_Q	12.60	1	12.60	4.38	0.058
오차	34.51	12	2.88		
총	262.95	23			

10 장

3. 지역 간에는 차이가 없고, 지역 내 하천 간에는 차이가 있다.

source	SS	df	MS	F
A	234.333	3	78.111	1.856
$B(A)$	168.333	4	42.083	3.166*
오차	212.667	16	13.292	
총	615.333	23		

4. 교육 방법에 차이가 있다. 방법 내 교사 차이는 없다.

source	SS	df	MS	F
A	961.33	2	480.67	9.050**
$B(A)$	108.00	3	36.00	0.678
오차	956.00	18	53.11	
총	2025.33	23		

5. 방법 간 차이가 매우 크다. 그룹 내 팀 간 차이도 존재한다.

source	SS	df	MS	F
A	691.95	1	691.95	386.56**
B	16.05	2	8.02	1.23
AB	1.19	2	0.60	0.34
$C(B)$	39.26	6	6.54	2.83*
$AC(B)$	10.72	6	1.79	0.77
오차	41.59	18	2.31	
총	760.76	35		

11 장

2.

source	SS	df	MS	F
R	77.55	2	38.78	
A	128.39	2	64.20	7.08*
오차(A)	36.28	4	9.07	
B	434.08	3	144.69	36.45**
AB	75.17	6	12.53	3.16
오차(B)	71.50	18	3.97	
총	29331	35		

12 장

1. $\hat{y} = 0.715 + 0.270x$

source	SS	df	MS	F
회귀	19.13	1	19.13	401.1**
오차	0.52	11	0.05	
총	19.66	12		

2. $\hat{y} = 39.75 + 3.00x_1 + 0.25x_2$

source	SS	df	MS	F
회귀	130.5	2	65.25	59.32**
오차	5.5	5	1.10	
총	136.0	7		

3. $\hat{y} = 198.62 + 1.55x$; $R^2 = 0.735$, $r = 0.857$; $r^2 = R^2$

source	SS	df	MS	F
회귀	5916.1	1	5916.1	27.74**
오차	2132.8	10	213.3	
총	8048.9	11		

4. 적합 결여는 존재하지 않으며 회귀는 유의하다.

source	SS	df	MS	F
회귀	3.541	1	3.541	7.15*
오차	7.429	15	0.495	
적합결여	4.392	8	0.549	1.27
순수오차	3.037	7	0.434	
총	10.970	16		

13 장

1. 동질성 검증: SS(A∗X) = 0.024 ($df = 2$); MS_E = 1.335 ($df = 3$); $F = 0.01$; p 값 = 0.9910. 따라서 공통 기울기를 가정할 수 있다. 분산분석표에서 회귀는 유의하고 교육 방법 간에는 효과 차이가 있다고 결론내린다.

source	SS	df	MS	F	p-value
회귀	47.305	1	47.305	58.71**	0.0006
처리	83.131	2	41.565	51.59**	0.0005
오차	4.028	5	0.806		
총	126.00	8			

2. $S_{yy}=346.40,\ S_{xx}=261.73,\ S_{xy}=282.60$

$T_{yy}=140.40,\ T_{xx}=66.13,\ T_{xy}=96.00$

$E_{yy}=206.00,\ E_{xx}=195.60,\ E_{xy}=186.60$

$$SS_{E'}=346.40-\frac{(282.60)^2}{261.73}=41.27 \quad (\text{자유도}=13)$$

$$SS_E=206.00-\frac{(186.60)^2}{195.60}=27.99 \quad (\text{자유도}=11)$$

$$F=\frac{(41.27-27.99)/2}{27.99/11}=2.61$$

유의수준을 0.1로 놓더라도 임계값이 $F_{2,11,0.1}=2.86$이라 귀무가설을 기각하지 못한다. 섬유 제품의 강도에 있어 기계 간 차이는 없다.

14 장

1. 일차 모형은 적절치 않다.

source	SS	df	MS	F
회귀	5.000	2		
오차	11.120	6		
적합결여	10.908	2	5.454	102.9^{**}
순수오차	0.212	4	0.053	
총	16.120	8		

2. 회귀는 유의하며, 적합 결여는 없다. 정준형식은 $\hat{Y}=80.21-0.964w_1^2-1.415w_2^2$ 정상점은 (86.945, 176.528)이며 최대 반응점이다.

source	SS	df	MS	F
회귀	28.256	5	5.651	81.20^{**}
오차	0.487	7	0.070	
적합결여	0.275	3	0.092	1.73
순수오차	0.212	4	0.053	
총	28.743	12		

3. {(1,0,0), (0,1,0), (0,0,1), (2/3,1/3,0), (2/3,0,1/3), (1/3,2/3,0), (1/3,0,2/3), (0,2/3,1/3), (0,1/3,2/3), (1/3,1/3,1/3)}

4. (10.25, 5.00); $\hat{y} = 4.875 + 0.185w_1^2 + 10.815w_2^2$

찾 아 보 기

[ㅈ]

[ㅊ]

[ㅋ]

[ㅌ]

[ㅍ]

[ㅎ]

저자 소개

성 내 경(成來慶)
서울대학교 계산통계학과(이학사)
서울대학교 계산통계학과 대학원(통계학 석사)
육군사관학교 교수부 수학과 교관, 전임강사
미국 Iowa 주립대학교 통계학과(통계학 박사)
미국 Harvard 대학교 통계학과 특별연구원
이화여자대학교 통계학과 교수
KT 통계전문임원 역임

실험설계와 분석 제2판

저　　자 성내경
발 행 인 김지영
발 행 처 자유아카데미
주　　소 경기도 파주시 회동길 37-42
파주출판도시
전　　화 031-955-1321
팩　　스 031-955-1322
홈페이지 www.freeaca.com
전자우편 main@freeaca.com (대표)
editor@freeaca.com (편집)
crm@freeaca.com (영업)
등　　록 제406-2003-017호, 1980. 7. 12
제2판1쇄 2012년 10월 30일 발행
제2판3쇄 2019년 6월 20일 발행
정　　가 32,000원

저자와의
협의하에
인지생략

무단 복제를 금하며, 잘못된 책은 바꾸어 드립니다.
ISBN 978-89-7338-963-6 93310